高职高专汽车专业教材

汽车装潢与美容技术

Qiche Zhuanghuang yu Meirong Jishu

钱岳明 [主编]

人民交通出版社
China Communications Press

内 容 提 要

本书主要内容有汽车装潢美容概述、汽车外部装潢、汽车内室装潢、汽车音响升级、汽车功能件装潢、汽车清洗、汽车漆面美容、汽车漆面修复、汽车美容护理等。

本书可作为高职、高专汽车类专业教材，也可作为汽车装潢美容从业人员培训教材和广大有车族的参考书。

图书在版编目（CIP）数据

汽车装潢与美容技术/钱岳明主编．—北京：人民交通出版社，2007.12

ISBN 978-7-114-06888-1

Ⅰ.汽… Ⅱ.钱… Ⅲ.①汽车－车辆保养②汽车－装饰 Ⅳ.U472

中国版本图书馆CIP数据核字（2007）第164184号

书　　名：汽车装潢与美容技术
著 作 者：钱岳明
责任编辑：翁志新
出版发行：人民交通出版社
地　　址：（100011）北京市朝阳区安定门外外馆斜街3号
网　　址：http：//www.ccpress.com.cn
销售电话：（010）59757969，59757973
总 经 销：人民交通出版社发行部
经　　销：各地新华书店
印　　刷：北京交通印务实业公司
开　　本：787×1092　1/16
印　　张：16
插　　页：2
字　　数：385千
版　　次：2008年1月第1版
印　　次：2011年5月第5次印刷
书　　号：ISBN 978-7-114-06888-1
印　　数：12001-15000册
定　　价：30.00元

前　言

随着汽车工业的快速发展，以及人们消费水平的不断提高，汽车保有量迅速增长。汽车在使用过程中需要进行经常性的美容护理以及必要的维修，而且，有些车主为了追求个性风格或出于某些爱好，对爱车进行装潢，但是大多数汽车消费者对汽车的美容护理知识非常有限，对汽车装潢知识更是一无所知，这就意味着专业、规范、优质的汽车美容装潢服务业，在庞大的汽车消费市场中发展潜力将十分巨大，市场急需数量多、分布广，零配件质量有保障，技术水平高，具有专业服务技能的汽车装潢美容企业，来适应日益发展的汽车美容装潢服务市场的需求。

我国的汽车装潢美容业从起步到发展才经历了十几年的时间，发展速度很快，汽车装潢美容企业的数量已经达到了较大的规模，但是纵观我国汽车装潢美容业的现状，与国外先进的汽车装潢美容企业相比存在着一定的差距，也存在着许多问题，特别是专业汽车装潢美容人才的缺乏，导致整个行业的技术水平提高速度缓慢，也使得广大汽车消费者对汽车装潢美容企业缺乏足够的信任。

对于专业汽车装潢美容人才的缺乏，最有效、最快捷的解决方法是加快汽车装潢美容人才的培养。因此，许多大中专院校都开设了此类相关的专业课程，社会上也有大量的培训机构，进行汽车装潢美容人才的培养。

本书为高职高专汽车类专业教材，力求使教学贴近汽车装潢美容市场实际，使学生能掌握汽车装潢美容的基本理论知识、基本技能，拥有汽车装潢美容从业的基本素质。本书图文并茂，具有较强的实用性和操作性。

本书由宁波工程学院钱岳明担任主编并统稿，上海科学技术职业学院郭青担任副主编，宁波工程学院涂先库、李传志、李发宗、黄永青等参与编写。在编写过程中，由于水平有限，时间仓促，资料搜集不够全面，不足之处在所难免，敬请广大读者批评指正。

编　者

2007 年 8 月

目　　录

第一章　汽车装潢与美容概述

随着我国汽车工业的迅速发展，轿车进入家庭的步伐逐渐加快，随着汽车产量和汽车保有量的不断增长，特别是随着私家车拥有量的增加，为我国汽车装潢美容行业提供了巨大的发展空间，同时汽车装潢美容业开始被广大有车族熟悉，并逐渐走向专业化经营模式，“七分养，三分修”、“以养代修”的养车新理念逐步被广大有车族所接受。我国汽车装潢与美容业也正呈现出迅猛发展的势头。

第一节　汽车装潢与美容业的发展历程与现状

一、汽车装潢与美容业的发展历程

（一）国外汽车装潢美容业发展概况

西方工业发达国家汽车美容业几乎是随着中、高档轿车的产生而同步出现的。美、英等国于20 世纪20 年代末、30 年代初就有了汽车美容行业。到20 世纪40 年代，汽车美容业日益壮大并逐步形成规模。70 年代后期，这一行业得到了迅猛的发展。在这一时期，汽车美容业开始走向亚洲。到 80 年代，汽车美容业在全球已发展成为一支不可忽视的产业大军。根据欧美国家统计，在一个完全成熟的国际化汽车市场中，汽车的销售利润在整个汽车产业的利润构成中仅占 20%，零部件供应的利润占 20%，而 50% ~60% 的利润是从汽车服务业中产生的。据不完全统计，1994 年美国汽车美容业年产值达到 1170 亿美元，1999 年全美汽车美容业年产值已超过 2647 亿美元。目前，美国汽车服务业的营业额已经超过汽车整车的销售额，其中，美国的汽车美容养护行业已占到美国汽车维修行业的 80%，产值超过 3500 亿美元。从中不难看出，汽车美容业蕴含着巨大的社会效益和经济效益。

（二）我国汽车装潢美容业发展概况

我国由于种种原因，汽车装潢美容业长时间滞后于发达国家。我国汽车装潢美容业的发展大致经历了 3 个发展阶段。

1. 起步阶段

我国汽车美容行业形成在 20 世纪 90 年代初，由于汽车行业发展限制，轿车数量相对较少，汽车美容行业也发展缓慢，集中在商用车、运输车上。汽车美容产品比较单一。汽车以维修为主，不重视保养。汽车美容企业多以“路边摊”的形式出现，汽车美容项目也仅限于最基础的洗车、打蜡。汽车消费者对汽车美容缺乏认识。

2. 发展阶段

2000 年我国汽车工业迅速发展起来，私家车数量呈现井喷式增长，2002 年我国轿车产量超过 100 万辆，使汽车美容业也随之得到迅速的发展。由于汽车美容业进入门槛较低，一大批投资者进入汽车美容业,汽车美容项目和美容产品种类迅速增加,大型汽车美容企业也生产出一系列美容产品。

汽车美容在这个时期得到极大发展,具体表现在以下几个方面:

1)汽车美容连锁店的扩张

在2004年5月下旬举办的第6届中国特许加盟展览会上,3M、威力狮、北美之光、新奇特、百援、esso等国内外7家品牌成为新亮点。根据入世承诺,我国允许外资进入国内汽车服务贸易领域,如美国汽车美容品牌特福莱,现在全国已有200家的特许加盟商。同为来自美国的汽车美容品牌,驰耐普在全国31个省市自治区的连锁加盟店已达800家,而其近期规划是达到1000家。月福、爱义行等本土汽车装潢品牌也开始谋求连锁发展大计。

2)新产品新技术不断呈现

从2000年开始,大量的新品牌新产品开始在市场上出现,从本土品牌到国外品牌,极大丰富了汽车美容市场。汽车美容项目增多,清洗、抛光、打蜡、车身封釉、底盘防锈等这些新技术提升了汽车美容的档次,使汽车美容业进入到一个新的发展阶段。

3. 飞跃发展阶段

2004年汽车美容业悄悄出现变动,一方面低档次的过度竞争使汽车美容业在某些地区出现利润下降,消费者投诉增多,在竞争过程中出现业主破产等情况;另一方面国外汽车美容企业纷纷加大对中国的投入,国外汽车装潢美容产品进入中国。大量民营资本也开始关注汽车装潢美容市场。

2004年以后,汽车美容理念得到逐渐提升,具体表现在:

(1)在产品技术上,2004年开始汽车装潢美容的产品升级更为迅速,概念性传播更为广泛。国内企业有的提出"星级美容"的口号,提出"泡泡浴"精致洗车等项目,给消费者带来全新的汽车美容理念。

(2)新技术传播迅速。汽车装潢美容业新技术出现非常快,如2004年汽车"封釉"在汽车美容界传播就非常快,而后又出现"镀膜"的概念,并出现多种镀膜的产品。这表明国内汽车美容也在迅速缩短与国外汽车美容业的差距。

(3)企业理性对待市场:在汽车装潢美容的大市场中,以前许多企业只顾着进入。2004年开始已经有许多企业重新审视市场,对市场发展有了一些新的认识,企业的理性也表明汽车装潢美容业正逐渐走向成熟。

二、我国汽车装潢与美容业现状

汽车装潢美容业是汽车产业链中的主要利润来源之一。据专家介绍,汽车制造业投入的1元钱,将会带动售后服务消费24~34元,一辆中档轿车每年用在装潢美容上的费用就可达5000~6000元。据一项调查显示,目前我国60%以上的私人高档汽车车主有给汽车做外部美容养护的习惯,30%以上的私人低档车车主也开始形成了给汽车做美容养护的观念,50%以上的私车车主愿意在掌握基本技术的情况下自已进行汽车美容和养护,30%以上的公用高档汽车也定时进行外部美容养护。

随着汽车装潢美容业的发展,汽车美容越来越走向专业化和规范化,汽车美容企业将会加强服务和管理。与汽车美容业起步时期的暴利不同,现在汽车美容业的毛利率会逐渐减少,每个项目的竞争会更加激烈,体现在市场份额上的优势将不再明显。汽车美容形成了一个高、中、低消费层次相互竞争、共生共存的新格局。

汽车装潢美容业在蓬勃发展的同时,也暴露出了行业内存在的许多问题:

1. 相关的技术标准和法律法规不健全

汽车装潢美容业作为新兴行业,由于没有明确的主管部门,并且缺乏有关的技术标准和法律规范,导致汽车装潢美容市场秩序混乱,市场上"无专业正规培训"、"无专业品牌产品"、"无专业机械设备"、"无服务质量保证"的"四无"汽车装潢美容场所普遍存在。

2. 产品质量良莠不齐

在市场品牌开始增多的过程中,出现品牌杂乱,良莠不齐现象,许多商家为了牟取暴利,随便推出一些品牌,取个外国的名字,向消费者进行推广。由于汽车装潢美容在国内还属于新兴行业,消费者以及相当数量的经营者对此都不了解,所以给了很多不法商家以可乘之机。汽车装潢美容用品在市场上以国外品牌居多,其中有符合国际质量认证的优质产品,但也不乏假冒伪劣,甚至国外的垃圾产品。

3. 从业人员素质低,缺乏规范操作

从业人员素质低、缺乏规范的技术操作标准是当今汽车装潢美容服务市场的软肋之一。由于汽车后市场在中国兴盛发展速度非常快,而从业人员由于缺乏专业培训,造成了整个市场专业人才的极度缺乏,所以汽车美容技术操作规范化难以达到。很多美容养护工是在汽车修理厂的技工,只掌握了一些基本汽车机电原理,对于装潢美容产品的使用基本上是按说明书操作,而极少研究或根本不研究其工作原理。汽车装潢美容技术的传授和更新速度极慢,只能靠老技师的传、帮、带,不能适应市场上装潢美容技术人员的需求。另外,汽车工业的新技术应用越来越广泛,像电脑系统、电子技术在逐渐升级,非专业技术人员根本无法进行操作。

4. 产品同质化严重

汽车装潢美容产品存在同质化很严重的现象,市场中产品相似性太强,每家企业生产的产品雷同,这样的状况决定了企业的竞争力在一定程度上被削弱。

5. 品牌力度不强

汽车装潢美容企业还没建立起品牌意识，在对品牌的塑造和保护意识不强，在受到竞争冲击时，不能借助品牌的影响力立足市场，在竞争中取胜。客户对品牌的认知度、忠诚度偏低。

6. 连锁经营模式有待推广

美国商务部有资料显示,美国95%的连锁店在市场中可获得成功,而独立店铺65%都会在5年内关门。在当前的市场环境下,走连锁化的品牌发展之路无疑是最佳选择。首先,连锁经营的规模化确保了服务价格和服务质量的优势。连锁网络成功地将分散零落、规模不大的区域市场结合起来,形成了一个巨大而稳定的用户市场。其次,管理现代化、集约化有效地兼顾了经营成本和市场需求。它利用信息系统充分调动总部、分中心和连锁店库存,科学利用仓储流动资金,有效地减少物资储存和资金占用,降低运营成本。第三,品牌统一化树立了整体信誉。连锁经营将各连锁店的有限资金集合起来,形成巨大的行销投资。这种投资规模足以使连锁网络的总部集中最专业的市场策划人员负责策划工作,组织多种媒体参与广告宣传和促销活动,从而快速、有效地提升整体品牌的知名度。

第二节　汽车装潢简介

随着人们物质生活水平的提高，个性化、独具风格的汽车装潢已成为现代人生活的时尚。在不改变汽车本身功能和结构的前提下，通过汽车外部装潢改变汽车外观，可使汽车更醒目、豪华，通过汽车内部装潢，可为车内营造温馨、舒适的空间，满足车主的个性化需求和使驾乘人员乘坐舒适，心情愉快。

一、汽车装潢概念

汽车装潢是通过增加一些附属物品，以提高汽车外表和内室的美观性，增加某些功能的行为。如安装车身大包围增加车身的美观；加装倒车雷达来提高汽车倒车时的安全性等。

二、汽车装潢的分类

根据汽车被装潢的部位分类，可分为汽车外部装潢和汽车内室装潢。

汽车外部装潢主要是对汽车顶盖、车窗、车身周围及车轮等部位进行装潢，其主要项目有大包围、尾翼、加装天窗、底盘封塑和加装护杠等。

汽车内室装潢主要项目有贴玻璃安全膜、汽车内室顶棚装潢、内护板装潢、汽车座椅装潢、汽车隔音、汽车音响升级、汽车功能用品加装等。

三、汽车装潢主要服务项目

1. 车窗贴膜

车窗贴膜可改变车窗色调、隔热降温、防止玻璃爆裂，还可保护车内物体、保护人员的身体健康。

2. 加装天窗

加装天窗的主要目的是有利于车厢内通风换气。车厢内的空气状况直接影响到乘坐的舒适性。对于没有天窗的汽车主要是靠侧窗进行通风换气，而打开侧窗后车外的尘土、噪声便会灌进车内。在冬夏季节，享受车内暖风和冷气时，窗外的寒气或热浪扑面吹来，会使人感到很不舒服，同时还破坏了空调的效果。加装天窗后能较好地克服上述不足，实现有序换气。另外，有了天窗还为驾车摄影、摄像等提供了便利条件。

3. 车身装潢

汽车车身装潢可分为三类。一是保护类，为保护车身安全而安装的装潢用品，如护杠、轮眉、大包围等；二是实用类，为弥补轿车载物能力不足而安装的装潢用品，如行李架、备胎架等；三是观赏类，为使汽车外部更加美观而安装的装潢用品，加彩条贴、金边贴等。在车身上粘贴形状、色彩各异的彩条贴膜，不仅能突出车身轮廓线，还能协调车身色彩，给人以丰富的联想和舒适的心理感受，使车身更加多彩艳丽。

4. 汽车座椅装潢

汽车座椅是车内占用面积最大，使用率最高的部件，为此对其进行装潢不仅要考虑到美观，还要考虑到实用。汽车座椅装潢主要是加装高级面料座椅套或更换为真皮座椅套。目前，国产车和经济型进口车出厂时多数没配置真皮座椅，为营造更舒适、温馨、高档次的车内空间，越来越多的轿车更换真皮座套。

5. 桃木内饰

桃木内饰的特点是美观、高雅、豪华，其优美的花纹具有特殊的装潢效果。桃木内饰主要用于汽车内室仪表台、车门内饰、转向盘及变速杆等部位装潢。

6. 车内饰品装饰

车内饰品种类很多，按照与车体连接形式的不同可分为吊饰、摆饰和贴饰 3 种：①吊饰。吊饰是将饰品通过绳、链等连接件悬挂在车内顶部的一种装饰。②摆饰。摆饰是将饰品摆放在汽车仪表台上的一种装饰。③贴饰。贴饰是将图案和标语制在贴膜上，然后粘贴在车内的装饰。

7. 香品装饰

车用香品对净化车内空气，清除异味，杀灭细菌，搞好车内空气卫生具有重要作用。现今市面上的车用香品种类繁多，按形态可分为气态、液态和固态；按使用方式可分为喷雾式、泼洒式和自然散发式等。气态车用香品主要由香精、溶剂和喷射剂组成。液态车用香品由香精与挥发性溶剂混合而成，盛放在各种具有造型美观的容器中，此种车用香品在汽车室内应用最广。固态车用香品主要是香精与一些材料混合，然后加压成型。

8. 汽车隔音

汽车隔音就是利用各种减振、隔音、吸音、密封材料在汽车各部位的粘贴，将车厢内的噪声消除到最低程度。汽车隔音不仅带来车内安静、舒适的驾乘环境，更能较大地优化车内的视听环境。

9. 汽车音响升级

人们在以车代步、乘坐舒适等需求满足之后，又进一步追求坐在车内听广播、欣赏音乐、看电视等的乐趣。因此，汽车装潢项目中便增加了汽车音响系统升级，安装或改装视听设备，以追求更佳的视听效果。

10. 汽车防盗装置

汽车防盗装置包括安装车辆防盗、报警和驾乘人员行车保护等装置，它是为提高车辆的安全防护性能而采取的技术措施，对加强车辆及行车安全具有重要作用。

11. 车载导航仪

汽车导航仪是近年兴起的一种汽车驾驶辅助设备，驾车者只要将自己此行目的地的信息输入汽车导航仪，导航仪就会根据电子地图自动计算出最合适的行驶路线，并在车辆行驶过程中(例如转弯前)提醒驾驶员按照计算的路线行驶。

12. 倒车雷达

倒车雷达是汽车倒车安全辅助装置。倒车雷达的主要作用是在倒车时，自动启动倒车雷达，通过声音或者显示屏显示，使驾驶员了解汽车尾部周围障碍物的情况，解决了驾驶员倒车时需扭头向后瞭望的不便，并帮助驾驶员消除视野的死角，提高驾驶的安全性。

汽车的装潢项目很多，装潢用品的品牌、规格、功能、价格等也多种多样，车主应根据汽车的实际情况，本着美观、协调、实用和安全的原则，有针对性地选择装潢项目，确保汽车的使用安全和装潢效果。

第三节 汽车美容简介

一、汽车美容概念

“汽车美容”的概念最初在我国出现是1994年，如今这个概念已被公众普遍接受，汽车美容企业常以“汽车美容中心”自称，如今汽车美容中心已遍布全国各地。“汽车美容”在西方国家被称为“汽车保养护理”，它已成为普及性的、专业化很强的服务行业。所谓汽车美容，是指针对汽车各部位不同材质所需的保养条件，采用不同性质的汽车美容护理产品及施工工艺，对汽车进行全新保养护理。汽车美容不仅使汽车焕然一新，而且能让旧车全面地彻底翻新，并长久保持靓丽的光彩。

现代的汽车美容，不仅仅是简单的洗车、打蜡等常规美容护理，它还包括利用专业美容系列产品和高科技设备，采用特殊的工艺和方法，进行全车漆面美容、修复；底盘防护处理和发动机等系统免拆清洗等一系列养护技术，它能使车貌始终如新。

二、汽车美容的分类

1. 根据汽车美容的作业部位分

(1)车身美容。车身美容项目包括整车清洗，清除沥青、焦油等污物，漆面打蜡、封釉、镀膜、抛光、漆面修复，新车开蜡，轮胎上光、保险杠翻新与底部防锈处理等。

(2)内饰美容。内饰美容项目包括仪表台、顶棚、地毯、脚垫、座椅、座套、车门内饰的吸尘清洁护理，以及蒸汽杀菌、冷暖风口除臭杀菌、室内空气净化等项目。

(3)发动机美容。发动机美容包括发动机外部清洁护理及发动机内部各系统的免拆清洗等。

2. 根据汽车美容的性质分

(1)护理性美容。护理性美容是指保持车身漆面和内室件表面亮丽如新，并起到一定保护作用而进行的美容作业。其主要作业项目是新车开蜡、汽车清洗、漆面打蜡、封釉、镀膜、研磨、抛光及内室件保护处理等。

(2)修复性美容。汽车修复性美容是车身漆面或内室件表面出现某种损伤后所进行的恢复性美容作业。其主要作业项目是漆面划痕修补、漆膜病态治理、漆面局部修补、整车漆膜翻修和内室件修补等。

三、汽车美容主要服务项目

1. 新车开蜡

汽车生产厂家为防止汽车在储运过程中漆膜受损，确保汽车到用户手中时漆膜完好如初，汽车总装的最后一道工序对整车进行喷蜡处理，在车身外表面喷涂封漆蜡。封漆蜡没有光泽，严重影响汽车美观，且易粘附灰尘。汽车销售商在汽车出售前对汽车进行除蜡处理，俗称开蜡。

2. 汽车清洗

为使汽车保持干净、整洁的外观,应定期或不定期地对汽车进行清洗。汽车清洗是汽车美容的首要环节,同时也是一个重要环节。它既是一项基础性的工作,也是一种经常性的护理作业。按汽车部位不同,清洗作业可分为车身外表面清洗、内室清洗和行走部分清洗。车身外表面清洗处主要有车身表面、车门窗、外部灯具、装饰、附件等;内室清洗处主要有篷壁、地板(地毯)、座椅、仪表台、操纵件、内部装饰件、附件等;行走部分主要指与汽车底盘有关总成壳体的表面以及轮胎等。

3. 漆面研磨

漆面研磨是去除漆膜表面氧化层、轻微划伤等缺陷所进行的作业。漆面研磨与后续的抛光、还原是三道连续作业的工序,研磨是漆面轻微缺陷修复的第一道工序。漆面研磨需使用专用研磨剂,通过研磨/抛光机进行作业。

4. 漆面抛光

漆面抛光是紧接着研磨的第二道工序。车漆表面经研磨后会留下细微的打磨痕迹,漆面抛光就是去除这些痕迹所进行的护理作业。漆面抛光需使用专用抛光机进行作业。

5. 漆面还原

漆面还原是研磨、抛光之后的第三道工序,它是通过还原剂将车漆表面还原到"新车"般的状态。还原剂也称"密封剂",它对车漆起密封作用,以避免空气中污染物直接侵蚀车漆。还原剂有两种,一种叫还原剂,另一种叫增光剂。增光剂在还原作用的基础上还有增亮的作用。

6. 打蜡

打蜡是在车漆表面涂上一层蜡质保护层,并将蜡抛出光泽的护理作业。打蜡可提高车身表面的光亮度,增添亮丽的光彩;可防止腐蚀性物质的侵蚀,对车漆进行保护;可消除或减小静电影响,使车身保持整洁;可降低紫外线和高温对车漆的侵害,防止和减缓漆膜老化。汽车打蜡可通过人工或打蜡机进行作业。

7. 内室护理

汽车内室护理是对汽车仪表台、操纵件、座椅、座套、顶棚、地毯、脚垫等部件进行的清洁、上光等美容作业,同时还包括对汽车内室杀菌、除臭等净化空气作业。汽车内室部件种类很多,外层面料也各不相同,在护理中应分别使用不同的专用护理用品,确保护理质量。

8. 漆膜病态治理

漆膜病态是指漆膜质量与规定的技术指标相比所存在的缺陷。漆膜病态有上百种,按病态产生的时间不同可分为涂装中出现的病态和使用中出现的病态两大类。对于各种不同的漆膜病态,应分析原因,采取有效措施积极防治。

9. 漆面划痕处理

漆面划痕是因刮擦、碰撞等原因造成的漆膜损伤。当漆面出现划痕时,应根据划痕的深浅程度,采取不同的工艺进行修复处理。

10. 漆面斑点处理

漆面斑点是指漆面接触了柏油、飞漆、焦油、鸟粪等污物,在漆面上留下的污迹。对斑点的处理应根据斑点在漆膜中渗透的深度不同,采取不同的工艺方法。

11. 汽车漆膜局部修补

汽车漆膜局部修补是当汽车漆面出现局部失光、变色、粉化、起泡、龟裂、脱落等严重老化现象或因交通事故导致漆膜局部破坏时所进行的局部修补涂装作业。汽车漆膜局部修补虽然作业面积较小,但要使修补漆面与原漆面的漆膜外观、光泽、颜色达到基本一致,需要操作人员具有丰富的经验和高超的技术水平。

12. 汽车漆膜整体翻修

汽车漆膜整体翻修是当全车漆膜出现严重老化时所进行的全车翻新涂装作业。其作业内容主要有清除旧漆膜、金属表面除锈、底漆和腻子施工、面漆喷涂、补漆修饰及抛光上蜡等。

四、汽车美容作业的依据

汽车美容应根据车型、车况、使用环境及使用条件等因素,有针对性地、合理地安排美容作业的时机及项目。

1. 因车型而异

由于汽车美容项目、内容及使用的用品不同,其价位也不一样。汽车美容不仅要考虑效果,同时也要考虑费用问题。因此,不同档次的汽车所采取的美容作业及使用的美容用品应有所不同。

2. 因车况而异

汽车美容作业应根据汽车漆膜及其他物面状况有针对性地进行。车主或驾驶员应经常对汽车表面进行检查,发现异变现象要及时处理。如车漆表面出现划痕,尤其是较深的划痕,若处理不及时,导致金属锈蚀,会增大处理的难度。

3. 因环境而异

汽车行驶的地域和道路不同,对汽车进行美容作业的时机和项目也不同。若汽车经常在污染较重的工业区使用,应缩短汽车清洗周期,经常检查漆面有无污染、色素沉积,并采取积极预防措施;若汽车在沿海地区使用,由于当地空气潮湿,且大气中含盐分较多,一旦漆面出现划痕应立即采取治理措施,否则会很快造成内部金属锈蚀;若汽车在西北地区使用,由于当地风沙较大,漆面易失去光泽,应缩短抛光、打蜡的周期。

4. 因季节而异

不同的季节、气温和气候的变化,对汽车表面及内室部件具有不同的影响。如汽车在夏季使用时,由于高温漆膜易老化;在冬季使用时,由于严寒漆膜易冻裂,应进行必要的预防护理作业。另外,冬夏两季车内经常使用空调,车窗紧闭,车内容易出现异味,应定期进行杀菌和除臭作业。

第二章　汽车外部装潢

汽车大批量的从生产线下来，其相同的外部装饰很难满足车主们追求个性化的心理和不同的审美观。因此，独具风格的汽车外部装潢已成为有车族的新时尚，它不但使汽车美观靓丽，而且更体现出车主的个性及爱好，同时有的汽车外部装潢项目还能起到保护汽车外部的作用。汽车外部装潢项目有大包围、尾翼、加装天窗、底盘封塑和其他局部装潢。汽车的大包围、尾翼等装潢在一定程度上改变了原车的外部形状，使汽车行驶中产生的空气阻力发生了变化。同时汽车外部装潢在选用大包围、尾翼等装饰件时，要涉及到美学方面的知识，因此本章首先介绍有关空气动力学和美学的基础知识。

第一节　汽车空气动力学基础知识

一、汽车空气动力学的任务

空气动力学是研究物体在与周围空气作相对运动时两者之间相互作用力的关系及运动规律的科学，它属于流体力学的一个重要部分。长期以来，空气动力学成果的应用多侧重于航空及气象领域，特别是在航空领域内这门学科取得了巨大进展，给汽车的空气动力学研究提供了借鉴。然而进一步的深入研究表明，汽车空气动力学问题从理论到实际两个方面都与航空问题有本质的区别，汽车空气动力学已逐步发展成为了空气动力学的一个独立分支。

汽车空气动力学属于低速空气动力学范畴。汽车空气动力学是为汽车产品设计服务的，其主要任务可以归纳为以下几方面：

(1)研究阻碍汽车前进的气动力分量，即空气阻力，寻求气动阻力尽量小并能同时满足各种其他性能要求的合理汽车外形，以利于提高汽车的动力性、燃油经济性和环保性(节能和减少排放污染)。

(2)研究气动力的垂直分量(升力)以及侧向分量和各种气动力矩，寻求改善汽车操纵性和行驶稳定性的有效措施，以利于提高汽车的安全性。

(3)研究汽车发动机舱和驾驶室内的气流组织，提高散热效率及改善室内乘坐舒适性，同时也进一步降低行驶气动阻力。

(4)研究车外气流对车内噪声的影响，寻求降低气动噪声的措施，以利于提高汽车的乘坐舒适性。

二、汽车受到的气动力

汽车在道路上行驶时，相对于地面运动，也相对于周围的空气运动，从而要受到气动力及力矩的作用。人们通常采用下列简洁的式子来表达物体受到的广义气动力和力矩。

气动力：

$$F_a = q_\infty SC_F$$

力矩：

$$M_a = q_\infty SlC_M$$

即气动力和力矩正比于受到扰动前的气流压 q_∞，正比于一个参考面积 S（在力矩表达式中还有个参考长度 l）及一个通过实验确定的无量纲空气动力学系数 C_F 或 C_M。若以直角坐标分量形式表达，上式可写成：

$$X_a = q_\infty SC_x, Y_a = q_\infty SC_y, Z_a = q_\infty SC_z$$

$$L_a = q_\infty SC_l l, M_a = q_\infty SC_m l, N_a = q_\infty SC_n l$$

其中空气动力学系数 C_x，C_y 和 C_z 分别称为阻力系数，升力系数和侧向力系数；而 C_l，C_m 和 C_n 则分别称为横摇，纵摇和横摆（侧偏）力矩系数。S 通常定义为汽车横截面积。（有些人选用的是正投影面积，也有些人采用最大横截面积）。参考长度 l 一般选用汽车轴距。

空气动力学阻力是和相对气流速度 V 指向一致从而阻碍物体在该方向运动的气动分力。汽车气动阻力可看成由三大部分叠加而成，它们分别是摩擦阻力、形状阻力和诱导阻力。

摩擦阻力是可以直接归因于边界层的粘性作用。因为空气不是无粘的，而粘性不但产生了由粘滞剪应力直接引起的摩擦阻力，还使车身周围的流场发生了变化，从而也改变了车身周围的压力分布及其合力大小和方向。这后一种效应常较前一种更为重要，由此形成强烈的剪切涡旋运动，层内每点有强度很大的涡流。

诱导阻力是和升力的产生密切相关的那部分阻力。气动升力的产生总是伴随着一个附加的阻力，称为诱导阻力。诱导阻力在航空领域具有重要性，这时它扮演的就像汽车理论中车轮滚动阻力所扮演的角色，即为了支承运动物体所必须以阻力形式而支付的代价。在汽车领域里，尽管在许多情况下都有诱导阻力的出现，但是有可能做到完全消除它的。要获得低阻力就必须尽量减小升力。

形状阻力可以定义为既不由粘性力，也不由升力直接引起的那部分阻力，它在汽车气动阻力中常占有相当大的比重。形状阻力主要与边界层流态和脱体尾涡的出现等因素有关。它的一大部分是由于尾涡的出现所致，故有时又被称为“尾涡阻力”。尾涡的压力是个近于恒定的负压（吸力）。气流分离现象经常受到设计特性（如后窗框、流水槽形式和位置及其他侧向通风孔等）的影响。汽车后部由于外表面通常向下倾斜，气流速度下降，任何细小突起或其他干扰都可能引起气流分离而破坏精心设计的后部流线型效果。

气动阻力在很大程度上影响着汽车的动力性和燃油经济性。

气动升力　气动升力的出现对于汽车是不利的，因为它会降低汽车对路面的附着性能，还会引起诱导阻力。在某些情况下，不仅要使汽车升力为零，甚至要使其变为负压力（向下的垂直气动力），以提高汽车的高速附着性能。在赛车上常用的负压力翼形装置就是一个典型的例子。

气动纵摇力矩　气动纵摇力矩对行车安全有十分重要的影响，因为它会引起车轮上垂直载荷分布的变化，从而改变车辆的行驶稳定性等路面性能。例如，若（实际上也经常出现）纵摇力矩为负，汽车上就会出现从前轴向后轴的载荷转移，并且随车速的提高，正比于车速的平方而加剧。

气动侧向力、横摇和侧偏力矩　一般汽车是关于 xz 平面对称的，若相对来流速度与汽车对称面共面（或平行），则气动侧向力、横摇力矩和侧偏力矩都为零。只有在出现横（斜）向风或整车侧偏角不为零(如转向、侧滑)时,这三个量才不等于零。

三、汽车周围的流场

包围汽车的空气流在前格栅有一个驻点,在那里气流分支,从上、下面形成对车身的绕流。因此在前格栅区域内,压力都高于未受扰动气流的压力。在前格栅顶部附近,气流需加速拐过车头的"鼻部",会出现一个低气压。过前格栅顶部之后,通常气流无法紧贴发动机罩的轮廓线流动,而在发动机罩的中后部出现脱体流动。此后气流在通常位于前风窗上部又重新附着在车身上,在发动机罩的中后部与前风窗中下部之间形成一个相对较稳定且有明显涡旋的区域,称为"分离气泡"。这个区域内的压力相对是较高的,所以那种在前风窗底部开设车内通风格栅的做法是合理的。在汽车顶盖段,由于气流流速较高,重新出现了较低的压力。压力的分布取决于顶盖的总体形状和曲率。不论怎样,在车顶后部流速总会减慢下来,使压力趋于升高,形成了产生气流分离和出现尾涡流的条件。如前所述,在这种条件下,任何表面不平的干扰因素都可能导致气流分离。在许多情形下气流还可能会在后行李舱上再附着,产生了另一个分离气泡,此后形成一个尺寸较小的尾涡流区。

在对称面之外,流动已不再是平面二维的,气流将不仅从上、下面,而且力图从两侧面分支流向车的尾部。这种三维流动效应一般是有利的,它使各种广义气动力趋于减小。由此可见,精心处理汽车各表面,以获得最适度的形状和曲率是很有必要的。

四、汽车周围流场的影响因素

1. 发动机罩和前风窗玻璃之间的局部气流分离

如果把发动机罩与前风窗玻璃相交形成的角度设为γ,减小γ角可以有效地使主要分离点和再附着点向交角处靠拢,减小了分离泡的尺寸从而减小形状阻力,由于视野和乘坐舒适性的要求,γ角的减小是有限制的,不过还可采取其他办法使分离泡的尺寸进一步减小。例如改善发动机罩的三维曲率和结构,使更多气流顺利地流向两侧,减小其向上流动的趋势,使分离点后移;改善前风窗玻璃三维曲率和结构也能起到相似的作用,从而使再附着点下移。

2. 汽车后部的气流分离和尾涡流

为了减小形状阻力,应更好地设计后部表面,避免过早地发生气体分离形成较大尾涡流。当然,分离和尾涡流的产生不仅和汽车后部形状有关,还和气流到达后部之前的经历有关。汽车整体形状及其他各种干扰因素均对分离和尾涡流的产生有直接或间接的影响,且影响的方式和程度是很复杂的。研究表明,若后斜面法线与来流方向的夹角α很小时,阻力系数保持较低常值,$C_X=0.4$。在$\alpha=62°$时,出现气流分离的临界角,阻力系数达最高值$C_X=0.44$。随着α增大,C_X会很快下降,可低达0.34。因此,汽车后部造型,需要通过理论指导下的各种实验才有可能达到最优化的目的。

3. 汽车底部与地面之间的气流

首先看看汽车底部气流的一般走向。汽车在与大地相对静止的空气中运行,从前格栅出发,沿底板有一个随汽车一起移动且逐渐变厚的边界层。边界层外的气流的速度也已不同于扰动前的速度,即相对于地面不再静止的,开始形成一个沿地面向下游运动的边界层。根据底板的离地间隙不同,这两个边界层可以最后在尾部交汇或始终保持分离。底板离地间隙小时,车下的流动是相当复杂的。总的来说,是涡旋强烈的湍流,耗散了能量,形成了一定的阻力。而底板离地间隙大,则较为有利,气流能以近似于理想流线的形式更快速顺畅地通过汽车底部,不仅减小升力,还因能获得较小的尾涡流和能量耗散从而使阻力下降。

大多数汽车的底面都很粗糙,其不平度可达 15cm 以上。通过各种整形措施改善底面不平度,同提高离地间隙具有同样的效果。一般地,其阻力系数的下降可达 10% ~15%。需要指出,提高离地间隙和改善底面不平度,往往给空气动力学外形较好的汽车带来较为显著的好处,而对于空气动力学外形不良的汽车则好处不大。

实验表明,将发动机废气引到汽车背部适当位置排出(空气喷射效应),有可能加大尾涡流局部压力,使尾涡流阻力有所下降。

适当的底板横向和纵向曲率也能起到改善车下气流的作用。汽车底部气流比侧面气流受到更多的限制(气流阻塞),因此侧面的平均气压低于底部。若把底板的两个侧缘制成圆角并使底板的横断面形成曲线,一般来说有利于底部气流向侧面溢出和侧向力贯向底板中心部位,减小阻力和升力。同理,车身前、后部下端的提高可使点后移,减小分离气泡和次生边界层,有利于底部气流的顺利通过。

4. 车轮转动对流场的影响

当车轮在地面上滚动时,地面的出现使流场发生变化,升力变成正值,并且由于尾涡相对较大,阻力也更大。事实上在主车身绕流和车轮绕流之间存在着很大的互相干涉。如从车轮完全暴露在气流中的一级方程式赛车上测出的气动阻力来看,其中车轮阻力约占高达 45% 的比重。

5. 内部气流的影响

一般引入车内的气流有两种用途:驾驶室内的通风换气和机械零部件(如发动机和制动器)的冷却散热。

用于第一种用途的气流,只需要很有限的流量就够了,因而对车外流动没有显著的影响,可以忽略。主要应考虑的是进风口要布置在局部气压较高处,排风口要设在气压较低处等问题。

用于机械部分,特别是发动机冷却散热的空气流量则相当大,因而有必要仔细研究发动机舱的气流。理想的发动机冷却方案,应当采用类似于航空工程中的散热器布置。散热器前方的扩散器使引入的气流减速。经过散热器后的气流由逐渐收缩的导流壁来重新加速,直至在出口处的压力与外部压力相等。扩散器中的气流减速有两个好处:可降低散热器气动阻力;可改善散热器的热交换从而有可能采用更小的散热器。当然扩散器内气流的减速产生了边界层分离的危险,故有必要保持扩散器的斜率足够小,扩散器足够长。

实际汽车的发动机冷却系和理想方案却极不相同。在入口处安装格栅有助于使冷却气流成为湍流,从而改善它与其散热器的热交换。此后是某种短扩散器类的薄板结构,但通常是长度不足且扩张斜率过大。气流通过散热器后,紊乱曲折地流过发动机和其他机件,最后从位于汽车底部的一系列开口处扩散到外面。由于这种冷却系的气流导腔不规则,各类拐角、障碍使流动方向较多地发生突然改变,摩擦的动量损失相当大,实际上造成了一个附加的“内部气流阻力”。由内部气流引起的阻力增加,有可能高达 20%,对于近代轿车所作的估计平均值则为 13%。

由此得出结论，要减少内部气流阻力，主要在发动机冷却系统上采取措施，以下几点应加以注意：

(1)将进气口置于汽车表面空气静压力高的区域，一般位于汽车的前端。

(2)在进气口处设置扩散器，以降低进入散热器的气流速度。

(3)密封冷却气流通道，应让气流全部通过散热器等要冷却的部件，尽量避免气流向外泄漏。

(4)气流通道的横截面积变化要缓和，避免气流突然转向或突然改变速度，减少涡流的产生。

(5)将出气口置于汽车表面空气静压力低的区域。

6. 细小表面突起影响

汽车外表面上总有若干小的零件，如后视镜、刮水器、门把手、侧向灯、收音机天线及各种装饰件等。这些突起的零件或局部表面对汽车周围的总流场起干扰作用。

这些空气动力学干扰的真实影响实际上难以测量，因为它们是互相叠加的。通常的做法是对每个零件分别进行风洞实验，然后用经验的办法估计各个影响的总和。

对于一般的轿车，所有这些造型细部零件叠加的复合影响约占总阻力系数的1.5%～3%。但除了直接干涉外，它们有时还会对某一特定汽车的空气动力学特性以更大的、且常常是意想不到的影响。如可能过早地诱发主流的脱体分离而使形状阻力大增。此外，这些细部零件又常是汽车气流噪声的声源。因而应该十分注意使它们的数量尽是减少或形状得以优化。

五、减小气动升力的措施

1. 整车总体造型对升力的影响

影响汽车升力的因素很多，如滚动的车轮，离地间隙和车身局部造型等。然而减小气动升力首先应从汽车整体造型方面来考虑，尽量改变下大上小的压力分布。汽车一般具有下平上弓的外形，但若能使其形心连线或弯度线两端的连线前低后高，形成某种“负冲角”是有利的。从这个意义上讲，楔型汽车最好，船型次之，鱼型（斜背式）、甲壳虫型较差。当然楔型的尾涡阻力偏大，是提高汽车高速安全稳定性的一种代价。

2. 某些局部造型的影响

适当提高离地间隙，改善底板不平度及各种使车身有关表面和横剖面圆滑过渡以增加两侧气流量的措施等，都有助于减小升力。发动机罩和前风窗间适当的夹角，使分离气泡区域产生向下的正压力，同样有利于减小升力。此外，使车底由前向后逐渐升高，将底部和尾流贯通，也能导致底面压力的减小，产生降低升力的效果。

3. 减小气动升力的附加装置

性能较好的高速汽车，如运动汽车和专业赛车，由于速度相当高，承受的气动力也相当大，需要使用专门的减小升力或获得负升力的装置。其中一些不宜应用到轿车上（如运动汽车后部采用的鸭尾式后脊，因其首先在意大利的法拉利跑车上采用，又称法拉利脊。船型汽车的气流分离有可能在后风窗上缘触发并且不在行李舱上表面再附着。这样行李舱后端的法拉利脊将完全浸没在湍流尾流中，用它作为扰流器根本无效。而另一些则具有通用的特征，已经逐渐在轿车上应用。这种装置大体上分为两类：

(1)扰流器。通过对流场的干扰影响，调整汽车表面压力分布的装置。

(2)尾翼。装于汽车尾部，产生垂直向下气动力的翼形元件。尾翼主要用于车速极高的竞赛汽车。

第二节 美学基础知识

美学是以研究美的存在、美的认识和美的创造为主要内容的学科。美作为审美对象的一种属性(现象)，可以对人们产生一种愉悦的心理与生理作用，是客观的。美感则是人通过感官获得的对美的感知和反映，作为人的心理情感活动，是主观的。美的基本形态可分为自然美和人工美两大类。

同一审美对象在不同审美者的心目中，会有不同的审美感受、不同的审美判断，这就叫做审美的差异性。审美的差异性是普遍存在的。生理、心理的差异，性格、认识的差异，民族、地域的差异，兴趣、爱好的差异，经济生活的差异，文化传统、艺术修养的差异，年龄、性别的差异等，决定了审美者美感的差异。因而对于同一审美对象会有种种评价，甚至截然不同的结论。但人们的审美客观标准还是相对地存在的。这就是美的产品造型能为大多数人理解和欣赏的基础。

造型是为了满足人们的特定需要、并受其制约而创造设计并加工出来的特定形式，主要包括形态、质地与色彩、人机关系等内涵。车身造型设计属工业设计的范畴，其目的是使汽车能尽量圆满地体现它的物质功能和精神功能，充分满足人们在实用和审美两方面的需求。

1. 造型设计的特点

(1)首先要满足产品的实用功能要求，并充分体现产品功能的科学性和先进性。

(2)要充分反映社会、科学、技术和物质文化生活的面貌，表现现代文化修养和心理素质，体现当代的民族的审美要求，具有强烈的时尚性。

(3)产品造型具有物质功能与精神功能的双重特征，产品既具有使用价值、表现物质功能的特征，又具有艺术的感染力。满足人们的审美要求，表现精神功能的特征，是技术与艺术的统一。

(4)要充分反映力学、材料学、机构学的新成就，体现最新物质材料、先进构形或构造、先进加工工艺的特征。

(5)造型需要研究产品的对象和环境，以保证产品对人的生理、心理、功效、安全、健美等多种因素的适应性。

(6)产品造型的构形宜简单、规整，便于加工，并符合标准化及批量生产的要求。

2. 造型设计的基本原则

造型设计的基本原则是实用、经济、美观。实用是造型设计的基本要求，主要体现在构形合理、性能稳定可靠、可维修性好，同时也体现在人机系统协调，使用操作方便、舒适等方面。经济是指产品的生产成本，即在造型过程中以最少的财力、人力和时间，获得最大的经济效益。美观是艺术造型反映精神功能的要求，在物质技术允许的条件下，要努力为产品塑造出反映时代的审美要求和体现社会的物质与精神文明的艺术造型。上述三个原则是辩证统一的，缺一不可的。实用是首位的，美观处于从属地位，经济是前二者的约束条件。

包括汽车在内的产品的美，一般来说至少有下列两个显著特征：一是产品以其外在的感性形式所呈现的形式美或艺术美；二是产品以其内在的理性形式所呈现的技术美或科技美。汽车造型设计还必须遵循形式美法则的普遍规律，形式美包括形态美、比例美、色彩美、和谐美等方面。

3. 产品造型的形式美法则

形式美指构成事物的外在属性（形、色、质等）及其组合关系所呈现出的审美特性，它是人类在长期的生活实践中所形成的审美意识。在造型设计中应该遵循这些规律，但不能生搬硬套，要根据不同的对象和条件灵活应用。形式美法则包括以下几个方面的内容：

1）比例与尺度

比例是指造型物自身各部分的大小、长短、高低、宽窄在度量上无量纲比较的各种审美度量关系，如著名的黄金分割比例、均方根比例等。尺度与人机工程学关系密切，指产品尺寸与人的使用要求之间的协调关系。正确的尺度感和美感往往是以各部分的比例显露出来的，但是单纯考虑造型比例而忽视造型尺度，会造成尺度失真，甚至影响使用。反之，如果只重视尺度，而不去推敲比例关系，则难以形成美感。

（1）黄金分割比例。黄金分割比例又称 0.618 法，若对一直线段，是指将其分成两段后满足关系：长段/总长 = 短段/长段 = 0.618。黄金矩形是指短边与长边之比为 0.618 的矩形。

（2）整数比例。整数比例是以正方形为基本单元而组成的不同的矩形比例，即边长比为 1:2、1:3、1:4…的矩形，整数比例具有明快、均整之美。

2）对称与均衡

对称在视觉上产生一种重复的共性因素，具有定性的统一形式美，能给人以庄严、稳重的感觉。但过分强调追求对称，会给人以呆板、单调之感。均衡是对称的发展，是一种不对称形式的心理平衡。一般以三种形态存在：①等形不等量。②等量不等形。③不等形不等量。均衡法造型给人以一种内在的有秩序的动态美，均衡比对称更富有趣味和变化。具有动中有静，静中寓动，生动感人的艺术效果。通常获得均衡感的方法是，以支撑面的中点为假想支点，两边的和体量矩大约相等，达到综合平衡。此处“体”指体积，“量”指质量，质量感可通过材质和色彩来产生和调节。

3）稳定与轻巧

稳定是指造型物上下之间的轻重关系。稳定的基本条件是物体重心必须在该物体的支撑面以内。重心愈低、愈靠近支撑面的中心部位，稳定感愈强。稳定给人以安全、轻松的感觉，不稳定则给人以危险和紧张的感觉。在造型设计中稳定表现有“实际稳定”和“视觉稳定”两个方面。实际稳定是按产品实际质量的重心符合稳定条件所达到的稳定，视觉稳定是以造型物形体的外部体量关系来衡量它是否满足视觉上的稳定感。一般情况下，增强造型物稳定感的方法主要有，降低重心、底面落地、增大支撑面、减少空间、多用直线和梯形以及使下部呈深暗色等。轻巧也是指造型物上下之间的轻重关系，即在满足“实际稳定”的前提下，用艺术创造的方法使造型物给人以轻盈、灵巧与活泼的美感。

增强轻巧的措施是，提高重心，缩小底部支承面积，作内收或架空处理，适当多用曲线、曲面等。在色彩及装饰设计中一般可采用提高色彩的明度，利用材质给人以心理联想，标牌及装饰带上置等方法。

稳定与轻巧是一个问题的两个方面,设计者应综合权衡,恰当处理。汽车的造型在具有实际和视觉的稳定的同时,还具有速度感。为此常通过凸凹、色带和镶条装饰等,有意识地塑造各种“动感线”来达到稳定中有动的效果。

4)节奏与韵律

节奏是自然和现实生活中某种有规律、周期性变化的运动形式。造型设计中,节奏美感主要是通过线条的流动、色彩的深浅间断、形体的高低、光影的明暗变化等作有规律的反复和重叠,引起欣赏者心理情感的共鸣来达到的。韵律是一种周期性的律动作有组织的变化或有规律的重复,它以节奏为骨干,也是节奏的深化。

5)统一与变化

统一是指同一个要素在同一个物体中多次出现,或在同一个物体中的不同要素趋向或安置在某个要素之中。统一的作用是避免乱、杂、散,使形体有条理,趋于一致,产生宁静和安定感。变化是指在同一个物体或环境中,要素与要素之间存在着的差异性,或在同一个物体或环境中,相同要素以一种变异的方法使之产生视觉上的差异感。变化的作用是克服呆滞、沉闷感,使形体具有生动活泼的吸引力,产生减轻心理压力、平衡心理状态的作用。

任何一种完美的造型必须具有统一性,这是美的基本原理。车身造型设计中,无论是形体、线型、色彩、装饰都要考虑到统一这个要素,切忌不同形体、不同线型、不同色彩的等量配置。必须有一个为主,其余为辅,为主者体现统一性,为辅者起配合作用,做到统一中求变化,变化中求统一。

6)调和与对比

调和指两个或两个以上的构成要素之间存在有较大的差异时,通过另外的构成要素的过渡、衔接,给人以协调、柔和的感觉。调和强调共性、一致性。对比是突出同一性质构成要素间的差异性,使构成要素间有明显的不同特点,通过相互作用、烘托,给人以生动活泼的感觉。对比强调个性、差异性。

调和与对比是广泛存在的普遍形式美法则。在造型设计中,调和与对比主要指线型、形状、色彩材质、排列等方面,一般多采用整体调和、局部对比的手法来突出统一性。

7)主从与重点

“主”即造型物的主体部位或主要功能部位,它是表现的重点部分,也是人的视觉中心;“从”则是非主体部位或次要的部位。主从关系非常密切,没有“从”也无所谓“主”。没有重点,则显得平淡,没有一般也不能强调和突出重点。重点的突出要靠对重点的渲染来强调,靠一般因素的映衬来烘托。在造型中突出主体,有意识地减弱次要部分,是最易求得统一的方法。

形成视觉中心一般可采用以下方法:形、色、质的对比与衬托,突出欲表达的重点;利用动感强的形式对视觉的诱导,形成视觉中心;将欲突出表现的重点部分,设置在与视平线等高或接近的位置上。

8)过渡与呼应

过渡指在造型物的两个不同形状或色彩之间,采用某种既联系两者又逐渐演变的形式,使它们相互协调而达到和谐的造型效果。其基本形式一般可分为边界明晰、棱角锋锐的直接过渡和边界模糊而柔顺的间接过渡两种。呼应指造型物在某个方位上(前后、左右、上下)形、色、质的相互关联和位置的相互照应,在视觉上产生相互关联的和谐统一感。

9)比拟与联想

比拟指比喻和模拟,是事物意象互相之间的折射、寄寓、暗示与模仿。联想指由一种事物到另一种事物的思维推移与呼应。

10)单纯与风格(个性)

单纯是指造型物的高度概括而给人以鲜明清新的构型轮廓印象。构造简单的图形便于识别和记忆,人们在视觉心理上倾向于将复杂形态单纯化,以增强秩序感和整体感效果。风格是指产品造型中具有个性的格调,这种格调通过某种可辨识的方法与别的格调相区别,是造型物中那些显见的所有个性特点综合起来所形成的。在造型中获得单纯和谐的有效方法是省略次要、强调重点,但决不等于简陋肤浅。

第三节　车身大包围和尾翼

一、车身大包围

(一)大包围的含义

大包围又称作汽车车身空气扰流组件,起初源于赛车运动,用于改善车身周围的气流对于运动中车身稳定性的影响,具有减低汽车行驶时所产生的逆向气流,同时增加汽车的下压力的功能。它使汽车行驶时更加平稳,从而减少耗油量,也能突出个性化外观。

一般的汽车大包围包括前、后保险杠处的空气扰流组件和车身左右两侧的导流裙边。前保险杠处的空气扰流组件,主要是在汽车行驶中把较多的气流导向两侧和上部,减少气流进入汽车底部,从而减少汽车底部的空气升力,使汽车轮胎与地面有足够的附着力;后保险杠处的空气扰流组件可减少汽车行驶中尾部产生的“尾涡”,从而减少行驶中的阻力;而车身左右两侧的导流裙边主要是让车身下方两侧的乱流尽快地清除,或是将气流导引到后轮的制动系统以达到制动器降温的目的。由于大包围件制作复杂,目前汽车装潢中往往是根据车型选用相应的大包围件成品进行安装。

(二)大包围件的制作材料

国内现在比较流行的大包围套件的主要材料有以下四种:

1. 玻璃纤维材料

玻璃纤维是一种工程材料。具有不燃、耐腐蚀、耐高温、吸湿性小、变形系数小等优良特性。用玻璃纤维材料制作的大包围件产品最常见,款式多,价格较便宜,但重量大,韧性差,若发生碰擦容易断裂。

2. ABS 塑料

ABS 塑料的化学名称是丙烯腈-丁二烯-苯乙烯共聚物。ABS 工程塑料具有优良的综合性能,有极好的冲击强度、尺寸稳定性、电性能、耐磨性、抗化学药品性、染色性,成型加工和机械加工也较好。ABS 工程塑料的缺点是热变形温度较低,可燃,耐候性较差。ABS 塑料大包围件产品因为是真空吸塑成形,厚度较薄,所以此类材料不能作保险杠款的包围,只能制作唇款的大包围。

3. 合成树脂材料

合成树脂是指由简单有机物经化学合成或某些天然产物经化学反应而得到的树脂产物。此类材料收缩性较小，韧性较好，耐热不变形，所以制作出的产品表面光滑，价格相对较高。

4. 聚氨酯塑料

聚氨酯塑料是一种新兴的有机高分子材料，被誉为"第五大塑料"，因其卓越的性能而被广泛应用于众多领域。聚氨酯塑料具有抗冲击、不易变形、不易断裂、耐候性（-40~80℃）、环保无公害等特点。聚氨酯塑料大包围件产品是高压注塑成形，有很高的柔韧性与强度，价格较高。

（三）大包围件的制作程序

以采用玻璃纤维制作大包围件为例，其基本制作程序如下：

1. 做试模

确定设计方案，进行大包围雏形的设计，被行家称为"做试模"，即先用玻璃纤维做出预想的产品形状。试模做好后，就可以在试模上用玻璃纤维套出主模，经过修整后就可以用于生产了。

2. 涂胶

在主模内表面涂一层胶，胶的颜色决定产品胚件的颜色。等胶干后，就要在胶层上刮腻子，填补主模上的空隙。

3. 铺玻璃纤维

待腻子干后，就可以把预先剪裁好的纤维在主模上铺上3~5层，确保大包围件有足够的刚度，玻璃纤维贴上后，就把主模阴阳模合拢夹紧，夹成完整的整体，同时塑造出产品内部的轮廓。经1~3h后，待玻璃纤维干透就可以脱模了。

4. 打磨

脱模后便可进行打磨、打水砂以及修补等工序，这样半成品就出来了。

5. 喷漆

喷底漆、面漆和烘烤工序，大包围产品就制作完成了。

（四）车身大包围的装潢施工

大包围的安装款式主要有两类：一是加装款式，这类大包围产品不需要改动原车，是在原车的保险杠上加装半截下唇。二是保险杠款式，这类大包围产品是将原来的前后保险杠整个拆下，然后再装上大包围。这类大包围可以较大地改变汽车外观，更具个性化。

1. 选择大包围件

1）按车型选择

目前厂家生产的大包围总成件，基本上都是为特定的车型而设计制作的。在制作中，又根据制作的材质和工艺而分为标准型、豪华型；在为车型配套时，还要考虑车身的颜色，所以有多种类型和颜色可供选择。大包围件如图2-1所示。

2）选择的标准

选择大包围总成件的标准，主要是要达到装饰后好看、协调、总体平衡统一、外形美观大方、前后包围和侧包围融为一体以及独具个性等。

2. 安装大包围

大包围由前包围、侧包围和后包围组成。

1）安装前包围

（1）将安装前包围的部位进行擦拭，将油污、污垢等去除，使装潢部位达到清洁、干燥，做好安装准备。

(2)准备好安装工具和材料,常用的安装工具有手电钻、锤子、螺丝刀、活扳手、钳子等;准备好大包围总成的各种零件,按安装说明书要求做好相应准备。

(3)按前包围安装位置的要求,在车的前端钻好安装孔,并去掉孔边周围的毛刺。

(4)将前包围从保险杠下部插入,对准安装孔,用螺钉从侧面固定拧紧。

如图 2-2 所示为安装前包围后的状态。

2)安装侧包围

侧包围分左、右两部分,安装方法一样。

(1)清洗安装部位,准备好安装用的工具和材料,做好安装前的一切准备工作。

(2)按安装要求,钻好安装孔。把车门打开,将右侧围的包围件放在安装位置,钻好安装孔,并用螺钉固定好。

如图 2-3 可见安装左侧包围件后的状态。

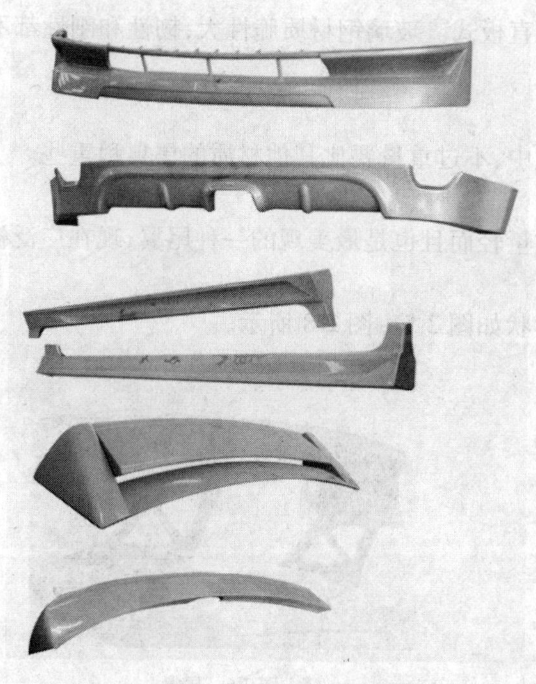

图 2-1 汽车大包围件

图 2-2 安装前包围后的状态

图 2-3 安装左侧包围件后的状态

3)安装后包围

后部包围件的安装方法与前部一样。但后部包围件上有排气口,制作时将排气口变大了,显得更漂亮。图 2-4 所示为安装后包围件后的状态。

(五)大包围装潢的注意事项

(1)汽车是否加装大包围,要根据汽车经常行驶的道路情况而定,加装了大包围的汽车只适合在平坦和良好的道路上行驶。

(2)应选用高质量的大包围产品。因为高质量的大包围产品,无论是坚固程度还是表面光洁度都远远优于一般产品。

(3)最好不要选用需要拆掉原车保险杠才能安装的大包围，因为大包围的抗撞击能力不如保险杠，所以选用将原车保险杠包裹其中的大包围较好。但如果一定要选用拆保险杠的大包围，可将原保险杠中的缓冲区移植到大包围中，以起到保护的作用。

图2-4　安装后包围件后的状态

二、尾翼

安装尾翼如今成了年轻车主彰显时尚个性的一种方式。安装尾翼用以去除和扰乱汽车后部的气流，改变后部气流的流动状态，从而减少后部气流对汽车的阻力和提升力，提高车辆的行驶稳定性。

(一)尾翼的种类

现在市场上尾翼的种类较多，按尾翼的制作材料分有以下三种：

1. 玻璃钢尾翼

这类尾翼造型多样，有鸭舌状、机翼状、也有直板式。玻璃钢材质脆性大，韧性和刚性都不足，价格比较便宜。

2. 铝合金尾翼

这类尾翼导流和散热效果不错，而且价格适中，不过重量要比其他材质的尾翼稍重些。

3. 碳纤维尾翼

碳纤维尾翼刚性和耐久性都非常好，不仅重量轻而且也是最美观的一种尾翼，现在广泛被F1赛车采用，不过价格比较昂贵。

尾翼的形状也是各种各样的，常见的尾翼形状如图2-5～图2-8所示。

图2-5　尾翼

图2-6　尾翼

图2-7　尾翼

图2-8　尾翼

(二)尾翼安装的优缺点

尾翼安装的优点是使汽车外形美观,提高汽车高速行驶稳定性,尤其是汽车在高速过弯或通过复杂路段时,尾翼可以起到一定的平衡作用。

尾翼安装的缺点是在城市路况行驶会增加油耗。因为汽车表面的凸出物越少,线条越流畅其空气阻力系数越小,增加的尾翼会增大空气阻力。由于大多数轿车以城市道路行驶为主,车辆根本达不到尾翼能够发挥作用的车速,再加上车身整体重量的增加,因此会导致油耗的上升。

(三)尾翼的安装施工

1. 选择尾翼

尾翼的形状尺寸差异较大,这与车型有关。选择时,应按车型要求,尽量选用与车型相配套的尾翼。因为尾翼在设计制造时,均经过一定的研究试验而确定的,绝非随意所为。所以,应该选择与车型相配套的尾翼。若无配套的尾翼时,可按尾翼的产品说明书和车型状况,尽量选用近似车型的尾翼。因为有的尾翼可为几种车型通用。

2. 安装施工方法

(1)清洗安装部位。一般尾翼都安装在行李舱盖板上,大都用螺钉连接。所以,可应用清洗剂擦洗行李舱盖板并擦干,保持干净整洁。

(2)按安装要求,钻后翼板的安装孔。这些安装孔是钻在行李舱盖板的相应位置上。

(3)在行李舱盖的安装孔与后翼板的接合处涂上硅胶,以防漏水。

(4)将固定螺钉由行李舱内侧向外固定锁紧。

(5)为了提高防漏水的可靠性,固定后,在固定架周围注入透明硅胶。

(6)有的尾翼采用粘贴法安装。这种方法不在行李舱盖板上钻孔,不会发生漏水现象。但是其稳定性和牢固性较差。使用一段时间后,有脱落的现象。这可能与粘贴质量欠佳或粘胶质量不良有关。

第四节 汽车天窗

一、安装天窗的优点

(1)增加轿车的美观,提高汽车的档次和装饰性。

(2)能改善车内空气的交换状况,保持车内新鲜空气充足。

(3)天窗换气柔和,所以对空调影响小,且不易灌入尘土,车外噪声影响小(在高速公路上不宜开侧窗,开侧窗会增加行车阻力,增大车辆提升力,影响操纵稳定性)。

(4)开阔了视野,有投入大自然的感觉;沐浴着阳光,去除了被封闭在车内的压抑感。

(5)经试验测得,在阳光曝晒下车内温度可高达60℃左右,特别是在车辆暂时露天停放时,温度更高。但当汽车开动后,开天窗对车内降温可比开空调降温速度快2~3倍,可节约行车能耗。

二、天窗换气原理

汽车车厢换气包括进气和排气,没有天窗的汽车,进气是由进风口采用鼓风等方法实现的,排气是利用行车时车体内外产生的正负压差,使车厢内气体通过缝隙和排气孔排出。此种进气、排气方式使得排气不通畅,进气受阻,车内空气无法快速更新。天窗换气利用的是负压原理,打开天窗时首先将车内的空气抽出,而不是直接进风,污浊的气体被抽走后,从进气口补充进来经过过滤的新鲜空气。采用这种先排气后进气的换气方式,可加快空气的更新速度。

三、天窗的类型

(一)按动力形式分类

1. 手动式

用手的力量开启和关闭的天窗,称为手动式天窗。

2. 电动式

以电力为动力而进行开启和关闭的天窗,称为电动式天窗。

(二)按结构形式分类

1. 外启手推式天窗

外启手推式天窗是用手的力量推开或关闭的天窗,如图 2-9 所示。这种天窗的结构原理与公交车上的一样,只不过制造用的材料和精密度要高些,采用绿水晶玻璃,阻隔 99.9% 的紫外线和 96% 以上的热能,在行驶中天窗开启时没有噪声,手推式把手或无段级手摇把手更可根据自己的需要将天窗倾斜或外滑至所需位置。适合于安装在经济型车上。

2. 外启电动式天窗

外启电动式天窗在开启时向车顶升起并向后方滑动。如图 2-10 所示。采用绿水晶玻璃,可阻隔 99.9% 的紫外线和 96% 以上的热能;具有防夹功能和自动关闭功能;配有移动式遮阳板。此类天窗主要安装在中小型轿车和中型客车上。

图 2-9　外启手推式天窗

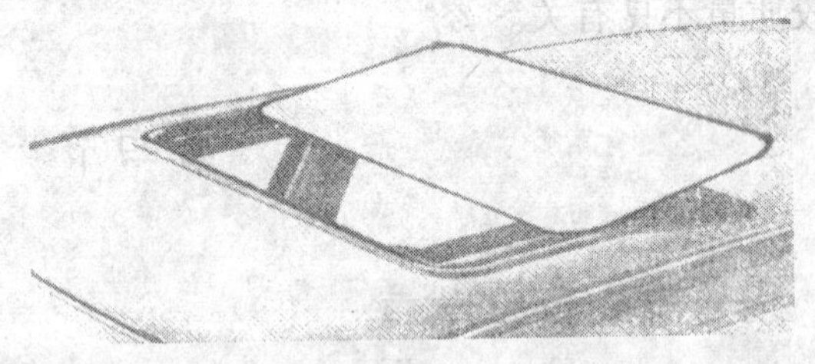

图 2-10　外启电动式天窗

3. 敞篷式天窗

敞篷式天窗在开启时分段折叠在一起,开启后天窗完全打开,敞开的空间大,结构紧凑。如图 2-11 所示。它使用三层高品质的特殊材料组合而成,外层采用特殊的防紫外线及隔热 PVC 材料,具有防紫外线和隔热的效果。此款天窗时尚前卫,适合中小型轿车安装。

4. 内藏式天窗

内藏式天窗在汽车顶盖下面与顶棚内衬之间滑动,在开启时可以移动到不同的位置。如图 2-12 所示。采用绿水晶玻璃,可阻隔 99.9% 的紫外线和 96% 以上的热能;具有防夹功能和自动关闭功能,能确保使用者不被天窗机构夹着;并采用自动控制,当发动机熄火后 3s 自动关闭天窗,具有防盗功能;配合独立的内藏式太阳挡板。此类天窗结构复杂,功能齐全,使用方便,为豪华装潢精品,多用于中高档轿车上。

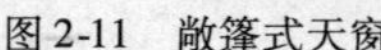
图 2-11　敞篷式天窗

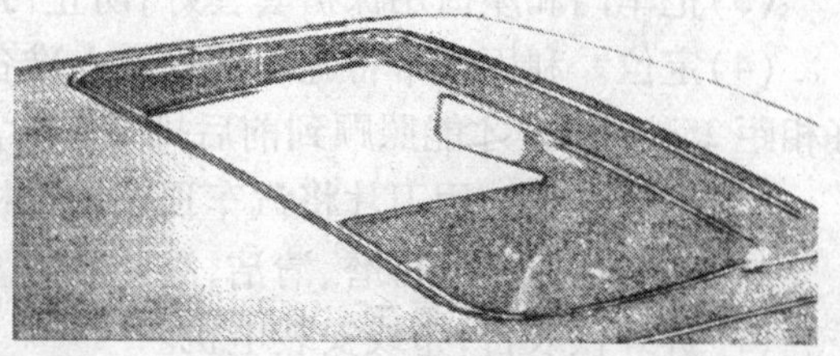
图 2-12　内藏式天窗

四、天窗的结构

电动天窗是最受车主欢迎的汽车天窗，现以电动天窗为例说明天窗的基本结构。电动天窗主要有滑动机构、驱动机构、控制系统和开关等组成。

1. 滑动机构

电动天窗滑动机构主要由导向块、导向销、连杆、托架和前、后枕座等构成。

2. 驱动机构

电动天窗驱动机构主要由电动机、传动机构和滑动螺杆等组成。

(1)电动机。电动机通过传动装置向天窗的开闭提供动力。电动机能双向转动，即通过改变电流的方向以改变电动机的旋转方向，实现天窗的开闭。

(2)传动机构。传动机构主要由蜗轮蜗杆传动机构、中间齿轮传动机构(主动中间齿轮、过渡中间齿轮)和驱动齿轮等组成。齿轮传动机构接受电动机的动力，改变旋转方向，并减速增矩后将动力传给滑动螺杆，使天窗实现开闭；同时又将动力传给凸轮，使凸轮顶动限位开关进行开闭；主动中间齿轮与蜗轮固装在同一轴上，并与蜗轮同步转动；过渡中间齿轮与驱动齿轮固装在同一输出轴上，被主动中间齿轮驱动，使驱动齿轮带动玻璃开闭。

3. 开关

电动天窗的开关由控制开关和限位开关组成。

(1)控制开关。控制开关主要包括滑动开关和斜升开关。滑动开关有滑动打开、滑动关闭和断开(中间位置)3 个挡位；斜升开关也是有斜升、斜降和断开(中间位置)3 个挡位。通过操作这些开关，使天窗驱动机构的电动机实现正反转，使天窗实现不同状态下的工作。

(2)限位开关。限位开关主要是用来检测天窗所处的位置，犹如一个行程开关。限位开关是靠凸轮转动来实现断开和闭合的，凸轮安装在驱动机构的动力输出端。当电动机将动力输出时，通过驱动齿轮和滑动螺杆减速后带动凸轮转动，于是凸轮周缘的凸起部位顶动开关使其开闭，以实现对天窗的自动控制。

4. 控制系统

控制系统 ECU 是一个数字控制电路，并设有定时器、蜂鸣器和继电器等，其作用是接受开关输入的信息，通过数字电路进行逻辑运算，确定继电器的动作，以控制天窗的开闭。

五、天窗安装的步骤

(1)洗车。

(2)检查车况。

(3)把车门和座椅用保护套套好,防止污损。

(4)定位。利用胶带将施工图固定在准备开天窗的位置。开天窗的位置与前风窗玻璃最好相距25cm,这样才能照顾到前后排乘客的需要。

(5)划线开孔。用刀片将汽车顶棚内饰板切割下来,再用电剪将天窗位置剪出来。

(6)对剪切口进行打磨、清洁,涂防锈漆。

(7)拆开仪表台,布线安装电机。

(8)安装天窗。

(9)验收。淋水测试天窗的密封性,检查天窗开启、关闭时的运动情况有无异常。

六、天窗装潢时注意事项

1. 认真选择天窗的类型、规格和品种

汽车天窗的类型规格繁多,必须按车型要求和天窗安装使用条件,综合考虑而选定。

2. 选择天窗必须与车型配套协调

在选择天窗的种类、规格时,应与具体车辆协调配套。高档车应选用豪华型天窗。若低档车选用豪华天窗,则天窗会出现许多多余的功能,既不协调也不经济。

3. 天窗装饰应不影响车辆寿命

在设计制造天窗时,是按具体车型精心设计制造的,从结构、材料和制作工艺上都有科学依据,并经过一定的试验检测。只要选择合理,安装、使用正确,将不会影响车辆寿命。

4. 天窗装饰应不影响车辆的安全性

天窗的主体材料是玻璃和框架系统等,这些材质的性能与风窗和侧窗等相似,玻璃应采用强化安全玻璃,有防盗和安全系统,这些都说明,在安全性方面并不低于风窗和侧窗,而只会高于风窗和侧窗。所以,天窗装饰应不影响车辆的安全性。

5. 天窗新产品在汽车装潢中推广应用

天窗的结构和材质不断推陈出新,新产品层出不穷。例如具有特殊变色功能的玻璃材料,能有效地过滤紫外线和其他有害辐射物,并使车内保持一定的亮度;另外,乘客在车内还可以调节玻璃的透明度,既能清楚看到车外的景色,又能使车内有良好的光线氛围。

第五节　车身局部装潢

利用装潢用品对汽车外部的某些部位进行装潢,一方面使汽车突现出车主的个性喜好,追求时尚,与众不同;另一方面这些装潢用品也能对装潢部位起到保护作用。车身局部装潢内容主要有灯眉、轮眉、汽车底部保护、氙气前照灯、汽车后视镜、汽车护杠等。

一、灯眉

灯眉的装潢部位是在汽车的前车灯上表面。灯眉如图2-13、图2-14所示。将左右前车灯加上灯眉装饰,尽显汽车可爱“面容”和独特的“个性”。

图 2-13　灯眉示例(一)

图 2-14　灯眉示例(二)

1. 灯眉材料选择

灯眉材料大都是类似彩条那样的不干胶制品,应选择质地好、寿命长、颜色丰满、粘贴牢固的灯眉材料。市场上也有与各种车型前照灯相匹配的灯眉成品,它们大都采用 ABS 工程塑料制作而成,表面经过电镀处理,光亮度好,能经久不褪色。如果选用的是灯眉成品,擦拭干净粘贴部位后,撕掉灯眉的衬纸,把灯眉粘贴上去就行了。

2. 自制灯眉安装施工

(1)将灯眉材料按安装部位的形状,裁剪成长短、宽窄、形状与车灯相匹配的灯眉。要特别注意左、右灯眉应对称,不能有差异。

(2)将粘贴灯眉的部位用毛巾擦拭干净,以确保粘贴牢固。

(3)将灯眉的衬纸撕掉,把灯眉平整地粘贴到前照灯上部的安装部位,不得有皱褶、气泡等缺陷。

二、轮眉

轮眉安装在轮胎上面的翼子板上,轮眉既能起到装饰作用,又可以在汽车发生刮擦时起保护车身的作用。轮眉是一些装饰配件厂针对一些车型而设计制造出的装饰件,其制作材料有塑料和不锈钢,有不同的颜色和规格,可根据特定的车型和车辆的状态,选择合适的轮眉。轮眉如图 2-15 所示。

轮眉的安装方法一般有以下两种方法。

1. 用螺钉或拉拔铆钉固定法

在轮眉上一般都有安装小孔,这是为采用螺钉固定法或铆钉固定法而设置的安装孔。在安装前,需对安装部位进行清洗,对轮眉也要擦拭,去除尘土、污物,保持清洁干燥。应特别注意把翼子板凸缘的内缘污垢清洗干净,使之清洁干燥。按照轮眉上的小孔,在翼子板凸缘上配钻安装孔,去除孔边上的毛刺。在安装部位的固定处,涂上硅胶,即在翼子板和轮眉的相应位置均需涂上硅胶,使螺钉或拉拔铆钉固紧,使其接合紧密,不积水,这样不易产生锈蚀。这种安装方法,对用不锈钢材料制作的轮眉很适用。

图 2-15　轮眉

2. 胶粘法

有的轮眉是用保护膜之类的塑料制作的，有的是不干胶产品。对这种轮眉，用粘贴安装非常容易。先将安装轮眉部位擦拭干净，清除污物、尘垢，并使表面干燥。撕掉轮眉上的衬纸，将轮眉平整地粘贴在轮弧上即可。

三、汽车底部保护

1. 汽车底部保护的必要性

汽车底部是最容易损坏和腐蚀的部位。像夏季地表高温烘烤，酸雨的侵袭，路上飞石的撞击，尤其是冬季雪道上除雪剂的腐蚀，这些都会使汽车底部腐蚀、生锈和撞击损坏。有些汽车制造厂对汽车底部的处理非常简单，在底部仅仅是涂了一层防锈漆，甚至一些车型只涂了局部。这样在正常气候和地理条件下，原厂防锈措施只能对汽车底部起到有限的保护作用，由于恶劣的运行环境，防锈漆层很容易被破坏，造成部件锈蚀。如不及时采取措施对汽车底部进行保护，将会增加汽车维修量，影响汽车的正常使用。因此汽车底部保护就显得十分重要。

2. 汽车底部保护措施

汽车底部保护最有效的措施是在汽车装潢美容界被称为底盘封塑，有的称为底盘装甲。底盘封塑是将一种高附着性、高弹性、高防腐、防潮的柔性橡胶树脂厚厚地喷涂在汽车底部上，使汽车底部的零部件与外界隔绝，以起到汽车底部的零部件防腐、防锈、防撞的作用，同时橡胶树脂涂层还可以起到隔音的作用。

3. 底盘封塑施工步骤

1）清洗汽车底部

将汽车开到举升机上，将汽车升起并停在适合冲洗的高度。用中性清洗剂对汽车底部进行彻底清洗，去除底盘上的油污、沥青、沙土等污垢并擦拭干净。如有锈迹应铲除、打磨，彻底清除锈迹。

2）热风吹干

用热风机对底部进行吹干，清除水渍和湿气，使底部达到彻底干燥。

3）保护

将底部的传动部分、排气系统、散热部位、各种管线及接口、螺钉等不应喷涂的部位用遮盖纸遮盖好。利用大张塑料薄膜包覆轮胎。利用遮蔽膜包覆整个轮弧，并沿车身裙边贴好。有的车子轮弧部位是用整块 PVC 板保护的，这样就需要拆下车轮，再拆下 PVC 板然后对里面的裸露金属部位进行喷涂。

4）喷涂

施工部位是车辆底盘钢板、轮弧、叶子板、油箱外壳等。施工人员带上口罩。每次使用前用力摇匀容器罐，拉开拉环，将喷枪吸管插穿铝膜，并拧紧容器罐与喷枪的对接口，即可开始喷涂。将橡胶树脂均匀地喷涂到施工部位，使之形成一层牢固的保护膜。

5）喷涂完后的保护

喷涂完工后，用热风吹干或晾干。然后拆掉遮盖纸。对未喷涂部位，只要不影响传动、转动及散热，可刷涂透明保护漆。这样的保护漆，可以保护刷涂部位不锈蚀又不影响散热和运动，从而达到了对汽车底部全面彻底的保护。

4. 注意事项

(1)喷枪气压为 3.5～5.5kg/cm^2,喷枪距物体表面 15～20cm,"十"字形喷涂,喷涂速度为每秒 10～15cm,喷涂在不易连续喷射的地方可以点射喷涂。

(2)喷涂过程中,不能喷涂的部位要特别留意。

(3)底盘封塑有一定的厚度,是通过多次喷涂逐渐加厚的,下一次喷涂应在前一次涂层表干的基础上进行。

(4)对于砾石击打产生噪声的部位,例如油箱、叶子板应重点喷涂,适当增加涂层厚度,会取得好的降噪效果。

(5)一般对于塑料材质的部件可不喷涂。

(6)喷涂后用手轻触喷涂层,确定喷涂层表干,汽车即可上路行驶。喷涂层完全固化时间为 3 天左右。

四、氙气前照灯

目前,全球 30% 的汽车制造商都已经把氙气前照灯作为车辆的标准配置,国内近期出产的奥迪、帕萨特、别克君威等豪华型车上均配置了氙气前照灯。因为氙气前照灯有许多特点及它的时尚性,很多车主都把汽车上的原卤素前照灯更换成氙气前照灯。

(一)氙气前照灯的工作原理及特点

氙气灯的全称是高压气体放电灯,简称 HID(High Intensity Discharge 高压气体放电灯的英文缩写)。氙气灯的工作原理是在抗紫外线水晶石英玻璃管内,以多种化学气体充填,其中大部分为氙气与碘化物等惰性气体,通过镇流器将汽车上 12V 的直流电压瞬间增压至 23000V 的电压,高压激发石英玻璃管内的氙气电子游离,在两电极之间产生光源,这就是所谓的气体放电。

氙气前照灯的特点是:

1. 功率小

一般车辆的卤素前照灯的功率为 60W 左右,而氙气前照灯的功率为 35W。所以使用氙气前照灯比使用卤素前照灯可节约近一半的电力消耗。氙气前照灯灯泡如图 2-16 所示。

图 2-16　氙气灯灯泡

2. 亮度高

通常计算亮度的单位称之为"流明度",氙气前照灯可达到 3200 流明度的亮度,而一般卤素前照灯最多也只能产生 1000 流明度左右的亮度,氙气前照灯的亮度是卤素前照灯的 3 倍,而且灯光射程更远,提高了夜间及雾中行驶安全性。

3. 色温度高

氙气前照灯可以达到 4000K 以上的色温度。色温度用绝对温度 K 表示,是将一标准黑体(例如铁)加热,温度升高至某一程度时颜色开始由红→浅红→橙黄→白→蓝白→蓝,逐渐改变,利用这种光色变化的特征,某光源的光色与黑体在某一温度下呈现的光色相同时,将黑体当时的绝对温度称为该光源的色温度。色温度在 3000K 以下,光色就开始有偏红的现象,给人一种

温暖的感觉。色温度超过 5000K,颜色则偏向蓝色,给人一种清冷的感觉。4000K 的光色正好是最白且略微开始转蓝的色温,也最接近正午日光的颜色,人眼的接受度及舒适度最高。这样的灯光用在车辆的夜间照明上,可以有效减少驾驶员的视觉疲劳,提高驾驶安全性。如图 2-17 为氙气前照灯效果图。

4. 使用寿命长

氙气前照灯是利用高压击穿气体电弧发光,基本上不会产生过高温度,所以只要其中的氙气还没用完,它就可以一直正常发光,不易损坏。根据研究表明,质量较好的卤素灯泡,最多只能连续使用 400 小时;而氙气灯泡,最少都有 2500 小时的使用寿命,

图 2-17　氙气前照灯效果图

(二)氙气前照灯的改装方法

目前主要有三种改装方法。

1. 氙气灯泡改装

氙气灯泡改装就是将原车前照灯中的卤素灯泡拆掉,换上氙气灯泡(包括氙气灯泡座),加装氙气镇流器,同时在防尘罩上钻孔并引出线束。由于市场上已经推出了适配卤素灯型号 H1,H3,H4,H7,HB3,HB4 等卤素灯泡的氙气灯泡,因此几乎所有的车型都可以适用。但是,这种方法存在很大的安全隐患:一是由于前照灯的反射镜与配光镜都是为原卤素灯泡而度身定造,在改换氙气灯泡后,由于氙气灯泡与原卤素灯泡的大小、尺寸都不尽相同,发光部分必然偏离了焦点位置(即由于氙气灯泡发光点位置偏移所致),因此新装的氙气灯泡与反射镜及配光镜的配合不可能达到原有的效果。反而产生了包括不聚光、失去近光明暗截止线(根据 ECE 标准及我国国家标准 GB 4599—1994 第 7.3.1 条款,近光应产生明显的明暗截止线)、无正确的远光功能(带远光功能的改装氙气灯泡产品确实有,但光型并不理想,甚至不符合法规要求)等严重的不良影响,并导致会车眩目的可能性增加。二是由于更改了原车的电路,一旦出现产品质量问题,很可能引起短路起火。

2. 更换前照灯总成

在欧洲,法规已明确规定氙气灯泡改装为非法,只有更换前照灯总成才被视作合法,并且还必须同时配备前照灯清洗装置及自动前照灯调节装置(详见欧洲经济委员会条款 ECE—R48)。目前,我国虽然尚未颁布类似的法令,但我国的国家标准很大程度上借鉴并等效于欧洲 ECE 条款的惯例,很有可能今后也将出现相应的规定。这种改装方式主要采用原配套氙气前照灯,即氙气灯泡配合专门为其设计的配光镜和反射镜,因而成为一种最理想的改装方法。目前可改装氙气前照灯总成的车型,包括了帕萨特 B5,奥迪 A6 C5,以及宝马 5 系和奔驰 E 级系列等。采用这种方式改装极为方便,一般只需拆换前照灯总成即可。

3. 加装氙气辅助灯

这种方法的特点在于完全不改动原车的照明系统,而是将氙气辅助灯作为附加产品安装于车辆头部或顶部的相应位置。这种改装相对比较灵活,用户可以根据车辆的前围造型和自己的喜好挑选合适的产品,选择合理的安装位置进行安装,满足个性化的需求。氙气辅助灯以远光灯为主,外径一般小至 80 ~ 90mm,大至 200mm,分别可适合卡车、越野车、轿车等不同车

型。氙气辅助灯中的铅笔光型产品,可以满足高速公路驾驶以及赛车驾驶的特殊需求,射程可达千米以上。然而,该种方法的缺点在于,对于车辆前围保险杠及格栅有一定的尺寸要求,需仔细测量后再予以改装。

(三)氙气前照灯的安装

(1)检测车灯的型号是否与本车相符。

(2)把原车灯拆下。

(3)拆去原线路的接线,在适当的位置用开孔器开一个直径 25mm 的孔,用于氙气灯线的引进。

(4)拆开氙气灯安全筒。

(5)装上氙气灯泡并扣紧,高压线由开孔处引出,再将高压线上的防水胶圈护住开孔,防止水和尘土进入前照灯。

(6)将镇流器固定在适当的位置。应使镇流器远离热源。

(7)接上灯泡和镇流器高压线(插头对接)。

(8)接上 12V 电源线及控制线(红为正,黑为负)。

五、汽车后视镜

汽车后视镜是保证安全行车的主要安全设备,目前各种汽车上安装的后视镜无论是平面镜、球状凸面镜,都不同程度地存在盲区,而且视野宽度不足,驾驶员在转弯、变道、超车或被超车时,往往要身体前倾或左右扭转头才能发现障碍,因此,始终存在着影响行车安全的隐患。使用具有大视野"无盲区"、防眩目、防水、防雾等功能的后视镜是最好的选择。

目前汽车后视镜主要有以下几种:

1. 平面镜

平面镜的优点是后视物体无失真,能真实反映车后物体的真实外形及实际距离,给驾驶员有比较准确的判断信息。缺点是后视范围较小,造成过多的视觉盲区。

2. 球面镜

球面镜的特点是后视物体缩小,后视范围、视角扩大,不能真实反映车后物体大小及实际距离,驾驶员需经过一段适应对比过程。

3. 双曲率镜面

双曲率镜面是靠车身侧 2/3 的面积用平面镜,靠外面 1/3 的面积用大弧度的凸面镜,这样驾驶员就能看到汽车侧面和后面的全景,消除转弯时的盲点,扩大视野。但这种后视镜看远处的物体有失真现象。双曲率镜面是目前比较新颖的镜面。它弥补了平面镜后视范围过小,球面镜反映后方物体不真实的不足,它的球面部分曲率半径较大,一般为 SR2000 左右。

4. 变曲率镜面

变曲率镜面是依据车型、驾驶员眼点位置与后视镜相对位置、视野要求三个要素,运用光学原理和数据方法,对车辆的前后左右不同视野角度选择不同的曲率半径,并平滑过渡,这样,能够在满足基本不失真的条件下进一步扩大视野、减少盲区,既满足了国家强制性标准,又解决了盲区问题。

例如"视清牌"大视野汽车外后视镜,是采用全新的曲率渐变思想和独特的工艺方法,生产出具有视野更开阔、减少视角盲区、防眩目、亲水性良好、图像连贯且失真小的大视野汽车外后视镜。这种新型后视镜完全弥补了现有的平面镜、球面镜在视野上存在安全缺陷，从而提高了行车安全。这种汽车后视镜镜面采用纳米金属二氧化钛（TiO_2）涂层（俗称“蓝镜”），在玻璃表层形成470nm波长的纳米镀膜，使镜面超耐磨，永不褪色，使之增强对比，视觉更清晰。根据车型、驾驶员眼点位置与后视镜相对位置、视野要求三个要素，运用光学原理和数据方法，对车辆的前后左右不同视野角度选择不同的曲率半径，并平滑过渡，大视野镜面设计，比原车后视镜视野最大提高4.8倍，大大减少了视觉盲区。这样，能够在满足基本不失真的条件下进一步扩大视野、消除盲区。

变曲率技术使镜面反光由内到外渐变大，可以减少反射光。二氧化钛纳米金属材料的特性，是提高安全使反射镜有较适宜的反射率和较高的的对比度，降低反射80%，抗眩光不再刺眼，具防眩目作用。其镜片表面镀了二氧化钛纳米蓝膜，利用纳米金属膜与水有超强结合力的特性，使得后视镜表面在有水、雾时迅速形成一层亲水薄膜，从而破坏了水的表面张力，达到了防水、防雾的目的。

目前“无盲区”后视镜主要有：

1. 加贴小镜子

通常是圆形小镜片，价格低容易安装，只要揭下背面胶纸把小镜子粘贴到原来的平面后视镜上即可。白天行车勉强能用，有扩大视野的作用。但由于这种小镜子弧度很大，看到的后方来车变得很小，会产生较严重的距离错觉。在夜间行车，只能看到后方一些小亮点，基本上失去后视镜的作用。

2. “无盲点”后视镜

是车内后视镜的替代品，尺寸比原镜宽得多，并有一定弧度。在汽车内使用这种后视镜，通过后窗可以看到与车宽差不多的范围，方便倒车，对并线也有一定帮助。

后视镜的防眩目技术是后视镜安全技术的一个主要方面。后视镜防眩目技术的主要研究对象是车内后视镜，最早是采用棱镜镜片，白天和夜间利用棱镜的两个不同镜面作为反射面，达到防眩目的目的。正在发展的防眩目技术有电致变色防眩目后视镜等。

1）棱镜镜片防眩目技术

棱镜镜片防眩目技术是目前比较成熟的一种技术，广泛为后视镜公司采用。棱镜镜片有两个反射面，主反射面镀铝，反射率大于80%，副反射面没有镀层，反射率小于7%，依靠一个转换手柄来切换主、副反射面的位置。白天后视镜置于主反射面位置，驾驶员可以清楚地看清汽车后方的交通情况，夜间置于副反射面位置，防止后方车辆的大灯灯光反射造成的眩目感。

2）电致变色防眩目技术

这种防眩目后视镜一般安装在车厢内，它由一面特殊镜子和两个光敏二极管及电子控制器组成。电子控制器接收光敏二极管送来的前射光和后射光信号。如果照射灯光照射在车内后视镜上，如后面灯光大于前面灯光，电子控制器将输出一个电压到导电层上。导电层上的这个电压改变镜面电化层颜色，电压越高，电化层颜色越深，此时即使再强的照射光照到后视镜上，经防眩目车内后视镜反射到驾驶员眼睛上则显示暗光，不会耀眼。镜面电化层使反射光根据后方光线的入射强度，自动持续变化以防止眩目。当车辆倒车时，防眩目车内后视镜防眩功能被解除，右外后视镜自动照射地面。

六、汽车护杠

加装汽车护杠是越野车最基本的改装项目，而且越来越多的旅行车、面包车、货车都加装护杠。护杠一方面能够在交通事故中缓冲撞击力，保护车身；另一方面也使汽车外形具有鲜明的个性。护杠从安装部位上可分为前护杠、侧护杠和后护杠三种。护杠的主体材料一般为不锈钢，为了实用和美观还用塑料件或铝管装饰。目前市场上，汽车用品生产厂家针对不同款式的车型量身定做了多种护杠产品，车主可以根据自己的喜好进行选择。应注意的是这类专用车型护杠不可在不同车型之间套用。

1. 前护杠

前护杠大致分为 U 形前护杠、护灯前护杠两种。在此基础上，前护杠还可加装挡泥板、色灯等装置。U 形前护杠结构简洁，如图 2-18 所示，可以保持车型原有的面貌，几乎什么车都可以用，它只能防御正面的撞击，不能抵挡来自斜前方的撞击。装上 U 形前护杠，在越野场地可以清除石头、泥土、树苗、杂草这类的障碍物，还可以保护车身保险杠和底盘，但在都市行驶的时候，U 形前护杠的装饰性就大于实用性了。护灯护前杠可以全方位地保护前脸包括车灯和保险杠，抵挡来自正面和斜前方的撞击。护灯前护杠如图 2-19 所示。车主在转弯过程当中如果判断错误，转弯角度不够而导致车辆撞击障碍物，护灯前护杠可以有效地保护车身。

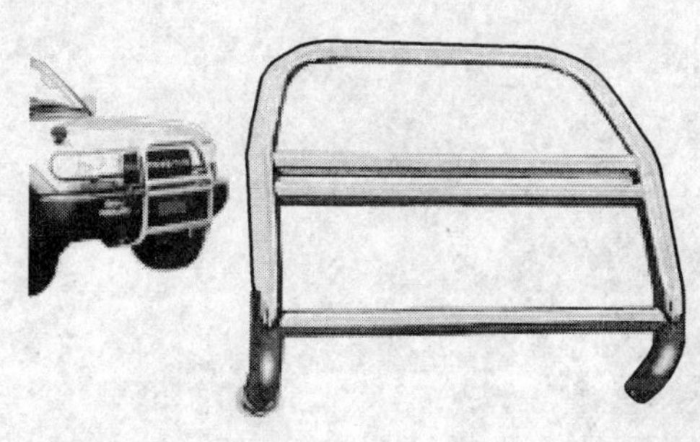

图 2-18　U 形前护杠

图 2-19　护灯前护杠

2. 侧护杠

侧护杠的作用是方便驾乘人员上下车，当车主需要放置东西到车顶的时候，它还可以充当垫高物，同时侧杠还起到挡泥和装饰车身的作用。侧护杠如图 2-20 所示。侧护杠有粗细之分，以及越野车专用和微型车专用之分。越野车的底盘高，而且底盘结实，可以安装粗管，微型车底盘低，轮距短，只适合安装细管。

3. 后护杠

后护杠可分为单管式和双管式两种。很多车主喜欢在后护杠加装反光片，在夜间行驶的时候提示后面车辆。

4. 尾梯

尾梯同样可以缓解来自后方的冲击，款式大多以实用为主。尾梯的材料可以分为不锈钢

和铝合金两种，不锈钢材料防腐性能强，光泽度高，承重能力强，所以在实际应用当中最为普及。尾梯如图 2-21 所示。

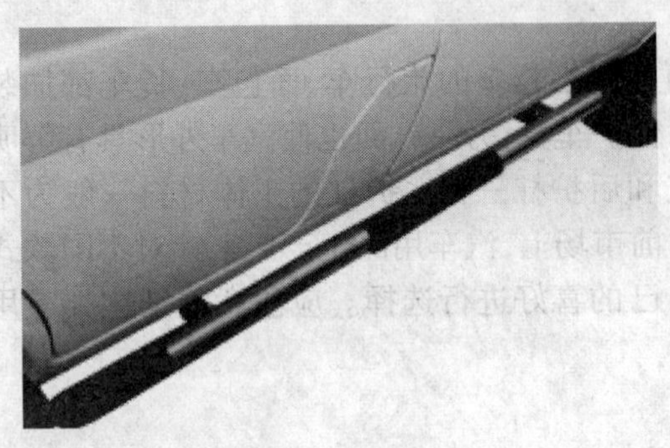

图 2-20　侧护杠

图 2-21　尾梯

第三章　汽车内室装潢

汽车内室装潢主要是为了增加汽车内室的豪华程度，满足车主的审美观，也使汽车乘坐更加舒适。汽车内室装潢的主要项目有贴玻璃安全膜、汽车内室顶棚装潢、内护板装潢、汽车座椅装潢、汽车隔音、汽车精品等。

第一节　汽车内室装潢常用的工具、设备及材料

一、常用的工具

1. 拆装工具

汽车内室顶棚装潢时需要对内饰件进行拆装，常用的拆装工具如下：

(1)扳手。扳手是用来扭转螺栓或螺母的工具。扳手的种类很多，常用的有活络扳手、开口扳手、套筒扳手、梅花扳手、组合扳手等。

(2)螺丝刀。螺丝刀是用于旋紧或旋松螺钉的工具。常用的有一字螺丝刀、十字螺丝刀、六角槽螺丝刀等。

(3)钳子。常用的钳子有尖嘴钳、老虎钳、滑动支点组合钳、可调钳等。

(4)锤子。常用的有球头锤、橡胶锤等。

2. 量具

常用的量具有钢卷尺、钢直尺、皮尺、曲尺等。

3. 刀具

常用的刀具有剪刀、电工刀等。

4. 专用工具

(1)拉铆枪。拉铆枪用于装饰件与底板的铆接固定。这种铆接方法有较高的连接强度，连接简易，成本较低。

(2)专用拆装工具。在装饰件的拆装中，常需要用一些专用工具，其中有些在随车工具中备有。由于车型不同，这类工具也有差异。例如：门手柄拆装专用工具；门窗装饰拆装专用工具等。

二、常用的设备

1. 通用设备

(1)蒸汽供给系统。在内饰装潢中常需要用蒸汽，因此装潢车间内应有蒸汽供给系统，这个系统的设备应保证装潢所需的蒸汽供给及质量。

(2)压缩空气供给系统。压缩空气是装潢中常使用的一种动力，在装饰车间内必须有压

缩空气设备及供给系统,以保证供给必要的压缩空气。

(3)水、电供给系统。装潢工作离不开水和电,在装潢车间内必须有水电的供给系统,保证装潢所用的水电供给。

2. 动力设备

1)手电钻

手电钻用于装潢作业时的钻孔。手电钻具有功率较小,机身小巧,方便携带,操作灵活等特点。手电钻使用时为保证安全,应注意以下几个问题:

(1)使用的电源要符合电钻标牌规定。

(2)电钻外壳要采取接零或接地保护措施。插上电源后,先要用试电笔测试,外壳不带电方可使用。

(3)钻头必须锋利,钻孔时用力要适度,不要过猛。

(4)在使用过程中,当电钻的转速突然降低或停止转动时,应立即放松开关,切断电源,慢慢拔出钻头。当孔将要钻通时,应适当减轻手臂的压力。

(5)使用电钻时要注意观察电刷火花,若火花过大,应停止使用并进行检查与维修。

(6)在有易燃、易爆气体的场合,不能使用电钻。

(7)在潮湿的地方使用电钻,必须戴绝缘手套,穿绝缘鞋。

(8)注意电钻的维护,保持整流子清洁,做到定期更换电刷和润滑油。

2)吸尘器

吸尘器是汽车装潢中进行汽车内室清洁的常用设备。吸尘器是一种能将尘埃、脏物及碎屑吸集起来的电器设备。汽车内室虽然空间小,但结构复杂,不便于清洁。使用吸尘器可方便地将内壁、地毯、坐椅及缝隙中的浮尘和脏物吸除干净,且不会使尘土飞扬。

常见的吸尘器主要有便携型、家用型和专业型三种。

便携型吸尘器体积小,可随车携带,它使用汽车上的电源(利用点烟器插座),但不适合专业清洁使用。

家用型吸尘器虽然吸力不小,但防水性差。如果将吸尘器置于操作间,难免在洗车时将水溅入吸尘器,容易出现内部线路短路现象,甚至烧毁。

专业型吸尘器的吸尘效果最好,使用较多,它具有较好的防水性,而且集吸尘、吸水、风干于一体,配有适于汽车内室结构的专用吸嘴,操作简单、吸力大,并可与内室蒸汽机配套使用。专业型吸尘器如图3-1所示。

图3-1　吸尘器

吸尘器的工作原理是利用电动机的高速转动,带动风叶旋转,使吸尘器内部产生局部真空,形成真空吸力,将灰尘、脏物吸入,并经过吸尘器内部的过滤装置,将过滤后的清洁空气排出,以达到吸尘的目的。如图3-2是吸尘器的工作原理图。吸尘器的刷座里有一个电动机,它通过传动带带动转刷旋转,把尘埃及脏物搅打起来,称为起尘。吸尘桶里有高速风扇进行强力抽吸,通过软导管和硬导管使刷座对外界形成高负压。于是,起尘的尘埃和脏物便被吸进刷座，并经导管吸到滤尘器中。由滤尘器里集尘袋收集，而空气被风扇叶片从集尘袋抽出，经过电动机重新进入内室空间。在经过电动机时，还吹散电动机产生的部分热量。

3）热风枪

热风枪在汽车美容装饰和维修中有许多用途，是不可缺少的设备。它可用于所有乙烯树脂车顶的装饰和维修，也可用于其他塑料件的装饰和维修，例如面板的热压装配作业和快速干燥。在粘贴施工中，为加速胶粘剂的固化，采用热风枪加热，可提高粘接速度和质量。典型的热风枪如图 3-3 所示。

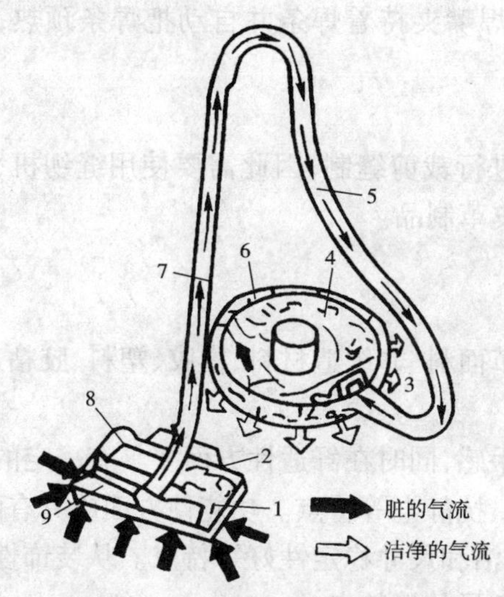

图 3-2　吸尘器的工作原理图

1-传动带；2-电动机；3-吸尘桶；4-风扇；5-软导管；6-滤尘器；7-硬导管；8-刷座；9-转刷

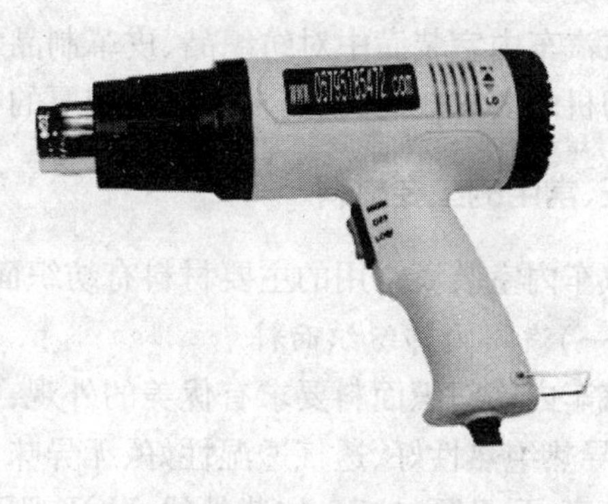

图 3-3　热风枪

4）塑料焊枪

塑料焊枪是采用陶瓷或不锈钢制成的电热元件来产生热空气（232 ~ 343℃），热空气通过喷嘴喷到塑料上，使所喷部位熔化，从而焊接塑料件。塑料焊枪具有体积小，重量轻、便携方便、操作简单的特点。空气由车间的压缩空气系统供应，不可使用氧气或其他可燃气体。

塑料焊枪如图 3-4、图 3-5 所示。

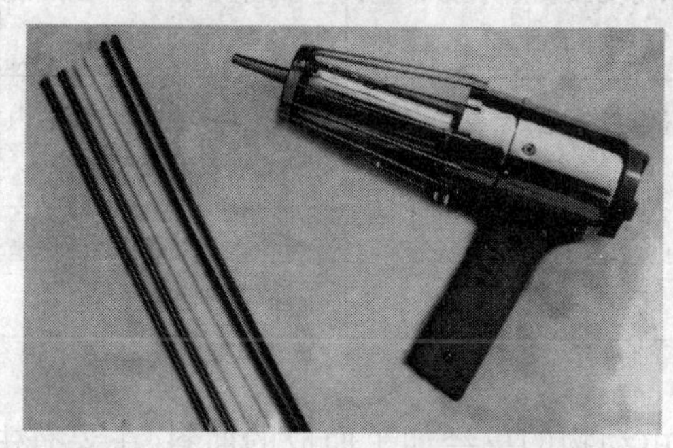

图 3-4　塑料焊枪

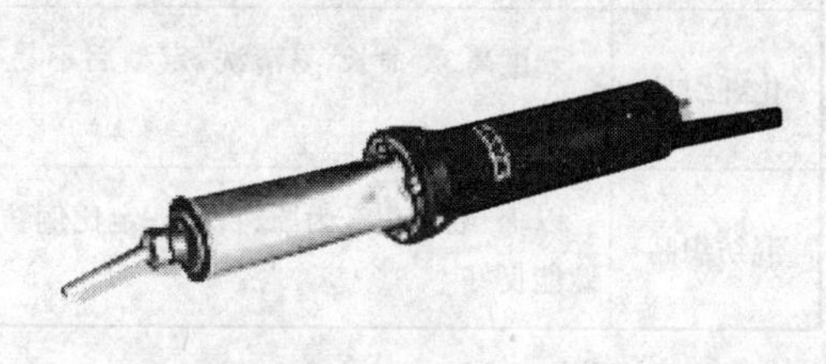

图 3-5　塑料焊枪（7G3）

莱丹 7G3（DIODE S）手持式焊接枪的技术参数为，电压：230V/50Hz/60Hz；功率：1600W；

温度:20～600℃,电子温控连续可调;风量:最小 40L/min;风压:最大 105Pa 静压;尺寸:265×57mm,手把 Φ40mm;重量:0.425kg,带 3m 电源线;认证:CCA,防烫电热外壳。

塑料焊机最常用的焊嘴有以下 3 种形式:

(1)定位焊嘴。在焊接前需把断开部位定位粘合。如果定位不准,还可很容易地把粘合焊缝断开,重新对准粘合。

(2)拐角焊嘴。用于填充小孔,也可用于短程焊接、难以施焊位置的焊接以及空间狭窄或特别尖锐拐角处的焊接。

(3)快速焊嘴。用于长而直的焊缝焊接。快速焊嘴夹持着焊条并自动把焊条预热,然后将焊条向焊接处进给,所以焊接速度较快。

5)缝纫机

在汽车内室装潢中对纺织品、皮革制品常需要进行裁剪缝制,因此需要使用缝纫机,而且对缝纫机的要求较高,即要求能缝制较厚的布料或皮革制品。

三、常用的主要材料

汽车内室装潢常用的主要材料有纺织面料、皮革面料、非织造材料、橡胶、塑料、胶粘剂等。

(一)汽车内饰纺织面料

汽车内饰纺织面料要求有优美的外观,柔软的手感,同时在舒适性方面要具有一定的摩擦阻力、导热绝热性好、透气透湿性好、无异味、抗起球、抗静电等特点。功能性方面应具有耐磨、色牢度高、耐日晒、抗菌、抗紫外线、防污、阻燃、易清洁和尺寸稳定性好等特点。从装饰性方面来看织物结构性好、外观风格鲜明、覆盖性好、花型色泽佳等特点。

汽车内饰纺织面料按其原料的组成,可分为纯棉织品、纯毛织品、化纤织品和混纺织品。其主要性能和用途如表 3-1 所示。

纺织面料的主要性能和用途　　表 3-1

品种名称	主要性能	用途
纯棉织品	柔软性、保温性、透气性均良好;易涂色,鲜艳;易吸水,易变形,强度不高	制作坐垫、座套等
纯毛织品	保温性、透气性好,强度比棉织品高;织品不易着色,易受虫咬,易变形,不易清洗,定型温度高	可制作顶棚、内护板的内衬、坐垫、座套及地毯等
化纤织品	强度高,寿命长,易清洗,定型后不易变形,织品挺括,易着色;保温性、透气性差	可制作顶棚、内护板的内衬、坐垫、座套及地毯等
混纺织品	以棉、毛和化纤为原料,按一定比例纺织制成。具有上述单原料的优点,综合性能良好	可作内衬装饰,也可作坐垫、座套、脚垫等

(二)皮革面料

皮革面料有真皮和合成革两大类。真皮面料是由动物的皮经加工而成的面料,主要有牛皮、羊皮和猪皮等。而合成革是由纺织布底基或无纺布底基,分别用聚氨酯涂复并采用特殊发泡处理制成的,其表面手感酷似真皮,但透气性,耐磨性,耐寒性都不如真皮。

1. 真皮面料的特性

牛皮以黄牛皮为主，皮革大而厚，加工和装饰性好，是皮革装饰中最佳的面料。它可以染成各种颜色，柔和丰满，皮纹细腻，表面光亮。羊皮较牛皮薄，皮纹更细腻更柔和，但强度比牛皮差。猪皮比牛皮小，比羊皮大而厚，毛孔大，皮质和皮纹较粗。皮革面料有一定的透气性，用作坐垫时，有冬暖夏凉的效果。但主要缺点是怕水浸湿，水渗湿后易变形，使装饰效果变坏。

2. 真皮面料的用途

真皮面料是汽车装潢中的高级装饰面料，在高级豪华的轿车装饰中，驾驶室、座椅、仪表板、顶棚内衬、车身内护面，甚至车顶的外护面，都采用优质的黄牛皮面料进行装饰。车内的一些附件，如转向盘、把手、安全拉手等都可用真皮面料进行装饰。

3. 真皮与合成革的区别

(1)革面。真皮有特殊的天然纹路，皮面光泽自然，用手按或捏皮面时，皮面无死皱，也无裂痕；而合成革的革面很像真皮，但仔细看纹路不自然，光泽较真皮亮，颜色较为鲜艳。

(2)革身。真皮手感柔软有韧性，而合成革虽然也很柔软，但韧性不足，气候寒冷时，革身发硬。当用手曲折革身时，真皮曲回自然，弹性较好，而合成革曲回生硬，弹性差。

(3)切口。真皮的切口处颜色一致，纤维清晰可见且细密。而合成革的切口无真皮纤维感，或可见底部的纤维及树脂，或从切口处看出底布与树脂胶合的两层。

(4)革里面。真皮的正面光滑平整有毛孔和纹路。真皮的反面有明显的纤维束，呈毛绒状且均匀。而合成革中部分合成革正反面一致，里外面光泽都好，也很平滑；有的合成革正反面也不一样，革里能见到明显的底布；但也有的革里革面都酷似真皮，革里也有似真皮的绒毛，这就要仔细观察两者的差异性。

(三)非织造材料

汽车用非织造材料所用的纤维包括聚酯纤维、聚丙烯纤维、玻璃纤维、碳纤维和天然纤维(如再生棉纤维、亚麻、大麻、黄麻和剑麻纤维等)。汽车中使用的基于非织造材料的零件有很多，从空气和油的滤清器滤芯到内饰材料等，内饰非织造材料包括噪声、热隔绝材料，结构件以及装饰件。模压成型的非织造内饰件包括门内饰、行李舱盖板、车顶、车厢衬垫、座椅靠背等。

1. 非织造材料的特点

(1)非织造材料可进行工程化设计，较织造材料具有无可比拟的优点。

(2)非织造材料可以深度模压成型，适合任何内饰件复杂表面形状的要求，可以按汽车制造厂的要求对材料的厚度、硬度进行个性化设计。

(3)产品具有较佳的耐光及耐磨色牢度。

(4)相对于一定重量的材料，使用非织造材料可设计得强度更大，更耐磨和耐热。

(5)非织造材料具有更高的性价比，较织造材料轻。

(6)机械固结的玻璃纤维毡，可连续耐538℃高温和649℃最高温；岩棉毡可连续耐816℃高温和982℃最高温；二氧化硅毡可连续耐982℃高温和1093℃最高温。可按需要在一种非织造材料中结合使用多种纤维来达到最佳的性价比。

(7)非织造吸音材料在200～400 Hz 频率范围内的吸音效果比标准的对照材料高5dB，在

400 ~ 1000 Hz 范围内的吸音效果则与标准对照材料相仿。

2. 非织造材料的品种

汽车用非织造材料的品种有针刺非织造材料、簇绒地毯基布、非织造过滤材料、隔音隔热及减振材料、高密度的自支承结构件、三维结构非织造材料。

1）针刺非织造材料

（1）针刺地毯。针刺地毯一般以聚酯和聚酰胺纤维混合，经成网和针刺（条纹或毛圈、起绒、背涂、模压成型）制成。

（2）针刺天鹅绒面。非织造材料作装饰面料，可与基底材料复合、模压成型制成车顶、衣帽架、门内饰等部件，也可制成轮罩衬里、行李舱衬垫或汽车座椅面料。

2）簇绒地毯基布

聚酯纺粘非织造材料被用作高档簇绒地毯基布。

3）非织造过滤材料

汽车用非织造过滤材料的生产方法包括纺粘、熔喷或纺粘熔喷复合、化学粘合法和湿法等。

4）隔音隔热及减振材料

（1）用密度为 50 ~ 100 kg/m^3、面密度为 500 ~ 1800 g/m^2 的纤网加工成表面带压敏胶的自粘性片材或模压件，可用于车顶衬垫、车门衬垫、地毯下汽车地板用吸音、隔音、隔热、减振材料。

（2）密度 100 ~ 250 kg/m^3 且表面复合装饰面料具有隔音性能和自支承的模压件，可用于发动机罩，汽车舱室前端、仪表板的材料以及地板、行李舱、车顶衬垫。

5）高密度的自支承结构件

用于模压成型的非织造材料的纤网面密度为 2500 g/m^2，密度为 400 ~ 900 kg/m^3。一般采取二步法制造，先制成非织造片材（热熔粘合或针刺），然后采取模压成型工艺。对热固性非织造片材（纤维加粉末状酚醛树脂或环氧树脂）须采用热模压工艺；对热塑性非织造片材（纤维加热塑性纤维，如聚丙烯纤维），则须采用片材预热、冷模压工艺。在高密度模压件加工中，非织造材料在模具中承受很高的压力，成型为尺寸稳定的结构件，可用作车门、车顶、座椅靠背和衣帽架结构件。

6）三维结构非织造材料

采用三维卷曲纤维，以梳理、垂直铺网或气流成网并通过热风粘合或针刺、缝编等机械固结加工工艺，可生产蓬松性好、压缩回弹性优良的三维结构非织造材料，并可与任何面料叠层。其优点在于：

（1）减少雾化和令人不快的气味。

（2）叠层加工工艺的环保性好。

（3）表面均匀。

（4）可使用再生纤维。

（5）产品废弃后可再循环使用或制成再生纤维。

（四）橡胶

橡胶制品在汽车上用得很多，主要用于汽车轮胎、电线电缆、密封胶垫、密封条、汽车垫板、胶粘剂等。橡胶分为天然橡胶和合成橡胶两大类。合成橡胶主要有丁苯橡胶、丁腈橡胶、丁基橡胶和氯丁橡胶等。常用橡胶的主要性能和用途见表3-2。

常用橡胶的主要性能和用途　　表3-2

补强硫化橡胶性能	橡 胶 种 类				
	天然橡胶	丁苯橡胶	丁腈橡胶	丁基橡胶	氯丁橡胶
扯断强度(MPa)	25~35	15~20	15~30	17~21	25~27
扯断伸长率(%)	650~900	500~800	300~800	650~800	800~1000
200%定伸24h后永久变形(%)	8~12	10~15	6	11	7.5
压缩永久变形	良	良	良	优	良
100%定伸强度(kPa)	—	700~900	—	—	—
最高使用温度(℃)	120	120	170	170	150
常用时温度上限(℃)	70~80	80~100	120	150	120
脆性温度(℃)	-70~-50	-60~-30	-20~-10	-35~-30	-42~-35
抗撕裂性	优	良	良	良	良~优
耐磨性	优	优	优	可~良	良~优
回弹性	优	良	良	次	良
耐屈挠性	优	良	良	优	良~优
耐冲击性	优	优	可	良	良
耐燃性	劣	劣	可~劣	劣	良
气密性	良	良	良~优	优	良~优
耐老化性	良	良	可~良	优	优
用途	制作轮胎、胶鞋、胶管、胶带,电线、电缆的绝缘层,护套及其他通用橡胶制品等	性能与天然橡胶相似,制作轮胎、胶板、胶管、胶鞋及其他橡胶制品等	耐油、耐热高于天然橡胶,制作耐油胶管、密封件、油槽衬里、耐热运输带等	气密性好,耐腐蚀性强,制作内胎、外胎、气球、绝缘层、化工设备衬里、耐热运输带、耐热耐老化的胶布制品等	耐油、耐溶剂、耐老化性均好,气密性也好。用于重型电缆护套、耐油耐蚀胶管、胶带,化工设备衬里、耐热采矿运输带、电缆包皮、密封圈、垫、胶粘剂等

(五)塑料

目前,塑料与混凝土、钢铁、木材并称为四大工业材料,其生产量的增长率居四大材料之首。塑料品种繁多,性能千差万别,现将主要用于汽车装潢方面的塑料品种的主要性能简介如下。

目前在汽车装潢中,应用的塑料主要有聚氯乙烯(PVC)、聚丙烯(PP)、丙烯腈、丁二烯、苯乙烯(ABS)、酚醛塑料(PF)、聚氨酯泡沫塑料(PU)等。

1.聚氯乙烯的主要性能和用途

1)硬质聚氯乙烯

(1)主要性能。优点是机械强度较高,化学稳定性及绝缘性能优良,耐油性和抗老化性也较好,易熔接和粘合,价格较低。缺点是使用温度低(在60℃以下),线胀系数大,成型加工性能不良。

(2)主要用途。主要用于管、棒、板、焊条及管件,除作日常生活用品外,主要用作耐磨蚀的结构材料、设备衬里材料及电器绝缘材料等。

2)软质聚氯乙烯

(1)主要性能。优点是拉伸强度、抗弯强度及冲击性能较硬质聚氯乙烯低,但伸长率较高;质地柔软而耐磨擦和挠曲,弹性良好,似橡胶;吸水性低,易加工成形,有良好的耐寒性和电气性能;化学稳定性强,能制成各种鲜艳而透明的制品。缺点是使用温度低,在-15~55℃之间。

(2)主要用途。通常制成管、棒、板及薄板、薄膜,耐寒管、耐酸碱软管等半成品,供作绝缘包皮、套管、耐磨蚀材料、包装材料及日常生活用品。在汽车上,主要用作内饰材料和电气绝缘材料。

2. 聚丙烯(PP)的主要性能和用途

1)主要性能

它是最轻的塑料之一,其屈服、拉伸、压缩强度及硬度均优于低压聚乙烯;有很突出的刚性,高温(90℃)抗应力松弛性能良好,耐热性能较好,可以在100℃以上使用,如无外力150℃也不变形;除浓硫酸、浓硝酸外,在许多介质中很稳定;低相对分子质量的脂肪烃、芳香烃、氯化烃,对它有软化和熔胀作用,几乎不吸水;高频电性能不好,成型容易,但收缩率大,低温脆性大,耐磨性不高。

2)主要用途

聚丙烯主要用作结构件,作耐腐蚀的化工设备和受热的电气绝缘零件。

3. 丙烯腈、丁二烯、苯乙烯(ABS)的主要性能和用途

1)苯乙烯(ABS)的特性

(1)苯乙烯(ABS)是浅象牙色不透明的非结晶性聚合物,无毒、无臭、着色性好。

(2)硬而坚韧,刚性、耐低温冲击性、耐蠕变性、尺寸稳定性、耐磨性均好,线胀系数很小,成型收缩小,表面光泽好。

(3)电绝缘性较好,可燃,火焰呈黄色,有特殊臭味,但不滴落;耐候性差,不耐紫外线。

(4)耐油、耐酸碱和无机盐,但溶于酯、醛、醚类及氯化烃,且易吸湿。

(5)与极性树脂相溶性好,可改变聚氯乙烯(PVC)的性能等。

2)苯乙烯(ABS)的主要用途

(1)它是最常用的工程塑料,广泛应用于汽车、电器仪表、机械制造业等方面。如电视机、电冰箱、电风扇等家用电器的外壳、内衬及结构件等。

(2)在建材工业上,用作管道、百叶窗、门窗框架等。

(3)其电镀产品可作为金属件的代用品,如铭牌、装饰件等。

(4)其低发泡制品可代替木材制作家具、大型制件,如汽艇等大形成型件。

(5)玻璃纤维增强材料,可用于要求高弹性模量和耐热的制品,如汽车和机械工业用的零部件。

(6)ABS与PVC共混,可改进其成型加工性能和冲击性能,在轻工、纺织工业上得到了广

泛应用。

(7) ABS 在汽车装饰上,可作内外饰装饰件,如前后保险杠、装饰压条、仪表板、组合仪表、内饰板等多种零部件。

4. 酚醛塑料(PF)的主要性能和用途

1) 材料组成

酚醛塑料是由苯酚和甲醛在盐酸、草酸、氨或氢氧化钠催化下缩聚而成的酚醛树脂,加上填料及其添加剂配制而成。

2) 酚醛塑料的特性

(1) 机械强度很高,刚性大,冷流性小,耐热性很高(100℃以上)。

(2) 在水润滑下,摩擦因数极低(0.01~0.03),pv 值很高。

(3) 有良好的电性能和耐酸碱的侵蚀能力,不易因温度和湿度的变化而变形,成型简便,价格低廉。

(4) 缺点是质地较脆,色调有限,耐光性差,耐电弧性较小,不耐强氧化性酸的腐蚀。

3) 主要用途

常用的为层压酚醛塑料和粉末状的塑料,有板材、棒材和管材等。可用作潜水泵的密封件和轴承、带轮、齿轮、制动装置、离合装置的零件、摩擦轮及电器绝缘零件等。也可用在汽车上类似的功能零件上。

5. 聚氨酯泡沫塑料(PU)的主要性能和用途

1) 材质组成

聚氨酯泡沫塑料是以多元异腈酸酯和多元醇为主要原料,与催化剂、发泡剂和表面活性剂等主要辅料均匀混合,经化学反应而形成的轻质发泡材料。通过选用不同官能团的原料,调整发泡配方,可制得不同密度和硬质的泡沫塑料。

2) 主要特性

聚氨酯泡沫塑料具有优良的力学性能、热力学性能、声学性能和化学性能,尤其是软质和半硬质的泡沫塑料的吸能缓冲性能和硬质泡沫塑料极低的热传导性能,加上加工方法简单,易于成型,使之在国民经济各部门和日常生活中得到了广泛应用。

3) 主要用途

软质聚氨酯泡沫塑料广泛用作家具(床垫、沙发垫、椅垫)、运输交通工具(汽车、火车、飞机的座椅垫、靠垫及内部防振、隔热、隔音装饰材料)、纺织、地毯及包装等行业。

半硬质泡沫塑料主要用于汽车工业,如汽车的转向盘、扶手、仪表板、前后保险杠、内装饰材料、吸能缓冲材料等。

硬质泡沫塑料在建筑、制冷、石油、化工、造船、汽车、航空等工业中得到广泛应用。

(六) 胶粘剂

胶粘剂是一类具有优良粘合性能,能将各种材料紧密地粘接起来的物质。胶粘剂又称为粘合剂、粘接剂,或简称胶。胶粘剂通常是一种混合料,由基料、固化剂、填料、增韧剂、稀释剂及其他辅料配合而成。基料是胶粘剂的基本成分。目前胶粘剂品种多达几千种,粘接对象具有高度的复杂性和特殊性。

1. 胶粘剂的种类

胶粘剂的分类方法很多，尚不统一。常见的分类有：

(1)按基料可分为无机胶粘剂和有机胶粘剂两大类。有机胶粘剂又可分为天然胶粘剂和合成胶粘剂。天然胶粘剂有动物、植物、矿物、天然橡胶等胶粘剂。合成胶粘剂有树脂型、橡胶型、复合型等。

(2)按照产品化学组成可分为环氧树脂胶、聚氨酯胶、丙烯酸树脂胶、三醛树脂胶、有机硅胶粘剂、橡胶粘合剂等。

(3)按形态分类：可分为液态胶粘剂和固态胶粘剂。有溶液型、乳液型、糊状、胶膜、胶带、粉末、胶粒、胶棒等。

(4)按用途分类：可分为结构胶粘剂、非结构胶粘剂和特种胶粘剂(如耐高温、超低温、导电、导热、导磁、密封、水中胶粘等)三大类。

(5)按应用方法分类：有室温固化型、热固型、热熔型、压敏型、再湿型等胶粘剂。

几种重要的胶粘剂简介如下：

1)环氧树脂胶

环氧树脂胶作为重要的工程胶粘剂，现有如室温固化、高温使用的结构胶，中温固化单组分结构胶，高温固化结构胶，室温快固(3～10min)全透明环氧结构胶，可油面粘结的汽车用卷边胶，水基单组分建筑环氧胶，零收缩环氧胶，环氧树脂与聚氨酯共聚制得第二代环氧胶，金属陶瓷胶，适用于金属、塑料、陶瓷、木材、橡胶、玻璃纤维品等材料的粘接和电子电器封装。常见产品如108A/B－3、909AB、CMB7032、TH626A/B、野牛 bison 等。

2)聚氨酯胶

聚氨酯胶粘剂是粘结力强、应用面广的韧性胶粘剂。有单组分和双组分、有溶剂型和无溶剂型。单组分一般为湿固化胶，使用方便。双组分具有优良的粘结性、耐久性、柔韧性、透明性、耐候性和耐温性，通过调整单体种类、比例，可以制成从柔软到高强任意一种胶。国外汽车风窗玻璃胶粘剂主要为单组分聚氨酯密封胶。国产气雾剂型聚氨酯填缝剂是塑料门窗和各种管道最佳配套的环保型填缝材料，其泡沫可依缝隙、空洞的形状自由胀满，泡沫固化后起密封作用。水性聚氨酯胶粘剂用于汽车内部装饰，有可能完全取代溶剂型胶粘剂。可用于金属、皮革、橡胶、织物、塑料的粘接。常见产品如：JQ－1 胶、JQ－2 胶、JQ－3 胶、101 胶、A2－1 胶、J－38 胶、熊猫 404 胶等。

3)丙烯酸树脂胶

丙烯酸树脂胶主要有第二代丙烯酸树脂胶(SGA)、瞬干胶、厌氧胶、水性胶及压敏胶。第二代丙烯酸树脂胶(SGA)为快固丙烯酸结构胶，也叫青红 AB 胶，其发展速度很快，具有无溶剂、室温固化、可油面粘结等特点。已研制出强度高、固化快、无臭味、储存稳定的新品种，可定位固化。瞬干胶即502，具有瞬间快速定位、常温固化、无溶剂、粘结强度高、用量少等特点。厌氧丙烯酸胶主要用于螺纹锁固。水性丙烯酸树脂胶主要用于涂料、不干胶，可用于织物、海绵、皮革、木材的粘结。聚丙烯酸树脂胶可用于织物、海绵、皮革、木材、尼龙、无纺布等粘结。常见产品如 F246、5002、663、671、681、533/534、XB993、XB969 等。

4)三醛树脂胶

三醛树脂胶包括酚醛树脂胶、尿醛树脂胶、三聚氰胺甲醛树脂胶。其产量占胶粘剂总量的40%。主要用于木材行业生产人造板。由于所含甲醛为致癌物，不利于健康，于是一些新产品不断问市,其中以乙烯基聚氨酯水溶性胶粘剂使用效果最好,不含甲醛,有一定的耐水性。

5)热熔胶

热熔胶是一种不含水,不需溶剂的固体可熔性聚合物。在常温下热熔胶为固体,加热到一定温度后熔融,变成能流动而具有粘结性的液体。热熔胶具有粘结快、效率高、无毒害、无污染、易储存、低成本等优点,发展速度很快。热熔胶的主要成分是以乙烯和醋酸乙烯在高压下共聚而成的树脂为基本树脂,它决定了热熔胶的基本性能。再加上提高粘结强度的增粘剂(松香)、胶液黏度及凝固速度调节剂(石蜡)和少量抗氧化剂以减缓热熔胶的老化速度。热熔胶主要用于书刊的无线胶订,也应用于塑料、金属、木材、纸类、玩具、电子、家具、皮革、工艺品、涂布、陶瓷、灯罩、珍珠棉、食品包装、音箱等粘接,通过热熔胶枪,热熔胶机使用,其软化点≥80℃,使用温度为180℃,固化时间为10~25s。代表产品为EVA热熔胶。

6)有机硅胶粘剂

有机硅胶粘剂一般可分为以硅树脂为基料的胶粘剂和以硅橡胶为基料的胶粘剂两大类。有机硅树脂作为胶粘剂使用时,常用硅氧烷(聚二甲基硅氧烷、甲基三乙基硅氧烷等)为基料,使用四烷氧基硅烷和四烷氧基钛酸酯交联固化。以硅树脂为基料的胶粘剂适用于建筑密封胶、耐高温胶粘剂和耐低温胶粘剂。它主要用于粘接金属和耐热的非金属材料,所得粘接件可在-60~1200℃温度范围内使用。以硅橡胶为基料的胶粘剂一般是室温固化型,有单组分和双组分两种,其最大的特点是具有耐高温性。它主要用于粘接耐热橡胶、粘接橡胶与金属以及粘接其他非金属材料。有机硅胶粘剂主要品种为硅酮密封胶(RTV),耐高温,低温性好,防水,有弹性等。常见产品如KH-505、BK-2,K-105,K-111、SD-41双组分RTV、GPS-4等。

7)橡胶粘合剂

橡胶粘合剂有溶剂型和水乳型,目前以溶剂型为主。由于该类产品含溶剂量超过80%,国外已采用水性胶粘剂取代,如水性丙烯酸树脂胶、水性聚氨酯胶、VAE乳液覆膜胶(VAE乳液是醋酸乙烯-乙烯单体共聚物的简称)等。橡胶粘合剂适用于天然橡胶和各种合成橡胶与金属、尼龙人造丝、聚酯、玻璃纤维等骨架材料的粘合。橡胶粘合剂A是橡胶直接粘合剂之一,该粘合剂是通过密胺的羟甲基化和醚化反应制得的,该粘合剂与间苯二酚给予体粘合剂组合,使用时起到使橡胶与金属、尼龙、人造丝、聚酯、棉、涤纶、维尼纶、玻璃纤维等骨架材料的粘合作用。橡胶粘合剂A既适用于直接粘合体系,也适用于浸渍粘合体系。

2. 胶粘剂的选用

胶粘剂的种类很多,性能和使用条件都不一样,选择的余地较大,为了选择合适的胶粘剂,达到最佳的粘接效果,应考虑以下几个方面。

1)被粘物的种类和性质

由于被粘物的种类很多,性质各异,只笼统知道是金属、橡胶、塑料、织物等还不足以说明材料的具体品种,而每种胶粘剂的最佳对象又有局限性。因此,对被粘物了解得越透彻,选用的胶粘剂会越合适,粘接的效果会越好。

金属及其合金的表面致密、极性大、强度高,宜选用改性酚醛树脂、改性环氧树脂、聚氨酯橡胶、丙烯酸酯类结构胶粘剂。由于金属易被腐蚀,不能用脂肪伯、仲胺类(乙二胺、乙二烯三胺等)固化的环氧树脂胶粘剂来粘接铜及其合金,也不能用酸性较高的胶粘剂来粘接金属。

橡胶本身或橡胶与其他材料的粘接,应选用橡胶型胶粘剂或橡胶改型的韧性胶粘剂。

塑料分为热塑性和热固性两大类，其中一些热塑性塑料可以用溶剂、热熔胶、胶粘剂粘接。而热固性塑料只能用和金属相同的胶粘剂粘接。聚乙烯、聚丙烯、聚四氟乙烯等难粘塑料，若未经特殊的表面处理，是不能用一般胶粘剂粘接的。

对于线膨胀系数小的被粘物，如玻璃和陶瓷等，无论自身或与线膨胀系数相差悬殊的被粘物（如玻璃与铝板）粘接，都应选用弹性好，且能室温固化的胶粘剂。

若两个被粘物表面接触不紧密或缝隙较大，应选用粘接强度较大或加有填料的胶粘剂，而不能使用502胶和厌氧胶。大面积的粘接，不能使用室温快速固化的胶粘剂。对于耐热性差或热敏被粘物，应选用室温固化的胶粘剂。

对于木材、纸张、织物等多孔性被粘物，应选用水基或乳液胶粘剂，如乳白胶、脲醛树脂胶粘剂。

若粘接弹性模量低的金属或薄性被粘物，应选用韧性好的胶粘剂，以适应较大的变性，减少应力集中。

必须指出，被粘材料的品种很多，胶粘剂的类型也不少。胶粘剂的配方千变万化，而新的材料品种和新型胶粘剂又不断推出，我们应该掌握粘接技术的基本知识，根据实际情况，进行分析，然后选用适当的胶粘剂。

2）胶粘剂的性能

各种类型的胶粘剂，配方不同，效能也不同。包括状态、黏度、适用期、固化条件、粘接工艺、粘接强度、使用温度、收缩率、线膨胀系数、耐蚀性、耐水性、耐油性、耐介质性和耐老化性等，这些都是选用胶粘剂时必须考虑的因素。

粘接强度是首先要考虑的指标，是选择胶粘剂的重要依据，但不能离开实际工作情况，若盲目强调，也是不合适的。另外，要考虑胶粘剂的固化条件、使用温度、耐介质性（包括水、热水、酸、碱、汽油、润滑油、燃料油、醇、盐、酮、酯、芳烃、溶剂等）、耐老化性等指标。

3）粘接的目的与用途

就粘接而言，兼具连接、密封、固定、定位、修补、填充、堵漏、嵌缝、防腐、灌注、罩光以及满足某种特殊要求等多种功效。实际上在使用胶粘剂时，往往是某一方面用途占主导地位，所以应视具体情况来选择胶粘剂。例如，用于连接，就要用粘接强度高的胶粘剂；用于密封，就要选用密封胶粘剂；用于填充、灌注、嵌缝等，就要选用黏度大、加入较多填料、室温固化的胶粘剂；用于固定、装配、定位、修补，就要选用室温快速固化的胶粘剂；用于罩光，就要选用黏度低、透明无色的胶粘剂。对于大面积粘接或大规模生产，胶粘剂的固化速度不能太快，否则一边在施工，一边已固化了。对于大型设备和热感元件，不能选用高温固化的胶粘剂。无线电工业的导电粘接，要用导电胶等。

由于粘接的具体目的和用途很多，无法一一举例。总之，要根据不同的粘接目的和用途，选用不同类型的胶粘剂。

4）粘接件的受力情况

粘接件在使用过程中会受到某种外力的作用，一般可分为拉伸、剪切、撕裂、剥离四种类型。粘接件的受力情况不仅要考虑受力类型，而且要考虑受力的大小、方向、频率和时间。粘接承受载荷的特点的抗拉、抗剪、抗压强度比较高；抗弯、抗冲击、撕裂强度比较低；剥离强度更低。不同的胶粘剂的各种强度特性也不一样，例如氯丁胶粘剂的剥离强度较高，而环氧胶粘剂的胶层一经剥离就会破坏。虽然强度性能是选择胶粘剂的重要依据，但因粘接件的受力情况往往是多方面的，必须全面综合考虑。

受力不大的粘接件，可选用一般通用的胶粘剂；受力较大的，要选用结构胶粘剂；长期受力的，应选用热固性胶粘剂，以防蠕变破坏。对于受力频率低或静载荷的粘接件，可选用刚性胶粘剂，如环氧胶粘剂。对于受力频率高或承受冲击载荷的，要选用韧性胶粘剂，如酚醛-丁腈胶粘剂或改性环氧胶粘剂。对于受力比较复杂的结构粘接件，要选用综合强度性能较好的弹性体和热固性树脂组成的胶粘剂，如环-丁腈胶粘剂。

5）粘接件的使用环境

粘接件的使用环境，通常包括温度、湿度、介质、真空度、辐射及户外老化等因素。对于在高温下使用的粘接件，要选用耐高温、耐热老化性好的胶粘剂，如有机硅胶粘剂、聚酰亚胺胶粘剂、酚醛-环氧胶粘剂或无机胶粘剂。对于在低温下使用的粘接件，为避免胶粘剂与被粘物线膨胀系数的差异而引起胶层脆裂，要选用耐寒胶粘剂或耐超低温胶粘剂，如聚氨酯胶粘剂或环氧-尼龙胶粘剂。如果粘接件在冷热交变情况下工作，则要求胶粘剂同时具有良好的高低温性能，要选用硅橡胶胶粘剂、环氧-酚醛胶粘剂及聚酰亚胺胶粘剂等。湿度对胶粘剂的粘接强度影响较大，若湿度过大，水分会渗入胶层界面，导致粘接强度显著下降，尤其是湿热并存的情况下更为严重。因此，在水中或潮湿环境中工作的粘接件，要选用耐水性和耐湿热老化性好的胶粘剂，例如酚醛-丁腈胶粘剂。虽然胶粘剂一般都耐某些介质，但不同的胶粘剂耐介质的种类和程度是不同的，完全能耐各种介质的胶粘剂是不存在的。通常是根据粘接件的工作介质来选用能耐这种介质的胶粘剂。

6）操作工艺的可能性

胶粘剂的品种不同，其粘接的工艺也不同。有的室温固化，有的需要加热固化，有的需要加压固化，有的需要加温、加压固化，有的要固化很长时间，有的只要几秒钟……选择胶粘剂时不能只看强度高、性能好，还要考虑是否具备胶粘剂所要求的工艺条件，例如酚醛-丁腈胶粘剂综合性能较好，但需要加压0.3～0.5MPa于150℃高温固化。若不具备加压和高温条件，则这种胶粘剂就不能选用。工艺上最简单的是室温固化、单组分的胶粘剂，如室温固化环氧胶粘剂、氯丁胶粘剂、厌氧胶及乳白胶等。对于大型设备或异型工件，由于加热、加压都难以实现，就应选用室温固化胶粘剂。

7）是否经济和来源难易

胶粘剂的价格和来源的难易，也是选用胶粘剂不可忽视的问题。对于应急修补，问题不大，但对正规生产却很重要，因为它要涉及能否降低生产成本。

总之，选用合适的胶粘剂是一个比较复杂的问题，首先要对胶粘剂的性能、用途、工艺条件有所了解，并对被粘物的性质、使用条件、实际工作情况全面分析，综合考虑，然后加以比较，方能选用比较合适的胶粘剂，使粘接效果达到最佳。

第二节　贴玻璃安全膜

一、何谓玻璃安全膜

玻璃安全膜又称为太阳膜或防爆膜。顾名思义，其用途主要就是用来对付夏季那灼人的太阳光的。防爆膜首先能防紫外线；其次就是防爆性，它具有很强的吸附力，能防止因玻璃破碎而伤害人；再次，是它的隔热性能，能将太阳光中90%以上的热源——红外线反射阻隔在车外；另外，现在的汽车防爆膜还具有单向透视、降低炫光的功能，也就是说，车内的人可以透过防爆膜清晰地看到车外的景观，但车外的人却看不见车内的情况。这样说来，汽车防爆膜又具有绝妙的个人隐私保护功能。

二、玻璃安全膜的历史

玻璃安全膜的发展可以大致分为3个阶段。

1."染色膜"阶段

这是玻璃安全膜的第一代产品，俗称太阳膜，它是指有色彩涂层阻隔紫外线的透明薄膜。其特点是遮光性强，粘贴施工简单；缺点是透视性差、隔热率低、隔紫外线效果差、易褪色、易脱胶、易磨损。普通染色膜采用的是普通染色工艺，在粘胶中加入颜料，然后涂在无色透明膜上使膜有颜色，依靠颜色深来阻隔阳光，所以颜色深，从车里向外看总有雾蒙蒙的感觉。

2."防爆膜"阶段

玻璃安全膜的第二代产品，防爆膜是指有色彩涂层并经过防爆特殊处理阻隔紫外线的透明薄膜。防爆膜采用金属溅射工艺，将镍、银、钛等金属涂于高张力的天然胶膜上，不会出现掉色、褪色现象。防爆膜的颜色多种多样，再加上自然柔和的金属光泽，使防爆膜可以搭配各种颜色、款式的汽车。防爆膜的特点是透视性好、隔热率高、隔紫外线效果好、不易褪色等。在夜间、雨天也能保持良好视线，保证行车安全。防爆膜手感厚实平滑，好的防爆膜表面经过硬化处理，长期使用不会划伤表面。防爆膜隔热率应达到80%左右，隔紫外线效果可达到85%~99%，可以有效防止车内物品褪色老化，防止皮肤被太阳灼伤。

随着人们对汽车安全性的日益重视，只有遮光功能的车膜已经不能满足人们的需要，防爆膜是利用新型粘胶及较厚的膜层提高防爆效果，具有一定的隔热、防晒性能，隔热率在20%~60%之间，隔紫外线为80%左右。

3."隔热防爆膜"阶段

这是第三代产品，无论在防紫外线性、透光性、防爆性等方面都比前者有很大提高。"隔热防爆膜"还可以再细分为金属膜和非金属膜两大类。金属膜有雷朋、FSK、威固、强生、3M等品牌，非金属膜有法拉特、伊藤纪原等品牌。金属膜是目前高档膜的主流产品，金属膜是目前市场上高档隔热膜的主要类型，隔热膜通过金属涂布层起到反射热源的作用。但是此类产品一般具有强反光效果，某些产品因金属涂料层厚的缘故，极易氧化生锈，同时对卫星导航、手机信号等具有干扰阻隔作用。这种膜的紫外线阻隔率可达到90%~100%，红外线阻隔率可达到30%~95%，胶的粘性更强，从而达到既降低膜的厚度又提高防爆性能的效果。"防晒隔热膜"是在基膜上电镀金属，而一般普通防爆膜则是铝粉镀膜，所以在反光材料上有很大区别。

三、玻璃安全膜的选择

选择玻璃安全膜时，一要根据车身颜色和个人的喜爱选择玻璃安全膜的颜色，使车窗与车身颜色协调。二要正确判断玻璃安全膜品质的优劣。

选择玻璃安全膜的颜色时要坐在车内，把玻璃安全膜放在车窗玻璃上，关好车门，观看是

否是你喜欢的颜色,不要直接在阳光下看,因为受阳光影响,玻璃安全膜的颜色都会变浅。玻璃安全膜品质的优劣一般从以下六个性能指标进行判断:

1. 透光度

玻璃安全膜的透光度是指玻璃安全膜的清晰度和透明度,它是涉及汽车行车安全的重要性能。市场上玻璃安全膜的透光度指数在20% ~70%之间。如果玻璃安全膜的透光度很低,一般在20%以下,贴上玻璃安全膜后整个车窗黑糊糊的一片,必须在侧窗玻璃安全膜上挖出一个孔来看倒车镜。在阳光很强时从车窗还略能看到外面的景物,一旦到了光线较暗的阴雨天或夜晚,从车窗向外看则什么也看不见了,这对行车安全是相当危险的。因此,不要选择透光度太低的膜。优质玻璃安全膜的透光度可高达70%以上,而且不论玻璃安全膜的颜色深浅,清晰度都是非常高的,不会有雾蒙蒙的现象。一般情况下,玻璃安全膜应选择透光度在35%以上较为适宜,贴玻璃安全膜时无需挖孔而不影响视线,阴雨天或夜间行车时有良好的视线,可提高行车的安全性和舒适性。

2. 隔热率

玻璃安全膜的隔热率是指玻璃安全膜阻隔红外线和可见光的能力,是体现玻璃安全膜隔热性能的重要指标。劣质的玻璃安全膜只能阻挡可见光,不能阻挡红外线,这样不仅使透光率下降,还不能有效隔热。高质量的玻璃安全膜隔热率一般在50%以上(更高的可达70%以上),高质量玻璃安全膜由于对红外线辐射有很高的反射率,大量的热量被反射掉,所以车内温度自然就低的多,照进车内的阳光也不会使人有烧灼感。

测试玻璃安全膜的隔热性,可以用直观的方法来判断,就是用贴了膜的玻璃挡住太阳或在碘钨灯下的照射,用脸或手去感觉一下其隔热效果。也可使用太阳灯热感测试仪,这种仪器可以同时测试玻璃安全膜的透光度和隔热性。它的工作原理是,激光头发出一束光(可见光和红外线)到达感应仪,感应仪把感应到的光线和热度用数值显示出来。测试时把玻璃安全膜放在激光头和感应仪中间,将贴膜前后显示的数值相减,就可以知道玻璃安全膜的透光度和隔热率。

3. 防爆性能

这也是涉及安全的又一重要性能。一般太阳膜或劣质防爆膜的材质与真正的防爆膜不同,其膜片很薄,手感发软,缺乏足够的韧性,不阻隔紫外线照射,易老化发脆,当遇到意外碰撞或外物打击时,膜片很易断裂,不能把玻璃粘牢在一起。而高质量防爆膜是由特殊聚酯膜作基材,膜本身有很强的韧性,并配合特殊的压力敏感胶,当玻璃遇到意外碰撞时,玻璃破裂后被膜粘牢而不会飞溅伤人。特殊的防弹膜更可用于运钞车的防弹玻璃和防暴警车上。

4. 紫外线阻隔率

紫外线阻隔率表明了玻璃安全膜阻挡紫外线的能力。紫外线对人体和汽车内饰危害最大。目前市场上销售的隔热防爆膜都具有90%以上的紫外线阻挡力,因此只要是中高档的防爆膜,紫外线阻隔率一般都符合要求。高质量的防爆膜这个指标一般不低于98%,高的可达99%。高紫外线阻隔率能有效防止乘员被过量的紫外线照射,灼伤皮肤,还能保护车内音响等装饰不会被晒坏,加速褪色老化。而劣质膜很多没有这一指标,或者达不到要求。

检测玻璃安全膜的紫外线阻隔率。简单的方法是用一盏紫外线灯、一张100元人民币,在紫外线灯与人民币中间放上玻璃安全膜,玻璃安全膜的紫外线阻隔率越高,透过的紫外线就越少,人民币的水印就越模糊,如果水印过于清晰,那说明该膜不能有效阻挡紫外线。

5. 颜色

玻璃安全膜着色的方法有粘胶着色法、本体渗染和涂溅金属等方法。粘胶着色法着色的膜不耐阳光照射而很易褪色，严重的会褪成无色透明。本体渗染和涂溅金属着色法着色的膜则不易褪色。区分玻璃安全膜不同的着色方法，可在膜上用刮刀刮几下，如果被刮之处的膜露出透明白点，说明有色的粘胶已移位，是粘胶着色的，如果仍是膜的颜色则是本体渗染和涂溅着色的玻璃安全膜。颜色浅而隔热率高是优质玻璃安全膜的一个特点。通常较浅的绿色、天蓝色、灰色、棕色、自然色等颜色对眼睛较舒服。如果用太深的颜色，使整个环境的颜色变化太大，反而令人不舒服。

6. 膜面防划伤层

优质高档的玻璃安全膜表面都有一层防划伤层，在正常使用下能保护膜面不易划伤，而低档的就无此保护层，在贴膜时就会被工具刮出一道道划痕，令膜面不清晰。

四、贴玻璃安全膜的操作方法

选择好玻璃安全膜后，下一步就是进行贴膜操作。

1. 贴膜的准备工作

将汽车清洗干净并擦干，把汽车驶入无尘车间并停稳。准备好玻璃安全膜、橡胶刮板、牛角板、美工刀、喷水壶、毛巾、可调温电吹风机等。

2. 贴膜

贴膜前用喷水壶在车窗玻璃上喷洒少许纯净水，用刮板将玻璃上的污点、杂质彻底清除干净。再将玻璃喷湿，贴上玻璃安全膜，按玻璃的形状大小裁好玻璃安全膜。取下玻璃安全膜，揭去粘贴面上的塑料层。再次把玻璃和膜的粘贴面喷湿，把玻璃安全膜贴在玻璃上，用牛角板从中间向边缘用一定的力度刮膜，把玻璃与膜之间的水分、空气完全挤出，使玻璃安全膜展平并紧紧贴住玻璃。用毛巾擦掉水。如果贴膜后发现个别地方不平整或有气泡，用电吹风机加热后刮平。

3. 贴膜注意事项

(1)贴膜一定要在无尘的室内进行。

(2)贴膜时要一次成型，不能反复揭、贴，如果贴膜后出现沙点或死褶，必须撕下换新膜重贴。

(3)每块玻璃都要整张粘贴，尤其是前风窗玻璃贴膜必须用前风窗玻璃专用膜，否则会导致驾驶员视线不清，甚至头晕、目眩，影响行车安全。

(4)贴完膜三天之内，不要升降车窗或用水清洗车，不要将饰物贴在膜上，以免造成车膜脱落。

第三节　汽车内室顶棚、内护板装潢

一、汽车内室顶棚装潢

(一)汽车内室顶棚装潢要点

1. 确定装潢原则

在汽车装潢中，一般都是对用过一段时间的原车装饰件由于损坏和失效而进行重新装潢，

或以提高汽车内饰的档次，增加豪华程度，以满足车主的需求，使车主满意，这就是装潢的根本原则。

2. 确定装潢的主调

由正规厂家定型生产的汽车，不论是在外饰还是在内饰方面都经过相当“深思熟虑”的研讨、试制和定型，一般不会有什么大问题，所以，在装潢的主调上，还应尽量按原车主调进行装潢。为满足车主的个性需求，对局部修改，也是可行的。

3. 保证装潢质量

在装潢的全过程中，应进行必需的质量管理，从方案制定到选材和装潢施工，每个环节都要保证质量，不得有半点“马虎”，只要每个环节都认真执行了质量管理要求，最后的装潢效果才会是好的。

（二）汽车顶棚内衬的类型

汽车顶棚的装潢与顶棚内衬的类型有关。汽车顶棚的结构基本上可分为成形型、吊装型和粘贴型三种。

1. 成形型顶棚内饰

1）特点

在汽车制造中，为了装配省时和保证装配质量，采用成形型结构的顶棚较多。特别是在轿车等小型车上用得很广泛。

2）成形型顶棚内衬的结构

成形型顶棚内衬的结构是由基材、填充材和表皮材重叠加工而成。

3）使用材料

（1）基材使用的材料。基材一般选用浸树脂的再生棉或玻璃纤维、聚氯乙烯泡沫板等材料。

（2）填充材料。填充材料一般选用聚氨酯或聚烯烃树脂发泡体。

（3）表皮材料。表皮材料主要是 PVC 片材。目前，逐渐增加了纺织品材料作表层。填充材和表材一起层压加工后，粘贴在基材上而构成了顶棚的内衬。

2. 吊装型顶棚内衬

吊装型顶棚内衬是用铁丝网吊起来的一种结构。表皮材料是 PVC 片材或 PVC 人造革或纺织品材料。为了隔热和隔音，把绝缘材料放到顶板和衬层之间。吊装型内衬由隔热隔音层、铁丝网和表材构成。

3. 粘贴型顶棚内衬

粘贴型顶棚内衬是把填充材料和表层材料层压成型之后直接粘贴在顶棚之上，填充材料主要是聚氨酯发泡体、PVC 发泡体，表皮材料主要是 PVC 片材或纺织物等。

吊装型顶棚内饰和粘贴型顶棚内衬，一般用在大中型客车和旅行车上，生产的批量不是很大，但手工安装量较大。

（三）汽车顶棚内衬的装饰方法

1. 汽车顶棚内衬装饰方法的选择

从上述有关汽车顶棚内衬结构的简述，使我们清楚地认识到，要改变内衬结构和装饰不是一件容易的事。它需要大型且复杂的成型设备和加工手段。

在一般情况下，汽车顶棚内衬不易受到损坏。当然，发生撞车事故时例外。汽车顶棚内衬表皮在使用一段时间后，表皮会有些变色、老化，或者是因清洗或使用不当，可能产生擦伤或划伤，这时需要对内衬表皮材料进行更换和装潢，这样的维修装潢是单车进行，不可能出现批量装潢。所以，在选择维修装潢的方法时，应选择手工粘贴法进行维修装潢，这是切实可行的最佳方法。

2. 汽车顶棚内衬装潢施工

1）拆下顶棚原内衬

根据汽车顶棚的具体结构，选用适当的工具，把顶棚内饰上有关的零部件，如顶灯、后视镜、安全把手等拆下，并保存好。然后再把顶棚内衬拆下。

2）检查内衬及顶棚

当内衬拆下后，要认真检查顶棚的内衬，查看其结构形式、有无损坏之处以及损坏的程度，有无修复的可能，内衬表皮是何种材料等。这些内容都是重新装潢时所需的参考资料，为制定新的装潢工艺提供依据，同时也为重新装潢并保证质量而提供依据。

检查顶棚护板：整个内衬是以顶棚护板为基材而粘接或用其他方法固定在上面，与之形成汽车顶棚整体。若护板有锈蚀或其他方面的损坏，应根据具体情况进行修复，严重的还需更换新护板。

3）成形型顶棚内衬的装潢

（1）对内衬表皮层进行重新装潢。可采用两种方法：

①将内衬表皮层材料（以 PVC 片材为例）采用适当的方法拆下，然后选用同类的新的质量优的 PVC 片材，经适当的剪裁加工，用粘接法粘贴上，形成新的表皮层的内衬。

②若原内衬表皮材料是纺织品材料，表皮层材料只是老化、褪色，没有其他破损，而且与填充层贴合都很结实牢固时，可按其形状尺寸，经过适当的剪裁和缝制，使之成为一个整体的内衬表层，然后用胶粘法，把新的内衬表层直接粘贴到旧的内衬表层上，使整个顶棚总成的厚度略有增加，自然而然，其隔热和隔音效果也有所提高。同时，也比前一种方法节省时间，也省去了拆下原内衬表层材料的工序。

（2）对顶棚护板内表面进行清洗。除去表面上污垢、异物，并使之清洁干燥，为组装内衬做好准备。

（3）把装潢后的内衬进行必要的清洗处理，主要是对内衬的贴附面（与顶棚内表面相贴附表面）进行清洗并干燥，做好与顶棚安装的准备。

（4）按原顶棚与内衬的结构形式和安装方法，把装潢好的内衬安装在顶棚上。

（5）将原来拆下的零部件，如顶灯、后视镜、安全把手等零部件，经过清洗、干燥后，按原方法安装复原。

（6）将安装好后的顶棚，进行全面清洗，清除安装过程中造成的尘垢或污物，并用内饰护理剂——多功能清洁柔顺剂，对顶棚内衬表面进行护理，使顶棚内饰焕然一新。

4）吊装型顶棚内衬的装潢

这种结构内衬的装潢，其基本过程与上述类似。可采用简便的方法进行装潢，在顶棚护板没有腐蚀、锈蚀和划伤的情况下进行装潢，其步骤如下：

（1）拆下顶棚内衬上的顶灯、后视镜、安全把手等零部件及其他装饰件。

(2)将内衬表皮层的人造革(PVC)用清洗剂清洗干净并擦干。

(3)按内衬表皮的形状尺寸,用新的优质同色的人造革(PVC)进行裁剪,并缝制成一体,留足周边粘接后的裁剪余量。

(4)选用合适的胶粘剂进行粘接,先在原内衬表皮人造革上均匀地涂上薄薄一层胶液,稍晾干一下,再把新的内衬表皮粘贴在上面。一般是从顶棚内衬的中部开始,分别向前和向后进行粘贴,粘贴时注意平整,逐渐向前或向后部展开,注意压平、压实,粘贴层中不要留有空隙、气泡,不得有皱褶。如有气泡时,可用柔软而有弹性的压板从中部往边缘赶压,把气泡排出,注意只能往一个方向赶压,不能往复进行。同理,对空隙和皱褶也用压板进行赶压,使之消除,达到内衬表皮粘贴达到光滑、平整、牢固等的要求。

(5)按拆装时的反向步骤,把清洗并干燥后的顶灯、后视镜、安全把手等零部件及其他装饰件安装好。在安装周边压条时,把内衬表皮周边的粘贴余量用刀片或剪刀裁掉后安装好压条。在安装时,要仔细,不得划伤内衬表皮。

(6)清洗护理,在内衬表皮装潢的最后,对表皮进行清洗护理。可用仪表板清洁剂喷涂到内衬表面上,然后用柔软的毛巾进行擦拭,使人造革表皮光泽明亮,不沾灰尘,还有香味。

5)粘贴型内衬的装潢

这种顶棚内衬,实际上可看作是把填充层和表层材料用粘贴的方法逐一粘贴到顶棚的护面内侧上。如果顶棚护面没有锈蚀和损伤,其内衬的填充层一般也无损坏。在这种情况下,对表皮层进行重新装潢,其方法如下:

(1)拆除内衬表层的人造革。这种表皮的人造革是用粘接的方法与填充层粘接压合在一起的。可采用拆除这种表层的方法进行装潢。

用热风枪把人造革边缘加热,使粘胶软化,然后用钳子夹着人造革边缘并拉出人造革粘合的周边(先拉出部分周边)。当拉出部分人造革周边后,继续向内部加热,使粘胶软化,把人造革整片从填充层上拆下,上述操作是在连续不断地加热、软化、拆下,直至最后把内衬表层的人造革全部拆下。

(2)制作新的PVC人造革表皮。参照拆下的人造革表皮,选择新的优质PVC装饰革,其颜色、花样应与旧的一样或相似,也可以选择能满足个性需求的PVC人造革,以提高其装潢效果。参照旧的人造革形状尺寸,进行裁剪缝制,制成新的人造革内衬表皮。

(3)粘贴内衬表皮。选用合适的胶粘剂,在常温下进行粘贴,不需加温,加压,施工简便。把胶液涂刷在填充层上,要求均匀涂刷薄薄一层,稍等片刻,把新的内衬表层平整地粘贴到填充层上,不允许有皱褶和气泡。如有皱褶和气泡,可用刮板排除,使之粘贴牢固。

(4)将原来拆下的顶灯、后视镜、安全把手和装饰件等清洗,干燥后,按原位置安装好。在安装内衬表皮周边压条时,应先将周边多余部分裁剪掉,然后进行安装。

(5)最后清洗护理。在顶棚内衬装饰完工后,可用仪表板清洁剂进行清洁护理,使顶棚内衬焕然一新,达到满意的效果。

6)顶棚内衬装潢时的注意事项

(1)顶棚内衬表皮装潢,关键是表皮材料、胶粘剂、粘接工艺的正确选用,相互之间必须是配套协调的;主色应与车厢内部的内饰和谐,否则其装潢效果不佳。

(2)用热风枪加热时,必须控制好温度,温度过高,易损伤内衬结构或表皮。如用电熨斗熨平皱纹时,也要控制好加热温度,要适度移动,不能停留一处的时间过长,否则,易损坏内衬表皮,影响装潢效果。

(3)在粘贴过程中,如发现有气泡时,可用刚性的塑料刮板除去气泡,当胶粘剂还没有固化时,也可用塑料压板施加压力,除去皱纹。

(4)在清洗或涂胶时,要特别注意不要把清洗剂、胶液等散落到车窗、座椅和地板上,必要时,可对这些部位用毛巾遮盖。

二、汽车侧围内护板的装潢

(一)汽车侧围内护板的结构特点

汽车侧围内护板的结构、形状尺寸和使用材料,均与车型有着密切的关系。

1. 轿车侧围内护板的特点

(1)轿车侧围内护面很小。轿车的侧面,由于侧门的结构占有绝大部分面积,除了侧门之外,门框和门立柱的内面成为内侧面,只占很小一部分面积,而这一部分面积绝大部分都是由薄钢板压制而成的,表层则是喷涂的涂料。也有少数的门框、门立柱内护面用铝合金制作。有的双门对开的四门轿车,门的中立柱只有很短的一部分,下部内侧已成为门框内侧的一部分,从而说明轿车内护面的装潢是很小的部分面积,而车门内护面装潢则成为车内室侧护面装潢的主要部分。

(2)内护面用的装饰材料和色泽基本上是相同的,具有整体性和协调性。汽车内饰的主要材料是塑料,占内饰材料的60%以上,而且还在逐年增加。在一些高级轿车上,使用真皮装饰内护面也是很流行的,可显得格外豪华和高贵。复合材料装饰内护板,是目前使用最多的。另外,内护板的装饰中也有使用纺织物的。

2. 旅行客车侧围的特点

旅行客车侧围内护面大。这类车的侧围内护面积大,车窗的下部至车地板以上全是内护面,形状比较平直。旅行客车、中型客车等使用的材料有用薄铁板压制的,有用胶合板制作的,还有用塑料板或其他复合材料制作的。在内饰装饰上,用金属制作的内护面,绝大部分用涂料喷涂装饰;用胶合板制作的内护面,一般采用人造革粘贴表皮进行装饰;塑料板的内护面,有的是利用塑料板本身的光泽与花纹装饰,也有的粘贴人造革或纺织物进行装饰。在进行具体装潢时,可参照原车情况综合考虑。

(二)汽车侧围内护面的装潢

1. 装潢原则

(1)按车型档次特点进行装潢。车型不一样,则装潢要求也不一样。轿车的档次高,要求则高;装潢材质高级,装潢工艺精细;而其他档次低些的汽车,装潢档次要低一些。

(2)视车况而确定装潢方案。一般来说有两种情况,一是内护面完好,只是污垢较多、表皮光泽稍有褪色。二是表面有轻微划痕或划伤,褪色严重。显然装潢方法应有所不同。

2. 清洁护理美容

以内护面是用乙烯人造革装饰的为例。因使用一段时间后,由于未护理或护理较差,内护面表皮表面有尘土污垢并稍有褪色,可采用清洁护理美容的手段对内护面进行护理装饰。具体装饰方法是:

(1)选择清洗剂。选用皮革乙烯材料清洗剂，对内护面进行清洗。

(2)清洗方法。将清洗剂均匀地喷涂到内护面上，用干净柔软的毛巾擦干净即可。

(3)清洗效果。

①可使乙烯人造革表面洁净并恢复其表面光泽。

②可防止恶劣环境的影响而提前老化。

③提高了内护面的装饰效果，使人有赏心悦目的感觉。

3. 粘贴法装潢

内护面有损伤，而且老化褪色严重，可拆掉原内护面旧的表皮，更换新的乙烯人造革表皮。

具体装潢方法：

(1)拆除原内护面上的装饰件和功能件，并清洗干净并保存好，以备装潢后复位安装。

(2)用热风枪对内护面表皮加热，使原粘胶软化，用尖嘴夹钳把人造革边缘拉出，继续边加热边拉起人造革，直至把旧的人造革全部拉掉。

(3)参照原内护面的人造革形状尺寸，裁剪出新的人造革片材，按需要进行缝制成整块，留出一定的余量，以备粘贴使用。

(4)选用合适的胶粘剂，按胶粘剂的使用方法，把新的聚氯乙烯人造革粘贴到内护板上，要求平整，光滑，无皱纹和气泡。

(5)将原拆下的装饰件和功能件，按原位置安装好。

(6)对安装后的新内护面表皮进行清洁护理，即可使装潢后的内护面光亮如新。

三、车门内护板的装饰

(一)车门内护板的特点

1. 结构比较复杂

车门内护板的结构比较复杂，尤其是轿车的正、副驾驶员门的内护板形状更复杂，切面形状尺寸变化大，有凹槽。有的是整体式，有的是组合式，有的还装有杂物袋，供驾驶员放置常用的物品。

2. 采用复合材料和现代化生产

在门内护板生产中，主要采用复合材料，用现代化的生产设备和现代化的工艺技术生产，一般都是批量生产的，这样既可保证内饰件的质量要求，又可保证在生产线上顺利组装。

3. 单件制作困难

门内护板要想用简单的设备和方法生产是很困难的，要生产出精确的内护板则更困难。所以，当内护板损坏之后，一般都是用原配套厂家的同类零件进行更换。

(二)门内护板的装潢

根据需装潢车辆的具体情况，对门内护板可分别采用下述方法进行装潢。

1. 更换新内护板

当原车门内护板已经损伤，又不易修复时，应采用同车型的新的门内护板进行更换。在更换时要特别注意，新内护板是否是同规格的，否则稍有差异就装不上。

2. 美容护理提高装饰性

当门内护板整体完好，只是有尘污或稍有褪色现象时，可采取清洁美容护理的方法，可使内护板达到焕然一新的效果,成本也低。

3. 粘贴法装饰

当门内护板基本完好,只是护板表皮层表面稍有划伤或刮裂,车主又不愿意更换新的护板时,可采用粘贴法进行装潢。操作方法如下:

(1)拆下门内护板上的一些附件或装饰件,如门把手、杂物袋、装饰压条等物品,并将其清洗干净,干燥后保存好,以备装潢后复原安装。

(2)用热风枪对表皮边缘加热,使胶体软化,然后用夹钳把表皮拉出,继续不断向中部逐渐加热,逐渐拉起表皮,直到把表皮全部拉下为止。

(3)参照拉下的旧表皮形状尺寸,用新的表皮材料进行裁剪、缝制出新的表皮。在裁剪、缝制时,要特别注意门内护板表皮的凸凹部分,不要把形状尺寸弄反了,不然粘贴时会出错,安装不上。缝制好后,可在未涂胶之前试贴检查一下,能否帖服,如有不当之处,此时可改正,可使粘贴时顺利。

(4)进行粘贴,选用合适的胶粘剂,按使用要求将新的内护板表皮粘贴到内护板上,要求粘贴后不得有皱纹和气泡,应平整牢固。

(5)粘贴完后,待胶粘剂固化一定时间后,再将原拆下的有关零部件复原安装上。

(6)最后清洗护理内护板,可使新安装上的表皮更加光滑靓丽。

四、装潢时的注意事项

1. 要注意车内装潢的协调性

汽车内饰装潢时,每一部分虽然是单独进行的,但应统一协调,特别是对装潢材料的色泽要求更要讲究整体性和协调性。

2. 注意装潢质量

内护面装潢时,特别是门内护面的装潢时,由于零件结构复杂,采用复合材料用模具压制质量很好,是别的方法无法替代的。而采用胶粘法的装潢质量则难以达到以上要求,如棱线不是很清晰、平整度稍差等。

3. 采取措施提高装潢效果

当装潢效果不太理想时,应采取一些措施,提高装潢效果,如适当改变结构,增设装饰压条;或加装一些装饰物,遮盖不太重要的缺陷等。如果措施得当,装潢效果也会提高。

第四节　汽车座椅装潢

一、汽车座椅的结构

汽车座椅的结构与车型及用途有关。

(一)轿车座椅的典型结构

目前轿车座椅的典型结构为复合型结构,由骨架、填充层和表皮三大部分组成。

1. 骨架

轿车座椅的骨架主要用金属型材制作。主体是金属焊接结构,起到座椅的定型和支承人体的功能。靠背和坐垫处的基本形体，有的是用薄钢板冲压而成。总之，都是按照人体工程学原理，以乘客乘坐时最舒适的形体要求进行设计制作。

2. 填充层

为了增加人们乘坐时的舒适感，在座椅骨架上增加填充物，在塑料未出现前，人们使用植物纤维作填充物，如棉花等，但造型不佳，且易变形。随着塑料工业的发展，用发泡塑料制作定型的填充层，柔软舒适，造型佳，且不易变形，还具有一定的弹性，既提高了座椅的舒适性，又易于座椅的批量生产，并保证座椅的质量。

3. 表皮层

轿车座椅的表皮层是座椅质量和装饰性的重要之处，是设计师考虑的重点部位。表皮层使用的材料，主要有纺织布料、人造革材料和优质的真皮材料等。外形与填充层的形状相帖服。在制作工艺上很讲究，要求裁剪精确，缝制精细，帖服平整合体，以显示座椅的精美外形。

(二)其他类型汽车的座椅结构

其他类型汽车的座椅结构，也与车型及用途有关。如一般客车和豪华客车，对座椅的要求不同，在结构上也必然有所差异。

1. 普通客车的座椅

普通客车的座椅结构简单，主要是满足乘客最起码的乘坐要求，在造型美观和舒适性方面稍差。如木质座椅，在铁制的支承架上，装钉上长形木板或长的木条，就制成了简单的单人座椅或多人座椅。如塑料座椅，目前用塑料制作的座椅也多起来了，最常见的塑料座椅是用SMC 塑料制成的单个代形体的座椅，固定在座椅支承架上，构成单人座椅或多人座椅。

2. 客车的豪华座椅

所谓客车的豪华座椅，只是在外形、制作材料和形体结构上稍微讲究一些，其质量介于普通客车和轿车的座椅之间。如 XC/ZY、XC/JZ 系列豪华座椅，造型新颖，美观大方，符合人体学设计原理。XC/ZY600 型可拆卸式乘客座椅，以及 ZY650、ZY610 型乘客座椅，具有曲面流畅、柔度适中、乘坐舒适等特点。

二、座椅的分类

以轿车为例，按座椅的使用功能可分为驾驶员座椅、乘客座椅和儿童座椅三种。

1. 驾驶员座椅

驾驶员的座椅，安装在驾驶员的座位处。由于驾驶员的工作性质所决定，在开车时要集中精力，始终要注视前方，要灵活机动地处理交通路面情况。为了有利于驾驶员驾车，对座椅的舒适性、方位(高低、前后、左右)可调性要求较高。所以，驾驶员座椅总成的机构复杂，要求性能可靠，调整使用简便灵活。

2. 乘员座椅

乘员座椅要求乘坐舒适，这与驾驶员的座椅是一样的。但对调整方面无过多的要求，一般乘员座椅，如一些豪华轿车上有角度调整机构，即仰坐的角度可在一定范围内调节，以增加其乘坐舒适性。

3. 儿童座椅

儿童汽车安全座椅是专门为婴幼儿和儿童乘车设计的附加式座椅，如图 3-6 所示。通常是由汽车安全带固定在汽车后排座位的中间，有的型号更有额外的加固系带将其与车身紧密固定在一起，便于安装，有良好的安全保障。儿童座椅，有不同的规格和型号，可按儿童的年龄进行选择。

在国外，特别是瑞典从1982年开始就制定了法规，对7岁以下的儿童乘车，车上应有保护儿童安全的装置，目前这种安全装置使用率已上升到95%，其中60%的儿童专用座椅是面向后面的（规定3岁以下的小孩就乘坐这种面向后方的专用座椅）。儿童座椅的结构和安装方法，也是经过研究和试验而确定的，3岁以下的儿童头部周长占人身长的60%，因此头部受力比较大。此外，8岁以下儿童的脊椎尚不成熟，也不能像大人那样承受安全带的强作用力。因此，保护儿童在汽车内不受伤，最重要的是保护儿童的头部。经研究试验确定，面向后方的儿童专用座椅，能将冲击时的力分散到背部，抑制头部的运动，这是最有效的解决方案。

图3-6　儿童座椅

三、汽车座椅装潢

汽车座椅装潢主要是对座椅的表面层进行装潢。汽车出厂时座椅表面层材料有棉毛纺织物、化纤及混纺等纺织物和皮革。有些车主为提高汽车座椅的豪华程度，让汽车在视觉上、触觉上，甚至在味觉上有一个更好的心理感觉，把座椅套的织物面料改为真皮，而进行真皮座椅装潢。

（一）真皮座椅的优缺点

真皮座椅的优点：

（1）真皮座椅不像绒布座椅那么容易藏污纳垢，灰尘、污垢落在座椅的表面时容易擦掉。

（2）真皮座椅的散热性比绒布座椅好。

真皮座椅的缺点：

（1）真皮如果被划伤或划破，修补比较困难。

（2）真皮座椅受热后会出现老化现象，应及时对真皮座椅进行护理，否则就会失去光泽。

（3）真皮座椅在乘坐时比绒布座椅滑，如果真皮表面的皱格或反皮处理不好，乘坐时滑感较大，反而使乘坐舒适度降低。

（二）汽车座椅用皮的种类

汽车座椅用的真皮分为黄牛皮、水牛皮和复合皮三种。市场上有国产和进口的真皮。

黄牛皮也称为A级皮，它质地柔软、弹性好、毛孔较细、结实又非常有韧性，而且整张皮也最大。它是汽车真皮座椅中最为常见的使用材料，加工出的座椅较为美观。

水牛皮也称为B级皮，它结实耐磨，但是不够柔软、手感差、韧性差、表面粗糙、毛孔清晰，加工出的座椅同黄牛皮相比外观稍差。

复合皮也称二层皮，是在二层皮的表面附上一层胶膜，表面精致，看上去也很像头层皮，但实际上的质量则远不如头层皮。

什么是头层皮和二层皮呢？简单地说，一般牛皮经过处理后可以分切成几层，最外边的那

层叫头层皮，也叫皮青，质感最好，抗拉且透气；次之则是二层皮，它的面和底是一样的，一般做法是打磨表面，然后进行处理，喷漆之后使用。它的弹性差、容易掉漆，寿命也低，建议不要使用它。

(三)汽车座椅用皮的辨别挑选

汽车座椅用皮的辨别挑选从专业的角度应从真皮的气味、比重、耐光性、耐迁移性、雾化性、热黄变、耐摩擦性等方面来判断。简单的方法则是看、摸、拉、擦、闻。看就是察看皮面的皮纹是否细致，色泽是否光亮柔和且没有反光感，厚薄是否均匀。天然真皮皮面的毛孔分布不完全均匀，但这不会影响整体的美观。摸就是手摸真皮手感光滑有弹性，若皮面发硬或发粘则皮质较差。拉就是用两只手稍用力向两边拉真皮，看真皮的弹性好不好，是否会变形。若真皮出现变形、裂痕或露出浅白底色，则说明真皮弹性差及染色工艺差。擦就是用潮湿的布在皮面上擦拭几下，查看布上是否粘有颜色。或者用指甲刮一刮，看是否容易掉漆。若有脱色、掉漆现象，则皮质较差。闻就是闻一闻真皮的气味。好的真皮有自然的皮香味，劣质的真皮常带有强烈的刺激味。

(四)真皮座椅的制作工艺

真皮座椅的制作过程一般分为六个过程，即：拆卸、制板、裁皮、缝制、套装、回装。

1. 拆卸

制作真皮座椅时，第一步要做的是把车上的座椅拆卸下来。座椅拆下以后，还要将原来的绒布套拆下，露出座椅内部的海绵。

2. 制板

真皮座椅的制版是最基础的，也是最重要的工作。只有板型合适，真皮座椅才能制作得好看、合适。制板可根据原车的绒布套、座椅的形状以及座椅海绵的形状，进行详细的分析和比较，一步步制作出大小不一的板型。

3. 裁皮

裁皮就是把一整张真皮，按着板型裁成大小不一的小块。裁皮的方式大约有三种：刀裁、剪裁和机器裁。牛背的皮是一张皮子最好的部位，一般用于座椅的靠背及坐垫部分，因为座椅的这两处长期受压、受摩擦，也是我们最易感观到的部位。牛肚、牛脖的皮面较差，一般用于座椅的裙部或不易看到的部位。同时注意皮的拉伸受力方向，若裁皮方向不当，有的皮椅坐了一二个月后就出现凹凸现象，多数是因为裁皮方向不当造成的。

4. 缝制

皮料下面应垫上 12 ~ 15mm 厚的带网底的海绵衬垫，缝制就是把一块一块带有海绵衬垫的真皮，按着固定的位置用机器缝合。应注意的是，真皮一旦缝合后不能再改，否则会在真皮上留下明显的针孔；明线针距是否均匀，皮头有无外露，有无毛边与线头，线与真皮颜色是否一致等。

5. 套装

套装就是将缝制好的皮套，套装在座椅上。先把已经缝合好的各个部位的真皮套在座椅上，然后通过卡钉与座椅进行固定，之后再用手进行拍打、拉拽、抚平等初步整型工作，将皮套贴实在座椅上。固定皮套的卡钉要选择防锈的，卡钉分布的尺寸、松紧要一致。套装座椅时，坐垫与靠垫的合缝要对称整齐。如果真皮座椅有一些褶皱，要进行最后的修饰工作。修饰的工具是烤枪,用烤枪在座椅上的褶皱处进行吹烤,以使其展平。吹烤时要注意烤枪的温度和烤枪与真皮之间的距离,以免烤坏真皮。

6. 回装

回装就是把已经制作完成的真皮座椅按原来的位置安装到车里。车门、车内的空间有限,座椅的尺寸都不小,且比较重,回装时既要避免划伤椅面,又不能碰到车漆,所以必须按照回装工艺要求去做。否则,稍有不慎,就会前功尽弃。

第五节 汽车隔音

汽车内持续的噪声会影响驾驶员及乘客的听觉器官,使人产生不舒服感。汽车噪声不但增加驾驶员和乘员的疲劳,而且影响汽车的行驶安全,甚至影响身体健康。高档汽车一般在隔音降噪方面做得较好,中档车及经济型车在这方面就稍微差些。如果车内噪声较大,应该进行隔音降噪,使汽车具有更好的乘坐舒适性。所谓汽车隔音是以原车之原厂设计组装条件,利用各种减振、隔音、吸音、密封材料,在汽车各部位的粘贴,将车厢内的噪声消除到最低状态。

一、车内噪声的产生

车内的噪声主要有发动机噪声、车身振动噪声、轮胎噪声、风噪、外界环境传入车内的噪声等。

发动机噪声主要是发动机高速运转时的燃烧声、机械零件的运转噪声、进排气噪声,通过防火墙、底板等处传入车内。

车身共振噪声主要是由于车身钣金件比较薄,汽车在颠簸路面或高速行驶时产生铁皮振动而产生噪声。

轮胎噪声主要是汽车高速行驶时,轮胎与地面摩擦所产生的噪声,其次是轮胎花纹间隙的空气流动和轮胎四周空气扰动形成的空气噪声,胎体和花纹部分振动引起的轮胎振动噪声和路面不平造成的路面噪声。

风噪是车辆高速行驶过程中车身某一部件处会出现周期性气流分离,涡从车身两侧拖出,顺气流方向移动而产生噪声。不同车型产生的风噪不同,不同行驶速度产生的风噪也不一样,行驶速度越高,风噪越大,风噪是通过车门缝隙传入车内的,所以也很难彻底有效地降低。

二、汽车隔音降噪的途径

汽车隔音降噪的有效途径主要是:减振、隔音、吸音、密封、补强。在减振基础上再进行隔音、吸音以及密封处理,就可以达到车内安静舒适的效果。

1. 减振

汽车的外壳一般都是由金属薄板制成,车辆行驶过程中,振源把它的振动传给车体,在车体中以弹性波形式进行传播,这些薄板受激振动时会产生噪声,同时引起车体上其他部件的振动,这些部件又向外辐射噪声。在该传播途径上安装弹性材料或元件,隔绝或衰减振动的传播,就可以实现减振降噪的目的。减振措施主要有隔振减振和阻尼减振。例如平静汽车阻尼防护胶就是在阻尼减振原理的基础上研发的。此外,平静吸音棉在粘贴过程中采用人工刷胶的方式，专用的胶粘剂在固化以后会具有良好的弹性和柔韧性，形成一道阻尼减振层，可以耐受车体的冲击与振动。

2. 隔音

不透气的固体材料，对于空气中传播的声波都有隔声效果，隔声效果的好坏最根本的一点是取决于材料单位面积的质量。隔音方法就是用某种隔音材料将声源与周围环境隔离，使其辐射的噪声不能直接传播到周围区域，从而达到控制噪声的目的。隔音的实质是尽量衰减从声源辐射出的声音，常用措施有隔音材料和隔音结构。汽车的地板、车身等部位一般是采用双层隔板的地方，这些部位一般由外围板和内饰板组成，双层之间是空气层，利用这些双层隔板，可以起到很好的隔音作用。如果在双层隔板之间粘贴带有吸音槽的吸音棉，隔音降噪效果会有明显提高。

3. 吸音

吸音是指声波传播到某一边界面时，一部分声能被边界面反射（或散射）；一部分声能被边界面吸收，这包括声波在边界材料内转化为热能被消耗掉或是转化为振动能沿边界构造传递转移，或是直接透射到边界另一面空间。对于入射声波来说，除了反射到原来空间的反射（散射）声能外，其余能量都被看作被边界面吸收。在一定面积上被吸收的声能与入射声能之比称为该边界面的吸声系数。在汽车有限空间内的噪声包括直达噪声和反射噪声两部分。吸音是用特种被动式材料来改变声波的方向，以吸收其能量。合理的布置吸音材料，能有效降低声能的反射量，达到吸音降噪的目的。常用的吸音材料由于受环保、防水、防火、轻量化等条件的限制，能够用于汽车的吸音材料比较少见。如平静隔音吸音棉是针对汽车噪声特点而开发的异型吸音槽设计，在传统的一个单位的隔音面积上集成了两倍以上的吸音面积，每个吸音槽的宽窄、深浅、坡度和曲率都是针对轿车噪声的特点经数学算法仿真模拟并精确确定的。由于吸声层的逐渐过渡性质，材料的声阻抗与空气的声阻抗能较好地匹配，使较宽频段的声波都能被高效地吸收。

4. 密封

试验表明，车内整体噪声的控制与车体的密封性能有密切的关系。好的密封可以有效降低车辆整体噪声，尤其对高速行驶过程中的风噪有很好的隔音效果。预防这种噪声产生的办法是尽量避免产生气流分离并用恰当的方法扰乱周期性的尾流。密封仅仅是利用密封性的提高把噪声阻隔在外，例如平静专业密封条在阻隔噪声的同时，还能避免气流分离并对周期性的尾流进行扰乱，从根本上降低风噪。

5. 补强

汽车的车身、发动机盖、车门、后备箱、车顶、翼子板等部位的钣金件都比较薄，其强度比较弱，加装隔音材料后，这些部位钣金件的强度会有所增加，它改变了车体的固有频率，起到加固车体结构和控制车体与外界噪声的共振的作用，减少钣金件在汽车行驶中产生的振动，从而达到降噪的目的。

三、汽车隔音材料

任何一种材料都不同程度地具有减振、隔音、吸音的能力。汽车隔音材料可分为四类：①减振材料；②吸音材料；③隔音材料；④密封材料。汽车上使用的隔音材料的选择标准是材料尽可能的轻，施工后不会使车身自重增加太多；在宽频带范围内隔音性能和吸音性能好，隔音吸音性能长期稳定可靠；不吸水；不吸附灰尘；不自燃，最好能阻燃；柔软易施工；耐热性能好，使用寿命长；环保无污染，对人体无害。理想的汽车隔音材料不是减振、隔音、吸音、密封材料的分别粘贴，而应该是一种材料对这几种隔音原理的综合运用。

常用隔音材料简介如下：

1. 海绵、改性海绵

海绵是一种较好的吸音材料，尤其是表面做了吸音槽处理的海绵吸音效果更好。但是海绵的缺点是减振、隔音性能较差，吸水能力强，容易吸附灰尘，不耐火，有时还自燃。因此较少用作汽车隔音材料。

改性海绵的主材料仍然是海绵，有一种产品称为低密度隔音海绵，是一种新的高科技产品。这种隔音海绵是在原海绵材料特性不变的前提下，通过调整其成型工艺、改变其内部结构，添加特殊辅助剂等一系列改性工作所研制出来的。它具有细密的闭孔结构，光滑的外表，优良的回弹性，较高的力学强度，优异的隔音、隔热、防水性，优良的耐老化性和耐化学性。

2. 纤维毯

纤维毯导热系数低，隔热性能良好，减振性能好，耐腐蚀，有良好的隔音性能和机械强度，纤维弹性好，收缩小，便于安装施工。

3. 石油纤维棉

石油纤维棉呈白色，柔软似棉花，遇火即熔，易吸附灰尘，不易吸水。石油纤维棉对高频噪声吸收能力较强，隔音效果较差。

4. 工业橡塑板

工业橡塑板具有均匀平整的表面，完全闭孔式的内部蜂窝结构，优越的保温、隔热、隔音、防潮性能，以及高抗压、轻质、不吸水、不透气、耐磨、不降解的特性。隔音、减振能力较强，吸音能力差。

5. 发泡硅胶板

发泡硅胶板的特点是抗老化、抗拉强度好，密度低，热传导系数低，隔热效果佳，柔软性能好，易剪裁，使用温度范围广，耐酸性好，不易燃烧，不吸水，无污染。隔音效果和减振效果佳，吸音能力一般。

6. 吸音涂料

吸音涂料是一种采用合成树脂乳液和水性高分子聚合材料粘结剂，导入无机轻质泡沫材料组成涂料。涂膜有吸音、隔热功能，兼有防结霜功能。涂膜附着性强，防霉菌。吸音、隔音效果一般，多层涂刷后有一定的减振性能。

7. 聚氨酯泡沫塑料

硬质聚氨酯泡沫塑料具有强度高、重量轻、绝热效果好、施工方便等特点，还具有隔音、防震、电绝缘、耐热、耐寒、耐溶剂等优良特性。较好的聚氨酯塑料有阻燃设计。缺点是吸声性能不稳定。目前车辆的座椅多用该材料制成。

8. 专用隔音材料

目前市场上汽车专用隔音材料有许多品牌，如驰耐普、3M、汉高、大能、平静、静音宝等。不同品牌其材质也有所不同。大多数汽车隔音材料主要成分为橡胶，有的隔音材料为橡胶添加吸音粉尘剂等,并进行吸音孔和吸音槽设计。有的隔音材料是橡胶与铝箔复合成复合材料。因为橡胶材料内损耗大,声波在该材料中传播时衰减快,因此具有较好的隔音、吸音性能。

汽车专用隔音材料把吸音、隔音、隔热、减振、防火、防水等多种功能集于一体,是理想的汽车隔音材料,是汽车隔音工程用料的首选。例如"平静隔音吸音棉"和"静音宝专业汽车隔音吸音棉"。

平静隔音吸音棉其主要组成是橡胶,通过对橡胶的变性处理,使其物性与化性极大改变,生产中添加多种规格的辅助剂并采用了国际先进的氮气填充发泡成型技术,使隔音性能和防水性能极大提高。外观灰黑色。材料本身具有防火阻燃、防水防腐、隔音吸音、阻尼减振,环保、柔软易裁剪,恢复性强,便于施工等诸多优点。平静隔音吸音棉由四层结构组成,第一层是商标贴纸层;第二层是阻尼胶粘止振层,靠自身的永久粘性与钣金部位紧密贴合,有效抑制振动,从根源上控制噪声产生;第三层是隔音层,闭孔发泡结构,实现对噪声的阻隔和防水防火,同时体现环保和轻量化;第四层是异型吸音槽表面,平静专利技术,开孔结构设计,可高效抑制混响。

静音宝专业汽车隔音吸音棉,原材料是采用美国 SILENCETOP 公司技术生产的 NBR/PVC 阻燃橡塑海绵,其材质为橡胶与 PVC 的复合发泡体,柔软富有弹性,发泡体为半开孔半闭孔结构,集隔音、吸音、减振、隔热等多种功能于一体。静音宝专业汽车隔音吸音棉,采用纵横交错的网状导音槽和均匀分布的方形吸音单元相结合的双重设计,在每平方米的面积内集成了上百条导音槽和数千个吸音单元,吸音面积达到普通平面吸音材料的 3 倍。噪声声波在传到汽车隔音吸音棉表面后,被纵横交错的导音槽分解衰减并最终被密布于表面、开孔结构的方形吸音单元所吸收转化为热能释放掉。静音宝专业汽车隔音吸音棉方形吸音单元下面为半开孔半闭孔结构吸音隔音层,最下面一层为全闭孔结构隔音层,背面为平整的光滑面。双层共同作用,形成既具有良好的隔音效果又防潮不透气的隔音隔热层。在吸收噪声的基础上充分隔绝外界噪声的传入,从而使静音宝专业汽车隔音吸音棉达到了最佳的降噪效果。

四、汽车隔音施工的方法

汽车隔音施工,首先要了解汽车的主要噪声来源以及驾乘时候感受到的噪声影响程度,然后根据需要选择降噪施工方案。对发动机罩、车门、车厢顶棚、地板、翼子板、后备箱等部位的隔音施工不会影响车身结构,因此对车辆的机械性能没有任何影响。由于采用了环保轻质的隔音材料,隔音施工后增加的重量较少,不会影响汽车的加速性能。由于降低了噪声,可以大大提高车辆的舒适性。隔音施工后可以在车体内部形成一层缓冲带,对车体本身的强度也有增加,一定程度上提高了车辆安全性。

(一)汽车隔音施工的常用工具

(1)刻度 1m 以上的尺子、裁纸刀、剪刀等。

(2)若干拆卸工具如螺丝刀、开口扳手、套筒扳手、活扳手等。

(3)专用粘结剂、刷粘结剂用小刷子、盛粘结剂用容器等。

(二)目前常见的汽车隔音施工方法

(1)发动机罩和发动机舱挡火墙粘贴防火隔音毯。防火隔音毯能吸收发动机运转噪声,并且还具有隔热功能,能有效保护发动机罩的面漆,避免长时间高温使面漆褪色、老化。

(2)车门饰板内贴上专用隔音棉,降低行车时车门钣金件因较薄而产生的共振,减少车门饰板及零件的松动,降低因车龄较长或长期在崎岖路面行驶情况下,由于金属疲劳及车身扭动时产生的噪声。加装车门隔音条以加强车门与门框的密封性,能加强车门的刚性和减少共鸣声,而且能有效降低汽车高速行驶的风噪声。

(3)有些轿车由于车身结构上的原因,造成车身综合刚度不足,从而产生较大的行驶噪声,因此只需提高车身结构的刚度,便能有效降低噪声。常见的是强化A、B、C柱下方刚度,补强后座侧板,可在有孔的地方喷涂吸音涂料或填充发泡材料。

(4)车厢内顶棚粘贴一层隔热吸音棉,既能强化车顶蒙皮的刚度,减少车顶蒙皮振动的共鸣声,又能更有效地阻隔太阳光,增强隔热效果。

(5)车厢内底板加装减振隔音垫及防潮隔音毯,缓解钣金件在高速行驶时由于振动而引起的共鸣,减少由于轮胎滚动所产生的路面噪声传递,降低排气声传入车厢内的噪声等。

(6)后备箱四周内壁上粘贴隔音棉。

(7)前后轮翼子板处喷涂吸音涂料,减少行驶时减振器传入的噪声,吸收轮胎噪声和沙石撞击钣金件所产生的噪声。

(三)汽车隔音施工程序

(1)停稳汽车。汽车开到指定工位后,熄火,拉上驻车制动杆,将车辆停稳,确保作业安全。

(2)检查汽车。检查车辆有无损坏。

(3)拆卸。按先外后内的顺序拆卸零件。

(4)清洁。用清洁剂和毛巾将粘贴表面彻底清洗干净。

(5)裁料。按粘贴部位表面积裁剪隔音材料,必要时可先用纸剪成模型再裁料,避免隔音材料拼接过多和浪费。

(6)粘贴。将隔音材料贴到隔音部位表面上。

(7)安装检查。将拆卸下的零件按先内后外的顺序装回,全面检查车辆,确认各部位都工作正常。

(四)汽车隔音施工操作简介

1. 发动机罩的隔音施工

首先把与发动机罩相连的玻璃清洗液的输液管拔下,拧下发动机罩与车体相连的螺母,拆下发动机罩。拆卸下来的发动机罩应放在柔软的地毯上,以免划伤漆面。按照发动机罩粘贴部位的形状裁剪好隔音材料。注意隔音材料靠近玻璃清洗液出口的地方要留出个细槽,或剪个洞,使玻璃清洗液的输液管能通过。清洁发动机罩粘贴部位,要求清洁干燥。在发动机罩粘贴部位和隔音材料的光滑面刷上粘结剂,稍晾干。开始粘贴,要一次成功。这个过程要求"稳"和"准",把隔音材料由中间向边缘压实,使隔音材料与铁皮紧密粘贴,也防止里面留有气泡,影响隔音减振效果。

2. 发动机舱挡火墙的隔音施工

发动机舱挡火墙的隔音施工有两种方法:一种是车厢内部施工,需要拆卸整个仪表台面板,比较繁琐,但是隔音效果好;另一种是外部施工,操作简便,但隔音效果略差。

3. 车门的隔音施工

首先拆卸车门内饰板:用螺丝刀将拉手盖撬开取下,拧出固定螺钉,拆下门拉手,从车门下部用手略用劲扒开内饰板。清洁粘贴部位后涂胶。车门内饰板要贴一层吸音棉,注意预留螺钉孔。车门上也粘贴一层隔音棉,整块的隔音棉很难直接贴到车门铁皮上,可以把隔音棉裁开后,分别粘贴。最后将所有部件装回,检查车窗和中控锁是否正常、各部件是否完好。其余的车门也用同样的方法施工。

4. 强化 A、B、C 柱刚度

强化 A、B、C 柱刚度主要是在 A、B、C 柱空腔部位填充发泡隔音材料。但是有导线通过的部位不要填充,以免以后给维修带来麻烦。

5. 车厢内顶棚的隔音施工

首先要把两块遮阳板、车内后视镜、照明灯和乘客头顶的塑料把手拆下,再把顶棚的内饰板拆下。清洁车顶。车顶上横向起加固作用的金属骨架和车顶构成了凹槽,按照凹陷的面积裁取吸音棉,把粘结剂刷在车顶和吸音棉光滑的一面,把吸音棉粘牢在车顶。粘贴的时候要注意不要把车顶部位的螺钉孔覆盖。然后把遮阳板、车内后视镜、照明灯和塑料把手等装回原位,并检查安装是否牢固。

6. 车厢内底板的隔音施工

底板的隔音施工需要把所有的座椅拆掉。把隔音材料按需要的形状裁剪好,清理干净粘贴部位后刷上粘结剂,粘贴上隔音材料。应注意的是底板隔音不要用太厚的隔音材料,太厚了会妨碍踩离合器踏板和制动踏板,影响汽车的行驶安全。

7. 行李舱的隔音施工

首先把后排座位拆掉或向前翻倒,尽可能留出大的操作空间。存放备胎部分是向下凹陷的,隔音棉粘贴之后就可以把备胎放好,使隔音棉与车体钢板紧密粘合。然后对行李舱四周进行隔音,拆下装饰板,粘贴隔音棉。拆下后背门上的内饰板,粘贴隔音棉,装回内饰板。

8. 翼子板的隔音施工

翼子板隔音最大的难度在拆卸。拆掉翼子板的所有螺钉,拿掉翼子板,清理干净粘贴部位后刷上粘结剂,粘贴上隔音材料。

第六节　汽车内室精品选装

一、桃木内饰

由于桃木内饰仍被广泛地运用到奔驰、宝马、凌志等车型上,所以它仍是豪华车的标志之一。如果想要突破汽车原厂的装饰风格,车主可以在仪表台,包括仪表盘周边部分;音响控制板;转向盘;变速器操纵台,包括操纵杆头;车门玻璃升降器开关;门把手等处有选择性地加装桃木内饰,起到点缀装饰作用,如图 3-7 所示。桃木内饰的木质材料一般是胡桃木和花梨木,多用胡桃木,因为这两种木材的优点是纹理优美、坚韧、不会变形,用其作装饰尽显一种优雅华贵的气派。

1. 桃木内饰的鉴别

桃木内饰的质量好坏,可以从下面 3 个方面来做判断:

(1)看桃木内饰的表面是否有颗粒，木纹有没有裂痕。对于桃木内饰来说，硬度是非常重要的，如果硬度不好，做出来的内饰件很容易被刮花。

(2)看桃木内饰表面的光釉是否均匀。如果做工不细致，喷的光釉过多，可能会流到桃木的边缘地带累积起来形成一些丘陵状的凸起，但如果不细致观察，很可能看不出来。可以在一个平面上观察和用手摸，喷釉不均匀的为差。上等的桃木内饰应该是镜面度很高，看上去色泽丰满且均匀，很有质感。

(3)看花纹是否清晰。桃木上的花纹一定要清晰，否则为质量差或是仿制品。

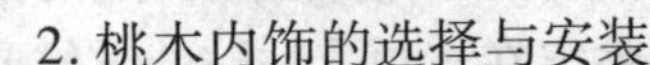
2. 桃木内饰的选择与安装

图 3-7　桃木内饰

现在市场上有许多种桃木内饰可供选择，这要看车主的喜好，但是桃木内饰最好选用原厂标准件。原厂标准件是桃木片与原装置的标准塑料件或金属件复合为一体的部件，表面经过亮漆处理，面漆经过硬度、耐光性、高温(90℃)与低温(-40℃)的长时间循环试验。原厂标准件安装不需用粘结剂或其他胶贴。如果不是原厂件，安装后可能会影响部件的使用安全性和操作方便性。

市场上大多数桃木内饰件的安装采用粘贴法。即选定桃木内饰后，清理干净粘贴部位，粘贴部位涂上粘结剂，把桃木内饰件粘贴平整。

3. 桃木内饰的维护

最好每天用柔软的湿布条擦拭桃木内饰，以擦去粘在上面的灰尘，保持桃木的正常光泽。在擦拭中，切记不要用干硬的布条直接擦拭，也不要用酸性或者碱性的液体，这样都会损害桃木上面的光釉。使用一段时间后，桃木内饰表面的光釉逐渐磨损后会导致整个桃木内饰出现黯淡无光的现象，可以采取下面的办法让其重新恢复光泽。

(1)在桃木内饰上涂蜡，然后用柔软的毛巾快速擦拭，因为桃木内饰出现黯淡无光的现象是其光釉光泽度降低，打蜡可以让光釉重新焕发光泽。

(2)当打蜡不能使桃木内饰恢复光泽时，表明桃木内饰的光釉已经磨损得所剩无几了，此时最好的办法是抛光后重新喷釉。

二、车内空气清新装置

1. 车内空气污染主要来源

(1)汽车内饰件。车内人造革和纺织品内饰件含有大量甲醛、苯、二甲苯等有害物质，都可能对人造成毒害。

(2)人呼出的气体。人呼出的气体在封闭的车内沉积，得不到及时散发。

(3)车用空调蒸发器。车用空调蒸发器若长时间不进行清洗护理，就会产生胺、细菌等有害物质，导致车内空气质量差。

(4)汽车发动机等部件。汽车发动机排出的废气和汽油等漏入车内，也会使车内空气质量下降。

这些污染物会对人体健康产生极大危害，甲醛可引起恶心、咳嗽、哮喘甚至肺气肿。而苯属致癌物质，轻度中毒会造成头痛、胸部压迫感等，重度中毒可出现视物模糊、心律不齐、抽搐和昏迷。

2. 车内空气清新的方法

解决车内空气污染问题，使车内空气清新主要通过两种办法：

1）制定车内污染的健康标准

国家制定车内污染的健康标准，从汽车生产源头上来解决车内空气污染问题。

2）车内使用空气清新装置

在现有车辆的使用中，常在车内使用一些空气净化装置来消除污染，清新空气。目前常见的空气净化装置有汽车氧吧、光触媒发生器及综合性技术的车载空气清新器等。

（1）汽车氧吧。汽车氧吧的主要作用是通过产生臭氧和负氧离子，实现清除空气中的臭味并强力杀菌、净化空气的作用。

臭氧的分子式是 O_3，比氧分子 O_2 多一个氧原子，在常温下为蓝色气体，有类似鱼腥的气味，因此得名为臭氧。臭氧是比氧气更强的氧化剂，对细菌、霉菌等微生物有极强的杀灭作用，有效分解果蔬代谢物，因此可迅速氧化分解有机污染物气体，如饰材味、油烟味等混杂的异味；还可以杀菌防霉、保鲜防腐。臭氧消毒灭菌有很多优势，比如高效、广泛、无死角，此外由于臭氧稳定性差，很快自行分解为氧气和单个氧原子，单个氧原子又自行结合为氧分子，不存在任何有毒残留物，所以称为无污染消毒灭菌剂。

汽车氧吧还经常带有产生负氧离子的功能，负氧离子能有效激活空气中的氧分子，使其更加活跃进而被人体所吸收，能促进人体新陈代谢，提高免疫力，调节机能平衡，令人心旷神怡，被喻为“空气维生素”。当空气中产生了足够多的负氧离子后，人们即使身处斗室也可如身处森林和瀑布旁边一般，感觉心旷神怡。

（2）光触媒发生器。光触媒的主要成分是二氧化钛（TiO_2），本身无毒无害，被广泛用于食品、医药等行业。光触媒本身不参与任何抗菌除臭反应，因此具有永久性。其空气净化原理是利用光提供的能量来进行催化氧化作用，使光触媒周围的氧气或水分子转换成极具活性的氢氧自由基、氧化离子，这些产物可杀灭空气中的细菌，对有机物质及有机气体做分解处理，从而达到杀菌、净化空气的目的。在紫外线光源的照射下，光触媒的活性会更强，杀菌效果更好。光触媒已被国际公认为是治理污染、杀灭细菌的最佳材料。

（3）车载空气清新器。先进的车载空气清新器大都综合了多种空气净化技术，因此空气净化效果会更好。例如“车一族太阳能光触媒汽车空气净化器”，它采用国内领先的纳米材料应用实验室三大空气净化技术——PIP 自然触媒净化技术、光脱臭再生技术、等离子净化技术，使用超强太阳能和锂电池做动力，融合 1000 万维他氧发生技术，彻底清除车内异味，净化汽车尾气中一氧化碳、氮氧化合物等，达到除臭、杀菌、增氧、除尘、防霉的最佳净化效果，在车内创造出 $5000m^2$ 的森林环境，享受驾乘的乐趣。

技术介绍：

（1）PIP 自然触媒净化技术。一种新型的纳米光触媒（TiO_2）应用技术，该技术突破了传统光触媒必须在紫外线的照射下才能发生反应的弊端，具有在各种条件下发生反应的能力，不但具备传统光触媒杀菌、除臭、防霉，强力分解甲醛、苯等特点，还具有比普通光触媒强 10 倍的反应能力。

(2)光脱臭再生技术。利用独创超强双波段(253.7nm 和 185nm)紫外线灯,通过光波和等离子活性氧快速除味,再生使用无须过滤耗材,永久循环使用。

(3)等离子净化技术。利用等离子体超强的还原能力强烈吸引有害菌体中蛋白酶上的巯基,阻止细胞代谢,能够在几分钟的时间里,迅速杀灭几乎所有空气中的病菌,分解高分子异味为无害物质;这一过程的产物也是无害的,例如水和二氧化碳,完全没有了二次污染。

(4)1000 万维他氧发生技术。内置维他氧发生器,每秒脉冲式释放 1000 万维他氧,在车内创造出 $5000m^2$ 的森林环境,净化血液,消除有害自由基,消除疲劳,促进血液新陈代谢,增强免疫力,增加脑部供氧,激活大脑活性。

(5)超强太阳能、锂电池动力系统,实现全天候的净化。太阳能、锂电池动力系统,相互兼容,自动切换电源,提供恒久动力,实现全天候的净化。不管在阴雨天、晚上,还是在汽车未起动的状态下,都能随时清除车内不断产生的有害气味和病菌,24 小时保持车内健康空间。

技术参数:

(1)外形尺寸:200mm×150mm×45mm

(2)额定电压:DC12V

(3)额定电流:0.5A

(4)UV:253.7nm 和 185nm

(5)锂电池:3.6VDC,850mAh

(6)风机寿命:40000h

(7)额定风量:$\geq 15m^3/h$

(8)维他氧浓度:≥1000 万个/cm^3

(9)适用空间:$10 \sim 20m^3$

(10)产品颜色:深灰、银色

三、车用香品

根据个人喜爱,在车内摆放一种香品配置,仿佛播放一首优美的抒情乐曲,既充满浪漫情调又能享受驾乘的乐趣。车用香品也反映出车主的个性魅力与品味追求。车用香品的主要成分就是香精,调香师根据车用香品应具备净化空气、杀菌、使人愉悦等功能,利用天然和合成香料,经反复研究试验调配成香精。一种或几种香料组成香精,再将不同的香精按一定比例加入到基料中,这样就可以使车用香品散发出各种奇妙怡人的香味。

1. 车用香品的种类

目前市场上常用的香品主要有气雾型、液体型和固体型 3 种。

1)气雾型

气雾型也被称作空气清新剂,主要成分是香精、挥发性溶剂和气雾剂,这种产品可以除臭灭菌,并覆盖车内异味。但挥发速度极快。

2)液体型

液体型车用香品也叫车用香水,市场上比较常见,由香精和挥发性溶剂混合而成,常盛放在各种具有艺术造型的容器中,其散发慢持续时间长。

3）固体型

固体型车用香品主要是将香精与某些材料混合，然后加压成型，造型多样。

虽然车用香品的香型十分丰富，但是车用香品的香型和颜色是相互关联的，例如黄色为柠檬香，草绿色为青苹果香，粉红色为草莓香，嫩绿色为松木香，紫色为葡萄香，乳白色为茉莉香，淡蓝或淡绿色为薄荷香，橘红色为樱桃香。

2. 车用香品的功能

1）保持车内空气洁净

车用香品可以清除车内异味、杀灭细菌，起到净化空气的作用。车用香品含一种叫酵素的化学成分，能缓缓释放具有氧化作用的气体，分解臭气和杀菌等功效便由它来承担。

2）有利于行车安全

车用香品能够营造出一个清香怡人的空间，具有使人头脑清醒和镇静的功效，从而减少行车事故的发生率。

3）增添车内情趣

车用香品还是很好的车内装饰件，活跃车内气氛，提高驾乘乐趣。

3. 车用香品的选购与使用

1）车用香品的选购

（1）因工作而异。如果驾驶员或使用人从事的是极具挑战性和刺激性的工作，驾车时为保持一种平衡的心态，不妨选择镇定功效较好的香型，比如清甜的鲜花香味、清凉的药草香味、宁人的琥珀香味等；对于久坐办公室的车主，如果从事的工作比较枯燥、乏味与繁杂，不妨选用松弛神经的柠檬果香味，或者是能舒活神经的薄荷香味、桂花香等。

（2）因习惯而异。如果驾驶员或使用人习惯抽烟，不妨选择浓郁的桂花香、甜润的苹果香等，可以有效去除烟草中的刺激气味，最好不要选择气雾型，因为这种香料容易着火。如果喜欢开快车，应尽量选择固体型香料，因为车用香品大多是对人体皮肤有刺激的产品，需防止与皮肤接触。

（3）因性别而异。总的来说，各种清甜的水果香、淡雅的花香深受女性的欢迎。而且女性车主还很在意香品的外观与色彩，有的喜欢色泽清淡的香水，有的喜欢色泽艳丽的香品，还有的女性喜欢晶莹剔透、造型雅致的玻璃装香水。最近两年动物造型的车用香品因其活泼可爱、风趣的特点，受到成熟女性的喜爱。对于男性车主，车用香品宜选购外观造型比较简单的，以木纹、皮革等样式比较合理。在选择香品时以古朴为尺度，不宜过于夸张，比如淡雅的古龙香、琉璃香、龙涎香等车用香品都比较适合。

（4）因车辆而异。香料的颜色、包装品的造型本身便是一件艺术品。要根据车型及内饰状况，讲究整车的协调美观，使香水与其外观、造型及内饰之间达到和谐大方。

（5）选购的技巧。车用香品的价格相差较大。选择车用香品的技巧在于一看包装、二闻味道。品牌型的车用香品，外包装比较讲究，无论是包装材料还是印刷工艺，质量都比较好，做工精致；而劣质的车用香品则相反。当然，也有些劣质产品的外包装也相当精美，所以闻气味，才是关键的鉴别手段。劣质的香品由于采用的是劣等香料，加之配方不准确，所以气味大都浓烈冲鼻，或者索然无味；而品牌型的香品选用的是上等香料，且运用精确的配方，故香味与香型严格配对，清淡型的一定清爽宜人，浓香型的则醇而不烈。另外，车用香品的优劣，在使用时间的长短上亦有明显区别:好的液体型香品可使用半个月以上,固体型香品可连续使用一个月左右;而不好的液体型香品至多用一周,固体型香品则用不到两周。除了以上几点,还应该要注意以下两点:一是要注意香水的原料,最好使用天然原料,因为化学制剂可能对人体健康不利;二是摆放在车上的时候要注意位置,因为香水的位置安放不正确,有可能成为不安全因素。

2)车用香品的使用窍门

(1)加快香品的挥发速度。将香品放或洒在空调的通风口,利用气流的流动,香品的清香味在很短时间里便会充满车内,清除异味效果也很好。对于液态的香水,也可以将少量洒在手绢上,然后挂在通风口,效果也不错。

(2)香型的更换与补液有讲究。当需要更换香型时,不但要撤除原有的香品,还要尽量使原有香气散尽。最好在收车时更换,不要选择在用车前或出车途中,否则,两种不同的香型混合后,不但达不到香品应有的效果,甚至适得其反,有时会使乘员感到不舒服,严重时影响驾驶员的情绪,从而影响行车安全。如果对香水瓶爱不释手,可购买补充液进行补充。

(3)注意检查保质期限。用久的香品要注意经常检查其使用期限,一旦过期立即丢弃。否则不但达不到应有的功能,反而会成为车内的污染源。

四、汽车坐垫

按材质不同坐垫可分为纯毛坐垫、混纺坐垫和帘式坐垫3类。

1. 纯毛坐垫

纯毛坐垫具有乘坐舒适、柔软度好、透气性能优良等特点,同时还可以有效防止车室静电产生,但价格较高,适用于中高档汽车。

2. 混纺坐垫

混纺坐垫根据编织的原料不同,可细分为棉麻混纺坐垫、棉毛混纺坐垫等。其中棉麻混纺坐垫具有透气性能优良、韧性强、易于日常清洁护理等特点,但若护理不当会出现黄变,影响视觉效果。混纺坐垫含棉毛量越高,其柔软程度越好。还有一类化纤与棉麻混纺坐垫,价格低,透气性好,但易产生车室静电。

3. 帘式坐垫

帘式坐垫一般用硬塑制品或竹制品串联而成,其透气性极佳,适于高温季节或车室空调环境不良的情况下使用。

五、头枕

头枕可以为乘员的颈部提供很好的保护,所以有可能的话应当选择后排座椅装头枕的车。

六、脚垫

一般说来脚垫分为塑料脚垫和地毯两种,各有各的优点。塑料脚垫相对容易清理但不如地毯舒适高档;地毯虽然优点较多,却由于极易藏污纳垢,所以需要经常清理和消毒。有些脚垫因为其独特的镂空式结构,当脚踏在上面时鞋底的尘垢被刮除,掉进孔洞内,尘垢不易被扬起,常保车厢空气清洁。

七、吊饰和摆饰

洋娃娃、毛绒小动物、佛像、名人照等吊饰，既能美化车内环境，又给车主带来了几分愉悦。但需注意的是吊线不能太长，吊挂位置要尽量远离驾驶员视线。摆饰是将自己珍爱的摆件放在仪表板上缘位置，即驾车者目光常接触的地方，但要放平放稳，以免紧急制动时饰品损伤玻璃。

八、及时贴和遮阳板

及时贴和遮阳板都具有遮挡太阳光的作用。及时贴用起来很方便，不用费劲固定，哪边晒太阳，便随手贴在哪边，尤其适合左侧窗。要开窗，一揭就下来，玻璃上也不会有任何痕迹。且单向透视，不会影响视线。遮阳板还是折叠的好用，停车时，打开放在前风窗处，可保护仪表盘，也可使座椅不那么烫人。若是侧晒，或是车尾对着太阳，则放后风窗处或侧窗处。吸盘式的转帘或卷轴式的遮阳帘也可供选择，只是随后使用起来没有静电吸附的那么方便。

九、车内用品

车内用品主要分为实用型和美化型两大类，也有两者兼顾的。比较常用的有车内温度计、指南针、坡度仪、电子钟，用以提供行驶方向、时间及各种环境信息；为方便夜间行车，有各种地图灯、阅读灯等。规格齐全的饮料架，可以安装在仪表盘旁、座位侧边、前排椅背后面等车厢空间内。吸尘器用于车内座椅、地毯上的灰尘、烟尘、面包屑及小颗粒垃圾的清扫。万用置物箱最大的功能是能把太阳镜、录音带之类的常用物品放在里面，免得驾驶员既要开车又要侧身弯腰到手套箱去拿东西。此外，车内用品还有太阳镜架、香烟盒架、票据夹、雨伞架、电须刨、禁烟牌、室内镜、猫眼、硬币盒、手机架、相架、点烟器、笔架、磁带架、香水架、反视镜等。

第四章 汽车音响升级

虽然汽车的原厂音响配置已能满足多数人对于收听广播、CD、TAPE 的需求,但汽车制造厂出于控制生产成本考虑,原厂配置的音响系统往往档次较低。而如今在这个张扬个性的时代里,汽车已不仅仅是一种交通工具,而是更多地彰显出车主独特的品位与风格,因此,原厂配置的音响系统,已远远不能满足他们对音乐的喜爱和对高质量音响系统的追求,而汽车音响的升级是他们所要做的首要事情。汽车音响升级也正在朝着个性化、时尚化方向发展。但是汽车音响是一种相对特殊的产品,音响器材只是半成品,只有通过合理的搭配与调试,音响效果才能达到最佳状态,也就是说汽车音响升级具有很强的专业性。

第一节 汽车音响系统的组成及特点

汽车音响系统由音源系统、功率放大器、扬声器、线材、熔断丝、电容、电子分音器、均衡器、天线等组成。

一、音源系统

音源系统有调谐器、磁带放音机、碟片机等,它们为音响系统提供音频信号。

调谐器是一台不包括功率放大器和扬声器的高性能收音机,其功能是接收中波段和短波段的调幅广播及调频波段的调频立体声广播,并还原成音频信号。

磁带放音机根据电磁转换原理,用来读出和再生磁带记录的模拟信号。属于过时产品,主要安装在一些低档车上。其频响范围窄,噪声大,显然不能作为欣赏音乐的音源用。

碟片机使用的音源有 CD、MD、MP3、VCD、DVD 等,使用的是数字技术。CD 机是基础产品,故以 CD 机为例来介绍。

(一)CD 机的工作原理

图 4-1 是简化了的 CD 机工作原理图,CD 机可分为信号解读系统、伺服系统、控制系统 3 个工作系统。

1. 信号解读系统

激光头从碟片上读取信号,经信号放大集成电路放大,形成激光头读取的信号,然后经过数字信号处理器处理形成初步的音频信号,送入音频处理电路处理后转换成四声道。再经过功率放大器放大后输出,直接驱动扬声器。还有一种解读方式是在音频信号进入功率放大器前直接输出,称为未经放大的纯音频信号输出。

2. 伺服系统

伺服系统有两组信号,第一组是激光头从碟片上读取信号,经激光头读取的信号放大处理后输入到伺服主控制集成电路;另一组是控制信号。两组信号共同作用于伺服控制集成电路,

控制伺服电动机工作，使激光头准确无误地读取碟片上的信号。

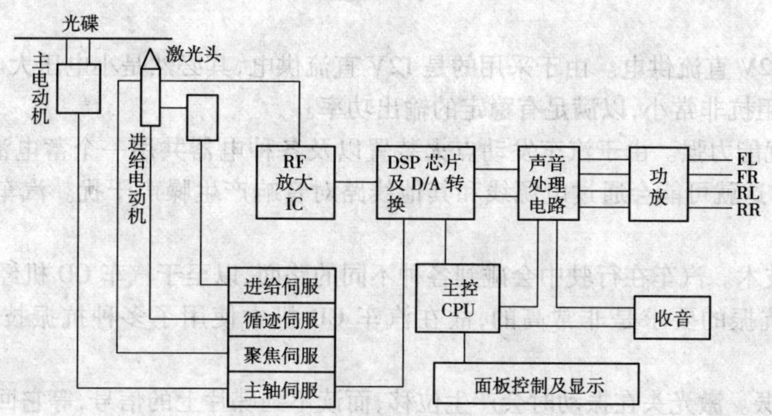

图4-1　CD机工作原理图

3. 控制系统

从面板上发来的控制指令经中央处理器编译成不同数字信号，经数字信号处理器处理输入到伺服控制集成电路，控制伺服系统工作，面板还有一组指令经中央处理器发往音频处理电路，对音频处理电路进行控制。在控制过程中面板显示屏进行相应的显示。

在汽车音响中，D/A转换通常做在数字信号处理器中。汽车音响中CD机D/A转换多采用多比特和1比特技术。多比特技术中目前多采用的是16比特(16bit)技术。16比特是指一个多进制数码元所含的信息量为16位信息量，其信息量和时间速度有关。现在市场上更先进的24比特的主机也多了起来，24比特是指一个多进制数码元所含的信息量为24位信息量。由此可见，24比特比16比特的信息量更大，声音的还原也更细腻。1比特是指一个二进制码元含有一位(1bit)信息量，不受速度限制。它与16比特和24比特不是同一个概念，其工作原理和方式是完全不同的。多比特技术比1比特技术有更宽的音频动态范围，更少的低频噪声，更强的抗干扰性。

(二)汽车CD机的特点

1. 体积小

汽车CD机受到汽车仪表板空间的限制，体积不能太大。在有限的体积中要使各项技术指标达到要求，对其设计、技术方面提出了更高的要求。

2. 听音环境差

车内空间狭小，在听感上有压迫感，低混响使声音显得单薄，听音的位置也不对称。为此，汽车CD机使用了一些技术来弥补。弥补技术如下：

(1)音质加强功能(BBE)。音质加强功能主要作用是减少信号失真，提升中高频音质。

(2)声场模拟功能(DSP)。汽车中的混响由于听音空间只有一般房间的几十分之一，因而混响时间只能控制在0.1s。DSP主要作用是改变混响时间，模拟想要的声场，以克服车内声场的压迫感，如模拟音乐厅、迪厅、体育场、电影院等。

(3)听音位置选择功能(L.P.S)。车内空间狭小，音响系统中扬声器的位置相对于聆听者的位置是非常不对称的。L.P.S对前后左右的声道信号进行处理，将声场定在车内不同的位置。

(4)数字泛音增强技术(DHE)。行车噪声会遮掩低频,使低音恶化减弱,DHE的作用就是加强低音。

(5)采用12V直流供电。由于采用的是12V直流供电,其必然是小电压大电流,这就要求供电用材质的阻抗非常小,以满足有稳定的输出功率。

(6)抗干扰能力强。由于汽车发动点火装置以及各种电器共用一个蓄电池,各线路也不可能分得很开,这就可能会通过电源线和其他线路对音响产生噪声干扰。汽车CD机有很强的抗干扰能力。

(7)抗振技术。汽车在行驶中会碰到各种不同的路面,以至于汽车CD机经常受到冲击性的振动,其对抗振的要求是非常高的,故在汽车CD机中使用了多种抗振技术。抗振技术如下:

①电子抗振。激光头在振动时会产生位移,而读不到碟片上的信号,等它回复时已经产生了声音的停顿。电子抗振就是让激光头预读几秒钟的信号,然后播放出来,使振动与播放有一个时间差,现在播放的是几秒钟前读取的信号。因振动产生的停顿在时间差里被修复了,我们得到的是没有停顿的连续的信号。

②弹簧减振。弹簧减振在单碟机中广泛使用。对机芯部分使用弹簧固定,以减少振动。

③减振器。减振器多使用在多碟背包中。对机芯部分的四角用减振器固定,同时用弹簧悬挂起来。减振器是一种加入了减振油的橡胶塞。

(8)数字双调谐器和定向天线。汽车是在不停地运动的,汽车CD机中的收音天线不仅接收直接由发射器发出的信号,而且也接收经由建筑物和其他障碍物反射的信号,其信号在强度、传播时间及相位都有所不同。不同的信号相互叠加,其效果可想而知,数字双调谐器和定向天线的运用大大地减少了信号叠加现象。

(9)内置功率放大器。汽车CD机有内置功率放大器,通过机头配线直接驱动各扬声器。

(10)机头配线。汽车CD机是通过机头配线与电源及其他设备连接的,相同品牌配线的杆孔位置和形状都是相同的,可通用。不同品牌的设计就不太相同了,但基本上都有9条线:

①12V电源线是主电源的输入线。

②ACC控制线是控制信号输入线。

③GND搭铁是CD机的总搭铁线。有些CD机GND线不接也可运行,主要是机壳直接搭铁的缘故,一般不提倡这么做。

④FL是前置左路扬声器线。

⑤FR是前置右路扬声器线。

⑥RL是后置左路扬声器线。

⑦RR是后置右路扬声器线。

以上4根扬声器线都是双股线,共有8根线,其中FL+和FL-是一组,FR+和FR-是一组,RL+和RL-是一组,RR+和RR-是一组。每组线中的+、-极分别接在相应扬声器的+、-接线柱上。不允许串组接,不要把+、-极接反,+、-极接反就是相位反了。如果要反接就全部反接,不能有的反接有的正接,因为如果两个相位相反的声波相叠加,其功率不是相加而是相减。扬声器线乱接都能产生声音,但接线必须规范,以使主机发挥其应有的效果。

⑧自动天线控制线实际是在主机启动收音系统时,通过自动天线控制线给自动天线一个

信号,使天线电动机运动升起天线,无信号时降下天线。

⑨功率放大器控制线在音响系统中有时为提升系统档次,需加装功率放大器,在开机时主机通过功率放大器控制线给功率放大器一个开机信号。

汽车音响除了以上的特点外还具有抵抗高温、严寒、废气、灰尘、潮湿等特点,这些都是汽车环境的特殊性所决定的。

较高档的汽车CD机可以兼容MD和MP3。因此,在汽车音响升级时常要做的一项工作就是将CD机改为VCD机。

汽车DVD属汽车音响中的高端产品,它由一系列设备和系统组成。主要有控制主机及显示屏、多碟背包(换片器)、音视频信号处理系统及电视机接受系统等,有些DVD还有电子地图、可视倒车雷达。现在全球定位系统GPS也已出现,这可能也是以后的发展方向,目前加装GPS只在少数大城市有用,并且每两个月要进行一次升级,不方便且价格高。

(三)汽车CD机的分类

1.按工作方式可分为两大类

(1)单碟机。单碟机一次只能装一张碟片,用完一张碟片必须拿出后再换另一张,比较麻烦,安装在中控台内,伸手可及,也算是使用方便、直接。汽车CD机的单碟机一般面板都比较漂亮,显示屏大且显示内容丰富。颜色大多以黑色和银灰色为主。

(2)多碟机。多碟机有两种,一种是前置多碟机,一般出现在较高级的汽车上,结构复杂,把控制系统和换碟系统合而为一;另一种是套机,套机是由控制主机(也有单碟机作控制主机的)和换片机(俗称背包)两大部分组成的。换片机一般装在汽车的行李舱中,由主机控制其工作,换片机按不同的型号可一次性放置6~12张碟片,供需要时任意转换。由于抗振系统结构的原因,套机的抗振性比单碟机好。在套机中,有些换片机可通过CD机转换线和原车CD主机连接,直接用原车CD主机作控制主机,如:松下DP-880/883/88换片器。和大多数大众车系汽车的CD主机兼容。还有一种就是车主不愿更换原车CD主机,又想装换片机,而换片机和原车CD主机又不兼容,通常会用调频加装来解决。调频加装就是换片机的音频信号以调频的方式发射出来,CD主机以接收调频信号的方式接收换片机的音频信号。由于两者间是无线连接的,在音质上不可避免地有所损失。

2.按规格分有两种

(1)国际标准。标准尺寸为178mm(宽)×50mm(高)×153mm(深),这个规格被称为1DIN(DIN是德国工业标准的缩写)。该规格产品通用性强,是大部分车载CD机的标准规格。是市场上的主流产品。大部分欧洲车可直接安装,美国车原装CD机的安装空间略大,须加装专用面板。

(2)大屏幕机(俗称2DIN)。大屏幕机尺寸为178mm(宽)×100mm(高)×153mm(深),宽度、深度和1DIN一样,高度为1DIN的一倍,称为2DIN,该规格产品主要用于日本车上,大部分日本车原装CD机的安装位置是这个尺寸。

3.按生产及销售可分为两大体系

(1)OEM体系。OEM是为汽车生产厂配套的定制产品,俗称“原装音响”。这类产品是各大汽车制造商根据不同车型的特点而要求音响制造商为其度身定制的。特点是外观和汽车内饰融为一体,且安装稳固。但受汽车制造成本所限,其多数功能简单,音质平常,不能满足对此方面有较高要求的消费者的需要。

(2)ODM体系。ODM是供应市场的,用于改装的各大品牌汽车音响产品。其特点是个性化极强,产品档次繁多,能适应不同层次消费者的需要。大多数ODM产品比OEM产品档次更高,能欣赏更多的音源,音质更好,功能更多。

二、功率放大器

功率放大器又称为信号放大器,其基本作用是将音频信号进行功率放大(电流放大),用来驱动扬声器重放声音。

一般主机带有内置功率放大器,但其功率动态范围都较小,故不能满足较高水平的听音要求,更无法与外置功率放大器相提并论,并且低音单元必须要有功率放大器来推动,音源是没有能推动低音单元这么大的功率的。音频信号放大是整套汽车音响中至关重要的部分。

三、扬声器

扬声器(俗称喇叭)在整个音响系统中的作用是决定性的,它甚至能影响整个音响系统的风格。好的扬声器都有它独自的风格。汽车音响升级中,换主机和换扬声器是最常见、最基本的。

目前市场上车用功率放大器的种类很多,分类方法也比较复杂。最常见的是按照工作方式分为A型、B型和AB型。A类是指放大器每隔一定时间收集一次主机传输过来的音频信号,并将其放大后传输给扬声器,而这一过程当中的“缓冲作用”保证了系统能够输出温和、平顺的声音信号,不足之处在于消耗的能量较大。B类功率放大器则是取消了前面所说的“缓冲作用”,放大器的工作一直处在适时状态,但是音质方面较前者就要差了一些。AB类放大器,实际上是A类和B类的结合,每个器件的导通时间在50%~100%之间,可以称得上是当前比较理想的功率放大器。扬声器类型可分为同轴式、分离式、多音路、超低音等。

四、线材

汽车音响系统的线材一般有电源线、音频信号线、扬声器线、控制线、搭铁线等。汽车音响系统各部件都是由线材来连接的,音响系统的大部分故障和噪声都产生在线材上,所以线材在音响系统中至关重要,也对汽车音响系统的安装布线提出了更高的要求。

五、熔断丝

熔断丝的作用有两个,一是保护原车的电源和电器设备;二是保护音响系统。在电源与音响设备之间必须加装负载值正确的熔断丝。熔断丝负载值过大,起不了保护作用,太小则容易烧毁,使用比推荐值略小的熔断丝将会更加安全。

六、电容

电容是用来储存电能,它是当后置系统电流过大,汽车电源不能及时供电时用来补偿的电器元件。电容用于连接功率放大器,以全面改善功率放大器的性能。放大器需要瞬态爆发电流以获得更大的低音顺性和更宽的动态。

七、电子分音器、均衡器

电子分音器、均衡器是用来对音频信号进行处理,从而对音质进行补偿、美化的。电子分音器的作用是将信号分为多段频率,分别送入各个功率放大器,保证了音源信号干净、准确地传输,对各频段能根据需要独立调整。均衡器是对声音中各频率成分的幅度进行提升或衰减,由此改变了音调,声音的品质也产生了变化,使声音更动听。

第二节 汽车音响配置原则

一、汽车音响配置原则

音响其实是指再生音源、功率放大器和扬声器组成的声音再生系统,在一定的听音环境下对原音(自然声音)的再现。由此可见,音响既包括声音再现系统(即通常指的音响设备),又和听音环境有关,同时更是我们人耳对所听到声音的主观评价。

由于汽车内空间狭小,同时存在各种噪声以及由驻波引起的共鸣,这就形成了一个相对较差的音响环境。在这种环境下,要配置一套能获得最好效果的汽车音响需要考虑以下几点:

1. 系统平衡原则

(1)价格的平衡性。价格的平衡性指整个汽车音响系统的档次要和汽车的听音环境相配合。中高档轿车通常其车内噪声较小,车体较厚,隔音效果不错,这样搭配一套价格较高的高档音响是最好的选择。

(2)搭配的平衡性。搭配汽车音响时一定要考虑一套音响各个组成部分的平衡,即主机、功率放大器、扬声器和线材等都要进行恰当的选择,合理使用。切忌在配置中,使用档次相差悬殊的设备器材。过高的设备器材,发挥不出其效能而造成浪费,较差的器材又会使整套系统指标下降,达不到应有的效果。

2. 大功率输出原则

大功率输出原则是指在一套音响系统中,主机或功率放大器的输出功率一定要大,因为它们的输出功率越大,表明它们能够控制的音频线性范围越大,这也就意味着其驱动扬声器的能力越强。而小功率的功率放大器不仅容易引起声音上的失真,更会导致功率放大器或者扬声器线圈烧毁。

3. 音质自然重放原则

当专业音响人士评判一套音响系统的优劣时,都会不约而同地将其频响曲线的平滑性作为评价的主要客观参数。

不仅仅是音乐,在汽车音响上追加欣赏电视、VCD、DVD 也是有可能的。把车用电视、VCD、DVD 装入系统,即可在车内欣赏电视、VCD、DVD。目前在日本及欧美,车载导航系统也很受欢迎。最后要提醒的是,在选择主机时,应考虑到将来系统的升级。也许最初,您只需要一个 VCD/CD/DVD 换片机及均衡器;然后,安装了一部防盗器,而后又添加了一个汽车导航系统;后来将均衡器升级为数字声音处理器,同时又加装了一个 CD 换片机;接着添置了电视协调器;再后来,各种各样的功能将组成汽车多媒体系统,它需一个控制庞大系统的中心——

主机。

二、配置形式

1. 主机 +4 个扬声器

主机 +4 个扬声器的配置如图 4-2 所示。目的是加大内置功率放大器的功率。所有主机上标明的功率输出值都是峰值功率。由于主机内空间的限制，以目前通用的技术还无法使内置功率放大器的效果达到外置功率放大器般的强劲及高清晰的解析度。

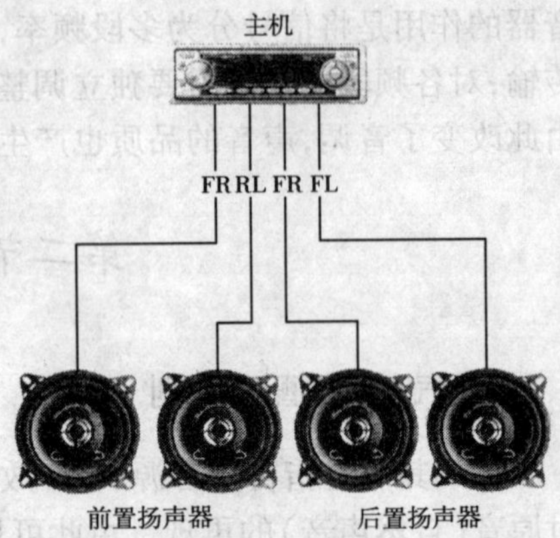

图 4-2　主机 +4 个扬声器的配置

2. 主机 + 功率放大器 +4 扬声器

主机 + 功率放大器 +4 扬声器的配置如图 4-3 所示。它是一套标准的搭配方式。这种搭配最适合于欣赏传统音乐、流行歌曲、交响乐等的中、高档轿车。

3. 主机 + 功率放大器 +4 扬声器 + 超低音扬声器

有些四声道功率放大器具有的无衰减前置级输出，使系统扩展超低音显得轻而易举，如火鸟 DA704，如图 4-4 所示。装有超低音的系统最适合于那些喜欢爵士乐、摇滚乐、重金属音乐的车主。

复杂的音响配置中主机与功率放大器之间还有电子分音器、均衡器等。

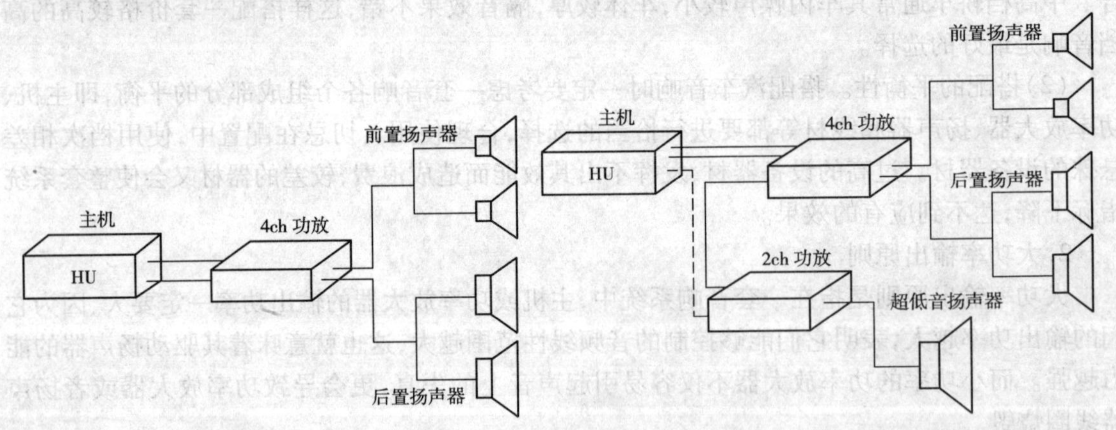

图 4-3　主机 + 功率放大器 +4 扬声器的配置　　图 4-4　主机 + 功率放大器 +4 扬声器 + 超低音扬声器

第三节　汽车音响升级方案

我国汽车音响市场经过十多年的发展，目前已经形成了以日系品牌为主，欧美品牌和国产品牌奋起直追的局面。由于国内汽车音响市场需求的多层次性，高、中、低档市场细分日趋明显。高档汽车音响以欧美进口品牌产品为主，如德国的蓝宝、彩虹、歌德等，美国的阿尔法、钻石、骇客、莱福、波士顿等，意大利的诗芬尼、欧迪臣、火鸟，丹麦的丹那，法国的劲浪等。中档汽车音响以日系品牌为主，有索尼、健伍、松下、阿尔派、中道、先锋、歌乐等，以及飞利浦、VDO

(威迪欧)、德科等欧美品牌。低档汽车音响以国产品牌为主,如华阳、天宝、航盛、京华、飞韵、超音、瑞升、博图、万华隆等品牌。

确定汽车音响升级方案时,由于汽车音响中,不同的音响器材有不同的表现特征,不同的匹配设计所达到的效果也不尽相同,所以汽车音响升级首先要确定所听音乐的风格,然后才能决定音响器材的选择和整套音响系统的设计。同时也应考虑音响升级所需的费用。

目前,汽车音响品牌中,美国的汽车音响注重低音,其音色动态大,功率足,技术参数高,跟随能力强,高频提升转换速度快,低频提升最适合表现摇滚音乐,发出的音乐充满"金属"味道,非常劲爆,适合喜爱摇滚乐者。欧洲的汽车音响中高低音都比较均匀,音色柔和,自然有弹性,有空间感,最适合表现古典音乐、交响乐,也适合听轻音乐和抒情歌曲。日本的汽车音响注重中高音,适合于听流行歌曲。

一、汽车音响升级内容

汽车音响升级内容主要有换主机(音源系统)、换扬声器、加装功率放大器和加装超低音扬声器。

1. 换主机

汽车音响主机输出功率的强弱,与音质表现有直接关联。以国产车原厂配置的主机来说,最大输出功率大多在 30W 左右,推送力道不够,音质当然不理想。主机输出功率增大,各音域层次强度跟着分明,即便沿用原厂喇叭,音质也会比原配置好上数倍。如果用主机直接推动扬声器,要选择输出功率高的;如果用主机的前置输出,要选择输出电平高的,目的是为了提高信噪比,输出电平一般为 2 ~ 4V。下面列举几种主机的型号、主要性能及参考价格,如表 4-1 所示。

几种主机的型号、主要性能及参考价格　　表 4-1

型　号	主 要 性 能	参考价格
阿尔派 CDE - 9870E	内置 45W × 4 大功率放大器,1 组前置输出,超低音扬声器音量控制	698 元
阿尔派 CDA - 9887	内置 50W × 4 大功率放大器,MultEQ 声音优化功能,24 位数模转换器,3 组前置输出,支持蓝牙	3050 元
阿尔派 CDE - 9881	3 组前级输出,播放 MP3/ WMA / AAC 等压缩媒体,内置 45 × 4 功率放大器,超低音电平输出控制,快速搜索功能	1380 元
阿尔派 CDE - W925E	播放 CD/MP3/WMA,连接 iPod(需 KCA-420i),1 组前级输出,内置 45 × 4 功率放大器,快速搜索功能	2100 元
先锋 DEH - 2950MP	4 声道大功率 MP3/WMA/WAV/CD 主机, BASS/MID/TREBLE 均衡器, RCA 前置输出,AUX 前置输入,FM/AM 调谐器	730 元
先锋 DEH - P5950IB	iPod 直接控制,3 组 RCA 前置输出(前座 + 后座 + 重低音),3 频段图形均衡器,直接副低音驱动系统,FM/AM 调谐器	1480 元
先锋 DEH - P6950IB	4 声道大功率 MP3/WMA/WAV/AAC/CD 主机,iPod 直接控制,高电压前置输出(4V),3 组 RCA 前置输出(前座 + 后座 + 重低音),7 频段图形均衡器,直接副低音驱动系统,FM/AM 调谐器	1780 元

续上表

型　　号	主 要 性 能	参考价格
先锋 DEH－P7950UB	4 声道大功率 MP3/WMA/WAV/AAC/CD 主机，USB 2.0 高速接口，iPod 直接控制，3 组 RCA 前置输出（前座＋后座＋重低音），高电压前置输出（4V），3 组 RCA 前置输出（前座＋后座＋重低音），7 频段图形均衡器，直接副低音驱动系统，智能飞梭旋钮	2300 元
索尼 CDX－GT360S	内置 52W×4 功率放大器，转换器控制，可播放 CD/MP3/WMA，FM/AM 调谐器	880 元
索尼 CDX－GT460U	52W×4 输出功率，可播放 CD/MP3/WMA，后声场/低音调节并可切换，内置 FM/AM 调谐器	1080 元
歌乐 CB1800B	单碟 CD 播放机，PLUS 音色增强器，45W×4 输出功率，2 声道 RCA 线路电平输出	619 元
歌乐 DXZ956MC	单碟 CD/MP3 播放机，53W×4 输出功率，内置式数字声音处理器，配带延迟时间调控、聆听位置设定和假想空间增强器，3 频带参量均衡器，内置前/后/中央声道可调高通分频，可调低通分频，4V6 声道 RCA 线路电平输出，CENET 网络可连控选购设备：DVD 换碟机、电视调谐器和 6 碟装 CD 换碟机，2 声道可调 AUX	4440 元
歌乐 DB566USB	单碟 CD/ MP3/WMA 播放机，50W×4 声道输出功率，前后 2 组 RCA 线路电平输出，AUX 后置音频输入	1080 元

2. 换扬声器

音响讲求配套与整体性，换主机后声音虽会变好，但原车配置的扬声器实际承受功率只有 15～30W，使用功率稍大的主机，音量调高时会出现声音失真，因此若能将扬声器一同升级，音质效果会更好。

(1)升级时宜选用知名品牌的扬声器。知名品牌的扬声器产品质量有保证，音质效果好。

(2)要考虑到所听音乐的风格。如听古典音乐、交响乐、轻音乐等，应选择音质清晰、柔和的；如喜欢迪斯科、摇滚音乐等，应选择结构牢固、动态范围大的扬声器。

(3)要考虑主机与扬声器的功率匹配。如果用主机直接推动扬声器，应选择与主机输出功率相匹配的，一般选灵敏度高的扬声器，易于推动发挥作用。如果选用功率放大器来推动扬声器，要用高功率的扬声器，这种扬声器动态范围大，有底气，声音饱满。要保证主机和功放的输出功率能够大于扬声器额定功率。

(4)选择扬声器的类型。在前方最多使用的是分离式，因为分离式是将高音和中低音分离开，这是便于安装和声场定位，有些在分音器中带高音衰减，便于调整高音强度。

3. 选择功率放大器

选择功率放大器时，首先要注意它的一些技术指标：

(1)输入阻抗。输入阻抗通常表示功率放大器的抗干扰能力的大小，一般会在 5000～15000Ω，数值越大代表抗干扰能力越强。

(2)失真度。失真度指输出信号同输入信号相比的失真程度,数值越小质量越好,一般在0.05%以下。

(3)信噪比。信噪比是指输出信号当中音乐信号和噪声信号之间的比例,数值越大代表声音越干净。另外,在选择功率放大器时还要明确的是:如果加装低音炮,最好选择5声道的功放,通常2声道和4声道扬声器只能推动前后扬声器,而低音炮只能再另配功放,5声道功放就可以解决这个问题。要保证功率放大器的输出功率能够大于扬声器额定功率。

4. 超低音扬声器(低音炮)

加装低音炮的目的,是让汽车音响原本只有高、中低音表现,多了低频音的厚实层次,使得音乐整体听起来,音质更加饱满浓郁。低音炮多与共鸣音箱整合为一体,且通常装置于行李厢,一来不占乘坐空间,二来可利用空间产生共鸣,强化低音效果。

目前低音炮大体上可以分为有源低音炮和无源低音炮两类。有源低音炮是指自身内置有功放的低音炮,使用时不用再另加功放,通常外形为筒式。这种低音炮的不足之处在于散热不够理想、功率不会很大,而筒式造型通常会产生不必要的共振现象,使低音炮的可控性下降。相比之下,无源低音炮工作时就需要外接功放了。这种低音炮的造型和功率选择可以更加灵活,效果自然也就更加理想。低音炮单体的面积尺寸愈大,发出声响也就愈大,但若主机或扩大机功率不足,声音会显得松散不扎实,换言之,低音炮并非愈大愈好,应需搭配适合功率的主机或功率放大器才有效。建议喜欢"重金属"摇滚等音乐的车主,可选用10~15寸、瞬间承受功率200W以上的产品。对喜欢听交响乐、轻音乐的车主,可选用8~10寸、承受功率约200W的产品。

二、汽车音响升级方案

汽车音响升级时,由于市场上可选用的音响器材很多,价格从几百到几万相差很大,车主对音乐的喜好也各有不同,原车的音响配置根据车型的不同也有很大差别,所以汽车音响的升级方案可以说有无数多个。但结合对汽车音响的音质要求和升级费用这两个主要方面,常见的汽车音响升级方案有以下几种:

1. 经济型方案

经济型方案主要是更换CD主机、加装MP3播放器、更换MD机头、外挂MP3转换器、改进扬声器,例如:

(1)奇瑞QQ经济型音响升级采用了经济型的索尼主机XR－CA620,10碟CD换碟器,中、高音扬声器等元件,使经济型的QQ的驾驶室音响音场有了很大的改善。

(2)原车不更换主机,采用惠威B650CS一套,或惠威C1000一套等,改善高、中音。

2. 标准型方案

标准型方案主要是主机、扬声器、功放和低音炮一次到位,完成汽车音响的全面升级。例如:

(1)主机更换为阿尔派的中档产品,前音场换阿尔派S系列套装扬声器,后音场装阿尔派6寸同轴扬声器,加装低音炮和功放。

(2)主机采用单碟CD机,博声Ls600 6.5寸扬声器套装1套,博声C30631同轴扬声器1对,博声Ls1000低音扬声器1个,博声Ls4.0四路功率放大器,博声组合套线1套。

3.“发烧”级方案

“发烧”级方案更注重音响的音质和追求音乐风格。例如：

(1)主机使用日本SONY WX－7700MDX，其主要特点是：均衡器EQ－7种类型，前置输出r2(高通滤波器)，次输出r1(低通滤波器)，虚拟音效空间DS0，SSIR－EXA数码合成调节器，高级数码信号处理功能HX DSP III，52W×4的输出功率，宽比特流设计WBS。加装CD驱动器SONY CDX－656X10蝶式CD转换器，可播放CD/CD－R/CD－RW，8倍超取样数码滤波器，1比特数码/模拟转换器。后级使用美国KICKER IX1302功率RMS 175×2W，频响20－20kHz，两块IX702功率RMS 70×2W，频响20－20kHz的功率放大器；扬声器使用美国KICKER RS6 6.5寸，频响40－22kHz，最大功率200W，I600 6.5寸，频响45-20kHz，最大功率125W；超低音使用美国Audiobahn AW1051 10寸，频响28-1000Hz，RMS功率300W。这套系统无论从音质层次、音量力度和清晰度，都能给人一个耳目一新的感觉，最适合听古典、交响乐流行曲，但是因为功率大有音量力度，所以也可以兼顾听迪斯科和摇滚乐。

(2)主机采用先锋AVH－P7650，扬声器采用来福T162S6，低音扬声器采用来福P112S4，功率放大器采用来福P4004。

第四节　汽车音响系统安装的前期准备

汽车音响系统安装前有一些准备工作是必须做的，准备工作做得好，会使后面的工作井然有序，减少许多不必要的麻烦，为安装过程打下良好的基础。

一、检查

检查是进行改装前必须做的工作，其主要检查内容是：

(1)检查汽车外观。绕汽车一周查看有无擦伤、划痕，打开车门查看要拆的部位有无撬痕及其他损伤。

(2)检查汽车电器。发动汽车检查仪表显示是否正常，空调工作是否正常，各种灯是否正常。如果只是换装音响系统中的某一部分(如只换机头或只换扬声器)，就要测试一下不换装的那部分是否完好。

(3)检查车室部分。车主有无贵重物品，真皮座椅及内饰有无破损等，如有发现及时与车主说明。

(4)检查准备安装的产品。清点所要安装的产品以确定其完好无损，配件齐全。并集中存放、保管。

(5)检查了解需安装的部位及走线部位。对应做的工作有一个总的计划，制作配置安装图让车主确认。

二、汽车音响改装前的拆除

安装汽车音响一般需拆除的部分为：中控台音源主机位、车门内衬、两侧踏脚边条、后座平台板、中央通道、座位。

1.中控台音源主机位

车型不同拆除的方法也不同，主要有：

(1)用专用工具直接拆下，有些车原车配有拆主机的工具，用工具塞入主机为拆除留下的缝隙中，感到工具卡上后用力推出，主机就跟着出来了。

(2)有些车是用螺钉直接固定在中控板上，外面用桃木或其他饰条盖住螺钉。拆时要先将饰条撬下(一般饰条都是卡式的)，再拧下螺钉拆下主机。

(3)有些低档车主机的装法不太规范，有时要将整个仪表台面板拆下，并且主机位尺寸大都偏小，安装时需要扩大主机位孔。

在拆除较高档次的原车主机时应注意其多数都有防盗密码，一旦断电，主机就将被锁。解决的方法是：一是找到密码，每辆车的主机都有一张密码卡，一般藏在车内的杂物箱内侧或行李舱放备胎的地方，找到密码在主机上输入密码即可解码。二是通电一个小时以上，有些车会自动解码，前提是车和主机必须是原配的。三是询问经销商，在经销商处获得密码。最后是找专门的主机维修点，去掉机内密码记忆元件或 CPU。

2. 车门内饰

如果要在车门上加装或换装扬声器，就要拆除车门内饰板，首先要弄清楚车门内饰板的结构，以确定从哪里入手。一般来说，低档车的内饰板多数只有一块蒙布或人造革的纤维板，结构较简单，只要先将摇窗器把手及开门把手拆下，其余基本上都是塑料扣，只要依次拆下即可，并且扣件都不会太紧。在拆除较高档汽车时，应仔细小心，一般是先拆除装有中控开关、电动窗开关等控制件的面板，拆下面板后可看到主要的固定螺钉，拆下螺钉及其他的螺钉，用薄毛巾包住一字螺丝刀，插入找到扣件，依次在靠近扣件的地方撬起。扣件的结构在不同的车型里是不同的，撬动时应了解其结构，小心下手。在某些车上，装有各种开关的控制件和车门内饰板是一体的，不能撬动，拆时应注意。

3. 两侧踏脚板边条

拆两侧踏脚板边条主要是为了布线，大多数线都是从这里走的，也有从 A 柱上到顶棚走线，不赞成这么做，一是有些车有侧安全气囊，这样走线肯定会有影响；二是不易固定；三是这样走线需要更长的线，有点舍近求远。大部分轿车的两侧踏脚板边条是用扣件固定的，撬时应找到靠近扣件处，从车内向外撬。拆时应注意相关内饰件之间的关系，大多数踏脚板边饰条两头都被其他饰件压住，如何处理应根据实际情况做出正确的判断。

4. 后座平台装饰板

有些车的后置扬声器是安装在后座平台上的，拆除后座后，如果平台上有高位制动灯的先拆掉高位制动灯。高位制动灯一般有两种固定方法：一种是卡子固定，只要用力向后推即可拆下。另一种是由螺钉固定的，要到行李舱中找到螺钉拧下就可以拆下，拆下高位制动灯后，将平台上的扬声器拆下，再将平台装饰板向内拉出。

5. 中央通道

如果对音响系统有较高的要求，将 RCA 信号线从中央通道走线，使其不受任何干扰。中央通道一般都是由螺钉固定，左右对称。大多数由两到三节组成，拆除时应注意拆除次序，尽量不要去动驻车制动和挡杆。

6. 座位

1)前座

前座一般是不用拆的,但如果想在前座头枕上加装显示器,那么就有必要拆了。前座一般有三种装法:一是大众车系的,前面有一止推螺钉,后面是滑槽。只要将后面滑槽上饰块或饰条拆下,再将前面止推螺钉拧开,拉起滑动扳手,将整个座位向后推出即可。第二种是四角用4 颗螺钉固定,只要拆开 4 颗螺钉即可。第三种是一头是螺钉固定,另一头是钩子钩住的。拆下一头的两颗螺钉,抬起从另一头的两个钩子中退出即可。

2)后座

后座的座位和靠背是分体的。座位固定有些是由两颗螺钉固定的,有些是卡扣固定的。卡扣固定的只要抓住卡扣附近用力向上提即可脱出。有几种车不可直接提出,看一下卡扣上是否有一小拉环,或可向内按的头子。如果有,应拉出拉环或按下头子再向上提。靠背的固定有:下面一到两颗螺钉或铁皮钩子,松开后即可向上提出。还有就是以 4 根头枕撑杆套管来固定的,这种比较难拆,用一个小一字螺丝刀,找到套管的弹出部位将其往管内方向推,再用一个大一字螺丝刀将套管撬出。4 个套管撬出后,可将靠背提出,也有在行李舱内用两颗螺钉固定的或在靠背顶端有两个拉杆,这两种后背都是可翻的,如果翻下即可满足安装的要求就不要再拆了。另有部分靠背是组合的,拆时应注意次序。

某些比较高档的汽车中有安全气囊,在拆除座位后,尤其是前座,严禁再发动汽车。因为安全气囊的一组检测线在座位下有一插头,拆座位必然拔除插头,如果此时发动汽车,检测线有检测信号,但插头拔除,检测信号无法通过,仪表台上气囊故障灯会亮起,表示气囊有故障,以后可能不再被触发,从而影响了行车安全,应尽量避免。如果不小心使安全气囊灯亮起,解决的方法:一是发动汽车,加速至 30km/h 以上,再"点几脚制动",可恢复。二是第一种方法如果无用就只好找特约维修站解码。

7. A 柱

A 柱主要用来安装高音扬声器。A 柱基本上全由扣件固定,要小心撬动。

以上各种拆除件应有专门的地方有序放置,小的部件和螺钉应放置在专门的盒子里,有条件的应分类放置,以免因不必要的碰触造成损伤和遗失。

第五节 汽车音响安装施工

一、布线

1. 音频信号线的布线原则

(1)用绝缘胶带将音频信号线接头处缠紧以保证绝缘。

(2)音频信号线要尽可能短。音频信号线越长,越容易受到噪声信号的干扰。

(3)音频信号线的布线要离开车载电脑单元和功率放大器的电源线至少 20cm。如果布线太近,音频信号会拾取到感应噪声。可将音频信号线和电源线分开布置在驾驶座和副驾驶座两侧。若靠近电源线、车载电脑布线时,音频信号线必须离开它们 20cm 以上。如果音频信号线和电源线需要互相交叉时,最好以 90°相交。

2. 电源线的布线原则

(1)所选用电源线的电流容量值应等于或大于与功率放大器相接的熔断丝熔断电流值。

如果采用低于标准的线材做电源线,会产生交流噪声并且严重破坏音质。

(2)当用一根电源线分开向多个功率放大器供电时,从分开点到各个功率放大器布线的长度和结构应该相同。

(3)当电源线桥接时,各个功率放大器之间将出现电位差,这个电位差将导致交流噪声,从而严重破坏音质。

(4)将电源(蓄电池)接头的脏污彻底清除,并将接头拧紧。如果电源接头很脏或没有拧紧,接头处就会有接触电阻。而接触电阻的存在会导致交流噪声从而严重破坏音质。

(5)在汽车动力系统内布线时,应避免在发电机和点火装置附近走线。因为发电机噪声和点火噪声能够辐射入电源线。

3. 搭铁的方法

(1)用砂纸将车体搭铁点处的油漆去除干净,将搭铁线固定。如果车体和搭铁线端之间残留车漆就会使搭铁点产生接触电阻。接触电阻会导致交流噪声的产生,从而严重破坏音质。

(2)将音响系统中各个模块的搭铁集中于一处。如果不将它们集中一处搭铁,音响各组件之间存在的电位差会导致噪声的产生。

(3)当系统消耗电流很大时,蓄电池搭铁端一定要牢固。

提高电源搭铁性能的方法是,在电源和搭铁间用粗直径的线材布线,如绞股线。这样能够加强连接,有效地抑制噪声并提高声音质量。

(4)不要靠近车载电脑布线。

二、汽车扬声器的安装

安装扬声器必须将扬声器和安装部位牢固地固定,不留间隙,要尽量减少安装扬声器部位周围的振动。如果扬声器本身产生振动,则与其相连的钢板部分也将产生振动。这样,掺杂着钢板振动而发出的声音将会影响整体声音的音质。所以提高扬声器及其周围安装部位的钢性和制振是非常重要的。另外在安装部分不要留有间隙。

1. 汽车扬声器在前车门上的安装

1)安装固定方法

(1)挡板的固定。将挡板直接固定在车门的钢板部位。也可利用加强表面来提高刚性不足的部位。将挡板固定在车门钢板上,可以使钢板部位的刚性得到提高,可抑制共振。使其在低频表现出质感,中高频域更清晰,可改善由于钢板共鸣(共振)而引起的失真。

(2)螺钉的固定位置。将车门钢板和挡板密实地进行固定。由于减少了车门钢板的共鸣(共振),可降低失真感,可感觉出低频域的迫力感。

2)维修孔的遮音

将车门钢板上的维修孔封闭。因为从扬声器背面发出的反相的声音与从前面发出的声音相干涉,使得低频域衰减特别严重。可利用铅板或铝板等将维修孔封闭。利用铅板(2~3mm)等不但能遮音,而且能强化车门部分的钢性。

3)车门钢板的减振

利用减振材料抑制车门钢板的共鸣(共振),由于车门钢板的刚性较小,所以需要进行减振。减振材料面积的大小对声音的影响很大。

2. 汽车扬声器在后车窗台的安装

(1)挡板螺钉的固定位置。用螺钉固定挡板,以抑制挡板的振动(共鸣)。如果将全体牢固地固定住,低频将向下延伸,并且不漏声音。

(2)后车窗台钢板的共鸣处理。如果后车窗台钢板的中央部位和挡板之间有较大的空隙,容易产生钢板的共鸣。利用塑料或铅板抑制共鸣。但如果使用过多,则声音发紧。在中频域可改善声音清晰度,减轻浑浊感。

(3)后车窗台钢板的空间处理。在后车窗台钢板和挡板之间进行局部填充,利用密封胶使挡板与车窗玻璃密封。可改善低频音域的声音,使其不再浑浊。

三、功率放大器的安装

1. 功率放大器的固定

对功率放大器作合适的固定,对延长它的使用寿命是十分重要的。功率放大器的固定位置选择:有足够的空间,并能保持空气流通和防止潮湿,以延长功率放大器的使用寿命。必须牢记住:绝对不可以把功率放大器的正面朝下固定。正面朝下固定将会破坏功率放大器散热,还会启动热保护电路,过分的热量会缩短功率放大器使用寿命。为了最大限度地散热,在功率放大器的周围至少要留有60mm的空隙。如有足够的空间,功率放大器可以固定在密闭合内或在限定区域内,使用配有导管的75mm风扇,热量就可以通过散热器散热。要避免把放大器固定在超低音箱上。若在振动环境下,有可能使功率放大器产生故障。为了避免碰伤功率放大器,可预先打好3mm直径的孔,用螺钉加以固定。必须小心地检查全部安装区域,以避开电线、真空管线、制动或燃料管线。

2. 线路连接

(1)前面的RCA输入。把这些RCA连接器连接到音源前面的LOW IEVEI(低电平)输出端。

(2)后面的RCA输入。把这些RCA连接器连接到音源后面的LOW LEVEL(低电平)输出端。

(3)RCA输出。把这些RCA连接器连接到下一级放大器的RCA输入端。

(4)地输入。通过一条4g线电源电缆直接连接到车辆的底盘上。注意:这是第一个需要连接的线。如果不这样做,功率放大器有可能损坏。

(5)+12输入。它必须通过一条4g线电源电缆再经过同轴熔断丝或自动断路器直接连接到车辆蓄电池的正极。注意:在整个安装过程中,该线必须是最后安装的线。否则有可能造成损坏。

(6)远端输入。它是远端控制功率放大器的开关。当它接通时,+12V电压就加到功率放大器上。它可以从音源的后面面板上找到。它以天线的电输出或远端接通输出的形式出现。如果没有提供该输入,可以把线接到ACC位置上。

(7)熔断丝。确保正确选择指定的熔断丝规格。

(8)扬声器输出。对扬声器作正确的连接。

注意事项:

(1)选择正确的电源线、扬声器线及控制线尺寸。

(2)当电源电缆穿过任何金属壁时,为避免尖锐棱角割坏电缆的保护层,对该部位的电缆要加装保护环。

(3)要避免电源电缆经过电动机部件和接近其他加热器。

(4)必须要选用同轴熔断丝保护器,以免短路引起车辆着火。

(5)熔断丝保护器越靠近蓄电池正极越好。

(6)电源线最后连接,必须把熔断丝退出或使电路断路器断开,直至其他电缆全部连接完为止。

(7)确保功率放大器搭铁良好,这是第一个需要连接的线。

(8)确保扬声器负载符合功率放大器要求的最小阻抗。

第六节 汽车音响系统的调试

一、调试前的准备

1. 线路检查

汽车音响系统安装完毕后,先检查一下电源线。主要是查看正、负极是否正确,裸露部分是否有搭铁,连接点是否牢固,是否在安装过程中有硬损现象。尤其要查看从发动机舱到车厢、从车厢到行李舱的过渡处。这些地方很容易被割伤、压伤。再检查其他线路是否连接准确、牢固。

2. 初调

功率放大器和主机的增益全都调至最低点,电子分频器的分频点、相位调到设计的位置,前声场提升高频段输出,衰减低频段输出;后声场提升中低频段输出,衰减高频段输出。设定超低音频段,增益调到最低端。如有电子分频器,以电子分频器分割频段,功率放大器的频段一律调到全通。如无电子分频器,功率放大器的频率输出:前声场调到高通或全通,后声场调全通。低音调为低通。如果是均衡器全部频段放在中间位置,等候调节。

调节频率时应注意 3kHz 以上的频段有很强的方向感,是决定声场位置的。这就是为什么前声场用高通,而后声场用全通或削除了 3kHz 以上、70Hz 以下频率的带通的缘故。

二、通电

将主电源的熔断丝装入熔断丝盒。打开主机,使各设备通电。如有电容,查看电容显示的电压是否和电源有大的差异。如电容无显示,可用万用表测量电压。再测量一下电源电压,一般电源的电压会稍高一点(在 1V 以内)。如果超出了这个值,应考虑电源线的选用和安装是否正确。

三、增益(音量)的调节

将一张测试碟片放入主机,将音量增益逐渐调高到失真出现,再回调至不失真。逐渐增加功率放大器音量增益,直到不失真的最高点,功率放大器的音量就固定在此,以后音量调节主要以主机来调节。

四、频率的调节

通常所说的“调音”实际上是指对各频段进行分割和调节，让各频段都能均衡地表现。目前调音普遍只重视高音和低音的表现，对于中音部分不太重视。而决定音质的好坏，中音部分恰恰是非常重要的。人耳最敏感的也是中音部分，在调节时应使用小音量，音量太大往往会掩盖某些细节。仔细倾听，对缺失的频段进行补偿，以保证全频段的平衡。也可根据个人的喜好，对某一频段进行补偿或衰减。总之，频率的分割和调节牵涉到很多的数据和概念，它需要调音者有长期的经验积累和具备一定的音乐素养及良好的听力，当然也可利用频谱分析仪来调节。如果这些都不具备，最好使用套装扬声器，扬声器上分音器的频率分割是非常准确的。功率放大器只要开到全通设置，就可保证全频段的平衡。

五、音场及音像定位调节

在听音乐时，我们希望音乐是从前面流出的，而不习惯从背后传来，在车内也是如此，合格的汽车音响的声音应该是源自前风窗玻璃。为了做到这点，除了把前声场的高频扬声器尽量靠前安装外（应注意与中频扬声器的距离），还应削除后声场 3kHz 以上的高音及 80Hz 以下的低音。

一般主机可以调节音场的高度、宽度和深度，应利用起来，相对来说前后左右平衡的调节就比较简单。

六、汽车音响音质的理性评价

怎样才算一套好的汽车音响，在 IASCA 的标准里，它包括好的声音品质，安全的电路，完整的安装，美观的工艺，独一无二的创意，精确的频率反映，爆棚的声压。

汽车音响的声音品质评价，引用国际汽车音响大赛的评审规则，有以下四个方面：

（1）音调的准确性与全频段的平衡性。

（2）音场及堂音。

（3）音响定位。

（4）音响的线性。

其中音调的准确性与全频段的平衡性占主要部分，音调的准确性受六大特性影响：

（1）响度。响度是指由声音所造成的听感刺激的强度。它会受到 EQ 或扬声器音压配合不良的影响。

（2）音准。音准决定声音在音谱上的位置。它是一个主观品质，过度的失真及非线性会影响音准。

（3）音色。音色是由某声音的基音与泛音相互作用后所产生的声音特性。它与器材本质，线材有关。

（4）调制。调制指声音在大小，相位或频率上所产生的变化，它会因系统的相位，频率响应而受影响。

（5）音响长度。音响长度就是发声的时间长度。它会因系统的状态反映情况或障板谐振的影响。

(6)粹发音及衰减。声音由小至大所需的时间(粹发音)及由大变小所需的时间(衰减),它会因系统反应不良,障板谐振及前期反射过强而受到不良的影响。

根据以上六点,我们可以把声音分成四个频带来加以鉴别。

(1)超低频(18~60Hz)。该频段表现所有大型弦乐器,大鼓,低音合成器,管风琴等最低频。这个频段的声音在系统的再现下应该是明辨真悉,具有真实的量感及弹性,延伸度好,而且必须不失真。我们常见在该频段的缺陷是超低频因为衰减时间过长或声音模糊而显得拖泥带水。管风琴的最低频段是良好的范例。

(2)中低频(60~200Hz)。它表现中型鼓(印度鼓,大拉丁鼓)、低音吉他及低音大提琴的中段、钢琴及音效合成器的低音,它要求能平顺地再生出富有弹性及细节的声音,难度是表现鼓与低音吉他的中击声与断音。这是一个音响改装极难的频段,因为在车体里,在这个频段会有共振或波峰的存在,影响声音的准确再生。好的系统应该表现出手拍鼓的鼓皮张力大小和冲击力。常见到的缺陷是把鼓的声音表现为夸张的低频合成器的声音。

(3)中频(200~3000Hz)。这是一个重要的频段,它包含了大部分的音乐信息,也是人耳最敏感的频段,优质扬声器与普通扬声器的分别就在这个频段,基本以人声为参照物,人声听起来应该真实而丰满没有黯淡或失真等不自然感受。

(4)高频(3000~20000Hz)。在车内强反射的环境下,有利于高频的正常发挥,但由于安装位置的影响和衰减度的不当,大多数的汽车音响的高频会过于明亮而暴露出粗糙的质感和过度的舌齿音。

经过四个频段的独立评价后,我们就要考量音乐全频段的平衡性,它表示了系统在整个音响频宽之内的音调准确性。常见的平衡性缺陷是超低频无度放大,这也造成许多车主不喜欢安装低音炮。

汽车音响音质的感观鉴别六要素:

(1)清晰度。美妙的音质层次十分清晰,透明度好,每个字都能听得清。

(2)丰满度。中、低音充分,高音适度,温暖、舒适感,有弹性。如果混响的时间偏短,尤其是低频段的混响时间比中频段还要短,其丰满度不会太好;音响系统的输出频率特性差,缺乏中低音,这样的声音就会显得干瘪无力,也谈不上丰满。

(3)亲切感。就是通常人们所说的传神,即听到的声音存在着一种交流、倾诉感。而一般或很差的音质是体会不到这种效果的,它会使你感到紧迫而遥远。

(4)平衡感。指的是左、右扬声器,主扬声器和辅助扬声器之间的输出功率的比例协调与相位的正确。立体声的左右声道一致性好,声响正常。如果声响有时有偏移又不够协调,那就算不上是好的音质。

(5)环境感。声音的空间感好,整个给人逼真的感觉,用身临其境来形容好的音质是最恰当不过了。

(6)响度。在响度方面,好的音质听起来是适宜、舒服的。特别提醒,在辨别音质时应该选择优秀的声源作为试听的节目源,还有选择自己熟悉的内容做测试是最有利的。

第五章　汽车功能性装潢

有一些汽车的原厂配置不够齐全,有的汽车的防盗系统较为简单,有的汽车没有配置倒车雷达等。而目前汽车装潢市场上出现了许多具有某种功能的装潢用品,为车主使汽车增加某些功能提供了便利的条件,可选择的余地很大。本章主要介绍常见的汽车防盗器、倒车雷达、汽车导航仪、车载电话等。

第一节　汽车防盗器

随着我国汽车市场的蓬勃发展,汽车已成为人们生活中不可缺少的一部分,但是汽车被盗现象时有发生,因此对汽车安全防盗方面的要求也越来越高,人们利用现代科学技术,研制出了许多新型汽车防盗器,以防止汽车被盗。由于一些车辆原厂配置的防盗装置不能有效地防止车辆被盗,因此,新车购买后往往首先是加装汽车防盗器。

一、什么是汽车防盗器

汽车防盗器是一种安装在汽车上,能增加盗车难度或者能防止汽车被盗,并具有多种附加功能的装置。目前较常见的汽车防盗器是通过将防盗器与汽车电路的连接,来控制点火系统或起动系统或供油系统的工作,从而使汽车被盗时无法起动行驶,同时发出报警信号,达到汽车防盗的目的。

二、汽车防盗器的种类

汽车防盗器由初期的机械控制,发展成为电子密码、遥控呼救、信息报警。初期的汽车防盗器主要用于控制门锁、门窗、起动器、制动器,切断供油等连锁机构,以及为防止盗贼拆卸防盗器零件而设计的专用套筒扳手。随着电子软件和遥感技术的发展,汽车防盗器日趋严密和完善,并不断推出新产品。

目前市场上汽车防盗器种类繁多,根据其工作原理大体上可分为三大类,即机械式防盗器、电子式防盗器和网络防盗器。

1. 机械式防盗器

机械式防盗器是利用简单的机械原理锁住汽车上的某一机构,使其不能有效地发挥作用,以达到防盗的目的。机械式防盗器最为传统,历史也最悠久。有转向盘锁和排挡锁、踏板锁等。其原理十分简单,它主要是靠锁定转向盘、变速器操纵杆、离合器踏板、制动踏板、加速踏板来达到防盗的目的。其优点是价格便宜,安装简便。缺点是只防盗不报警,每次拆装比较麻烦,不用时还得找地方放置。

2. 电子式防盗器

电子式防盗器是在汽车上加装电子防盗设备来达到防盗、监控车辆和报警的目的。汽车防盗器的主要作用就是在防盗警戒状态下，如有外部碰撞，打开车门非法进入或用钥匙起动发动机，防盗器就会立即自动报警，喇叭鸣叫并切断起动机电源，使车辆无法起动。可阻止窃贼偷车，延长偷车时间。大多数轿车均采用这种防盗方式作为原配防盗器。电子式防盗器基本原理是锁住汽车的起动电路、点火电路和供油系统，在没有芯片钥匙的情况下无法起动车辆。数字化的密码重码率极低，而且要用密码钥匙接触车上的密码锁才能开锁，杜绝了被扫描的弊病。

电子式防盗器又可分为单向防盗器和双向防盗器。单向的电子防盗器的主要功能是：车门的开关、震动或非法开启车门报警等，也有一些品牌的产品根据客户的需求增加了一些功能，如：用电子遥控器来完成发动机起动、熄火等。双向可视的电子防盗器相比单向的更为直观，能让车主知道汽车现实的情况。当车有异动报警时，同时遥控器上的液晶显示器会显示汽车遭遇的状况，缺点是有效范围只有 100～200m。

电子式防盗器根据密码发射方式的不同，可分为定码防盗器和跳码防盗器两种类型。早期的防盗器多彩用定码方式，但由于其自身缺点，现已逐渐被技术上较为先进、防盗效果较好的跳码防盗器所取代。定码防盗器是主机与遥控器各有一组相同的密码，遥控器发射密码，主机接收密码，从而完成防盗器的各种功能，这种密码发射方式称为第一代固定码发射方式（简称定码发射方式）。

3. 网络防盗器

网络防盗器即利用现代电子信息技术、航天技术和网络技术，实现汽车与车主的实时信息反馈，属于双向防盗器。目前市场上网络防盗器有两种：

1）全球卫星定位系统（GPS）防盗器

GPS 防盗器主要靠锁定发动机点火或起动达到防盗的目的，同时还可通过 GPS 系统，将报警信息和报警车辆所在位置传送到报警中心。GPS 防盗器的功能非常多，不仅可以在全国范围内实时监测车辆位置，还可通过车载移动电话监听车内声音，必要时还可以通过手机关闭车辆油路、电路并锁死所有门窗。GPS 防盗器的缺点主要有：一是在没有建立卫星定位系统的地面监控中心的地区，GPS 无法工作；二是由于卫星数量有限，信息扫描覆盖存在一定的“盲区”，从而使监控实际上经常处于间断“失效”状态；三是价格昂贵。

2）GSM 移动防盗器

GSM 移动防盗器是汽车网络防盗防劫定位监控系统，它依托 GSM 通讯网络，进行手机与汽车的智能联动防盗，其真正做到了全方位为汽车设防，开辟防盗新时代的作用。GSM 移动防盗器具有防盗、监控、远程控制、远程报警、定位、反劫等多种功能，是维护社会治安、保护车主利益的最佳保护神。与同类产品相比，该系统还具有安装更隐蔽、技术更先进、性能更可靠等特性。具有不需建基站、报警不受距离限制、不需交任何服务费、使用简单方便等优点。

虽然防盗器的种类较多，但从市场发展情况看，机械式防盗器由于功能较少、外形不美观、使用不方便等缺点已经开始淡出市场。网络防盗器价格较高，虽然功能先进，但一些功能还不能达到普遍应用性，所以在市场上还没有被大量使用。目前市场上起主导的还是电子式防盗器。

三、汽车防盗器的功能

随着汽车防护要求的提高,车用防盗装置的功能也日趋完备,目前市场上汽车防盗装置的主要功能如下:

(1)防盗设定与解除。其主要作用是警戒车辆,以防被盗或受侵害。

(2)全自动设防。若车主忘记设防,防盗器将自动进入防盗警戒状态。

(3)静音设防与静音解除。静音设防适合于在夜间、医院和特殊环境下使用。

(4)二次设防。设防解除后,若 30s 内车主未开车门,则主机自动进入防盗状态。

(5)寻车功能。灯光闪烁信号可在停车场内帮助车主寻找车辆。

(6)求救。在紧急事态发生时能设定紧急呼救。

(7)振动感应器暂时关闭。遇恶劣天气,但汽车处在安全环境下,使用此功能可减少误报和噪声。

(8)进场维修模式。适用于汽车进场维修,遥控器无须交给维修厂,安全方便。

(9)行车时控功能。点火后车门自动落锁,熄火后车门自动开锁,车辆使用安全、方便。

(10)密码抗扫描。计算机自动判别密码正确与否,并过滤扫描器信号,杜绝扫描密码,因而可防止盗贼用扫描器扫描密码进行盗车。

(11)跳码抗拷贝,每次进行设防和解除警戒时,主机及遥控器都同时更改密码,防止盗贼用无线电截码器截码盗车。

(12)主机呼叫输出可与防盗器遥控器连接,通过防盗器遥控器的显示判断车辆是否受侵。

(13)遥控发动机起动。提高效率,节省暖车时间。

四、最常见的汽车防盗器——电子式防盗器

(一)电子式防盗器的发展

真正意义上的电子防盗器最早在德国和意大利生产,主要靠锁定点火装置来达到防盗的目的,同时具有声音报警功能。1987 年,这类产品由台湾输入到中国内地生产。当时最早的生产厂家有中一、PLC 以及里程三大家,在 1998 年之前,三家形成"三足鼎立"的局面。

第一代电子防盗器属于单向防盗器,即车主通过遥控器来控制汽车,但是汽车的真实状况却无法反馈给车主。由于价格便宜,容易安装,是市场上汽车防盗器的主流产品之一,目前常见品牌有:铁将军、天能、PLC、雄兵等。其优点是:价格便宜,安装简易,发生故障拆卸也很简单,只需要打开仪表台将主机拉下即可。功能简单,能自动断电,只有个别产品还能够自动断油路。其缺点是:质量不稳定,抗干扰性较差,在电视台发射塔周围,闹市区里,大机器的噪声下,因为受到高频率干扰,不容易接受到信号。单向防盗器的主要功能有:防盗警戒、静音防盗、阻吓防抢、中央门锁自动化、车门未关警示等。再配上中控门锁,就可以遥控锁门、开门,进入及解除防盗状态。

第二代电子防盗器属双向防盗器,最早在韩国生产,2000 年由引入国内。这种防盗器不仅可遥控使用,还能将车辆状态信息传递给车主,能让车主知道汽车现实的情况,当车有异动报警时,同时遥控器上的液晶显示器会显示汽车遭遇的状况,例如某侧的车门被开启或车窗玻

璃被破坏等。其遥控有效距离较远，可划分为两类，一类为100m左右，另一类为400～500m，但反馈信息距离却可以达到1000m，这是由于防盗器的电量小，而汽车蓄电池携带的电量较大。其优点是：在很远的距离便可以知道汽车的状态，如发动机、车门、前后尾舱是否被打开，是否有人恶意损坏车辆等等，而且还能够自动断电。缺点是：价格高，不容易安装，由于技术上的复杂性，容易出现使用上的问题，如由于冬冷夏热或者原料的质量问题导致技术不过关，误差率大，车门有时会打不开。防盗器的遥控器电池普遍只能使用一个月左右，耗电大。双向防盗器，除了具备单向防盗器的功能以外，还具有远程可视双向防盗报警，可时刻监控车辆。智能防抢功能，设定防抢后，如车辆被劫，半分钟内报警，如熄火后则不能再起动；寻呼车主功能，欲寻车主时轻敲汽车前风窗玻璃上的呼叫器，遥控器即可接收信号，鸣叫通知车主。还可遥控起动汽车，遥控开启行李舱等。

（二）电子式防盗器的结构组成与工作原理

1. 电子式防盗器的结构组成

电子式防盗器一般主要由主机、控制电路、感应器、遥控器、执行机构、报警装置等几个部分组成，如图5-1所示。主机部分是防盗器的核心和控制中心。感应器常用的是电磁感应器，微波和红外感应器应用极少。执行机构包括发动机罩开关、门开关及行李舱开关、断电器等。报警装置主要是喇叭和灯光。

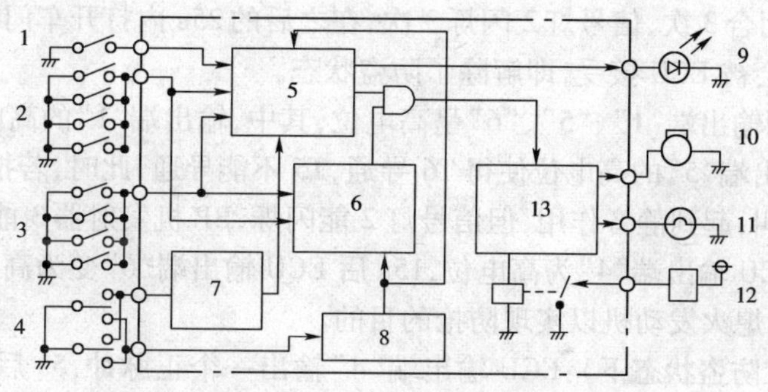

图5-1　电子防盗器的组成

1-钥匙存在开关；2-开门开关；3-锁门开关；4-钥匙操作开关；5-警报状态设置；6-是否盗车检测；7-30s定时器；8-解除警报；9-LED指示器；10-报警器；11-报警灯；12-起动断电器等；13-报警控制

2. 电子式防盗器的工作原理

电子式防盗器是在原有中央门锁的基础上加设了防盗器的控制电路，以控制汽车移动的同时并报警。如果有行窃者盗窃汽车或汽车上的物品，防盗器不仅具有切断起动电路、点火电路、供油电路等的功能，同时还会发出声光信号进行报警。

电子式防盗器的工作原理。以PLC牌DC－5为例。

1）遥控原理

遥控操纵系统由发射器和接收器两部分组成。发射器即遥控器，其上有1、2、3、4共4个按键，每次的按键指令将被遥控器中的编码器Y1编制成对应的二进制数码信号，再与高频振荡发生器Y3产生的高频振荡波经调制器Y2调制后发射高频载波信号。主控制器U内的接收器U1接收到高频载波信号后，经检波送译码器U2译码，转换成中央处理器ECU能接受的时序逻辑指令，经ECU处理后，发出相应的执行指令，驱动执行机构动作。高频载波的频率一般在350MHz左右，遥控器和接收器必须调试成相同的频率。BP机系统的使用频率为27MHz，其发射器与接收器的频率也必须一致。

2)主控制器原理

按1键：指令经遥控系统传送相应信号经ECU进行逻辑处理后，在ECU的输出端"2"输出一个正脉冲，经D2R1使T1在脉冲期间导通，继电器J1通电，触点闭合，电源正Vcc经中控锁继电器使驱动微电机1中有电流由A至B，电机正转，车门上锁；该正脉冲也经D2、D3至脉冲发生器U4输入端，U4输出端发出一个正脉冲，经R2使T3导通一次，信号灯2闪烁一次。此时，防盗系统处于警戒状态，任何触发信号都会引起报警器工作。如行李舱、发动机罩或车门开启，车身受振动撞击，用钥匙起动发动机等都会使ECU输出端"4"为高电位，经R3使T4导通，BP机发射器3呼叫；经R4使T5导通，继电器J5触点闭合，报警喇叭4鸣叫；与此同时，ECU输出端"4"的高电位加在脉冲发生器U4的输入端，使脉冲发生器U4输出端产生冲信号，经R2使T3间歇导通，信号灯2闪烁不停；ECU输出端"6"此时为高电位，经R5使T7导通，发动机控制盒5信号线搭铁，点火系低压电路被切断，发动机不能起动。

按2键：ECU的输出端"3"输出一个正脉冲，经R6使T2在脉冲期间导通，继电器J2触点闭合，电源正Vcc经中控锁继电器ZJ，使驱动微电机1中有电流由B至A，电机反转，车门开锁；同时，该正脉冲也由延时器U3延时，经脉冲发生器U4产生3个正脉冲，经R2使T3导通3次，继电器J3触点闭合3次，信号灯2闪烁3次，在之后的25s内打开车门或接通点火开关，则任何突发信号都不会被ECU接受，即解除了防盗状态。

按3键：ECU的输出端"1"、"5"、"6"呈高电位，其中，输出端"1"的高电位经D1、R1使T1导通，车门上锁；输出端"5"的高电位使得T6导通，T5不能导通，此时，若报警系统被触发不会导致报警喇叭4鸣叫，起到静音作用，但信号灯2能闪烁，BP机发射器3能呼叫。

按3和4键：ECU输出端"4"为高电位，15s后ECU输出端"6"变为高电位，使T7导通，切断点火系低压电路，熄火发动机以实现防抢的目的。

按4键两次(在防盗状态下)：ECU输出端"4"输出一个正脉冲，5s后ECU输出端"7"和"8"为高电位并延时8min，使T8、T9导通，继电器T6、J7触点闭合8min，同时，ECU输出端"9"输出一正脉冲使T10导通，继电器J8触点闭合，实现遥控起动发动机，但必须注意，汽车应处于空挡，驻车制动器必须拉起。

五、汽车防盗器的选择

各个品牌的防盗器从原理设计、元器件的选择、加工工艺及其功能设计上都有很多的不同。正是由于这些不同，决定了防盗器的使用寿命、性能及价格各不相同。

(1)采用FR4双面板设计的优点：

①元器件焊点牢固，防盗器的抗振性强，对于安装在每天处于振动、颠簸中的汽车防盗器来说，抗振性强可延长其使用寿命。

②防盗器主机小，便于隐藏安装。

(2)采用多重电路保护系统。其优点是可适应于更大范围的蓄电池电压变化，不会因蓄电池电压过低，造成防盗主机电脑死机，且抗干扰能力更强。

(3)采用电脑是否是记忆时间较长的IC。

(4)是否较多地采用了贴片元器件。

(5)采用的元器件是否具有较好的耐温性和耐压性。

因此防盗器的选择依据是:

(1)应注意防盗器是否采用了先进的工艺设计。

(2)防盗器的功能是否安全、实用、方便且具有环保性。如北京市公安局技防办每年审批发放防盗器生产经营许可证,环保方面还需符合北京市环保局、公安局、工商局、技监局联合发出的《关于防止机动车防盗报警器噪声扰民的通告》及《机动车防盗报警器报警控制标准》。

(3)应注意防盗产品是否通过了公安部的检测(须经过公安部安全与警用电子产品质量检测中心检测达到我国标准的产品,检测有效期为4年)。

(4)高质量的安装技术和良好的售后服务。千万不要单纯追求价格低廉的产品,以免被假冒伪劣产品蒙蔽,得不到应有的售后服务保障。

六、汽车防盗器的安装

汽车防盗器防盗效果的好坏,主要由三个因素决定:防盗器产品质量、防盗器的安装方法以及防盗器的正确使用。而防盗器的安装方法与防盗器质量同样重要,且由于防盗器的安装不良而造成的损失更是惨重的。比如汽车电脑死机、安全气囊炸出、烧毁汽车电路及其他部件损坏等,这往往都是由于防盗器安装不当造成的。因此,选择好的、有经验的安装商是十分重要的,也是对汽车使用的基本保证。

1. 如何正确选择防盗器的安装商

有经验的汽车防盗器安装商不仅对防盗器有全面的认识,而且更主要的是要对汽车电路非常熟悉和了解,他们判断汽车电路不是靠死记硬背,而是靠电路理论知识。尤其是当今时代,车的更新换代越来越快,这只有靠电路知识才能正确判断汽车线路。选择防盗器的安装商时可注意以下几点:

(1)其店铺是否具有防盗器的经营、安装资格,包括营业执照及公安机关的资格证书等。

(2)其销售的防盗器是否注明产地,这是防盗器今后能否得到售后服务和故障保修的基本保障。

(3)其店铺是否持有防盗器生产厂家的授权书,这表明此店是否对此品牌的防盗器有比较全面的了解,并得到了厂家的安装培训及认可。

(4)防盗器安装完毕后,务必向厂家索要加盖安装商公章及电话的防盗器保修卡。

2. 汽车防盗器的安装

(1)详细阅读产品说明书。

(2)认真阅读产品配线图。

(3)判断产品各零部件接口方式和位置。

(4)保证连接牢靠、绝缘性能优良。

(5)安装完毕须进行功能测试。

3. 防盗器安装注意事项

(1)不要安装发动机断电回路继电器。高中档轿车的转向盘都带助力系统控制起动线,虽然起到防抢作用,但存在一定的安全隐患。控制起动线,只需把KEY ON线接到ON或ACC

线上即可。它只能起到防盗作用,但不能实现防抢功能。

(2)不要测量原车黄色线。如果测量原车黄色线可能会使安全气囊系统出现故障。

(3)防盗器的中控锁配线与原车中控锁配线应合理连接。这是安装防盗器较困难的一步。首先需要了解防盗器中控锁配线的基本原理。

第二节 倒车雷达

较早时期,倒车雷达只是在宝马、奔驰等高档车型上配置,近几年来,倒车雷达在新生产的豪华型汽车中都有配置。但是在基本型、普通型汽车的配置中,往往没有倒车雷达。于是安装倒车雷达就成了一项新兴的装潢项目。市场上经销的倒车雷达品牌多达几十种,有固地、铁将军、全安、佐敦、视宝等,基本上国产品牌占90%,而进口产品较少。

一、倒车雷达的概念、原理和组成

倒车雷达全称叫"倒车防撞雷达",又称"倒车警示装置"。是汽车倒车安全辅助装置。倒车雷达的主要作用是在倒车时,自动起动倒车雷达,通过声音或者显示屏显示,使驾驶员了解汽车尾部周围障碍物的情况,解决了驾驶员倒车时需扭头向后瞭望的不便,并帮助驾驶员消除视野的死角,提高驾驶的安全性。

倒车雷达的基本原理是采用超声波测距原理,在控制器的控制下,由传感器发射超声波,超声波遇到障碍物时,就会反射回来,传感器接收到反射回来的超声波后,经控制器进行数据处理,判断出障碍物的距离,由蜂鸣器发出蜂鸣警示信号或者由显示器显示距离。或者蜂鸣器发出蜂鸣警示的同时显示器显示距离。

倒车雷达由超声波传感器(俗称探头)、控制器和显示器(或蜂鸣器)等部分组成。超声波传感器是发出和接收超声波信号的装置,将得到的信号传输到控制器。超声波传感器安装在后保险杠上,根据不同价格和品牌,超声波传感器有"二"、"三"、"四"、"六"只不等。超声波传感器发出的超声波能探索到那些低于保险杠而驾驶员从后窗难以看见的障碍物。控制器接收传感器输入的反射波信号,并进行数据处理,判断出障碍物的距离,输出电信号给显示器或蜂鸣器。倒车雷达显示器或蜂鸣器装在驾驶室仪表台上,显示器显示出汽车尾部距后面物体的距离,距离直接用数字表示,1.5~0.8m为安全区,0.8~0.3m为适当区,0.3~0.1m为危险区。蜂鸣器则是根据距离的远近,鸣叫声的频率不同。一般汽车尾部距障碍物1.5~1.8m时,蜂鸣器就会发出鸣叫声,距离较远,鸣叫声的频率较低,离障碍物越近,鸣叫声的频率越高。

二、倒车雷达的发展

倒车雷达的第一代产品是倒车蜂鸣器。只要驾驶员挂上倒挡,它就会响起,提醒周围的人注意。倒车时,没有语音提示,也没有距离显示,虽然驾驶员知道有障碍物,但不能确定障碍物离车有多远,对驾驶员帮助不大。它不是真正的倒车雷达。

第二代产品是轰鸣器提示。这是倒车雷达系统的真正开始。倒车时,如果车后1.5~1.8m处有障碍物,蜂鸣器就会开始鸣叫。鸣叫声的频率越高,表示车辆后部离障碍物越近。它没有语音提示,也没有距离显示,虽然驾驶员知道有障碍物,但不能确定障碍物离车后部的确切距离，对驾驶员能起到一定的警示作用。

第三代产品用液晶屏显示，而且是动态显示系统。不用挂倒挡，只要起动发动机，显示屏上就会出现汽车尾部周围障碍物的情况。这一代倒车雷达可以显示车后障碍物离车体的距离。它有两种显示方式，即数字显示和数码波段显示。数字显示直接显示车后部与障碍物的距离，而数码波段显示由三种颜色来区别：绿色代表安全距离，表示障碍物离车体距离有 0.8m 以上；黄色代表警告距离，表示离障碍物的距离只有 0.6～0.8m；红色代表危险距离，表示离障碍物只有不到 0.6m 的距离。这种倒车雷达动态显示，色彩清晰漂亮，外表美观，可以直接粘贴在仪表台上，安装很方便。不过液晶显示器外观虽精巧，灵敏度也较高，但抗干扰能力不强。

第四代产品魔幻镜倒车雷达，采用了最新仿生超声雷达技术，配以高速电脑控制，可全天候准确地测知 2m 以内的障碍物，并以不同等级的声音提示和直观的显示提醒驾驶员。魔幻镜倒车雷达把后视镜、倒车雷达、免提电话、温度显示和车内空气污染显示等多项功能整合在一起，并设计了语音功能，是目前市面上较先进的倒车雷达系统。其外形就是一块倒车镜，所以可以不占用车内空间，直接安装在车内后视镜的位置。

第五代产品是多媒体倒车可视系统。将倒车雷达与汽车的影音系统相结合，使倒车更为轻松，不用扭头就可看到车后的一切，同时不断有声音提醒距离的变化。多媒体倒车可视系统功能齐全，整套系统主体为一块显示屏，为超薄液晶屏，安装在副驾驶座位遮阳板处，其厚度只有 13mm。这种超薄液晶屏采用的是进口真彩屏，画面细腻，色彩艳丽，清晰度高。同时显示屏的角度是左右可调的。液晶屏内置多种接收装置，可实现 3 路视频输入 AV1，AV2，AV3。这种多媒体不但可以接收多个电视节目，更可以同时与车载 DVD，VCD，GPS 卫星定位仪、电子游戏等相连接组成车内影院。另外，多媒体倒车可视系统还具备夜视专用摄像装置，即使在漆黑的夜晚倒车，驾驶员也可对车后情况一目了然。

三、倒车雷达的选择

选择倒车雷达应从功能、性能、美观与协调性、产品质量、传感器（探头）个数等方面考虑。

1. 功能

功能齐全的倒车雷达应该有障碍物距离显示、方位显示、声响警示或语音警告等功能，使驾驶员能完全知道车后部障碍物的情况，倒车时掌握主动性。有些倒车雷达产品还具备开机自检功能。

2. 性能

倒车雷达的性能主要表现在探测范围、准确性、显示稳定性和捕捉目标速度等方面。探测范围：大多数倒车雷达产品探测范围为 1.5m，好的产品能达到 2.5m，而且不应存在探测盲区。探测范围大的倒车雷达倒车时能较早探测到障碍物。探测的准确性主要是两个方面：一是显示的分辨率，一般产品显示的分辨率为 10cm，而好的产品能达到 1cm；二是探测误差，即显示距离与实际距离之间的误差，好产品的探测误差应低于 3cm。显示稳定性是指在障碍物对超声波反射不太好的情况下，能否始终捕捉到并稳定地显示出障碍物的距离。捕捉目标速度反映了倒车雷达对移动物体的捕捉能力。这对于避免类似儿童或骑车人从车后突然穿过而驾驶员视线不及引起的碰撞事故尤为重要。总之，倒车雷达性能方面的要求是：测得准、测得稳、范围大、捕捉速度快。

3. 美观与协调性

倒车雷达作为汽车的装饰件，要考虑显示器和传感器安装后是否美观，是否与车协调，特别是传感器颜色与汽车后保险杠的颜色应相同或相近。从传感器外形看，可以选择的有纽扣式和融合式两种，纽扣式的传感器表面是平的，融合式传感器表面是有造型变化的，追求与后保险杠的自然过渡。从尺寸上看，有超小型的，中型的和较大尺寸的，尺寸大的比较大气，小的比较隐蔽，主要取决于汽车后保险杠的大小和个人偏好。

4. 产品质量

倒车雷达产品质量直接关系到倒车雷达所应起的作用。作为汽车用品，对其质量和可靠性应有比较高的要求。可以通过几个简单的小实验来测试产品的质量。一种是距离测试，用尺子测量汽车尾部与障碍物的距离，再与倒车雷达显示的距离数据进行对照，看两者是否一致。一种是测试传感器的有效范围，可以将障碍物通过不同角度切入传感器的测试范围，一个传感器的正常探测范围的夹角为70°~90°。

5. 传感器个数

倒车雷达的传感器个数一般为2~4个，由于每个传感器的探测范围的夹角是固定的，所以其探测范围有一定的限制，如果为了安全起见，当然是多装一些传感器较好，可以消除盲区。目前先进的倒车雷达已不单是提供汽车尾部的安全信息，甚至还可以提供行车时汽车两侧的安全信息。从经济实用的角度来说，一般以在车尾安装4个传感器为宜，如在车尾只安装2个传感器，会有一定的盲区存在。

四、倒车雷达的安装

倒车雷达的安装只需要将倒车雷达的传感器安装在汽车后保险杠上，显示器或蜂鸣器安装在仪表台，再连接上电源线路就可以了。应注意的是传感器安装位置：传感器一般离地50~70cm，几个传感器均匀地分布在后保险杠上，传感器上翘5°~10°的位置。如不注意这些问题，会影响传感器的探测效果。另外，电源线连接时应将随机配送的电源线的红线与倒车灯的正极相连，黑线与倒车灯的负极相连，或与汽车搭铁相连。将传感器的导线分别插入主机的插座。将电源插头插入主机的电源插座。最后将主机固定在行李舱侧壁上。

第三节　汽车导航仪

汽车导航是近年兴起的一种汽车驾驶辅助设备，驾驶员只要将目的地输入汽车导航系统，系统就会根据电子地图自动计算出最合适的路线，并在车辆行驶过程中（例如转弯前）提醒驾驶员按照计算的路线行驶。在整个行驶过程中，驾驶员根本不用考虑该走哪条路线就能快捷地到达目的地。

一、汽车导航产品分类

根据汽车导航系统使用平台的不同，可以将导航系统分为以下3种：

1. PC 汽车导航系统

PC 汽车导航系统即 Car PC。该系统技术最先进，主要应用于豪华汽车上（宝马的某些车型上安装的就是此类导航产品),价格昂贵,一般为2000~3600美元。该系统属于开放式结构的轿车微机平台,使用微软Windows CE操作系统。从功能上看,它集轿车音响功能、计算机功能、导航功能、语音识别式无线通讯系统功能等于一体,并以轿车技术为核心,为轿车提供了信息和娱乐设施,实现了驾驶者安全驾驶过程中自由接收电子邮件、打电话拨号、查询特殊目的地、接收交通和气候信息以及改选音乐唱片等功能。

2. DVD汽车导航系统

此类导航系统以DVD等视频设备为基础,辅以GPS、GIS等模块,成为一种新型导航设备,其价格比较高,一般为1500~2000美元。CD-ROM/DVD汽车导航仪需要预先加装到汽车上,并且一旦将它安装到汽车上以后,就无法拆下来,也不能移到别的汽车上使用。在这类汽车导航仪中需要使用经过屏蔽(防磁)处理的高价电缆线,以防止其电磁波对于其他的车载设备产生影响。

3. PDA汽车导航系统

该系统以掌上电脑为平台,集成了GPS、GIS等模块,辅以专业的导航软件,作为新的集成化导航系统。此类导航产品在国外的发展时间虽然仅有两年左右,但由于其价格低廉,仅为350~500美元,因此上市后十分抢手。由于掌上电脑的低廉价格和开放易用的操作平台,硬件性能的大幅提高,使得基于掌上电脑的GPS应用日趋成熟,并成为重要的GPS应用平台。

二、汽车导航系统的组成

目前的汽车导航系统包括两部分:全球卫星定位系统和车辆自动导航系统。汽车导航仪一般是由GPS天线,集成了显示屏和功能按键的主机,以及语音输出设备(一般利用汽车音响系统输出语音提示信息)构成的。受车内安装位置的限制,一般汽车导航设备和汽车视听音响系统合成在一起,可以播放CD、VCD和DVD碟,其中DVD驱动器负责读取电子地图DVD光盘。因此,一些汽车导航系统又称为DVD导航系统。

汽车导航系统至少有两大功能:一个是汽车踪迹监控功能,只要将已编码的GPS接收装置安装在汽车上,该汽车无论行驶到任何地方都可以通过计算机控制中心的电子地图指示出它的所在方位;另一个是驾驶指南功能,车主可以将各个地区的交通线路电子图存储在软盘上,只要在车上接收装置中插入软盘,显示屏上就会立即显示出该车所在地区的位置及目前的交通状态,既可输入要去的目的地,预先编制出最佳行驶路线,又可接受计算机控制中心的指令,选择汽车行驶的路线和方向。

三、全球卫星定位系统(GPS)概述

GPS是“全球卫星定位系统”的简称。该系统原是美国国防部为其星球大战计划投资100多亿美元而建立的。其作用是为美军方在全球的舰船、飞机导航,并指挥陆军作战。

GPS是美国国防部发射的24颗卫星组成的全球定位、导航及授时系统。这24颗卫星分布在高度为2万km的6个轨道上绕地球飞行。每条轨道上拥有4颗卫星,在地球上任何一点,任何时刻都可以同时接受到来自4颗卫星的信号。也就是说GPS的卫星所发射的空间轨道信息覆盖着整个地球表面。

GPS卫星定位系统由地面控制站、GPS卫星网和GPS接收器三部分组成。地面主控站实

施对 GPS 卫星的轨道控制及参数修正。GPS 卫星网向地面发射两个频率的定位导航信息，其中包括两个定位码信号：即 C/A 码（供世界范围内的民用）及 P 码（只供美国军方使用）。GPS 接收器接收 GPS 卫星信号进行解算，即可确定 GPS 接收器的位置。

GPS 之所以能够定位导航，是因为每台 GPS 接收器无论在任何时刻、在地球上任何位置都可以同时接收到最少 4 颗 GPS 卫星发送的空间轨道信息。接收器通过对接收到的每颗卫星的定位信息的解算，便可确定该接收器的位置，从而提供高精度的三维（经度、纬度、高度）定位导航及授时系统。GPS 接收机是被动式全天候系统，只接收而不发出信号，故不受卫星系统和地面控制系统的控制。用户数量也不受限制。

GPS 接收器的性能因机种不同而有差异。接收器根据用户不同的使用需要又可分为大地型 GPS 接收器和导航型 GPS 接收器两类。但接收器都具有国际通用的标准仪器接口，可以和自动驾驶仪、电台、话音通道及计算机等仪器对接，以便迅速地将导航定位信息传送到关联的相应系统。

GPS 的定位方式有两种，即单点定位方式和相对定位方式。

单点定位方式就是用一台 GPS 接收器接收三颗或四颗卫星的信号，来确定接收点的位置。单点定位方式测定的位置其误差较大。在移动性一次观测定位中，其误差在使用 P 码时约 10～25m，使用 C/A 码时约 100m。若固定点定位测量时，用两种码的相应误差分别为 1m 和 5m。

相对定位方式就是在两个地点同时进行定位测量，并且求出两点间的相对位置关系。相对定位方式测定的位置误差较小。尤其是采用差分技术进行修正，则可大大提高定位精度。

随着 GPS 接收器的广泛应用，GPS 载体（即用户）已不只局限于单一独立的运动载体，而是发展成为一个 GPS 载体的相关群体。群体管理部门需要及时了解各个载体的运动情况，载体之间也需要知道彼此的运动状态。这就需要建立一个 GPS 载体的信息管理系统。

GPS 载体信息管理系统就是对数个运动着的 GPS 载体用户进行导航定位联网的一种现代化管理方法。它可以使数个 GPS 载体形成一个相互关联的群体，可集导航、定位、通讯、报警、防盗等功能于一体，是 20 世纪 90 年代导航、电子计算机及电子技术领域高新技术的结晶。它的应用使现代导航、定位、通讯指挥由常规进入了一个崭新的空间领域。

GPS 载体信息管理系统基本上由三大部分组成。即数个 GPS 接收器及其载体；载体上配置的通信链（电台）；数码处理及显示的基地指挥中心。对于导航定位精度要求高的用户，还需要配备一个差分基准站。

其工作原理如下：载体上的 GPS 接收器显示载体方位，引导其正确运行的同时，通过接口和电台向基地指挥中心发送编码信号。指挥中心经过解调、计算机处理等，将载体的位置置于该地区的数字化地图及信号库，同时在屏幕上显示出来。从而使指挥部能及时了解所属全部载体的位置及运动状况，更利用高效、安全的管理和灵活机动地调动指挥。

GPS 载体信息管理系统的组合相当灵活。根据需要，可大可小。基地指挥中心监控台可以是一个，也可以是多个组网；可以是移动的，也可以是固定的，甚至还可以由固定和移动的指挥中心监控台混合组网。

在通常情况下，一个基地指挥中心管理系统可以管理几百个运动的 GPS 接收机载体。其管理范围视通讯设备能力而定，可达 50～500km。

GPS由空间部分、地面支持系统和用户设备部分三个独立的部分组成。空间部分:21颗工作卫星,3颗备用卫星。目前的24颗卫星均匀分布在倾角为55°的6个轨道上,即各轨道的升交点(与赤道的交点)之间的角距为60°,每个轨道均匀分布4颗卫星,相邻轨道间卫星彼此叉开40°,以保证全球覆盖的要求。3颗备用卫星可随时代替故障卫星。地面支持系统:包括1个主控站,5个监控站,3个注入站。主控站即卫星操控中心,位于科罗拉多斯普林斯的佛肯空军基地,任务是收集各监控站送来的数据,计算卫星轨道和钟差参数并发送到各注入站,其本身也是监控站。监控站共5个,除了主控站外,分别位于美国的夏威夷、北太平洋的卡瓦加兰岛、印度洋的迭哥加西亚岛、大西洋的阿松森岛。主要作用是监测和跟踪卫星。注入站共3个,与三大洋的监控站并置。主要作用是将主控站送来的卫星星历和钟差信息每天一次注入卫星的存储器中。存储器的存储能力是14天,精度随注入时间间隔扩大而降低。用户设备部分:主要是接收器。作用是接收GPS卫星发射信号,以获得必要的导航和定位信息,经数据处理,完成导航和定位工作。GPS接收器硬件一般由主机、天线和电源组成。

四、汽车导航系统

汽车导航系统中的GPS信号接收器接收卫星发送的信号,根据卫星信号计算出地面接收机的当前位置。如果地面接收机同时收到4颗以上的卫星信号,就能根据卫星的精确位置及发送信号的时刻,通过计算以求得当前地点的位置。汽车导航系统通过车轮传感器、地磁传感器和偏航传感器等三种传感器获取数据,确定汽车的速度和位置。车轮传感器记录车轮的速度,产生的脉冲信号用于定时计算行驶距离和方向变化。地磁传感器通过励磁绕组感应出电压脉冲,测量出沿途地磁场水平分量的大小与起始点磁场的比较,为车载电脑提供补偿数据。电子地图存储容量能够存储汽车运行区域的所有数据,车载电脑与存储道路网络数据不断比较判断,更正定位误差从而确定最佳行驶路径。

目前先进的汽车导航系统多用单片机结构,嵌入式操作系统,软件代码存储于ROM中,代码简洁,运行可靠,启动及关闭迅速,具有几乎完整的PC组件和输入输出端口,适应汽车恶劣的工作环境,在高温或低温以及剧烈振动环境下工作可靠性高。

目前世界上应用较多的是自主导航,其主要特征是每套车载导航设备都自带电子地图,定位和导航功能全部由车载设备完成。它的工作过程主要有以下步骤:

1. 输入数据信息

出发前,车主将目的地输入到导航设备中,在系统显示的电子地图上直接点击选取地点,或者是借助某种输入方法,将目的地名称输入到系统中。根据输入设备的不同,可以有不同的地名输入方法,依靠按键或触摸屏可以实现几乎所有的操纵功能。为了便利,目前人们也在开发语音识别技术的产品。

2. 显示电子地图

汽车导航系统中至关重要的一部分是存储在光盘或内置存储器(如硬盘)中的电子地图,电子地图中存储了一定范围内的地理、道路和交通管制信息,与地点对应存储了相关的经纬度信息。汽车导航主机从GPS接收机得到经过计算确定的当前点经纬度,通过与电子地图数据的对比,就可以随时确定车辆当前所在的地点。一般汽车导航系统将车辆当前位置默认为出发点,在用户输入了目的地之后,导航系统根据电子地图上存储的地图信息,就可以自动计算出一条最合适的推荐路线。在有的系统中,用户还可以指定途中希望经过的途径点,或者指定一定的路线选择规则(如不允许经过高速公路、按照行驶路线最短的原则等)。推荐的路线将以醒目的方式显示在屏幕上的地图中,同时屏幕上也时刻显示出车辆的当前位置,以提供参考。如果行驶过程中车辆偏离了推荐的路线,系统会自动删除原有路线并以车辆当前点为出发点重新计算路线,并将修正后的路线作为新的推荐路线。

五、车载导航仪产品简介

任我游300如图5-2～图5-4所示。在继承"任我游"系列汽车导航产品"无键式"便捷操作、优秀算法等品质外,任我游300还具备多项富有创意的功能,TTS"路名播报"技术,高感定位,使"听音找路"成为现实,拐弯和交叉路口都会有真人语音播报路名,以避免发生转弯错误。在继续保留MP3这一娱乐功能的同时,任我游300还增加了有声图书、数字相册等流行娱乐功能。内置北京、上海等大城市交通资讯、旅游资讯等详细信息,一触即可快速导航,系统还预留了"全国名山大川、休闲度假深度导航景点书"和"电子辞典"加载功能。任我游300可分别预装:大中华版(含港、澳、台),大陆标准版、专门针对在华外籍人士提供的大陆拼音版等多版本地图。经济、实用、灵活的自主选择方式,方便了消费者的终端个性选择。

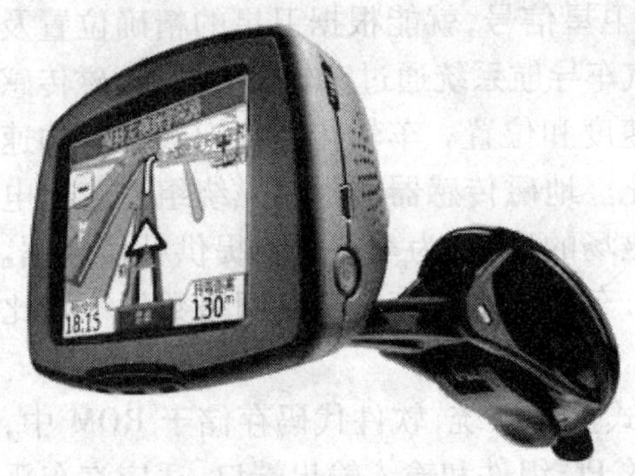

图5-2 任我游300

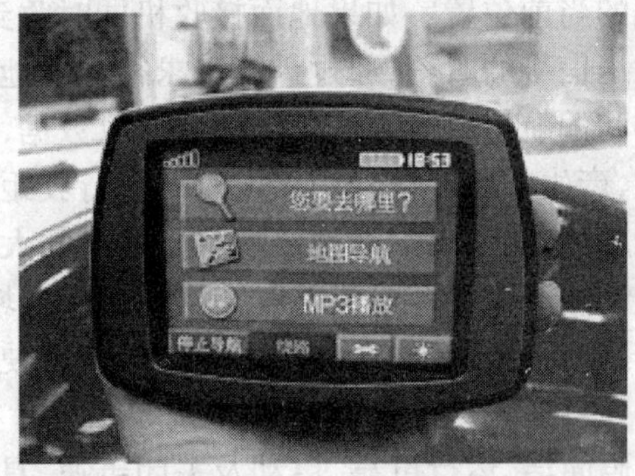

图5-3 任我游300

任我游300的主要功能特点:

(1)全球导航。大中华版、大陆标准版、大陆拼音版多版本精确地图卡自主选择,更囊括全球多个国家丰富地图。

(2)透射高清。新一代超亮抗强光液晶显示屏。

(3)无键界面。高识别手写输入,模糊查询,操作简便。

(4)超薄精简。144克口袋装造型,丝滑质感,可随身携带。

(5)资讯锦囊。交通指南、旅游指南,图文并茂,即刻导航。

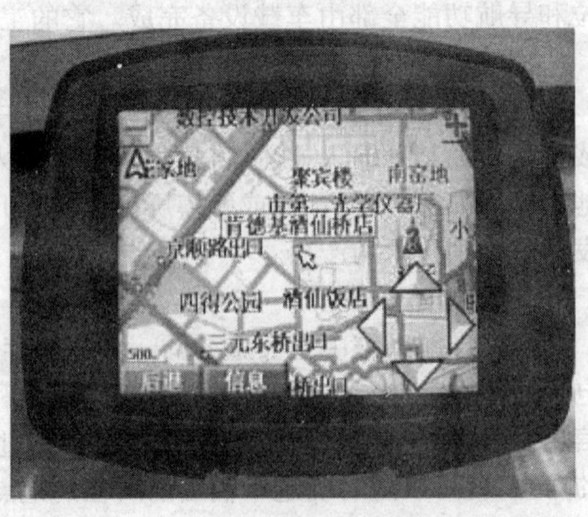

图5-4 任我游300

(6)数字娱乐。MP3、电子相册、有声图书,多

重享受。

(7)高感定位。抗恶劣环境,查询、浏览、路线规划,瞬间完成。

(8)路名播报。路口、转弯逐级路名播报,听音辨路,高效行车。

(9)功能扩展。预留电子辞典、电子景点导游手册等超值功能。

(10)商务伴侣。货币汇率换算、世界钟、单位换算,实用便捷。

标准配置:中文说明书,USB 数据线,风窗玻璃用吸附式固定座,主机皮袋,12 ~ 24V 点烟器电源线。

技术指标:GPS 接收机:12 通道,支持 WAAS;定位时间:热启动:< 1s,冷启动:< 38s,自动定位:< 45s,更新率:1 次/s,连续;GPS 精度:定位精度:< 10m,速度精度:0.5m/s;接口:USB;天线:折叠天线,带 MCX 外接天线接口。

物理指标:尺寸:9.83 × 7.39 × 2.21 cm,支架 5cm;重量:144.6g;显示屏:7.2cm × 5.4cm,320 × 240pix;TFT 高清晰触摸显示屏;防水:IPX0;温度范围:0 ~ 60℃;收话器:标准,3.5mm;电源:输入:12/24 VDC;电池:连续使用 4 ~ 8h。

第四节　车载电话

汽车通讯是移动通讯的一个专门领域。车载电话是专门为驾驶员设计生产的高端通讯产品,对其安全性、适用性及与其他产品(如车载多媒体系统)的兼容性等都有着一定的要求。车载电话系统不仅是一种可以移动的通讯工具,更是一种全方位电子化生活的体现。随着汽车工业的发展,车内通讯和车内办公已经逐渐成为一种趋势。

一、车载电话的种类

目前市场上的主流车载电话产品大体分为两类:一类是拾音式车载无线耳机;另一类是固定式车载免提电话。

1. 拾音式车载无线耳机

这类电话的原理很简单,用车主的手机接收通讯信号,然后利用拾音器收集手机声音,通过车载广播系统或者车载音响播放。车主佩带一个无线耳机接听声音。专业人士有句话形容这类无线耳机:"上车是车载,下车是手机",很是生动。主体部分使用点烟器作插口,安装后设备终端会自动转换到免提模式,同时连线与手机的耳机插孔连接。这类车载电话安装很简单,无需专业人员安装,可以说是即买即用,因而价格较车载固定电话系统要便宜很多。同时它对电磁波辐射的控制相对没有车载固定电话系统好,因而音质和可听辨程度也没有后者好。

2. 固定式车载免提电话

这类车载电话固定在前排中央扶手中,相对于拾音式车载无线耳机,它的音质比较好,但价格和安装难度要高于后者很多。通常加装费用从几千元到上万元不等。它的通话效果比较好,即使在屏蔽性和电磁干扰较大的车厢内也依然能保持优良的通话效果。据介绍,这类车载电话的接收信号性能比无线耳机所连接的手机高 25%,再配合专用车载天线后,在许多手机信号极弱环境下,也能保持清晰的通话效果。同时还可与汽车音响自动切换,也就是说一旦来了电话,汽车音响中原有的音乐等声音就会暂停。

二、常见车载电话简介

1. 摩托罗拉国际 2700 车载电话

摩托罗拉国际 2700 车载电话是为满足更多人士需求而专门设计的，操作简便无需任何专业知识，目前广泛使用。

1）摩托罗拉国际 2700 车载电话主要性能特点

（1）大屏幕显示。双行 12 位加图档 LCD 显示。

（2）多种通话功能。可选振铃声及按键声，简短可扩张的个性化菜单列表，耳机、振铃、话筒的音量调整，系统忙时可自动重拨，用户拨打拒绝，电话簿功能，单键拨号功能。

（3）网络功能。服务选择：自动选择 PLMN（优先列表），从搜索列表中选择 PLMN，搜索列表显示，改变优先列表，重新安排优先列表顺序，大尺寸 SIM 卡，显示自动电话号码（从 SIM 卡中），A5/2 加密。

（4）数据传送。国际 2700 系统的设计目标是为用户建立起一个移动办公室，现代的消费者经常频繁的需要上网接收数据，处理电子邮件，国际 2700 系统和摩托罗拉的数据处理系统可使用户在移动中执行上述功能，且传送容量为 9 600bps，大大降低电子通讯的时间和价格。

（5）大功率设计。国际 2700 系统具有 3W 的功率，大大提高通讯范围和质量。

2）安装（如图 5-5）

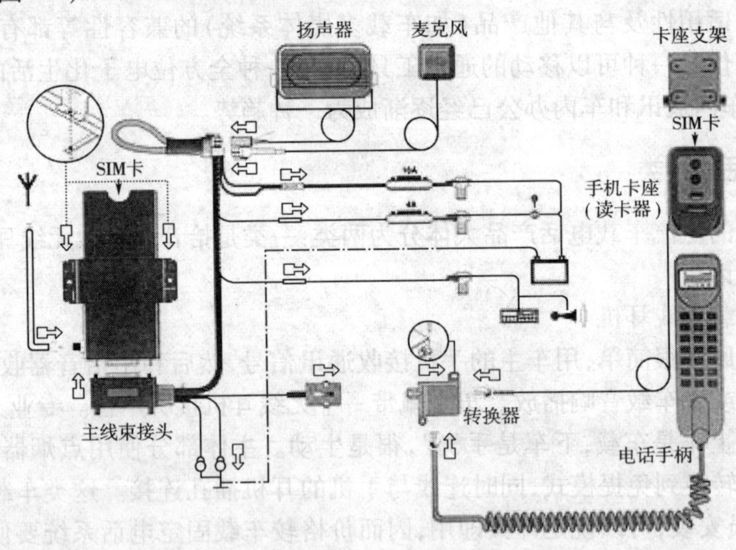

图 5-5　摩托罗拉国际 2700 车载电话安装示意图

（1）应有足够的空间来插入 SIM 卡以此确定零件安装位置。

（2）将黑线头连接到电源负极或搭铁。

（3）将红线头通过红色 10A 保险端头连接于电源正极。

（4）将绿色/黑色端头通过绿色 4A 保险端头，并连接点火装置输出端头。

（5）将黄色或黑色端头与另一黑色端头连接于汽车音响（娱乐设备静音），照明或汽车喇叭端头上。

（6）将电话手柄连接于转换器的接线端口上。

(7)将读卡器连接于转换器的接线端口上。

(8)主控制器与电话手柄及读卡器的连接转换器。

(9)将主信号线连接于转换器的接线端口上。

(10)连接外置扬声器、麦克风。

(11)将主线束连接于主控制器。

(12)连接天线。

2. 科沃车载电话 KV－138

该产品外观设计新颖独特,功能齐全,免提功能控制芯片采用美国领先研制的全双工 IC 模块。它与汽车音响相接,使驾驶者通话随心所欲,系统操作简便,适合任何车型。

产品功能:①音响与车载电话自动切换。②全自动音响回复功能。③DSP 回音消减线路。④高灵敏度全方位消噪声麦克风。⑤方位的喇叭音响。⑥GSM 双频。⑦英文、中文、阿拉伯文等文字选择。⑧外置麦克风。⑨快速切换隐私电话。⑩音量大小声控制。⑪短信服务。⑫储存、计算器、菜单等功能。⑬全双工 CPU(中央处理器)。⑭多种安装选择。

产品组件:①主机。②车载电话。③汽车充电器。④外置麦克风。⑤话机架。⑥系统连接导线。⑦使用说明书。

第六章　汽 车 清 洗

汽车在使用过程中，由于沾染尘土、沥青、焦油、鸟粪等，以及高温、太阳光、严寒、酸雨等恶劣环境的影响，车身漆面容易褪色，失去光泽，内室部件受到损害。因此汽车应该经常清洗，以减少外界有害物质的侵蚀，保持汽车外表清洁美观，延长汽车的使用寿命。

第一节　汽车清洗剂

汽车清洗时，由于清洗部位的材质不同，应选用适宜的清洗剂。如车身漆膜、车窗玻璃、仪表台、座椅等应选用相应的清洗剂。否则，不但达不到最佳的清洗效果，而且会对清洗的部位造成损害。

一、清洗剂的类型

(一)车身漆面清洗剂

用于车身漆面清洗的清洗剂有 3 种类型：

1. 水系清洗剂

目前，在国内外汽车专业美容行业中广泛采用水系清洗剂。这种专用清洗剂不同于除油脱脂剂，其配方中基本不含碱性盐类。水系清洗剂一般由多种表面活性剂配制而成，具有很强的浸润和分散能力，能够有效地去除车身表面的尘埃、油污，防止交通膜的形成，保护车身不受各类有害物质的侵蚀，保持漆面原有光泽。

2. 有机清洗溶剂

有机清洗溶剂主要用来去除车身表面的油脂、润滑油、污垢、石蜡、硅酮抛光剂、橡胶加工助剂以及手印等。目前，国内仍经常使用的有机溶剂有煤油、汽油、甲苯、二甲苯、三氯乙烯、四氯化碳及 200 号溶剂汽油。进口有机溶剂有 Prep - sol、Pre - Kleano 等。在使用有机溶剂时，尽量避免接触塑料、橡胶部件，以免造成老化。另外用进口清洗溶剂在热塑性丙烯酸面漆上擦拭前，要认真阅读产品说明书。由于有机溶剂具有上述特点，所以在汽车美容中要根据实际需要合理选用。

3. 二合一清洗剂

二合一清洗剂亦称二合一香波，是一种高级漆面清洁剂，所谓二合一，即清洁、护理二合一，既有清洗功能，又有上蜡功能，可以满足快速清洗兼打蜡的要求。二合一清洗剂主要由多种表面活性剂配制而成。上蜡成分是一种具有独特配方的水蜡，它可以在清洗作业中，在漆面形成一层蜡膜，增加车身鲜艳程度，有效地保护车漆。

(二)玻璃清洗剂

玻璃清洗剂主要用以去除玻璃上的白色雾状膜，即各种内饰清洗剂、清新剂、烟等造成的

静电油脂，同时也可有效地去除鸟粪、油泥及尘土。玻璃清洗剂含挥发剂，擦拭后可很快风干，又因为是水质，也可用于电镀件、内饰件（地毯、座椅）等的清洗。应注意的是：玻璃清洗剂属易燃液体，应在阴凉处存放，且应远离腐蚀剂、溶剂等。

（三）汽车内室清洗剂

根据汽车内室各部件材料的不同，汽车内室清洗剂主要有以下几种：

1. 多功能清洁柔顺剂

多功能清洁柔顺剂能对汽车内饰及后备舱各部位进行清洗翻新。去污力强，尤其对丝绒及地毯表面可起到清洁、柔顺、还原着色、杀菌等功能。低泡清洗剂，适用于喷抽机使用（高泡沫会损伤真空泵），也可手工法使用。其适用范围为车厢内、后备舱内及各内饰表面的翻新清洗。使用方法：用喷抽机或手工，将该产品喷洒到待清洗物表面上，然后用软布轻轻擦拭干净即可。

2. 丝绒清洁保护剂

丝绒清洁保护剂对毛绒、丝绒、棉绒等织物均有清洁保护作用。它泡沫丰富，去污力强，洗后留有硅酮保护膜。它能恢复绒织物原状，防止脏物浸入。使用方法：轻轻摇晃该剂使其均匀，然后大面积喷在待处理表面或喷在干净布上擦拭，再用洁净干布将泡沫擦净。污渍明显处，应反复喷涂擦拭。使用前应先找一小块试用，效果不好时勿用。真丝织物及丝绸织物勿用该剂。

3. 地毯洗涤保护剂

地毯洗涤保护剂是专为清洗汽车地毯而配制，泡沫丰富，去污力强，洗后留有硅酮保护膜。使用方法：洗前应先将污土吸净，然后轻轻摇匀该剂，大面积喷在需清洁的表面或喷在干净布上擦拭，再用洁净干布将泡沫擦净或用暖风机烘干。使用前应先找一小块试用，效果不好时勿用。

4. 化纤清洗剂

化纤清洗剂是在多功能清洗剂基础上特别增加了清洗化纤制品（汽车内饰）的功能。它的清洗功能强，特别是对油泥、时间不太长果汁和血迹等清洗效果尤佳，对化纤制品没有伤害，也不像一些干洗剂有强烈的挥发成分。因此不必在通风处作业。使用方法：先将液体倒入桶中，用高压喷枪按1:1 ~ 1:5的比例注水，然后用毛巾沾水中的泡沫去清洗脏处。因它所含表面活性剂多，泡沫丰富。适用范围：适用于车、家用化纤地毯、沙发等，不适于真丝纺织品 注意事项：虽然属生物降解型，但 pH 值较高，使用时量不宜过大，最好先小面积试验。

5. 塑胶清洁上光剂

塑胶清洁上光剂主要用于塑料及橡胶制品的清洁与护理，清除污垢的同时能在塑胶制品表面形成一层保护膜，具有翻新效果。

6. 真皮清洁增光剂

真皮清洁增光剂主要用于皮革制品的清洁与护理，清除污垢的同时能在皮革制品表面形成一层保护膜，起到抗老化、防水、防静电作用，延长皮革制品的使用寿命。

7. 多功能内室光亮剂

此类清洗剂不仅可对化纤、皮革、塑料等不同材料的内室物品进行清洗，而且可起到上光、保护、杀菌等作用。使用方法：只要一喷一抹，即可光洁如新，增加美丽光泽，并有防止内室部件老化、龟裂及褪色之功效。

8. 车内仪表板清洁剂

车内仪表板清洁剂能保持车内人造革及皮革（真皮）的光泽，使灰尘无法沾污，有柠檬香味，不含硅力康，不会破坏漆膜。适用范围：主要适用于车门、仪表板、合成橡胶、塑料制品、人造革及真皮制品的表面清洗。使用方法：将该品喷涂在被清洗物表面，然后用抹布擦拭干净即可。注意事项：该产品为易燃品，不可置于热源、火源处。

（四）汽车零部件清洗剂

1. 发动机外部清洗剂

这种清洗剂是以煤油为基础料的去油剂，或叫溶剂，属生物不可降解型，用后的脏液应妥善处理。该清洗剂能去除较重油污，能快速乳化、分解去除油污，且不腐蚀机体及零部件；产品呈碱性，含有缓蚀剂成分。适用范围：适用于发动机外表及底盘等部位清洗。使用方法：该剂不稀释，直接使用，使用时将清洗剂喷到车上，擦洗后用水冲净即可。注意事项：该剂属生物不可降解型，易燃，严禁在发动机灼热时使用（会起火）。

2. 发动机润滑系统清洁剂

在发动机不解体的情况下，通过专业设备或直接添加发动机润滑系统清洁剂的方式来清洁润滑油路系统，改善润滑油的抗氧化性能，减小活塞环与汽缸壁之间的摩擦作用，有效降低发动机的噪声和油耗，提高汽车的动力性和经济性，延长发动机使用寿命。

3. 电子燃油喷射系统清洁剂

此类清洁剂大多直接加入到油箱溶解到汽油之中，随汽油的流动清除供油系统及燃油喷射装置的焦油等沉积物，并通过燃烧分解作用清除燃烧室内的积炭，从而改善发动机的燃烧。使用方法：在决定向油箱中添加电子燃油喷射系统清洁剂之前，必须确认此油箱是清洁、无沉积物，否则，部分清洁剂会首先分解油箱中长期累积的焦油、泥污等沉积物，导致油箱中的汽油浑浊而堵塞油泵滤网和油路管道。

4. 轮毂清洁剂

轮毂清洁剂能有效地去除轮毂上的油渍、氧化色斑，并能清洁上光。轮毂清洁剂呈弱酸性，但对轮毂及轮胎均无腐蚀作用。适用范围：所有车辆轮毂的清洗均可适用。使用方法：将该产品直接喷涂在汽车的轮毂上、然后用软布擦拭干净即可。

二、清洗剂的主要成分

1. 表面活性物质

表面活性物质亦称表面活性剂或界面活性剂，是一种能显著降低液体表面张力的物质，是清洗剂中不可缺少的成分。汽车清洗剂中的表面活性物质主要有软肥皂和合成清洗剂。

2. 水玻璃

水玻璃的化学名称叫硅酸钠。它在清洗剂中的主要作用是能够使溶液的 pH 值几乎维持不变。在清洗过程中，酸性污垢必定耗用碱盐，水玻璃维持溶液碱性的缓冲效果约为其他碱盐的两倍，因此能降低清洗剂的消耗。水玻璃具有很好的悬浮或稳定悬浮系统的能力。这一能力是水玻璃和活性物质同时使用时能提高去污能力的重要因素。

3. 磷酸盐

磷酸盐有磷酸兰钠、磷酸氢二钠和缩合磷酸钠等多种。在清洗剂配方中以缩合磷酸盐最重要。磷酸三钠又称正磷酸钠，它的1%溶液在室温时的pH值为12。由于它的碱性太强，在清洗剂中用料不能太多。在配方中它能增加清洗剂溶液的润湿能力，有一定的乳化能力，但它主要的作用是软化水质。

4. 碱性物质

附着在金属表面的油脂，大体上可分为动、植物油和矿物油脂两大类。前者是脂肪，它和苛性钠一起被加热时会发生皂化反应，结果生成肥皂和甘油。这些产物都溶于水，此时生成的碱皂是极性分子，极性端被水所吸引，非极性端被油所吸引，因此溶剂的表面张力降低，油和溶液完全接触，溶液可以渗透到油的内部，油脂膨胀并被溶液润湿，从而使它和金属间的附着力减少，最后变成微小的颗粒而分散在溶液中发生乳化。

5. 溶剂

溶剂是表面清洗剂的主体，它连同表面活性剂等添加剂一起，共同对污垢起化学反应，达到清洗除垢的目的。溶剂主要有水基溶剂和油基溶剂两种，水基溶剂主要是水，油基溶剂主要有汽油、煤油、松节油等。

6. 摩擦剂

摩擦剂是增加与清洗表面接触、摩擦的物质。如硅藻土等。

三、清洗剂的除垢机理

清洗剂除垢包括润湿、吸附、溶解、悬浮、去污5个过程：

1. 润湿

当清洗剂与汽车表面上的污垢质点接触后，由于清洗剂溶液对污垢质点有很强的润湿力，使被清洗物的表面很容易被清洗溶液所润湿，并促进它们间有充分的接触。清洗溶液不仅能润湿污垢质点表面，而且能深入到污垢聚集体的细小空隙中，使污垢与被清洗表面结合力减弱、松动。

2. 吸附

清洗剂中的电解质形成的无机离子吸附在污垢质点上，能改变对污垢质点的静电吸引力，并可防止污垢再沉积。清洗汽车外表面时，即有物理吸附（分子间相互吸引），又有化学吸附（类似化学键的力相互吸引）。

3. 溶解

溶解就是使污垢溶解在清洗剂溶液中。

4. 悬浮

清洗剂中的表面活性物质能在污垢质点表面形成定向排列的分子层，进一步增加了去污作用。从清洗剂的基本结构上看，在其分子内有两个部分：一部分是由长的碳氢链组成，它在油中溶解而在水中不溶解；另一部分是水溶性基因，它使整个分子在水中能够溶解而发生表面活性作用。这种分子又称极性分子，分子中油溶性部分称为亲油基或憎水基，水溶性部分称为亲水基或憎油基。表面活性物质分子与污垢质点接触后，其憎水的一端会吸附在污垢质点上，而亲水的一端与水结合在一起。这样，吸附在污垢质点周围的很多定向排列的分子就起了桥梁作用，使污垢质点和周围的水溶液牢固地连接在一起，使憎水性污垢具有亲水性质，表面上

的污垢脱落后，悬浮于清洗剂中。

5. 去污

最后用高压水枪将污垢冲掉。通过这种润湿—吸附—溶解—悬浮—去污的过程，不断循环或综合起作用，可以将汽车表面上的污垢清除掉。

四、清洗剂的选用

进行车身表面清洗时，由于现代车身漆面的特点，无论什么样的车身漆面均不能用洗衣粉、洗洁精等含碱性成分较大的普通洗涤用品，而应该使用专用的清洁剂或清洁香波。

汽车车身一般性的清洗时，常选用水系清洗剂，如果车身漆面油污较重，则选用有机清洗溶剂；为了达到清洗又护理车身漆面的目的，则选用二合一清洗香波。汽车风窗玻璃、车窗等玻璃制品的清洗最好选用玻璃清洗剂。汽车内饰件的清洗时，应根据内饰件的不同材料而选用合适的清洗剂。如真皮座椅的清洗应选用真皮清洁剂或多功能内室光亮剂等。

总之，汽车各部位的清洗按材质的不同，使用不同的专业清洗剂。这些专业清洗剂都是根据现代汽车技术的要求，按照独特的配方和生产工艺制造出来的，是一般民用清洗剂所不能替代的专用清洗剂。

第二节　汽车清洗工具与设备

在清洗汽车时，由于汽车表面各部位的材料质地、形状的不同，宜选用合适的工具。常用汽车清洗工具包括海绵、毛巾、麂皮、板刷等。汽车清洗使用的设备包括泡沫清洗机、脱水机、吸尘器、冷热水高压清洗机、电脑洗车机等。

一、汽车清洗常用工具

1. 海绵

海绵在洗车作业中用于擦拭车身。由于它具有柔软、弹性好、吸水性强和较好的藏土藏尘能力等特点，有利于保护漆面及提高作业效率。对洗车作业中使用的海绵有特殊的要求，它应具备上述特点同时，还应具有一定的韧性、抗拉强度和耐磨性。

2. 大、小毛巾

大、小毛巾是洗车中易耗用品，由于其主要用于擦拭车身，为保证清洗效果，在擦拭过程中不应有细小纤维的脱落，因此在洗车时用的毛巾最好选用无纺布制品。

3. 麂皮

麂皮在洗车作业中使用广泛，主要用于擦干车表。它之所以被广泛使用，不仅因为它质地柔软，有利于漆面的保护，更主要原因是它具有良好的吸水能力，尤其是对车身表面及玻璃的水迹的清除效果极佳，擦拭后表面不会有绒毛现象。但在洗车作业中应先用毛巾擦干车身后，再用麂皮进一步擦干，以延长麂皮的使用寿命。在选用麂皮时，尽量选择皮质较厚、韧性较好、耐磨性好的麂皮。

4. 板刷

板刷主要用于轮胎、挡泥板等处附着泥土的清除，由于上述部位泥土附着较厚，不易冲洗干净，所以要在洗车时有针对性地进行刷洗。板刷选用鬃毛刷最佳，鬃毛板刷不但具有较好的韧性和耐磨性，还可以减轻刷洗作业对橡胶、塑料件产生的磨损。不提倡使用塑料纤维板刷。

5. 其他工具

其他工具包括水桶、工作围裙、防滑防水鞋、软胶水管、洗车手套、喷水壶和空气清洁枪等。

二、汽车清洗设备

（一）泡沫清洗机

泡沫清洗机利用压缩空气在设备内部产生一定的压力，通过设备配置的系统，将设备内调配好的清洗液以泡沫状喷射到需要清洗的汽车上，该设备采用气动控制，压力稳定，具有流量大，操作简单，使用方便等优点。例如上海神龙清洗机厂生产的泡沫清洗机如图 6-1 所示。

泡沫清洗机使用说明：打开打泡机球阀，加满水后，再加入 900g 左右的高度洗洁精，然后关好球阀，打开气阀，气压表压力调至 196 ~ 392kPa，均匀喷射在冲洗物件上，然后用干净海绵擦净即可。

（二）脱水机

脱水机主要用于汽车地毯清洗后的脱水作业。脱水机的工作原理是利用滚筒的高速旋转，把地毯中的水分完全分离，达到使地毯快速干燥的目的。脱水机如图 6-2 所示。

图 6-1　泡沫清洗机

图 6-2　脱水机

（三）清洗机

1. 冷热水高压清洗机

目前市场上冷热水高压清洗机广泛用于铁路、民航、冶金、石油、石化、汽车等许多行业的清洗作业。其产品品牌有许多，如德国的凯驰（KARCHER）、大力神（KRANZLE）；意大利的爱德罗（IDROBASE）、乐华（LAVOR）、阿诺瓦（Annovi），上海的黑猫、神龙，浙江的清鑫等冷热水高压清洗机。如图 6-3 ~ 图 6-5 所示。

1）冷热水高压清洗机的结构与工作原理

冷热水高压清洗机是一种小型轻便的清洗设备，操作灵活，使用效果好。冷、热水高压清洗机一般由水泵、加热装置

图 6-3　意大利乐华牌冷热水高压清洗机

和传动机构等组成，这些装置安装在轻便的小车上。配置高压软管，自动板机枪，扇形喷嘴，压力表，调压阀，调温阀，旁路阀，电源电缆，调温开关，柴油锅炉和滤网，柴油箱，清洁剂箱，出水温度控制开关，电机过载时的保护继电器等。

图 6-4　德国大力神牌冷热水高压清洗机

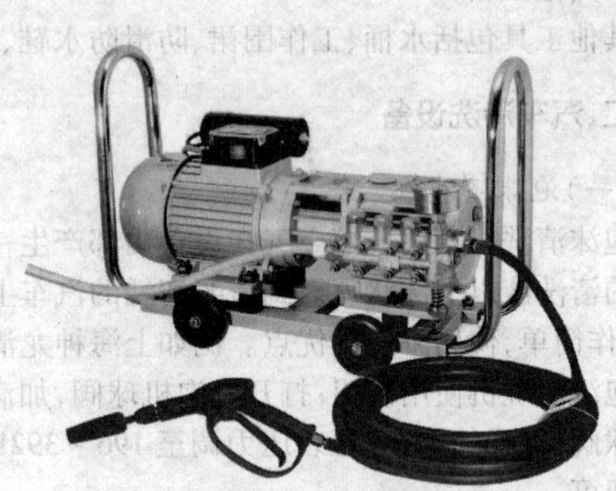

图 6-5　清鑫牌高压清洗机

冷热水高压清洗机的工作原理是利用电动机或汽油机输出动力，与水泵直联或由主动轮通过三角皮带传动，带动水泵的从动轮，使曲轴连杆动作并推动滑块或柱塞作往复直线运动。滑动组件向后运动，进水阀组件前腔形成真空，在大气压作用下将水压入进水阀前腔，滑动组件向前运动，进水阀组关闭，将高压水压入出水阀组件，往复运动形成吸水和压水过程。高压水流的压力和流量均是可调的，可根据清洗的要求进行调节。热水的温度也是可调节的。现代的高压清洗机，有各种相配套的装置，如水加热装置、洗涤剂供给装置、防腐剂供给装置等，备有各自控制和保护系统，同时还装备有获得各种不同形式液流的全套喷嘴，这些装置可完成冷水或热水、加洗涤剂或不加洗涤剂、低压或高压等各种不同需要的清洗作业。水源一般采用自来水。采用其他水时，如水池、水塘中的水时，需要经过清洁过滤处理，以免影响清洗质量。

2）冷热水高压清洗机的特点

(1)结构紧凑。冷热水高压清洗机结构紧凑，安装在小车上，使用操作灵活方便。

(2)清洗效率高。用热水冲洗比用蒸汽清洗效率高，成本低。

(3)有利于环境保护。用热水冲洗，可避免使用化学清洗剂，有利于环境保护。

(4)清洗质量好。用热水冲洗，有利于将油污、泥土清除，同时，不会对涂膜表面造成损伤，清洗质量高。

(5)清洗范围广。由于这种清洗方式简便灵活，可适用于各种车辆的外部清洗和汽车零部件的清洗。

3）高压清洗机的洗车要点

(1)对清洗的汽车进行表面检查。对待清洗的汽车先进行表面检查，了解车身漆面状况，制订必要的清洗工艺。如车身表面污物不多，以浮尘、泥土为主，可选用冷水冲洗的工艺；如污物较多，还有油污等，可采用高压热水冲洗工艺。

(2)做好清洗准备。对清洗机进行检查，使清洗机处于正常工作状态，准备好有关工具和材料。接通清洗机的水源、电源，起动清洗加热装置，将高压喷枪的压力控制在 10MPa 左右，

使喷枪能正常喷出 70～80℃的热水，用于清洗。

4）冷热水高压清洗机安全操作规程

（1）使用设备前，先阅读全部使用说明。

（2）设备必须放在地面。但不能放在潮湿或有水蒸气的地方。

（3）不要损伤电线以及做危险操作。

（4）设备不能在缺水状况下运行，缺水会使密封圈受到严重损坏。不要将喷嘴对着自己、他人、动物或设备。高压清洗机不能由小孩或未经培训的人员操作。

（5）不要用高压水喷射石棉或其他有毒物。

（6）必须保证所有管路连接牢固。热水或蒸汽不要对着排气口。使用时必须时刻注意设备的运转状况。当喷嘴喷出高压水时，喷枪会受到一个后坐力，因此必须握紧喷枪。

（7）严禁拉电线插头及高压管移动设备。

（8）装配设备的任何部件或修配时请务必取下电源插头。

（9）在雨中或大雾中不能使用该设备。

（10）不要触摸高压水（有受伤或烧伤的危险）。

（11）汽车轮胎气门嘴只能在 30cm 之外清洗，否则，它会受到损坏。

（12）任何东西都不能放在燃烧室外壳上。

2. 便携式汽车清洗机

便携式汽车清洗机具有实用性强、用水量少、操作简便、价格低廉、可随时随地清洗车辆等特点。现介绍几种便携式汽车清洗机。

1）福象牌多功能便携式汽车清洗器（带水泵）

如图 6-6 所示为福象牌便携式汽车清洗器。是韩国专利产品，曾荣获韩国优秀产品发明奖。便携式洗车器（专利 ZL962189553.3）。

（1）结构组成。该产品由水箱、水泵、电源插头、手柄、电源开关、软管、清洗剂容器及毛刷等组成。

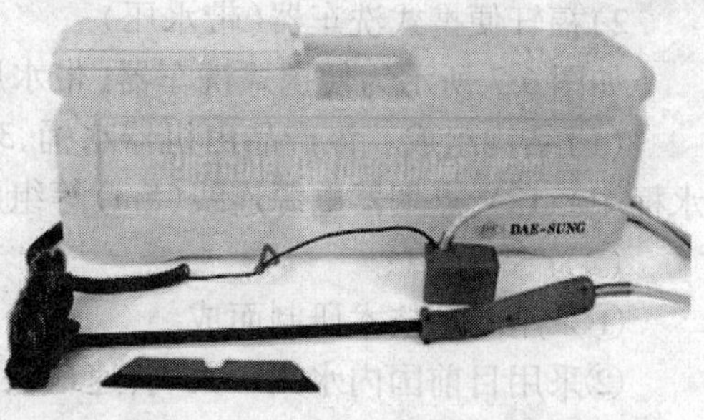

图 6-6　便携式汽车清洗器（带水泵）

（2）产品特点：

①韩国进口水压泵，洗车轻松。

②用水量少，节约水资源，并配有便携式水桶。

③操作简便快捷，加长杆设计，对车顶、风窗玻璃等不易清洗的部位也能清洗干净。

④猪鬃毛刷设计杜绝划痕伤害。

⑤可放置于后备舱中，携带方便。

⑥随时随地使用，不受时间地点的限制。

⑦使用汽车的自身电源，安全可靠。

⑧对于普通家用汽车，只需使用水箱 2/3 的水即可将车清洗干净，对于越野车、商务用车，需将水箱装满。

⑨由水泵泵出由毛刷头流出的水，一般都能自动将汽车尘土冲刷干净，如果遇到特殊情况，使用刷头刮板擦拭即可。

(3)使用方法:

①取适量的水装入水桶。

②确认手柄上的开关是否在“OFF”状态。

③起动发动机,将点烟器插入电源插孔以确认有电,之后将洗车器电源插头插入电源插孔。

④将电源引出线引出车外后关闭车门。

⑤将洗车器水泵放入水中,用夹钩固定住。

⑥以上步骤完成后打开洗车器手柄上的开关,(建议起动发动机)从车顶开始刷洗,出水口朝下。

⑦当刷洗车侧面时,出水口与车面呈45°角效果最佳。

⑧当使用清洗剂时,将清洗剂放入洗车器刷头部的清洗剂容器内,盖上橡胶塞,打开清洗剂开关,清洗剂将从刷子下面流出(如清洗剂浓度高不易流出,请加水稀释),关闭时即可用清水刷洗。

⑨用水冲刷完毕后,可用除水器清除积水。之后将洗车器装入水桶,将电源插头固定在电源插头卡口处留在桶外。

(4)注意事项:

①如果开启洗车器手柄开关而水没有流出时,检查汽车蓄电池电量是否足够,或检查发动机是否起动运转;检查点烟器插孔里面是否有杂质,有则清理干净;如果点烟器电源正常而洗车器不工作,检查电源插头是否接触不良。如果电源插头接触良好,则可能是洗车器故障。

②为避免冬季水管冻裂,使用后应将水排净。

③洗车器水泵在使用过程中必须浸在水中,如离开水面或发现异常声响应及时关闭手柄开关或关闭电源,以免水泵电机空转造成损坏。

2)福轩便携式洗车器(带水压)

如图6-7所示为便携式洗车器(带水压)。

(1)结构组成。该产品由机器水桶、3m长喷枪水管、可调铜制喷头、直流潜水泵(固定在水桶中)、12V点烟器电源连线(5m)等组成。

(2)产品特点:

①采用专利技术研制而成。

②采用目前国内水压最大、转速最快的12V直流潜水泵制成。

③水桶容积为10L。喷头采用铜制可调节喷枪制成,喷射水成雾状,保证冲力强劲的同时,达到最大限度节约用水的目的。1桶水足够1辆中型汽车清洗干净。

④便携方便:机器成四方形,上盖可拆卸,并配备便携提手,不用时将水枪放入桶内,盖上盖后可以方便存放。

⑤坚固耐用,采用铜制喷头,PVC水桶外壳,同

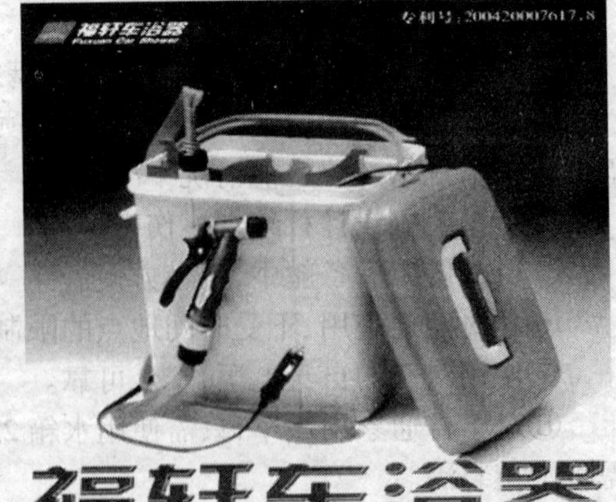

图6-7 便携式洗车器(带水压)

时使用密封水泵，确保质量稳定，结实耐用。

(3) 使用方法：

①只能适用汽车12V直流电源，连接汽车点烟器电源即可。

②取出喷枪，将水倒入机器中用车台扫将浮土掸净。

③将机器喷头水管连接头固定在水桶出水口。

④将起动发动机，把电源线插入汽车点烟器，同时关闭车门，电源线掩在车门缝处。

⑤手握喷枪，通过调节枪头压力阀调节水的喷射力度，至合适为止。

⑥使用后，将管线收回到水桶中，盖上上盖即可。

(四) 电脑洗车机

电脑洗车机是利用电脑控制毛刷和高压水来清洗汽车的一种机器。主要由控制系统、电路、气路、水路和机械结构构成。电脑洗车是用大量的流动水冲洗车身，洗完后还会经过机器自动风干程序，可以把存留在车身所有缝隙里的水流全部吹出，起到了保护汽车内部部件的作用，同时，完全避免了泥沙划伤车漆的现象。电脑洗车机技术先进，造型美观，有多种全自动洗车程序可供选择。它通过光电系统检测，经电脑分析计算出各种动作的最佳位置和力度，达到最佳的洗车效果。电脑洗车能自动闪避照后镜、旗杆等，确保汽车安全；电脑洗车洗净力强、含水量大、不伤车，对本身油漆的磨损程度为手工洗车的30%以下，电脑洗车刷压力均匀、洗车速度及方向稳定。

电脑洗车机按其工作方式可分为固定式和移动式两种。所谓固定式，就是洗车机不动，汽车缓慢通过洗车机的工作区域，洗车机按照相应的指令程序达到清洗汽车的工作方式。如：隧道式连续洗车机、大型隧道式洗车机（清洗无轨电车、大型客车、地铁、旅客列车）等。所谓移动式，就是汽车不动，洗车机按照一定的程序在导轨上来回移动，同时执行洗车指令的工作方式。如：龙门往复式洗车机、大（中小）型移动式洗车机等。

1. 隧道式电脑洗车机

对于洗车业务量大，经济实力雄厚的企业或洗车专营店，最好选择隧道式洗车机。隧道式洗车机价格较高，洗车速度快，每小时能洗120辆车左右。隧道式洗车机的工作特点是洗车机不动，由洗车机的传送带带动汽车移动来清洗车辆。隧道式洗车机为龙门式洗车机的换代产品，也是目前国际市场的主流机型，其特点是能耗低、噪声小和洗车快。

1) 隧道式电脑洗车机主要结构和功能

(1) 输送机系统。待清洗汽车进入隧道时，轮胎的导正系统可使汽车停在输送机的停车轨道上，汽车应收回天线、变速器置于空挡、勿动雨刷。输送机系统可将清洗的汽车通过隧道而完成清洗的运输功能。

(2) 高压喷水系统。采用强力电动机和水泵产生高压水，对汽车表面进行冲洗，可将车身上的砂粒和灰尘除去，以便安全进行刷洗。

(3) 一对前小刷。前小刷可对汽车的下部外表进行刷洗，可除去部分污垢等。因为汽车下部污垢一般较中部和上部严重，所以，此部位要多洗刷一遍。

(4) 高泡沫喷洒系统。利用该系统向车身喷洒高泡沫洗车液，以增强清洗除污能力。

(5) 滚刷系统。由前部大侧刷一对、前顶刷一个、后顶刷一个、轮刷一对和后部小侧刷一对，组成了隧道式洗车机的滚刷系统。大侧刷可依车身的斜度自动倾斜，轻柔而平稳地包裹车身，以达到良好的洗净效果。刷洗车身前后刷毛似手臂，采用交叉式刷洗方法，洗车无死角，清洗效果最好。独创的横卧式洗刷，能将车身下方的严重污垢干净彻底地清除。

（6）亮光蜡喷洒系统。在滚刷刷洗之后，用亮光蜡喷洒系统对车身进行清洗后的护理，使车身涂膜更加鲜艳靓丽。

（7）强力吹风系统。由前风机和后风机组成，用清洁的高压空气将车身吹干。

（8）擦干系统。由特殊的绒毛布条组成，可将风干后所残留的水迹彻底擦拭干净。

（9）控制操作系统。整个控制操作系统，由控制箱和操作控制台组成。控制系统的核心是可编程序控制器，经光电传感器、接近开关及电流传感器的检测，实现对横刷、侧刷、轮刷、喷射及轨道的自动控制。可实现洗车快速、靓丽、安全、无刮痕；由电脑自动感测车型，整个操作真正达到人性化；一次起动，不用人员操作选择；可连续依其车型，连续清洗轿车、厢式车、家庭用车、出租车等不同车型的汽车。隧道式电脑洗车机结构如图6-8、图6-9所示。

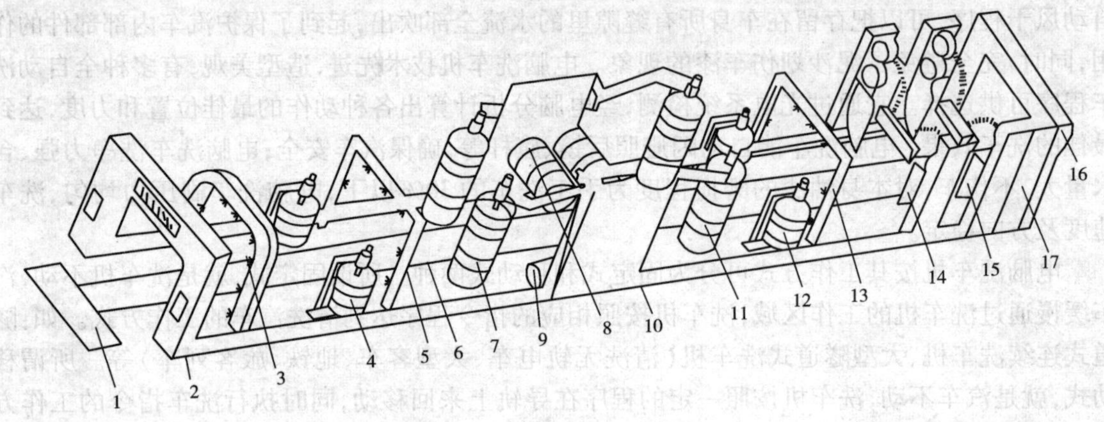

图6-8　隧道式电脑洗车机结构示意图

1-轮胎导正器；2-隧道入口；3-高压喷水系统；4-前小刷；5-高泡沫喷洒系统；6-输送机系统；7-前大刷；8-前顶刷；9-轮刷；10-后顶刷；11-后大刷；12-后小刷；13-亮光蜡喷洒系统；14-前风机；15-后风机；16-隧道出口；17-控制箱和操控台

2）隧道式电脑洗车机的洗车操作

隧道式电脑洗车机的洗车过程是全自动的，只要待清洗的车，按洗车要求，停放在输送机的停车位置上，然后起动洗车机，即开始进入洗车规定程序。洗车程序为：①高压冲洗；②泡沫喷洒；③毛刷清洗；④清水冲洗；⑤亮光蜡喷洒；⑥强力风干。全过程约需30s即可将车洗完，可实现快速、靓丽、安全和无刮痕的洗车要求。

图6-9　隧道式电脑洗车机

2. 龙门往复式电脑洗车机

龙门往复式洗车机是一种最初级的洗车设备。当车开进设备后，汽车位置固定不动，由机器本身往返移动，完成洗车、上蜡和吹干等工作程序，某些配置的洗车机还可以自动风干。一般每小时能洗约20辆车。它的优点是设备价格相对较低，大约是隧道式洗车机的1/2；工作时的实际占地面积小，甚至可以在一个较大的房间里完成洗车。但由

于其噪声较大、蜡和水浪费较多以及洗车时间长等原因,已逐步退出欧美等发达国家的市场。

1)龙门往复式电脑洗车机结构组成

龙门往复式电脑洗车机主要由2个侧刷、1个横刷、2个裙刷、喷淋、泡沫清洗、打蜡、底部喷洗、镀锌全钢机架、电脑控制系统、操作系统等组成。龙门往复式电脑洗车机如图6-10所示。

2)龙门往复式电脑洗车机的洗车流程

洗车流程是:①清水洗车;②泡沫喷洒;③毛刷清洗;④清水冲洗;⑤腊水洗车;⑥强力风干。

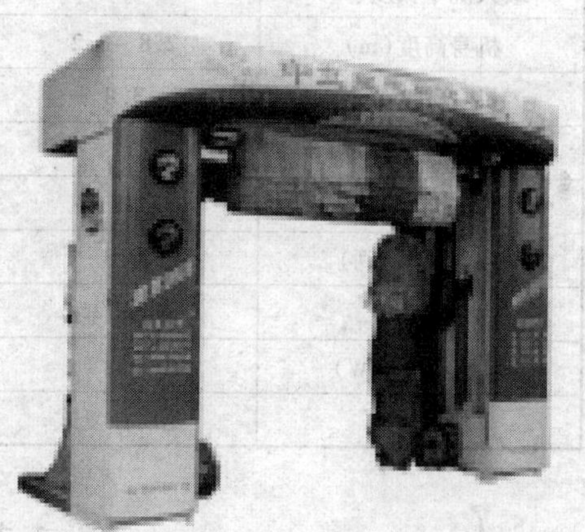

图6-10 龙门往复式电脑洗车机

3.电脑洗车注意事项

(1)汽车驶入洗车机时,必须停在规定的停车位置。

(2)洗车时,车内不要留人。

(3)洗车前,必须按照事先约定的具体要求,制定好洗车工艺流程。

(4)刚洗完的车,车轮上还有水分,刚起动时要慢速行驶,才不致使灰尘再附着在车轮上。最好是待车彻底干燥后,再起动使用。

(5)电脑洗车机的滚刷,如果是用塑胶长丝条制作的,长期使用这种电脑洗车机洗车,在一定程度上对车身漆膜有一定的损伤,因此在可能的条件下,应减少采用这种方法的洗车次数。

(6)电脑洗车时,会有部分死角;如车轮弧内及凹槽等处,还需配合人工清洗。

(7)电脑洗车时,对一些比较隐蔽处的小缺陷,一般难以发现,若得不到及时的修补处理,会留下扩大损伤的后患。

(8)在清洗时拆下的有关零部件,清洗完后还需重新安装好,因而增加了拆、装和保管等工作量。同时,有的零部件在拆、装过程中还容易发生损伤,影响使用寿命。

(9)目前的电脑清洗机系列,其结构上大同小异。但适用的车型、具体的操作方法均不尽相同,在使用时,必须认真阅读设备的使用操作说明,以免发生误操作造成损失。

4.电脑洗车机的配置与技术参数举例

如表6-1所示。

电脑洗车机的配置与技术参数 表6-1

型　号	RP-05A	RP-07D	RP-09F	RP-14A
配置	2立刷、1横刷、2裙刷、喷淋、泡沫洗、打蜡、底喷、镀锌全钢机架。主控电器系进口	4立刷、1横刷、2裙刷、3风口风干机、喷淋、泡沫洗打蜡、底喷、镀锌全钢机架、电子触摸屏,主控电器系进口	4立刷、1横刷、2裙刷、2小刷、2跟进轮刷(可选装)、3风口风干机、喷淋、泡沫洗打蜡、底喷、镀锌全钢机架、电子触摸屏,主控电器系进口	4立刷、1横刷、2裙刷、2小刷、2跟进轮刷、2擦干立刷、1擦干横刷、3风口风干机、喷淋、泡沫洗打蜡、底喷、全不透钢机架、电子触摸屏,主控电器系进口

续上表

型　　号	RP－05A	RP－07D	RP－09F	RP－14A
最大洗车高度（m）	2.2	2.2	2.2	2.2
最大洗车宽度（m）	2.3	2.3	2.3	2.3
最大洗车长度（m）	5.6	不限	不限	不限
机身高度（m）	2.8～3.2	2.8～3.2	2.8～3.2	2.8～3.2
机身宽度（m）	3.8	3.8	3.8	3.8
轨道长度（m）	11	9	12	16
耗水量（L/分）	18	18	18	18
耗电量（°/辆）	0.3	0.5	0.5	0.8
洗车速度	5min/辆	40～50s/辆	40～50s/辆	40～50s/辆
装机功率（kW）	6	18	22	26
作业方式	龙门往复式	连续隧道式	连续隧道式	连续隧道式

第三节　汽车清洗方法

汽车清洗方法按清洗时使用的工具或设备可分为一般清洗法、高压水枪冲洗法、自动洗车法、超声波洗车法等。应根据实际条件和汽车清洗的具体要求进行选择，既要保证汽车清洗的质量，又要使汽车清洗投入的人力和物力消耗最少。

一、汽车的一般清洗法

汽车的一般清洗法也就是手工清洗法。

1. 手工清洗法所用材料和工具

手工清洗法清洗用的材料主要是水，必要时也用清洁剂。工具主要有水桶、海绵、毛巾、毛刷等。

2. 清洗方法

(1)用清水冲洗车身上的污垢。先从车顶开始冲洗，然后冲洗前、后风窗玻璃、左右两侧玻璃门窗、其他车身部位，使污物由上往下流掉。同时使水湿润灰尘、污垢，便于进一步擦洗。

(2)用水冲洗车轮挡泥板内侧及凹缘处，并用手或毛刷清除凹缘内的积泥。

(3)用毛刷或海绵清洗轮圈上的污泥。

(4)用毛巾配合水柱从车顶开始擦洗。必要时毛巾上沾些清洁剂进行擦洗。

(5)车身用毛巾与水柱擦洗完后，再用半湿性毛巾，将车身擦干。

二、高压水枪冲洗法

1. 高压水枪冲洗法所用材料和工具

高压水枪冲洗法清洗用材料主要是水和泡沫清洗液。工具主要有高压清洗机、海绵、毛巾、毛刷、喷水壶等。

2. 洗车步骤

（1）冲洗。车辆停放平稳后，用高压水冲洗车身污物，顺序应自上而下，冲洗时水柱应始终由一个方向向斜下方冲洗，尽量避免正向或反冲洗，以免将泥沙冲回已经冲洗干净的部位。冲洗车时车身的下部及底部是不可忽视的部位，因为大量的泥沙和污物一般都聚集在这些部位，必须尽可能地冲洗掉车身下部及车底的泥沙和污物。

（2）擦洗。将配制好的洗车液均匀喷洒在车身表面，如果有泡沫清洗机，可先将泡沫喷洒在车身表面，然后用海绵按照从上到下的顺序擦洗车身。擦洗时应注意全车的每个角落都要细致认真地进行擦洗，同时注意车身表面有些冲洗不掉的附着物，不可用力猛擦，以免损坏车身漆面。对于那些像焦油、沥青等顽固污渍，应使用专用溶剂来清洗。

（3）冲洗。擦洗完毕之后，再冲洗车身，顺序同第一步一样，但这时应以车顶、上部和中部为重点。向下流动的水基本能够将下部及底部冲洗干净，所以下部和底部一带而过即可。

（4）擦车。用半湿性大毛巾将整个车身从前至后先预擦一遍，待车身中部及下部的大多数水分被吸干之后，用干毛巾仔细擦一遍，要求擦干净不留下水痕。

（5）吹干。完成前面四道工序后，车身表面基本洗干净。但是有些地方在擦车时不容易擦干，如发动机罩边沿及内侧、车门边缘内侧、车门把手内侧、后备舱边沿内侧、油箱盖内侧等凹进去的地方，这时要用压缩空气来进行吹干。操作时可一手拿着压缩空气枪，一手拿着干净抹布，边吹边抹，直到吹干为止。最后就可进行下一步的研磨抛光工作了。

三、自动洗车法

自动洗车法是运用电脑洗车机进行车辆的清洗。

四、汽车外表的清洗

汽车外表的污垢主要有外部沉积物、锈蚀物以及焦油、沥青、树汁、鸟粪、虫尸等附着物。这些污垢往往都具有很高的附着性，能牢固地附着在零件的表面，各有不同的性质，因此从零件表面清除它们的难易程度也不同。

1. 外部沉积物

外部沉积物可以分为尘埃沉积物和油污沉积物。大气中经常含有一定数量的尘埃，在运动着的车辆附近，当尘埃的颗粒度为 5～30μm 时，尘埃的含量就达到 $0.05g/m^3$ 左右。当尘埃颗粒的含量增加时，它在金属表面的凝聚和沉积也就加快。在潮湿的空气中，由于吸附的水膜会提高尘粒间的附着力，从而使尘粒加速凝聚，尘粒粘着在表面上的牢固程度取决于表面的清洁程度、尘粒的大小和空气的湿度。油腻沉积物，是由于污泥和尘埃落到被机油污染了的零件上而形成的，也可能是由于润滑油落到已污染的表面上，此时润滑油浸透污泥。尘埃沉积物用清水冲洗很容易被清除，对油污沉积物应该用有机清洗溶剂或二合一清洗剂清洗。

2. 锈蚀物

锈蚀物是由于金属和合金的化学或电化学作用而形成的。钢铁零件表面如果失去保护层，长时间暴露在潮湿的空气中很容易形成微红褐色的铁锈。铁锈能溶于酸中，微溶于碱和水中。铝制零件同样会产生锈蚀，它的锈蚀物是呈灰白色薄膜的氧化铝或氧化铝的水化物。对锈蚀物可用砂纸手工除锈或用酸类溶剂清除。车身表面有锈蚀物表明车身其涂层存在缺陷，清除锈蚀物后应立即进行涂层修复。

3. 附着物

汽车在行驶中，由于周围环境的不同而容易沾上一些附着物，如行驶在维修的道路上容易沾上焦油、沥青等；行驶在乡间道路容易沾上树汁、鸟粪、虫尸等。这些附着物能牢固的粘在车身表面，一般很难用水清洗干净，可用焦油清洗剂或有机溶剂清除。

五、汽车车身表面其他部件的清洗

汽车车身清洗时，因有些部件的材质不同，所以清洗时使用的清洗剂也应有所不同。

1. 不锈钢饰件的清洁护理

汽车车身外部有些装有如防撞杆、保险杠、装饰件等不锈钢饰件，这类部件由于装在汽车下部一般较脏污，必须经常清洗。可以使用不锈钢上光护理剂进行清洁护理，在迅速除去表面污物的同时还能有效上光。清洗时，可将不锈钢上光护理剂喷涂在不锈钢饰件上，用软布直接擦拭即可，然后用水冲净擦干。

2. 镀铬件的清洁护理

有的汽车外部装有如倒后镜架、车轮侧护板装饰件、天线杆等镀铬件，行车时由于空气中的水分和有害气体对其腐蚀而失去光泽，严重的可能生锈，影响美观。这些部件一般较易清洁护理，操作时可将镀铬件表面先用水洗净擦干，然后用干净抹布沾上汽车镀铬抛光剂，对需要清洁的部位反复擦拭，直至光亮度满意为止。锈垢严重的镀铬件表面应使用除锈剂先进行除锈，然后再使用汽车镀铬抛光剂进行处理。

3. 塑胶件的清洁护理

有些汽车的进气格栅、保险杠、后视镜外壳、车门把手等是塑胶件，在风吹日晒的情况下会失去光泽，甚至氧化龟裂，脏污的塑胶件若不及时清洗，也会影响美观。汽车前后组合灯具也多为塑料件，长久不清洗会影响灯光照射的亮度。塑胶护理上光剂不但能迅速除去污垢，而且还能有效地上光。清洁时可先用水擦洗，再用干净的棉布蘸上塑胶护理上光剂进行反复擦拭，然后用清水冲洗。清洁组合灯具时注意不要用腐蚀性溶剂清洗车灯，否则易造成蚀痕；不要在干燥的情况下擦拭车灯，否则会造成刮痕；也不要用燃油、化学剂等清洗车灯，否则会使车灯破裂。此外，有些跑车采用隐藏式前照灯设计，别忘了要将前照灯打开后再进行清洗。

4. 车窗玻璃的清洗

汽车使用久了，会在玻璃的外表面形成一层交通膜，用水清洗不但费力费时，而且清洁不彻底，只能留下交通膜的花纹。清洗玻璃前可先将上面粘附的污渍、焦油或沥青等用塑料或橡皮刮刀除去，然后用专用的玻璃清洁剂进行清洁。操作时可先用玻璃清洁剂进行擦洗，除去表面的灰尘及交通膜，然后涂上玻璃抛光剂，稍待片刻，再用干净的棉布作直线运行擦拭，直到将玻璃擦亮为止。这种用品兼有上光作用，不但能使玻璃表面洁净、光滑、防止灰尘二次沉降，同时还能改善刮水器擦痕。

六、汽车内饰件的清洁

汽车内饰件主要是由皮革、塑料、橡胶、纤维等材料制成的。对于不同的内饰件材质使用不同的清洗方法。

1. 皮革内饰件的清洗

清洗皮革内饰件时，应选用专用皮革清洗剂进行清洗。在皮革内饰件上均匀喷洒清洗剂，然后用软毛刷轻轻刷洗，再用干净的毛巾擦干。清洗后，可使用皮革专用保护剂，对皮革进行上光护理。

2. 塑料内饰件的清洗

先将专用的塑料清洗剂均匀喷洒在塑料部件表面，然后用海绵稍蘸清水擦洗表面，直至细纹中的污垢清除干净，再用半湿性毛巾擦净表面的污垢，擦洗时应避免用力过猛，以免出现失光白化现象。清洁后，可用塑胶护理上光剂、皮塑防护剂等进行上光处理。

3. 橡胶制品的清洗

可将专用清洗剂喷洒于半湿性毛巾上，然后直接擦洗橡胶部件，再用干净的半湿性毛巾擦去表面的污物。

4. 化纤座套、内衬的清洗

可用多功能柔顺剂进行清洗。先将多功能柔顺剂喷洒在化纤制品表面，然后用毛巾擦拭即可。

七、汽车清洗注意事项

为保持车容整洁，应经常对汽车进行清洗，在进行汽车清洗作业时，应注意以下几点：

(1)洗车时应选用专用洗车液，任何车身漆面均不能用洗衣粉、洗洁精等含碱性成分的普通洗涤用品，以免使车身漆面失去光泽，甚至使车漆干裂，造成不可挽回的损失。

(2)洗车时最好使用软水，尽量避免使用含矿物质较多的硬水，以免车身干燥后留下痕迹。

(3)在冲车时，水压不宜太高，喷嘴与车身应保持一定的距离。

(4)洗车时各操作工序都应遵循从上到下的原则。

(5)擦洗车身漆面时，应使用软毛巾或海绵，并检查其中是否裹有硬质颗粒，以免划伤漆面。

(6)车身粘有沥青、油渍等污物时，要及时用专用清洗剂进行清洗。

(7)洗车时，应进行最后一道吹干工序，不能省略。车身的隙缝之间，标识隙缝间的水滴如果不吹干的话，久了将会形成顽固的水垢，难以去除。

(8)不要在阳光直射下洗车，以免车表水滴干燥后留下斑点，影响清洗效果。

(9)若发动机罩还有余热，应待冷却后再进行清洗，防止温差太大伤及漆层。

(10)在严寒季节不要在室外洗车，以防水滴在车身上结冰，造成漆层破裂。

第七章　汽车漆面美容

新车时漆面平整光亮、鲜艳丰满，令人赏心悦目。但是汽车在使用过程中，其漆面由于车身的经常清洗，遭受风吹雨淋和日晒，以及酸雨等的影响，使漆面加速老化，有害气体、灰尘对漆面的污染，其他污物的粘附对漆面的伤害，使漆面日益失去光泽，出现褪色、异色斑点，甚至龟裂、锈蚀。因此，为保持汽车漆面原有的平整光亮，对汽车漆面的日常美容养护显得十分重要。目前，汽车漆面美容的方法主要有打蜡、封釉、镀膜三种。

第一节　汽车打蜡概述

汽车打蜡是汽车漆面保护的基本手段，打蜡可以在车漆表面形成一层保护膜，有效隔离外部环境对车漆的不良影响。同时车蜡可增加车漆光泽，改善整车外观效果。汽车打蜡时应根据汽车漆膜表面的不同状况进行判断后才能进行施工，如果车漆有氧化现象则需要做研磨去除氧化层，再经抛光后，才能上蜡，否则车蜡附着在氧化层等污物上面，保持时间不长，外观效果也不好。

一、车蜡的演变

蜡的护理作用很早就在我们的日常生活中有大量的应用，从鞋蜡到皮衣蜡，再到今天随处可见的车蜡，其实就是一个概念的移植，基本的原理都是一样的。蜡之所以能得到如此广泛的应用，除了它本身固有的护理作用之外，还有一个很大的因素就是造价低廉。但蜡也有一个致命的弱点——熔点低。一旦温度过高，车蜡就会融化，这样不但车蜡本身的附着力会大大降低，同时也会粘附大量的灰尘。此外在用水洗车的时候，也很容易造成车蜡的流失。

早期的车蜡具有一定的光泽，但是保护性能差，保持时间短，而且很容易被雨水冲掉，不易保持光亮。早期的车蜡多为硬膏状，其成分以石油蒸馏物为主要原料，涂上蜡后要等很长时间才可以抛光，费时费力，光泽保持期短。

近年来车蜡有了迅猛的发展，向着纯天然性改变，蜡成分中含太空铀特氟隆、硅、研磨剂，蜡棕、使蜡不仅具有明显的上光作用，而且具有抗腐，抗氧化，去划痕，增加透明度，牢固，持久等综合效果。例如，保护性上光蜡，其蜡中含有聚合物（特氟隆或太空铀），这种聚合物一旦晒干后，在漆面形成一层薄薄的坚硬的保护膜，同时又起到了上光作用。

基于车蜡的这么多弱点，人们开始研究如何提高蜡的档次。有人在车蜡的配方中加了一些天然树脂进去，结果附着力大大提高，但防水性能并没有太大的改善。后来又有人按照5%左右的比例加了一些有机硅、有机氟进去，结果车蜡的功效大为改善。出于这一点发现，有人开始提出全面改善车蜡品质的想法，他们将车蜡成分当中的树脂和有机硅的比例分别提高到40%和20%以上，这种合成材料极大地提高了车漆护理产品的品质，这种产品被称为第二代

的汽车护理产品——“釉”。釉其实就是高档车蜡，釉是高分子聚合物和石油基溶剂为主要原料制成的，其对漆面的保护性能和保护时间得到一定的提高，但是由于其主要成分是有机物、酸化物，很容易被酸化、氧化，给车漆造成二次污染。

既然有机硅、有机氟有如此神奇的功效，那何不再进一步提高这些有机物的含量进而打造全新一代的车漆护理产品呢。有机硅和有机氟同样具有改善车蜡品质的神奇功效，但有机氟不但会破坏臭氧层，而且它本身还呈现出一种淡黄色，如果镀在浅色的车漆表面会影响车身的美观。此外还有最重要的一点就是纯的氟化物造价相当高昂，不利于产品的全民推广。最后有机硅以其无可争议的优势成为了这第三代车漆镀膜产品的主角。

“镀膜”是在总结了打蜡及封釉的优点及不足后，以新的环保原料和新的车漆养护理念制造的车漆养护换代产品。车漆镀膜技术，就是在车漆表面形成一层无色透明、光洁明亮、硬度高、韧性强且性能稳定的保护膜，将车漆与外界完全隔离，杜绝氧化物质接触车漆，避免车漆氧化；同时，保护车漆中的油性物质不挥发，防止车漆风化。

二、车蜡的主要成分和种类

1. 车蜡的主要成分

高档车蜡含天然成分较多。高档蜡（白金和水晶）都含有巴西特级黄色棕榈蜡成分，含量较多，有的还含有蜂蜜、芦荟油等。而普通车蜡的主要成分是丙烯酸硅氟（ASF）树脂等石油衍生物。

2. 车蜡的种类

由于车蜡中含的添加剂成分不同，其物质形态及性能上有所区别，可分为不同的种类。

（1）按车蜡的物理状态不同可分为固体蜡和液体蜡两种。

在日常美容作业中，由于液体蜡使用较方便而应用相对较广泛。

（2）按车蜡的生产国别不同可大体分为国产蜡和进口蜡。

目前国内汽车美容行业中使用的车蜡，中高档车蜡绝大部分为进口蜡，而低档蜡中，国产蜡占有较大的份额。常见进口车蜡多来自美国、日本、韩国等，例如美国的3M系列、龟博士系列、美光系列车蜡，日本的99系列、韩国的小仙女系列车蜡等。国产车蜡常用的有车仆999系列、标榜系列、彩虹系列、保赐利系列车蜡等。

（3）根据车蜡的密度和粘稠性以及用途的不同，可分为下列几类。

①研磨蜡（粗蜡），成分中含有极微细的磨料，用于对面漆表层划痕和氧化层的研磨，能迅速去除上述缺陷；去污力强，使用后会形成一层细密的保护膜。

②抛光蜡（细蜡），成分中含有超微细的磨料，用于研磨后的抛光工序，能迅速去除面漆表层的微观缺陷，并形成一层更细密的保护膜，使面漆更光滑和亮丽。

③硬蜡，具有去污和上光二合一的功能，能形成一层较厚的保护膜，附着力强、耐擦拭，保持时间一般可长达一个月左右。

④乳蜡（软蜡），流动性好、浸透力和溶解力强，具有较好的填补微观缺陷的功能。加入某些添加剂后，能提高增艳和抗紫外线侵蚀的功能。

⑤抗紫外线蜡，蜡内加入了一种特殊添加剂，具有很强的抗紫外线侵蚀和反射光线的作

用,使面漆的颜色得到有效的保护,特别适用于阳光强烈的夏季使用。

⑥亮晶蜡,蜡内加入了增艳添加剂,使面漆上蜡后有如水晶般的光亮,而且持久性长。

⑦喷蜡和水蜡,蜡内含有较多的溶剂,流动性好和去污力强,与面漆有着良好的亲和力和排水性,能迅速形成一层保护膜。一般用于洗车后的直接喷、涂,使用极为方便。

三、车蜡的主要功用

1. 防水作用

车蜡能使车身漆面上的水滴附着减少 60%~90%,高档车蜡还可使残留在漆面上的水滴进一步平展,呈扁平状,最大限度地减少水滴对阳光的聚焦,使车身免受侵蚀和破坏。打上去的蜡,所产生的效果是使水滴近似成球状,不易产生透镜效应,有效地抑制因太阳照射而造成的水痕。

2. 抗高温作用

车蜡抗高温作用是对来自不同方向的入射光产生有效的反射,防止入射光线穿透清罩漆而导致底色漆老化变色,从而延长漆面的使用寿命。

3. 防止产生静电

车身漆面通过打蜡可以形成蜡膜,防止空气、尘埃等与车身漆面的直接摩擦,不但可有效地防止车表静电的产生,还可大大降低带电尘埃对车身表面的附着。

4. 防紫外线作用

日光中的紫外线较易折射进入漆面,防紫外线车蜡充分地考虑了紫外线的产品性能,使其对车表的侵害最大限度地降低。

5. 上光作用

上光是车蜡的最基本作用之一,经过打蜡的车辆,都能不同程度地改善其漆面的光洁程度,使车身恢复亮丽本色。

6. 研磨抛光作用

当漆面出现浅划痕时,可使用研磨抛光车蜡。如划痕不很严重,抛光和打蜡作业可一次完成。

7. 防划伤作用

车身表面打蜡后,形成的蜡膜都有一定的硬度和厚度,可以防止细小的划伤。

8. 防氧化作用

打蜡后车身表面形成一层蜡膜,可以较好地防止漆面油分的损失,不容易形成氧化层。

车蜡除了上述功用外,还具有防酸雨、防雾等功能。

第二节　车蜡的选用

目前,汽车美容护理用品市场车蜡种类繁多,由于各种车蜡的性能不同,其作用与效果也不一样,所以在选用时必须慎重,选择不当不仅不能保护车体,反而使车漆变色。一般情况下,应根据车蜡的作用特点、产品性能、车辆的新旧程度、车漆颜色及行驶环境及使用季节等因素综合考虑。

一、车蜡的选用

1. 根据车蜡的作用来选择

由于车辆的运行环境千差万别，在车蜡的选择上对汽车漆面的保护应该有所侧重。例如，沿海地区宜选用防盐雾功能较强的车蜡；而化学工业区宜选用防酸雨功能较强的车蜡；多雨地区宜选用防水性能优良的车蜡；光照好的地区宜选用防紫外线、抗高温性能优良的车蜡。

2. 根据漆面的质量来选择

对于中高档轿车，其漆面的质量较好，宜选用高档车蜡；对普通轿车或其他车辆，可选用一般车蜡。

3. 根据漆面的新旧程度来选择

新车或新喷漆的车辆，应选用上光蜡，以保持车身的光泽和颜色；已有损伤的漆面可选用软蜡，同时进行抛光和打蜡；划痕较严重的漆面可选用砂蜡和粗蜡，使用时先进行研磨、抛光处理、再用上光蜡上光。对旧车或漆面有漫反射光痕的车辆，可选用研磨蜡对其进行抛光处理后，再用上光蜡上光。

4. 根据季节不同来选择

夏季时光照较强，紫外线强度高，宜选用防高温、防紫外线能力强的车蜡。多雨雪的季节则应使用防水蜡。

5. 根据车辆行驶环境来选择

如果汽车经常行驶在泥泞、尘土、砾石等恶劣道路环境中，应选用保护功能较强的硅酮树脂蜡。车辆的打蜡周期一般为三个月一次，但如果风沙、雨雪等气候较多或环境污染严重，则须1~2个月打蜡一次。

6. 根据车漆颜色来选择

在使用色彩蜡时，要注意车蜡颜色与车漆颜色的一致。一般深色车漆选用黑色、红色、绿色系列的车蜡，浅色车漆选用银色、白色、珍珠色系列车蜡。另外，在进行研磨处理时，白色及浅色车可使用研磨作用较强的研磨剂，而深色和金属色车漆多为透明漆，应尽量选用较柔和的研磨剂。

二、一般保护蜡与高级美容蜡的区别

一般保护性车蜡是由蜡、硅、油脂等成分混合而成的，属于油性物质，它可在漆面形成一层油膜而散发光泽。但由于油膜与漆面的结合力差，保护时间较短，这种蜡常常因下雨或冲洗等因素流失，有时甚至附着在风窗玻璃上，而形成油垢。另外，存留在车蜡上的水滴一般呈半球状，会产生透镜作用，聚焦太阳光以至灼伤漆面。

高级美容蜡含有特殊材料成分，不论用水冲洗多少次，一般都不会流失，也不用担心光泽在较短时间失去；施工后车蜡表面水滴呈扁平状，透镜作用不明显，有效地保护了漆面。高级美容蜡外观效果非常好，但价格偏高，特别是水晶蜡、钻石蜡等。因为这类车蜡除了具有一般保养蜡功能外，它还含有一种活性非常强的渗透剂，能使车蜡迅速渗透于漆层内，它特殊的分子结构，可以和漆面之间产生牢固的结合力，上蜡后的漆面看起来浑然一体，效果颇佳。高级美容蜡一般要经过许多道复杂的前处理工序，即使是新车上水晶蜡，也要经过清洗、风干、蓝黏土处理等多道工序,所以,技术含量高,效果一流,持久耐用。

三、常用车蜡介绍

(一)美国3M系列车蜡

1.美国3M水晶硬蜡(持久型)39526

产品特点:本产品含3M专利A.S.F配方,使蜡保护层不易分解,长时间保持漆面光亮如新,抗紫外线、酸雨,光亮效果长达20次正常洗车,并富含奶油香。本产品为铁盒装固体。

2.3M粗蜡

产品特点:本产品为用途最多的专业漆面研磨剂,能有效地清除1200号砂纸砂痕甚至更细小的砂石擦痕、其他细小擦划痕、中等程度氧化层、粗糙的螺纹斑或水斑,使用后留下精美的表面。手工使用效果特别出色。本产品为瓶装液体。

3.3M机器抛光粗蜡(适用于轻度划痕)

产品特点:本产品用于快速,高效清除小擦痕,使用后会产生灿烂,鲜明的漆面,及独特的"水影"效果。为产生最佳效果,需配合抛光机及3M 5713黄色细羊毛轮使用。

4.3M机器抛光美容粗蜡(重切蜡)

产品特点:本产品是一种与抛光机配合使用的研磨蜡。它能有效地清除1000号砂纸的砂痕和其他未伤底漆之重度划痕以及严重氧化层。

5.3M塑料润光蜡

产品特点:本品推荐在使用3M塑料清洁剂(39017)后使用,可有效使汽车塑料等部件形成光亮保护膜,并含防静电剂,减少灰尘聚积,使处理表面光亮如新。

6.3M塑料、皮革清洁保护蜡

产品特点:含清新柠檬味,适用于一切橡胶、皮革、塑料材质。能清洁汽车、内部各部件表面的污垢和油渍,并在被处理表面留下自然保护膜,使灰尘不会聚集,气味清新,清洁润光,一次完成。注意:本品为易燃产品。

7.3M漆面保护手蜡

产品特点:深层保湿光亮配方,不含硅树脂和蜡成分,使用后汽车表面展现出鲜艳欲滴的色泽。

8.3M三合一钻石乳蜡(细至中度划痕)

产品特点:本品可快速清洁并去除最细小以及中等的划痕,清洁表面瑕疵漆面氧化膜锈迹和顽固污渍,产生高度亮泽的完美表面。

9.3M持久型水晶乳蜡

产品特点:本产品适用于各种漆面,不伤新车的光亮透明层,耐UV紫外线光,上蜡、显色、保护、防泼水、防氧化一次性完成,产生高光泽度,效果可保持10~15次洗车。

(二)美国龟牌系列车蜡

1.水晶极限蜡(T321L膏状)

产品特点:

(1)极限盔甲防护功效:所含超级密封剂对车漆整体封釉,最大限度防止酸雨等各种污染物的侵蚀和紫外线的氧化。并在相当程度上防止发丝及涡状划痕。

(2)极限密封防护功能:三维硅氧树脂在车漆表层形成超强保护膜,长久保持功效。

(3)极限水晶光泽:可在车漆表层形成光泽度极高保持时间长久,驱水力超强的树脂保护膜。

(4)极限深层清洁还原功能,迅速去除车漆污垢。

2. 龟牌顶级车蜡斋魔

产品特点:

(1)采用特级巴西黄色棕蜡用来增光。

(2)用蜂蜜做驱水层。

(3)三种各具特色的高分子聚合物的混合体组成了别具一格的色泽体和镜面效果。

(4)高岭陶土和柔软杏仁粉作为清洁抛光剂,在天然清洁的同时,它不会伤及甚至是最娇嫩的车漆。

(5)芦荟油在斋魔中起着重要的湿润及润滑功能,它的加入使得打蜡更加容易。

(6)维他命 E 是防氧化、增加湿润度的元素,有了它,斋魔中的各种有机物的生命力可以有效延长,打蜡后的保持期也自然加倍。

(7)具有可可与香蕉精华的芳香。

斋魔所有的原材料均选用纯天然物质,120 年德国配方,曾是欧洲皇室专用的御用品,是当今车漆保护剂顶级科技的代表作。它可以给车漆带来无与伦比的深度光泽,经它保护的车漆有着绝顶的驱水能力。

斋魔的二合一,不含溶剂配方:纯天然深层清洗污垢,然后加以保护,清洗、保护双重功能同时进行,合二为一;它可柔和的去除发丝及微划痕,湿润有机层,用天然润滑软化剂和保护剂控制氧化,为车漆提供长久的保护,防止有害紫外线、酸雨、沙尘及工业污染的侵袭。

3. 美国龟牌金龟香蜡(膏状)

产品特点:适用于各种车漆(新车、旧车,普通漆、金属漆),特殊的化学成分有效防止发丝划痕的产生,特有驱水防护功能可有效驱除车体表面雨水。100% 天然巴西棕蜡带来车漆动人光泽,更有迷人的芳香。

4. 美国龟牌去污蜡(划痕蜡)

产品特点:

(1)治理车漆划痕:快速去除车漆表面的微细划痕,不适合中度以上的划痕。

(2)治理车漆氧化:有效治理车漆发白、发乌、褪色等氧化现象。

(3)车漆上光养护:在治理划痕、氧化的同时对车漆进行上光养护,使车漆的光泽度更佳。

5. 美国龟牌超级硬壳蜡

产品特点:超级硬壳蜡已有 60 年的历史,被誉为“汽车王国的王牌蜡”。新的硬壳蜡中添加了独特的高分子聚合物,使它的驱水、抗紫外线、防腐蚀、防氧化功能进一步加强。它集中了多种蜡(白蜡,防水蜡,激防水蜡等)的优点为一体,却始终保持着低价位的特点。

6. 美国龟牌绿宝石棕蜡

产品特点:此产品为美国龟牌最新研制的一款精品车蜡,适合于高档车型,内含纯巴西棕蜡成分,能给予车漆(特别是金属漆)耀眼的光泽和“硬壳”般的长久保护;绿宝石棕蜡内含有修复型抛光微晶体,可以有效地去除车漆的瑕斑(发丝、“涡状”划痕、氧化),还原车漆原有光泽与完美,绿宝石棕蜡是真正的三合一产品,集清洁、上光、保护为一体,是金属漆、透明漆和传统漆的理想选择,产品使用方便,打蜡抛光轻松完成,不会留下蜡渍。

7. 美国龟牌去污修复车蜡

产品特点:此产品含有特殊强力去污抛光配方,主要用于治理严重氧化,环境污染腐蚀,褪色的车漆表层;也可以用于治理发丝划痕、褪色、去除污垢、氧化。它含有柔和型聚合物抛光剂,不伤害车漆,使用简便。

8. 美国龟牌金龟香蜡(液状)

产品特点:金龟香蜡的主要材料是巴西棕蜡。金龟香蜡适用于各种车漆(新车、旧车,普通漆、金属漆)。它特有驱水防护功能可有效保护露天停放车辆的车漆,可有效驱除车体平面雨水。金龟香蜡的独特化学成分有助于防止车漆表面发丝划痕的产生,可帮助车漆抵御来自空气污染物的侵蚀。为车漆提供传奇式的"硬壳"保护。

(三)美国美光系列车蜡

1. 美光(Meguiar's)金装黄金软蜡

产品特点:具有独特香味和渗透能力,彻底带出车漆的丰厚色感及光泽,使车身之线条与轮廓更见突出;对所有种类的车漆,都能明显地加深颜色;含高级芦荟油,能有效地滋润漆面;特有的渗透型双层保护成分,在漆面形成坚固持久的聚合物保护层,防止紫外线、酸雨等有害物质的侵害。

2. 美光三合一水晶蜡

产品特点:三合一产品,清洁、抛光、保护、一步完成;独有配方可容易地清洁漆面,去除轻微氧化和轻微旋纹及空气污染物等缺陷;特有渗透型配方,能使漆面更光亮;防止紫外线、酸雨等有害物质的侵害,提供持久保护。

3. 美光 NXT 高科釉面蜡

产品特点:高科釉面蜡能达到任何其他车蜡所达不到的令人惊异的效果。可使漆面的色彩和光泽达到最佳效果。高科技配方可减少并修复轻微划痕和螺旋纹。光泽光亮,持久性长,真正达到如封釉般效果。

(四)日本 SOFT99 系列车蜡

1. SOFT99 优质黑蜡(深色车用)

产品特点:含有经过特别配方的天然巴西棕榈树脂,使用后形成特强蜡膜层,能完全截断雨水的渗透,防紫外线及酸雨的侵蚀,效果持久。具极佳的上光效果。

2. SOFT99 新车专用固蜡(全色系车通用)

产品特点:含光泽增幅剂,使用后形成高透明度的光泽薄膜。不含研磨剂和粘着剂成分,打蜡过程中不会损伤漆面。从新车开始一直使用此固蜡,可长期保持新车特有的光泽。具有抗紫外线,抗酸雨等功效,可有效防止漆面变色褪色。漆层干透后的擦拭操作十分轻快,防止形成层次和斑点。

3. SOFT99 激防水蓝蜡(黑色、银粉漆车身专用)、SOFT99 激防水白蜡(白色、浅色车身专用)

产品特点:采用新型的 FSI 树脂,形成坚固的保护膜,具有令人惊异的拨水效果及光泽性。有效地把水滴、酸性雨、UV 紫外线截断,强力保护漆面,并具有防止污垢附着的效果。

4. SOFT99 钻石水晶蜡

产品特点：钻石水晶蜡，由最高级巴西原产 1 号天然棕榈蜡提取的水晶蜡。经过严格工序研制而成，称之为最高级的"钻石水晶蜡王"。该蜡为油性膜，保持时间要比普通车蜡长许多倍，令打蜡后的车漆如水晶般晶莹亮丽，光彩照人。

5. SOFT99 优质白蜡（浅色车用）

产品特点：具有强力去污效能。上光同时，可迅速清除顽固污垢，浅色车系效果更佳。同时形成一层强力保护膜，防止酸雨及油污对车漆的损害，亮力持久。

6. SOFT99 超能滑水力固蜡（金属色车用）、SOFT99 超能滑水力固蜡（浅色车用）

产品特点：新开发的 SG 树脂和微米 LF 成分形成极其光滑的拨水保护膜，大大强化了"激防水"的拨水效果。蜡膜结构紧密，光泽艳丽，水滴不能停留在车身上，所以更有防止污垢附着的效果，防水效果可持续 3 个月。可适合珠光白、银色、浅蓝、黄、金色等金属色系车。SOFT99 的滑水力系列车蜡，特为防止雨水侵蚀车漆而设计。

7. SOFT99 艳王亮彩车蜡（金属色车用）

产品特点：本产品采用新开发的合成树脂成分，形成极其透亮的光亮保护膜，给车身增添一层高雅效果。打蜡和擦拭工作都非常简单和轻松。适合车漆颜色：银色、金色、浅蓝色等金属色系，特为提升车漆亮度而设计。

（五）国产车仆 999 系列车蜡

1. 车仆 999 高级砂蜡（细砂型）

产品特点：采用高级进口合成蜡和特殊研磨剂制成，透过强力的研磨微粒作用，可轻松地去除车体表面上地氧化膜、划痕、锈斑和顽固污垢，使车身表面恢复原有地光滑与色彩。

2. 车仆钻石硬蜡

产品特点：能在车漆表面形成一层钻石般高硬度的保护膜，具有很强的驱水能力，最大限度的防止酸雨等各种污染物的侵蚀和紫外线的氧化，并在相当程度上防止发丝及涡状划痕。带给汽车漆面长久、坚固的保护，以及钻石般迷人的光泽。本产品不含研磨剂，绝不损伤车漆。

3. 车仆激防水固蜡

产品特点：本产品含新型特种树脂、拨水剂及紫外线防止剂，能赋予车体表面超硬强固的激防水被膜及艳丽光泽，产生令人惊叹的拨水效果，激烈地隔断水滴、酸性雨及紫外线对车体漆面的侵蚀，防止污垢附着，强力保护漆面。本产品效力长久，不含研磨剂。

4. 车仆 999 速效软蜡

产品特点：快速去污、上光双效合一，采用高新技术及进口优质原材料生产，使用快捷，短时间内就可使车体光泽亮丽，效果持久。本产品更具有拒水、抗静电、防老化等功能，使车漆历久常新，永葆亮丽色彩。

5. 车仆 999 高级白蜡

产品特点：采用最新技术及进口优质原料生产，内含特种树脂和紫外线防止剂，在车漆上形成坚固的蜡保护层，防止车漆表面老化及划伤，具有卓越的上光性及不沾水性。

（六）国产标榜系列车蜡

1. 标榜抛光晶亮蜡

产品特点：高分子树脂清洁保护蜡，简单、快速而且安全地清除车身的污垢和水锈，恢复车

漆光泽。形成拨水和防污功能的保护膜来保护漆层。

2. 标榜活力软蜡

产品特点：它是采用先进工艺制成的新一代“晶彩”活力软蜡。具上光、超快速去污二合一功能，只需很短时间，便使车漆达到光泽亮丽。同时具有防老化功效，延长车漆寿命。

3. 标榜钻石固蜡

产品特点：采用先进技术和全部进口原料制成，具有去污上光、防水、耐酸雨、抗静电、防老化等功能，使车身历久常新、亮丽光彩。本产品不含研磨剂，绝不损车漆。

4. 标榜金刚固蜡

产品特点：具特强蜡膜，上光效果超强，含有特殊配方的天然巴西樟树脂，形成一层保护膜，完全截断雨水的渗透，防紫外线及酸雨侵蚀，保护持久。此产品适合深色车漆上蜡。

（七）国产彩虹系列车蜡

1. 彩虹抛光晶亮蜡

产品特点：采用最新进的配方及特种树脂研制而成的高品质超级深层护理水晶乳蜡；本产品含有特殊的聚酯乳液，能够渗进油漆表面的极微细的花纹，不仅具有有效去除污渍功能，还能填补失去的光漆层缺口，使漆面重放光彩，焕然一新；本产品含有特殊的封漆成分，会在油漆表面形成多层保护膜，可抗紫外线、抗酸雨，防止漆面老化、变色；清洁、显色、上蜡功能一次性完成。

2. 彩虹激防水蜡

产品特点：含有进口超级防水树脂，具有比普通车蜡多3倍以上的激水性和弹水性功能。保持时间是普通车蜡的2倍以上，在汽车行驶过程中自动激弹落在车身表面的水珠和尘土，其致密的弹水、拨水保护膜能有效抵御紫外线、酸雨、沙尘对车身的侵害和腐蚀，保持车漆艳丽持久。

3. 彩虹水晶腊

产品特点：含有超细研磨介质的砂蜡，能快速清除车身表面的油渍、污垢，清除轻微花痕、花斑、擦纹，去除旧漆膜的氧化层和哑光色，令老化、褪色、失光的旧漆面恢复原有的色泽和光洁度，还原如新。

4. 彩虹高级软蜡

产品特点：采用高新科技和进口优质原料生产，具有防水、抗静电、抗老功效，延长车漆寿命，集快速去污、上光、保护功能于一体，是中高级轿车美容护理的首选产品。

5. 彩虹晶体蜡

产品特点：本品富含优质光硬化树脂，专为各种金属车漆的上光、保护而设计；优质的光硬化树脂可在车漆表面形成一层硬而光亮的保护膜，具有超强防水洗、防酸雨、防污染、防紫外线侵蚀等功能，使漆面长久保持光泽靓丽的色彩。

6. 彩虹色泽还原研磨剂（砂蜡）

产品特点：本品能快速、有效、安全地去除漆膜或物体表面的顽渍、灰垢，消除轻微的花痕、擦纹和喷漆后留下的漆斑，去除旧漆的褪色和氧化层，令褪色及风化的漆层重视原来的光滑度、色泽和光彩度，适用汽车、摩托车、家具、玻璃、塑料及电镀表面。

7. 彩虹钻石持久固蜡

产品特点:高分子树脂清洁保护蜡,简单、快速而且安全的清除车身的污垢和水锈、恢复车身光泽。形成长期保护的拨水和防污功能的保护膜来保护漆层。

(八)国产保赐利系列车蜡

1. 保赐利色泽还原研磨砂蜡

产品特点:本产品含超细研磨剂,能安全、有效、快速去除车体漆膜表面的灰垢、顽渍,消除轻微擦纹、划痕等,以及去除漆膜的哑色层和氧化层,使漆面重现光彩艳丽。

2. 保赐利晶体黑蜡、金属蜡

产品特点:本产品采用特种 TEFLON 护车配方,具有超强防水,防污效能,凭借光硬化剂的作用,上蜡后使车身焕发晶体色调的光辉,其光泽的持久性出类拔萃。坚固蜡层的效果,能抵受恶劣天气环境,蜡膜层丝毫不损,只需要稍加洗抹立即光泽艳丽。使用方便省力。

3. 保赐利晶体美白亮色蜡

产品特点:本产品采用特种 TEFLON 护车配方,具有超强防水,防污效能,凭借光硬化剂的作用,上蜡后使车身焕发晶体色调的光辉,其光泽的持久性出类拔萃。坚固蜡层的效果,能抵受恶劣天气环境,蜡膜层丝毫不损,只需要稍加洗抹立即光泽艳丽。使用方便省力。车型颜色:专为白、黄、水色、灰棕色等亮明色车开发的汽车蜡。

4. 保赐利固蜡

产品特点:本产品采用巴西优质特种树脂经特别配方精致而成,上光效果绝佳,能迅速形成一层特强保护蜡膜,彻底截断雨水的渗透,防止酸雨、紫外线的侵蚀,持久保护,亮丽常鲜。

5. 保赐利激防水蜡(深、浅色车蜡)

产品特点:本产品含 EOP 防水树脂,具有超豪华的光泽和令人惊异的拨水功能、弹水功能,其超强持久的增光保护效果是普通车蜡的 3 倍以上,能有效抵御紫外线、酸雨、大气尘埃对车身的侵袭和损害,防止灰尘积聚,保护车身靓丽持久,光彩照人。适合黑色、红色、紫红色、蓝色、绿色等深色车漆使用。

6. 保赐利 ATM 钻石光泽抛光蜡

产品特点:本产品采用先进工艺和进口原料制成,具有特效的汽车上光保护蜡,集快速去污、抛光、保护功能于一体。具有超级抛光功能,能迅速、彻底去除表面顽渍、污垢及轻微的划痕,也具有防水、抗静电、抗氧化、抗紫外线等功效,使车身漆面亮丽光彩。

第三节 汽车打蜡方法

一、汽车打蜡方法

汽车打蜡时常用的基本工具有:纯棉毛巾、合成鹿皮、打蜡海绵、清缝牙刷、棉签等。常使的用品有:柏油清洁剂、合适的车蜡等。汽车打蜡操作程序是否正确,会影响到打蜡效果,错误的操作方法反而会损伤漆面。汽车打蜡的正确操作步骤如下所述:

1. 汽车打蜡前的准备

(1)汽车清洗。汽车打蜡前必须用专业洗车液将汽车进行彻底清洗,并将车身完全擦干。打蜡前如果不把汽车清洗干净,在接下来的打蜡过程中就有可能划伤车漆层。

(2)全面去除柏油、虫尸等污物。例如车身有柏油污染物,将柏油清洁剂喷洒在柏油处,然后用干净毛巾擦拭清除。

(3)检查车漆。认真检查车漆是否有划伤和锈蚀的地方,如果有锈蚀的地方,应进行补漆。检查漆层被氧化的程度。如果汽车上的是瓷漆或喷漆,车身表面很模糊或表面发白,就需要去除氧化层。如果看不到氧化层,或车漆为清罩漆,用手背摸拭车顶和发动机罩(这些部位最容易被紫外线氧化)。如果这些清洗后的表面有粗糙感或拉皮肤,说明汽车的表面漆层已被氧化。在打蜡之前,应首先去除氧化层。

喷漆或瓷漆上的氧化层可用抛光剂或有磨料的清洁剂去掉,所使用磨料的粗细取决于氧化程度。如果氧化不明显,则使用打蜡和抛光合二为一的产品;如果漆层氧化严重,那么在打蜡前应先抛光。用干净的毛巾或海绵沾上抛光剂打磨车身,每次抛光一小块地方。抛光时所使用的毛巾或海绵会改变车身颜色的深浅,因为这时会磨去很薄一层色漆。

(4)汽车要停在室内或阴凉处;车漆不能发烫,漆面凉后才可打蜡。

2. 涂抹车蜡

涂抹车蜡可分手工涂抹和机械涂抹两种,手工涂抹简单易行,机械涂抹效率高。无论是手工还是机械涂抹,都要保证漆面均匀涂抹。

手工涂抹车蜡时,首先将适量的车蜡涂在海绵(专用打蜡海绵)上,然后按一定顺序往复直线涂抹,涂抹时要分段、分块进行,每道涂抹应与上道涂抹区域有1/5~1/4的重叠,防止漏涂及保证均匀涂抹。涂抹车蜡时一般应遵循先上后下、先平后竖的原则。要求用蜡适量,力度均匀,动作柔软,涂抹车蜡过程中,车灯、车牌、车门、行李舱和塑料饰条等处的缝隙中会残留一些车蜡,应及时擦除,若不及时擦干净,会很难彻底清除,甚至以后会产生锈蚀。

机械涂抹车蜡时,将车蜡涂在打蜡机海绵上,具体涂抹过程与手工雷达同,值得注意的是在边、角、棱处的涂抹应避免超出漆面,而在这方面手工涂抹更容易把握。

3. 抛光

根据不同车蜡的说明,一般涂抹后5~10min即可进行抛光。抛光时遵循先上蜡抛光的原则,确保抛光后的车漆不受污染。抛光作业通常使用无纺布毛巾往复直线运动,适当用力按压,以清除剩余车蜡。

4. 打蜡后的检验

打蜡完毕后,若喷上水不四处流散,而是附着在蜡上,则证明打蜡的效果不佳,应重新打蜡。汽车打蜡后全车漆面应干净整洁、手感光滑;车蜡均匀,漆面没有残蜡或打花;亮度和颜色均匀,漆面有镜面效果。

二、打蜡作业注意事项

(1)打蜡作业应环境清洁,有良好通风,有条件可设置专门的打蜡工作间,沙尘若附着在车身上,抛光时极易产生划痕。

(2)打蜡必须在阴凉的地方操作。车身漆面温度应降到常温。因为车体温度高时车蜡附着能力会下降,车蜡干燥太快,影响打蜡效果。

(3)打蜡海绵使用前必须是清洁的,每次用完后必须清洗干净,放在阴凉处风干。

(4)在涂抹车蜡过程中,为防止漆面被刮伤,作业人员不应戴手表、戒指之类的东西。

(5)涂抹车蜡时,尽量采用柔细的海绵或软质的不起毛的绒布或棉布进行均匀涂抹。一次作业要连续完成,不可涂涂停停。应遵循先上后下的原则,即先涂抹车顶、前后盖板、车身侧面等。

(6)不要往车窗和风窗玻璃上涂蜡,也不要在橡胶保险杠、车身饰条、车窗防雨密封条等塑胶件上涂蜡,否则形成的蜡膜很难擦净。若不小心涂上蜡,应马上用干净毛巾擦净。

(7)车蜡的干燥参考时间为5~10min,应灵活掌握。干燥时间随环境湿度而不同,湿度大时干燥慢,湿度小时干燥快。

(8)打蜡时,若海绵上出现与车漆相同的颜色,可能是漆面已经破损,应立即停止打蜡,进行修补处理。

(9)冬天容易产生静电,静电会引来灰尘,造成刮伤,可用高级衣物用的静电防止喷剂喷在擦车专用的棉布上,可有效防止静电的产生。

(10)使用电动打蜡机时,千万不可用力过大,否则会将原漆磨掉。

(11)抛光结束后,要仔细检查,用牙刷或棉签清除各处缝隙中的残存车蜡,防止产生腐蚀。

(12)打蜡结束后,设备及用品要做适当清洁处理并妥善保存。

(13)要掌握好打蜡频率。由于车辆行驶的环境、停放场所不同,打蜡的时间间隔也应有所不同。一般有车库停放,多在良好道路上行驶的车辆,每3~4个月打一次蜡;露天停放的车辆,由于风吹雨淋,最好每2~3个月打一次蜡。当然,这并非是硬性规定,一般用手触摸车身感觉不光滑时,就可再次打蜡。

第四节　汽车封釉与镀膜

一、汽车封釉

(一)汽车封釉的含义

釉是指覆盖在瓷坯表面上的玻璃状薄层,将调制好的釉浆施在坯体外表经高温熔融形成均匀的玻璃质层和坯胎结合在一起,釉使陶瓷器增加机械强度、热稳定性、介电强度和防止液体、气体的侵蚀。釉还有增加瓷器美观和便于洗拭、不被尘土沾染等特点。

车釉是一种从石油副产品中提炼出来的抗氧化剂。其特点是防酸、抗腐蚀、耐高温、耐磨、耐水洗、渗透力强、附着力强、光泽度高等。

汽车封釉是将封釉产品利用渗透或机械振抛挤压方式填充到漆膜表面网状微孔,经过常温或高温聚合,在车漆表面形成一层珐琅质的、透明光滑的保护膜。使油漆也具有釉的特点,从而达到保护车漆,使车漆漆面保持光滑靓丽的目的。

(二)常见封釉产品简介

1. 美鹰晶亮釉

美鹰晶亮釉由美国格茨兰克化学公司生产,取自天然水晶砂,是继蜡、高分子合成品之后的新一代的汽车漆面增光保护剂。美鹰晶亮釉为无色透明液体,如同流体玻璃,封到汽车漆面以后,在填充漆孔的同时会形成一层透明、晶亮的网格状保护层,它具有密封、渗透、增光、抗划痕、耐高温、耐酸碱、抗紫外线等特点。长期使用,会使汽车漆面呈现高光泽度、晶亮持久、安全环保的效果。美鹰晶亮釉在中国的销售、推广,改变了中国20多年来在汽车美容上只有洗车、打蜡的历史。

2. 速豹硅釉

速豹硅釉两年前在日本研制成功,是针对以往封釉产品的缺陷进行了改进的产品,率先采用变性硅为核心材料,不添加任何石油成分,全球首次实现"对车漆无任何副作用"的封釉产品。速豹硅釉的主要成分是变性硅,与空气中的二氧化碳反应后,形成一层不氧化的保护膜,牢牢附着在车漆表面,具有不氧化、时效性长等特点。

3. 韩国小仙女(劲牛王)防火晶亮釉

该产品应用了韩国军方最新技术,使用后可在车漆表面形成三层高密度离子涂层,彻底隔断酸雨、尘土、紫外线等对漆面的侵蚀,更能抵御高温火烤,持久保护漆面,提供长达一年的有效保护。

4. 赛梦娜钻石太空釉

赛梦娜钻石太空釉是原巴西棕榈液蜡-2002创新配方,具有赛梦娜还原蜡的所有品质,同时具有超釉表现。有特效增艳成分还原车漆光泽,使漆面如新车般光亮如新,分子结构相互循环直至坚实地附着于车漆表面与空气恒久隔绝,抵抗烈日、风雨、尘污带来的侵蚀和磨损,有效抵御污染侵蚀、防止氧化褪色,特有的"外向"性硅氧烷自动向外延伸,形成镜面般的高光泽度的保护层,不留水迹。

5. 赛梦娜钻石镜面釉

该产品含有航天用品聚硅类密封聚合物,在车漆表面形成玻璃般的保护层,具有高硬度、镜面反射光泽,洗不掉,不脱落,含抗太阳紫外线剂,能化解紫外线对车漆的损害。在各种恶劣天气下,使车身不粘灰、不易变黄、变暗,可抵抗各种腐蚀物、氧化物酸雨对车漆的侵蚀。镜面釉的最大特点就是含有专利素和特有的固化剂,使用后通过对汽车漆面的渗透形成带固化剂的液体玻璃,并层层积累,不溶于水。它独有的漆面保护性和还原性,达到了从根部护理,能有效去除污垢,渗透添塞漆孔的功能,同时汽车封釉后,还具有防氧化、耐高温、防褪色、防酸碱、防静电、抗高温、抗紫外线等8大功能。

(三)汽车封釉的操作方法

汽车封釉所需的主要设备和工具有:打蜡封釉机(振抛机)或高频封釉机,无纺布、纸胶带等。以美鹰晶亮釉封釉为例来说明其操作工序:

第一步:汽车清洗。要使用中性清洗剂洗车,因为碱性清洗剂会腐蚀车漆,建议使用美鹰中性清洗剂,避免伤害车漆。

第二步:黏土(美鹰火山泥)打磨。由于长期积存的尘土、胶质、飞漆等脏物很难靠清洗去除,因此经过清洗的车漆表面仍然是毛毛糙糙的,这就需要用一种从细腻火山灰中提炼出来的"去污黏土"进行全面的打磨处理。

第三步:深度清理。就像人皮肤上的毛孔需要清理一样,车漆的毛孔也需要清洁。使用静电抛光轮,配以美鹰增艳剂,在旋转的同时产生静电,将毛孔内的脏物吸出。同时,增艳剂渗透到车漆内部,发生还原反应,可以达到车漆增艳如新的效果。抛光的另外一个功效是可将车漆表面细小的划痕磨平。

第四步:振抛封釉。这是汽车封釉的关键步骤。在专用振抛机的挤压下,晶亮釉被深深压入车漆的毛孔之内,形成牢固的网状保护层,附着在车漆表面。保护剂中富含UV紫外线防护剂,可以大大降低日晒辐射,并可抵御酸碱等化学成分的侵蚀。

第五步:无尘打磨。最后用无尘纸打磨一遍车身,可让车漆如镜面般光亮。

封釉作业时间大约需要4~5小时。

(四)汽车封釉后注意事项

(1)封釉后8小时内切记不要用水冲洗汽车,因为在这段时间内,釉层还未完全凝结将继续渗透,冲洗将会冲掉未凝结的釉。

(2)做完封釉美容后应尽量避免洗车,因为封釉产品可防静电,因此一般灰尘用干净柔软的毛巾擦去即可。

(3)做了封釉美容后不要再打蜡,因为蜡层可能会粘附在釉层表面,再上釉时会因蜡层的隔离而影响封釉效果。

(4)封釉是一项专业性非常强的工作,它对场地、工具、技术及用品的要求都非常严格。封釉最好在室内进行,以防沙粒粘上漆面造成划伤。

(5)由于封釉产品的不同,再加上汽车使用环境的影响,一般两个月到半年做一次封釉效果最好。

二、汽车镀膜

(一)汽车镀膜的含义

从2002年开始,汽车漆面保护膜技术就已经进入中国,由于没进行良好的市场运作,虽然有众多媒体报道过,但此产品一直没在市场上得到关注。2004年广州车展,深圳美生伟业携镀膜产品出现,镀膜一词受到关注,几乎与此同时北京安弗客推出F&K,在汽车美容业,镀膜究竟是技术还是产品,比打蜡封釉的效果到底好在哪里,诸如此类的问题出现了很多争议。无论镀膜究竟算产品还是技术,总之,镀膜已引起相当关注,在2005年开始,它已经进入了汽车美容业,并且将会得到广大汽车消费者的认同。相对于车蜡、封釉来说,镀膜的出现确实是有了一个质的飞跃,被称之为第三代护理品。由于其真正意义上做到了"杜绝氧化"车漆,因此也就开启了中国汽车美容市场的"绿色养护"时代。不过汽车镀膜对施工的技术要求相当高,施工人员必须经过专业的培训,在费用方面也相对较高。

汽车镀膜就是运用玻璃纤维素、硅素聚合物、氟素聚合物等非石油材料,按照严格规范的操作流程,在车漆表面形成一层无色透明、光洁明亮、硬度高、韧性强且性能稳定的保护膜。

汽车镀膜的特性:

(1)车漆光亮如新。施工后提高漆面亮度,其亮度可达90°以上。镀膜在车漆表面形成的保护膜细腻爽滑,致使水滴很快滑落。

(2)漆面具有抗氧化、老化的作用。镀膜产品不含石油成分,施工后与车漆紧密结合,在漆面形成保护膜,将车漆与空气完全隔绝,能有效防止车漆氧化、老化。

(3)抗紫外线。镀膜产品添加有超强抗紫外线成分,让漆面有效抵抗紫外线照射,防止紫外线对车漆的灼伤。

(4)耐腐蚀。致密的漆面保护膜能有效防止酸雨等腐蚀性物质对车漆的损害,同时防止车漆的褪色。

(5)耐高温。一般的镀膜产品耐温范围达 -50 ~ 300℃。

(6)硬度高,防划痕。保护膜硬度可达到 9H 以上,而汽车金属漆面的硬度为 2H 左右,打蜡和封釉的硬度为 2H ~ 3H 。因此也能较好地防止车身漆面被划伤。

(7)容易清洗。保护膜具有较强的自洁性和泼水性,不易粘附灰尘、污垢,清洗时只用清水即可达到良好的清洗效果,清洗方便。

(8)效果持久。保护膜性能持久稳定,车漆表面光亮镜面效果保持达一年以上。

(二)常见镀膜产品简介

1. 美加 PPS 镀膜剂(PPS 宙斯盾 - 汽车漆面电泳镀膜)

PPS(polarized protective system)即极化漆面保护系统,是美国军方为解决宙斯盾巡洋舰雷达系统漆面的保护问题,由尼克松·查尔斯·R 教授领导的科研小组历时 8 年研制出的产品,因首先用于宙斯盾巡洋舰,故名“PPS 宙斯盾”。1992 年 1 月 14 日,PPS 在美国专利局注册专利,专利号 US#5081,171,是目前为止全球唯一拥有美国专利的漆面保护产品。最初几年,PPS 由美国军工部门生产,用于美军军舰、飞机等关键设备漆面的保养维护。1996 年,美国军方允许 PPS 民用,并将生产权卖给加拿大加德集团。此后近十年来,PPS 被广泛运用于船舶、飞机、汽车、工业机器、农业机械设备等的漆面保护上。

产品特点:美加 PPS 镀膜剂是由多种贵重的化学物质复合而成,每种成分都提供其独特的保护性能,共同对车漆提供完美的保护。美加 PPS 镀膜的主要成分 - PTFE 是人类所掌握的最光滑物质之一,这种极度光滑的材质能使汽车漆面不沾灰尘、污垢,甚至水都无法沾在漆膜上,因而用清水就可以很轻易地冲洗掉附着在车漆面上的任何脏物,并且具有完美的光亮效果。

美加 PPS 镀膜剂采用一种动态电泳的方式,利用异性相吸的原理,形成一层漆面保护膜。其中的聚结剂含有 PTFE 成分,可填补车漆表面的小孔,防止其他化学物质的侵入;其中苄菊酯和三硝基甲苯的作用是把各种成分聚全成一个整体,抗酸、抗腐蚀、抗清洗;其中苯基吡唑酮是一种丙烯酸,它提供更高一层的保护性能,用来保护其他成分,当它固化后,它会变得很硬、很耐久、抗静电、透明,而且光洁度非常高。固化后硬度比原有车漆增加 3 倍以上,可达到 9H 以上。

2. 美国穿山甲物理镀膜

美国穿山甲物理镀膜 1978 年由美国 Siskin Enterprises 推出,由北美风行世界,1995 年,台湾昱信公司与其合作,成为 Perma - Plate (穿山甲)台湾独家总代理。2001 年,台湾昱信在中国成立上海昱信工贸有限公司,加强推广穿山甲物理镀膜业务。穿山甲物理镀膜是一种化学药剂,它与车漆会融合成一体,就像布被染色一样。它不但能让车漆长久保持光泽度,也可以抵抗紫外线的伤害。

3.“爱酷”车用水晶膜

“爱酷”车用水晶膜是日本 Super MAX USA Inc 公司研制的最新一代的汽车漆面保护产品。其主要原料是液化玻璃纤维。液化玻璃纤维在活性剂的作用下强力吸附在车漆表面,在车漆表面形成不超过 1μm 厚的薄膜。薄膜色彩艳丽、镜面效果佳,硬度高,能抵抗轻度划痕,抗紫外线强。

4. 绝对车漆保护膜

日本环球理化研究所根据中国的用车环境、气候条件等，经过反复试验，研制成功了适合中国用车的新型车漆保护膜，这一产品被命名为“绝对车漆保护膜”。“绝对车漆保护膜”在原有配方基础上，加强了产品的耐污染性、抗腐蚀性和抗摩擦性，大大提高了保护膜的综合防御能力，从而能更加可靠的保护车漆不氧化，更加长久的保持车漆鲜亮。

绝对车漆保护膜采用植物及硅等环保又稳定的原料提炼合成。保护膜采取了两个措施：一是采用不氧化原料及稳定的合成方式（氟碳树脂）。二是变结合为“覆盖”：由膜产品本身的分子结合力附着在漆面上，形成透明的“膜”，较长时间保持车漆的原厂色泽。而且由于膜本身结构的致密，很难破坏，可以较好的防止外力对漆面的损伤。

5. 日本樱之花汽车漆面磁性镀膜

日本樱之花汽车漆面磁性镀膜的主要成分是硅氟共聚物、玻璃纤维、海性水、硅土素等8种无机物。它运用磁性作用使微小孔隙和裂纹瞬间渗透，形成均匀涂层，不易脱落。保持车漆光泽，即使旧车也能光艳如新。漆面硬度高达9H，厚度约1μm，耐温范围达－75～350℃。

6. 日本3E汽车漆面镀膜

日本3E汽车漆面镀膜是日本SaKaguti制作所的产品。3E汽车漆面镀膜的基本特性是以玻璃素纤维、硅弗系统共聚物、二氧化硅等为主要成分，不添加任何石油成分，自身为非氧化物质。化学性质稳定，耐腐蚀，透明度极高。

3E汽车漆面镀膜的基本原理是将漆面光泽度还原后，采用先进的“反应剂”技术，使镀膜与漆面发生反应，在漆面上形成透明度极高的覆盖膜。可有效阻隔紫外线、酸碱等外界有害物质对车漆的侵害，防止水珠透镜效应灼伤漆面，防止色斑、氧化斑的产生，使车漆保持鲜亮光泽。

7. 广州斯巴达有机硅镀膜

目前，广州斯巴达科技环保有限公司推出了一款全新的汽车有机硅镀膜产品，与市场上传统的车蜡、车釉等产品相比，该产品不但能使车漆表面的防水、防污能力大大提高，而且在使用寿命方面也已经大大超过了市场上的其他同类品。该产品本身不含蜡，而是由90%以上的有机硅和少量的树脂融合而成，产品本身的优异性能就是由于有机硅这种材料的特性所至。

有机硅镀膜的主要特点：

(1)渗透性好。有机硅镀膜产品采用的是纳米级的分子材料，这种结构可以确保产品有很好的渗透性。汽车的漆面有很多小漆孔，小分子结构的有机硅可以很容易进入到漆面的内部，这样可以排出漆孔内的水垢、污渍；也可以渗透到油漆的各个层面。在加热的时候，会加速有机硅向漆底的渗透，并且加速固化，这样先渗透，再固化，附着力就会很强；由于它把这些漆孔都封闭起来了，就会形成很好的屏蔽效应，可以很好地保护油漆不受外界的污染。

(2)表面张力小。有机硅膜的表面张力非常小，镀了有机硅膜的漆面，水珠和污垢很难在其表面停留，从而可以对车漆起到很好的保护作用。

(3)防静电。有机硅膜可以有效地防止静电，镀了有机硅膜的车辆用鸡毛掸子就可完成汽车清理，不用洗车。这样不仅省事，而且还避免了洗车过多对车漆造成的伤害。

(4)耐温性好。该品种能在－60～300℃环境下很好地使用，而车蜡通常只能耐温70℃。由于有机硅膜韧性好，在环境温度急剧变化时都不会破坏它的完整性和强度。

8. 纳米 ASO 镀膜

成都爱法纳米技术有限公司的纳米 ASO 镀膜，是采用纳米无机材料配制而成。纳米材料独有的特性能给车漆提供完美的保护。纳米 ASO 镀膜的主要成分为纳米氧化铝、纳米氧化硅。采用进口优质偶联剂对纳米粒子进行溶液扩散和漆面吸附控制，溶液扩散均匀、稳定，漆面附着力极高。纳米级粒子润滑性极高，因此施工后手感极其润滑。氧化铝、氧化硅为天然宝石、水晶的主要成分，硬度、耐磨性极高，而且本身非常稳定，永不氧化。

施工后，纳米保护剂在汽车漆面上形成一层厚度只有几十到几百纳米的透明保护层，纳米保护层的独特结构使汽车漆面具有强烈的疏水特性，使落在漆面的灰尘、油污、很容易被清水洗掉，犹如天然的荷叶自洁现象。纳米氧化物颗粒有效填充了漆面的细微裂纹，增加漆面的硬度与耐磨性，使车漆表面更加润滑，车漆光亮如新。

（三）汽车镀膜的施工方法

根据汽车漆面保护膜产品的不同，其施工方法略有区别。一般来说其施工程序如下：

(1)检查车况。先对全车漆面仔细检查，了解和判断漆面的状况，比如是否翻新漆面，有无瑕疵、局部无法处理等情况。发现这些情况要记录下来，并与客户沟通寻求解决办法。

(2)清洗车身。将车身清洗干净并擦干。如发现车漆上有沥青和其他油污，可喷洒柏油清洁剂清除。直到车漆光亮无污垢。

(3)黏土处理漆面。黏土可以把车漆上的氧化物等杂质清除掉。处理时，要把黏土反复搓揉，放在掌心以水平的方向在漆面来回移动。在移动时必须要与清水配合。否则黏土会粘在漆面上。每做一块要检查漆面是否光滑、洁净。

(4)贴胶保护。贴胶保护用于在做全车抛光处理时对可能受损伤部件的保护。如窗户的胶条，高于漆面的装饰条、金属字、车灯、漆面接缝处等部位贴上专用胶带，可以有效地避免抛光机对这些部位的损伤。

(5)漆面抛光。漆面抛光的目的是祛除漆面上的氧化层和划痕，并提高和恢复车漆原有的光泽度，使漆面达到镜面般的效果。

(6)漆面镀膜。漆面镀膜时，将摇均匀的液剂倒在镀膜海绵上，按水流方向操作，将液剂涂抹在漆面上。

(7)清洗溶剂。镀膜液剂涂覆在漆面后，需要将车静置 30min 以上。然后对漆面进行清洗。清洗掉它的溶剂，才能使车漆的镜面光泽显现出来。在清洗时，用擦车毛巾蘸清水对漆面轻轻擦拭，直到没有模糊的东西出现在漆面上。全车擦拭完了后，再用清水冲洗一次，并用洗车毛巾擦干车身。

(8)检查交车。上述工序做好后，还需要对全车再进行一次检查。检查漆面有无痕迹、边缝里是否还有粉尘以及水分等。

第八章　汽车漆膜修复

涂料经涂覆在物体表面形成连续的薄膜，该薄膜干燥后牢固地粘附在物体表面，这种薄膜一般称为漆膜（涂膜、涂层）。涂膜具有物面保护、装饰美化、色彩标志及各种特殊作用。汽车使用中，由于日晒、雨淋及受到各种酸、碱、化学物品的腐蚀，车身的漆膜会逐渐老化，出现开裂、锈蚀、变色等现象。另外，因车辆事故等原因漆膜也会出现局部损坏。当车身漆膜已失去原有的保护和装饰作用时，应进行车身漆膜修复。

第一节　汽车修补涂料

一、汽车用涂料的发展状况

在汽车工业发达的国家中，汽车涂料的用量在涂料产量中占有极其重要的地位，一般仅次于建筑用涂料，但在涂料的销售额中所占的比例最大。因此，各国涂料生产厂非常重视汽车用涂料的动向及开发，以适应汽车工业发展的需要。汽车用涂料的生产和技术开发有集团化、国际化的倾向。在近10年里，汽车用涂料在其耐候性、耐石击、外观装饰性、高艺术观赏性等方面都取得了很大的进展。但是随着人们环保意识的增强，使汽车用涂料又面临种种新的课题。以下针对汽车涂装的需要，介绍最近开发以及正在开发的汽车用涂料。

1. 汽车用涂料的主要发展情况

汽车用涂料的最近需求是提高涂层质量、保护地球环境和降低成本，针对这些要求，涂料厂从涂料本身出发，进行了大量的研究，开发了一系列新型涂料。

1）电泳涂料

阴极电泳涂料于1977年在福特汽车公司开始应用，当时阴极电泳涂料厚度为20μm左右。1984年厚膜阴极电泳涂料在汽车厂开始使用，涂膜厚度超过30μm以上。后来，不少汽车厂又从厚膜阴极电泳涂料转到中厚阴极电泳涂料，漆膜厚度在25μm左右，具有与厚膜阴极电泳同样好的抗腐蚀能力。目前，世界汽车生产中有92%使用电泳涂料（ED），其中90%采用阴极电泳涂料（CED）。阴极电泳涂料具有优异的渗透性，可均匀覆盖工作凹陷部位，并有极强的防腐性。

目前，新一代高流平性的阴极电泳涂料已经在美国汽车厂使用。其代表产品有ppC、的ED11厚膜阴极电泳涂料、ED12中厚膜阴极电泳涂料、杜CormaxTM厚膜或中厚膜阴极电泳涂料。其主要性能改进是使漆膜表面粗糙度值下降，例如CormaxTM中厚膜阴极电泳漆膜表面Ra为0.15~0.20μm。

汽车底漆采用CED已成定局，但也有人提出采用粉末涂料作为底漆和中涂，而CED大方向不变。今后工作主要是进一步改善性能，如降低固体温度，提高平整性和耐久性。

2)中间涂层

渐涂料的水性化是由底到面逐步发展的,底漆已经水性化,中涂开始水性化。20世纪80年代末期,在大部分汽车涂装线上开始使用水性金属闪光底色漆。进入90年代,加快了使用水性化的步伐,尤其有欧洲,中涂涂料已实现了水性化。日本水性化工作的研究已经完成,日产汽车公司村山工厂就使用日本油脂生产的水性中涂涂料。但由于生产成本高,环保要求没有欧美苛刻,所以日本没有全面推广。

粉末涂料在中间涂层中已经开始使用。在1982年日本日产公司已开始使用过粉末中涂,20世纪80年代中期,通用汽车公司在一个货车厂使用粉末中涂,近年来又在3个小型货车上使用。但是粉末中涂在投入生产线使用以前,有几个大的难点。其中最大的难点是如何形成平滑均匀的涂膜、粉末粒子的微粒化技术以及涂装装置的稳定供给。如今,涂料和涂装方法的开发都取得了进展,原来比溶剂型涂料差的涂膜外观也得以提高,涂料的稳定供给以及涂着效率的改善已成为可能。

在最近两年,带色的中间涂层已在美国广泛采用,其主要优点是中涂的颜色与面漆的颜色配套,提高了外观装饰性,由于采用带色中涂,面漆中金属闪光底色漆的厚度可以从20μm降到15μm,而金属闪光漆的遮盖量可以降低到25μm。这样,减少了涂料的用量,减少了流挂等弊病,降低了返修率。

3)面漆

汽车面漆分两类,即本色漆和金属闪光漆,大体上各占一半。近几年金属闪光漆系列发展迅速,珠光漆、梦幻涂料等层出不穷,颜色也向具有高透明感、深度感、高色彩方向发展。

金属闪光漆目前在美国大多采用高固体分闪光漆,而日本采用最多的是中低固体分金属闪光漆。随着环保法规的日益严格,为了提高豪华轿车的漆膜外观质量,美国部分高级轿车近两年来采用水性金属闪光漆,可大大降低VOC(有机挥发物)排放。同时,水性金属闪光漆具有特殊的流动性,有利于铝粉定向,比溶剂型涂料具有更好的金属效应。所以水性金属闪光漆水性化是必然趋势,技术也已成熟,能很快推广应用。通用汽车公司预计,2020年前,全球大部分汽车厂会采用水性金属闪光漆。5年左右国内的汽车厂可能会有水性金属闪光漆的需求。

水性金属闪光漆代替溶剂型金属闪光漆,与所有水性涂料一样,必须有恒温恒湿条件,一般施工温度为22~28℃,相对湿度为60%~80%。水性金属闪光漆施工后,必须有一段闪光的过程,使水分挥发后才能涂双组分高固体丙烯酸涂料或粉末涂料。本色漆是否再罩清漆,仍有不同的看法,总的看都认为罩清漆后,漆膜外观、耐久性都有所提高。所以,美国克莱斯勒公司的所有轿车、通用汽车公司的部分轿车在本色漆上再罩一层清漆,使漆膜外观得到改善。目前欧洲和北美均使用双组分或单组分高固体丙烯酸罩光清漆,但是异氰酸酯—丙烯酸体系的缺陷是异氰酸酯的毒性。因此,从环保角度来看,未来罩光清漆应是粉末涂料的水性涂料。如美国通用汽车公司在20世纪80年代在OKlamome建立了一条水性罩光漆生产线,近来又在Eisenach使用,效果比较好,认为很有发展前途。目前,罩光清漆和本色漆以高固体分涂料易被现在的生产线接受,在应用中仍是主流。如果采用双组分高固体分涂料,施工固体分可达85%以上,VOC排放量已与水性漆相似,近期是可行的。粉末涂料是最有发展前途的罩光清漆,但作为本色漆,由于换色难,使用上会受到一定限制。

2. 汽车用涂料的发展方向

在第一届环太平洋涂料技术交流大会上，美国通用汽车公司指出：21 世纪的汽车涂料，主要类型为水性涂料和粉末涂料。水性涂料可将 VOC 排放降到很低，粉末涂料可使 VOC 排放降为零。在 21 世纪，水性和粉末涂料必将成为汽车涂料的主流，但汽车底、中、面漆要求各异，各有偏重，其发展动向如下：

1）阴极电泳涂料的动向

（1）进一步提高耐腐蚀性，重视提高防锈钢板的实用性和车身防锈性（在美国、西欧更重视这一点）。

（2）要求提高包括电泳底漆在内的综合涂膜外观质量，趋向改用厚膜 CED。

（3）在涂高明度（浅色）色的场合，解决常发生的 CED 变黄的问题。在日本，汽车流行色（尤其是中高级轿车）是白色系列（占 50% ~60%），故应重视解决这一问题。

2）中层涂料的动向

（1）提高中层涂层的外观装饰性（平滑性），有厚膜化的倾向。

（2）提高厚膜涂装的作业性（抗气泡、流挂性）。在高装饰的 4 层汽车涂装工艺中有涂两次中间涂层的趋向。

（3）提高中间涂层的耐崩裂性。要求中间涂料与电泳底漆、面漆的层间结合优良，在受冲击时能承受冲击能量。

（4）中涂的颜色与面漆的颜色配套，有同色化的倾向，并正在通过改进涂装设备来提高装饰性。

（5）适应 VOC 法规的要求，实现低公害化。

为了适应上述要求，总的趋向是采用高固体分（H/S）中涂、水性（W/B）中涂。在西欧非常重视耐崩裂性，以采用 PE、聚氨酯系列中涂（或耐崩裂涂料）为主流。

3）面漆的动向

日本认为轿车用面漆的耐候性已不成问题，在这方面所需做的工作是开发高耐候、色彩多样化的新型颜料。各国汽车用涂料的制造厂，当今主攻方向是采用各种技术措施，来提高轿车用面漆的外观装饰性（高平滑性、高光泽性）。另外是高固体分化，以提高其涂装作业性（抗气泡、流挂性、一次涂装厚度）和适应 VOC 法规的要求。

二、国产汽车修补漆的发展历程

汽车工业快速发展带动汽车修补漆起步，20 世纪 80 年代初，我国还没有修补漆体系，汽车出厂时带一罐修补用漆。20 世纪 80 年代中期，我国轿车保有量还不足 100 万辆时，发达国家汽车修补漆开始进入国内市场。

最早进入我国的国外品牌有 ICI（Autocolor）、AKZO（新劲）、Herbertz（施必快）、BASF（鹦鹉）、DuPont（先达利）。进入 90 年代，我国汽车工业进入发展快车道，产品结构发生明显变化，轿车工业发展迅速。到 2004 年全国汽车年产量达 507.1 万辆，轿车比例超过 45%；汽车保有量超过 2000 万辆，其中轿车近 1000 万辆。此时汽车维修用漆引起了极大关注，日本的立邦，意大利的爱犬、天意达，美国的 PPG、宣威、威士伯等世界著名汽车修补漆厂商均登陆国内市场。他们采用先进的汽车修补漆系统，在国内建立了规范的市场销售、服务网络，培养了调色和施工人员，不但推动我国建立起轿车修补漆体系，也推动了我国装饰涂料市场发展，进口修补漆系统还在客车用漆和其他装饰涂料市场受到欢迎。

在20世纪80年代，我国工业涂料还是以醇酸、氨基类为主，售价约15元/kg，很少超过40元/kg；而进口汽车修补漆售价均在100元/L以上，有些甚至高达300～400元/L，价格高、质量好，被国内许多厂商接受。高档涂料能给工业品增加新的价值，远远超过涂料自身的价值。进口品牌汽车修补漆进入我国市场，对国内汽车修补漆以至高档工业涂料发展起到了积极的推动作用。

改革开放带来市场国际化，国外涂料用各种助剂、汽车漆用高档着色颜料、金属颜料、珠光颜料、脂肪族异氰酸酯固化剂、醋酸丁酸纤维素（CAB）、各种漆用树脂以及合成树脂的特殊单体等抢先进入国内，并提供优良的技术服务，为发展我国高档装饰涂料提供了有利条件。

汽车修补用本色漆是以聚氨酯—丙烯酸树脂为主要原料，我国也早有产品。20世纪80年代末，国内采用部分进口原料和助剂，使产品性能有了明显改进。例如，采用叔碳酸缩水甘油酯（Cardura—E10）改性羟基丙烯酸树脂，改善对颜料的润湿性、涂层的流平性、耐久性、耐酸碱性。同时，广泛使用颜料分散剂、流平剂、消泡剂等助剂，改善了涂层外观和施工性能。进口HDI缩二脲或三聚体，使涂层的性能有了保证。改进后的聚氨酯—丙烯酸酯涂料首先在客车上应用，由于国产聚氨酯—丙烯酸酯涂料售价比进口修补漆低得多，我国客车用漆只用几年时间就由以过氯乙烯为主转变为以聚氨酯—丙烯酸酯为主。

20世纪90年代初，金属色汽车受到广泛欢迎，我国客车也纷纷由本色改为金属色，此时开发出金属底色漆，比10年前条件好多了。有参照样品，有与发达国家制备金属底色漆相类似的原材料，所以我国很快开发出双涂层金属底色漆，满足客车生产要求。但罩光清漆仍然以聚氨酯—丙烯酸酯罩光清漆为主。

客车生产用漆，当时是以室温固化或低温固化为主，采用与轿车修补漆相类似的技术路线。这是我们开发汽车修补漆的前奏。

色母系统研制成功催生汽车修补漆产业，首先进入轿车修补漆市场的是成品漆。1996年左右，国内修补漆市场出现国产轿车固定颜色的成品漆，受到汽车维修厂欢迎。由于当时我国轿车数量较少，颜色也比较单一，只要能生产桑红、魔力黑、钻石银、印第安红、夏利红等成品漆，就可占有一定市场份额。

2000年前后，国产轿车修补漆色母体系投放市场。应该说，这才是我国轿车修补漆正式进入市场。因为色母系统是轿车修补漆的核心技术。

国产汽车修补漆刚进入市场时，市场十分混乱，鱼目混珠，能生产客车用漆的生产厂均推出了修补漆。有的将色浆对稀就成为色母，还有的将客车上的清漆和中涂全搬到汽车修补漆中。进口修补漆在客车生产线上用得很好，但并不是说客车用漆就可作为轿车修补漆。轿车面漆的外观等性能必须优于客车用漆。轿车修补后，修补涂层与旧涂层无论在光泽、颜色、清晰度、耐久性等各方面必须一致。修补漆色母体系更不是一般色浆。

要开发色母，必须解决各类颜料的分散技术，决不允许在配色过程中出现发花、浮色等现象，就是轻微的絮凝也会影响调色的准确性。只有很好地解决颜料分散技术，才可能生产合格的修补漆色母体系。福莱姆公司20多名技术人员，经近两年时间开发成功色母体系，并且拥有了自主知识产权。

珠光色母和金属色母也必须对金属颜料、珠光颜料进行精心选择，使用最少色母品种，能调制更多的轿车颜色。

汽车修补漆色母体系，除色母之外，必须有配套软件，并告诉客户如何使用。它包括色母特性表、参考色卡和对应配方及产品说明等。

国产轿车修补漆进入市场后，经历2~3年的混战，逐步走上正轨。假货、冒牌现象明显减少，没有修补漆生产能力的厂家经受不了投诉、索赔，逐步放弃修补漆生产。经几年优存劣汰，目前几家主要生产厂已居国产修补漆主导地位。他们不但有自己的色母系统，轿车修补所需的各种材料也较齐全，市场份额已占2/3以上。

当国产汽车修补漆色母体系刚入市时，调色中心不敢将国产色母摆到台前。而现在，多数调色中心均有两套色母体系同时出现在台前，一套国产的、一套进口的。其中，几个知名国产品牌色母体系已能准确调制绝大多数国内外轿车的颜色。

多数汽车维修厂也会同时使用进口和国产产品。一些有经验的喷漆工对所用产品能作出较正确的评估，选择优质的、价格合理的产品。在轿车修补漆市场竞争逐步趋向理性化时，优质产品也逐步被认可。

有了基本齐全的系列产品，各厂家按自己的方式投放市场，通常是建立销售网络，在全国各地设办事处或代理商、调色中心、汽车维修厂等。以生产厂为核心的销售体系有严格的管理制度，彼此之间建立起良好的信誉。

生产厂不仅提供完整的技术资料，还要为调漆中心和汽车修理厂培训技术骨干。随着我国汽车保有量迅速增加，熟练的调色员、喷漆工严重不足，有实力的汽车修补漆生产厂负担培训任务，并经常派员到现场指导调色和施工，使之所属的调色中心和汽车修理厂熟悉并掌握本公司产品的特性，并解决实际应用中的疑难问题。销售人员与代理商、调色中心和修理厂密切联系，能及时提供市场信息，再传递到生产厂，使生产厂能不断完善已有的产品。

这阶段的另一特点是国产修补漆向进口品牌学习，跟着进口品牌走。福莱姆公司在2000年匆匆推出首套色母，2003年根据市场需求又推出第二套色母，不过色母的通用性问题与国际大公司的高浓度色母仍有较大差异。总结前两套色母经验，该公司在2005年又完成了高浓度色母的研发，色母制备向前跨越了一大步。

颜料分散剂和分散树脂解决好了，可以得到高颜料含量的色浆和色母。例如，高色素炭黑是颜料分散的难点，通过改进颜料分散剂和分散树脂，使色浆中高色素炭黑含量达30%~45%（以固体分计），色母中高色素炭黑含量为15%~25%（以固体分计）。当黑漆中炭黑用量为2%~3%时，色母中带入的分散剂和分散树脂只有10%，不影响涂层性能。由于颜料浓度很高，分散树脂与其他树脂的混溶性好，使高浓度色母还能用于塑料涂料、汽车原厂漆和其他装饰涂料的调色。

清漆似乎是最简单的，但只要你入了门，会感到很深奥。它在汽车修补漆中占很重要的地位。首先是轿车的外观明显优于客车或其他装饰性涂料，所以要求清漆有很高的清晰度。其次，轿车特别是中高档轿车，需要有很好的抛光和耐擦伤性能。轿车全车重涂后，表面有几个脏点需抛光除去，抛光与没有抛光处必须没有明显差异。轿车修补后，修补与原漆的连接处也需抛光。清漆的抛光性好坏，与树脂的组成和涂层的交联密度有关。涂层的耐擦伤性是另一重要性能，是汽车面漆引起中期失光（2~5月出现失光）的重要原因。它与涂层硬度有关，但不决定于硬度,一般认为弹性模量和断裂拉伸强度越大,涂层的耐擦伤性越好。清漆的固化速度决定汽车修补周期,市场上使用最广泛的清漆为聚氨酯－丙烯酸酯系涂料,完全固化需一周以上,但对修补漆而言,涂层达到能抛光或出厂后经雨淋不泛白,不影响性能,车主就会要求将车开回。一般清漆施工后,在20℃时,需12小时以上才能出厂,或60℃烘烤1小时以上。目前市场上已出现快干的局部修补清漆,在20℃以上的环境中,4小时能抛光。通过几年实践和改进,国产汽车修补漆比刚入市时已有很大提高,市场占有率逐年提升,估计现已占国内汽车修补漆销售量的2/3以上,没有技术的进步是不可能有这样快的增速的。亟待进军高端市场,在汽车修补漆市场,进口品牌在高端领域有很大优势,除品牌优势之外,调色系统和新产品开发能力及速度是国产修补漆难以比拟的。每个进口品牌的调色系统均有上万个参考色卡和对应配方,而且汽车厂推出新的汽车颜色时,就能拿到色卡,很快添加到他们的色卡库里,利于调色中心调色。跨国公司具有很强的开发能力,汽车修补漆也不例外,每年都能公开众多的修补漆有关专利。

国内汽车修补漆高端市场,如4S店的汽车修补用漆,所维修的车辆中高档车很多,对涂料的质量要求也比较高,国产汽车修补漆必须切实提高涂料质量以满足高档轿车需求。

国产汽车修补漆另一个问题是产品质量还不稳定,常常会出现问题。涂层的质量决定于涂料质量和施工,如果能保证涂料质量稳定,施工出现涂层病态时,会努力从施工中找原因,使用进口修补漆的喷漆工多有这种心态。如果国产修补漆产品也能保持3~5年不出现质量问题,也会使喷漆工对该品牌树立信心。所以,如何提高国产汽车修补漆生产厂的管理水平是十分重要的。

随着环保法规完善,对汽车修补漆也提出了更高要求,高固体分、水性化趋势不可避免。国产修补漆企业必须加强技术开发,在学习中创新,只有这样才能打造自己的核心竞争力。

三、涂料基础知识

涂料是一种含颜料或不含颜料的有机高分子胶体混合物的溶液。早期人类生产涂料是以桐籽中榨取的桐油和漆树上采集的漆液作为主要原料,经净化、熬炼制成,所以人们自古以来一直习惯称它为“油漆”。随着科学技术和石油化学工业的发展,为涂料工业提供了大量的有机合成树脂、改性油或合成油等新型原料,采用这些原料生产的涂料在性能、质量、品种等方面都比原来的油漆更胜一筹,这就是现在广泛使用的“涂料”。由于“油漆”一词沿用已久,所以人们往往仍以习惯把这些有机涂料称之为“油漆”。

(一)涂料的作用及组成

1. 涂料的作用

汽车漆膜(涂膜、涂层)对于汽车起着很重要的作用,它不仅是车身防腐蚀的保护层,而且更能给汽车增添美感,满足人们的视觉享受。

1)保护车身

通过各种不同的工艺将涂料牢固地附着在物体表面,形成一层覆盖层,把物体表面与空气、水分、日光及其他腐蚀物质(如酸、碱、盐、二氧化硫等)隔离,起到保护物面、防止腐蚀作用,从而延长其使用寿命。

2)增加美观

五颜六色的涂料按照人们的喜爱和与环境的协调涂装在物体表面，形成色彩鲜艳、光亮平滑的美丽外观，给人以赏心悦目的感觉。

车身形状是由表面造型和线条组成的，例如平面、曲面以及各种曲线。油漆可以使这些表面和线条更有立体感，增加车身的美观。

3）标志作用

用特定的颜色表明汽车用于特定的用途，这种作用在特种汽车上非常普遍。

红、橙、黄、绿、青、蓝、紫等颜色的涂料，可调配出各种不同颜色的有色涂料，并具有色彩鲜明、保持性好、涂装方便等特点，是作为识别、指令、指示、警告等标志的重要材料。如执行紧急特殊任务的工程抢险、救护、消防、警车等都是用不同颜色示出不同信号向其他车辆发出警告，引起注意，以保证安全行驶，保障人民和国家财产安全。

4）提高质量

高性能的漆膜不仅可以增加车身的美观，而且可以使车身经历更长的使用年限，所以汽车的质量和价值就会更高。

5）特殊作用

为满足各种特殊需要，专用涂料应运而生，起到伪装、隔热、隔音、导电、防震、防燃烧、防毒气、耐低温、太阳能接收、红外线吸收等特殊作用，为各种特定环境条件使用的产品提供了可靠的表面层保护，增强了产品的使用性能，扩大了使用范围。

2. 涂料的组成

汽车涂料一般有四种基本成分：成膜物质（树脂）、颜料（包括体质颜料）、溶剂和添加剂。

（1）成膜物质——涂料的主体成分，其作用是使颜料保持明亮状态，使之坚固耐久并能粘附在物体表面，是决定涂料类型的物质。一般由干性油或半干性油改性的天然树脂（如松香）、人造树脂（如失水苹果酸树脂）、合成树脂类（如甲基丙烯酸甲酯、聚氨基甲酸乙酯、聚苯乙烯、聚氯乙烯等）制成。通常通过添加增塑剂和催化剂来调整、改进它的耐久性、附着力、防蚀性、耐磨性和韧性。

（2）颜料——涂料中两种不挥发物质之一，它赋予面漆色彩和耐久性，同时使涂料具有遮盖力，并提高强度和附着力，改变光泽，改善流动性和涂装性能。

（3）溶剂——涂料中的挥发成分，它的主要作用是能够充分溶解漆膜中的树脂，使涂料能正常涂抹。优质的溶剂能改善面漆的涂抹性能和漆膜特性，增强光泽，减小涂料网纹，从而减少抛光工作量，同时也有助于更精确地配色。除了涂料中已有的溶剂外，还用作稀释油漆使它的黏度适合涂布要求的稀释剂。

（4）添加剂——近十多年来油漆工艺发生了巨大的变化，添加剂的使用也越来越常见。虽然添加剂在涂料中的比例不超过5%，但它们起着各种重要作用。有能加速干燥并增强光泽的固化剂，有减缓干燥速度的缓凝剂，还有能减弱光泽的消光剂。有些添加剂起的是综合作用，即减少起皱、加速干燥、防止发白、提高耐化学物质的能力。

（二）涂料的分类、命名和编号

为了满足工农业生产、国防建设和人民生活的需要，目前生产的各种涂料已多达上千种，并且随着科学技术的进一步发展，新涂料品种必将继续出现。为了便于管理，必须对涂料产品进行分类、命名和编号。

1. 涂料的分类

涂料的种类很多，分类比较复杂，过去有的按使用对象分；有的按使用效果分；有的按颜色和光亮度分；有的按施工方法分等。这样既不统一，也不科学。因此，我国对涂料的分类和命名统一了规则，颁布了"涂料产品分类和命名"国家标准。

根据部颁标准，涂料的分类原则是以涂料中主要成膜物质为基础。若主要成膜物质是由两种以上的树脂混合而成，则按在涂膜中起主要作用的一种树脂为基础，结合我国目前涂料品种的具体情况将涂料分为18大类，其中辅助材料又划分为5类，其名称和代号如表8-1所示。

涂料分类表　　表8-1

序号	代号	类　别	主要成膜物质
1	Y	油脂漆类	天然植物油、清油（熟油）合成油
2	T	天然树脂漆类	松香及衍生物、虫胶、乳酪素、动物胶、大漆及衍生物
3	F	酚醛树脂漆	改性酚醛树脂、纯酚醛树脂
4	L	沥青漆类	天然沥青、石浊沥青、煤焦沥青
5	C	醇酸树脂漆	甘油醇酸树脂、季戊四醇酸树脂，其他改性醇酸树脂
6	A	氨基树脂漆	脲醛树脂、三聚氰胺甲醛树脂、聚酰亚胺树脂
7	Q	硝基漆类	硝基纤维素、改性硝基纤维表
8	M	纤维素漆类	乙基纤维、苄基纤维、羟甲基纤维、醋酸纤维、醋酸丁酸纤维、其他纤维及醚类
9	G	过氯乙烯漆类	过氯乙烯树脂、改性过氯乙烯树脂
10	X	乙烯漆类	氯乙烯共聚树脂、聚酯酸乙烯及其共聚物、聚乙烯醇、缩醛树脂、聚二乙烯乙炔树脂、含氟树脂
11	U	丙烯酸漆类	丙烯酸树脂、丙烯酸共聚物及具改性树脂
12	Z	聚酯漆类	饱和聚酯树脂、不饱和聚酯树脂
13	H	环氧树脂漆类	环氧树脂、改性环氧树脂
14	S	聚氨酯漆类	聚氨基甲酸酯
15	W	元素有机漆类	有机硅、有机钛、有机铝等元素有机聚合物
16	J	橡胶漆类	天然橡胶及其衍生物、合成橡胶及其衍生物
17	E	其他漆类	未包括在以上所列的其他成膜物质
18		辅助材料	稀释剂、防潮剂、催干剂、脱漆剂、固化剂

2. 涂料命名

涂料的名称由颜色或颜料的名称、成膜物质的名称和基本名称3部分组成，用简单的公式表达为：

涂料全名：颜色或颜料的名称 + 成膜物质的名称 + 基本名称

涂料的颜色位于名称的最前面，如红醇酸磁漆。若颜料对漆膜性能起显著作用，则可用颜料的名称代替颜色的名称，仍置于涂料名称的最前面，如锌黄酚醛防锈漆等。

涂料名称中的成膜物质名称应作适当简化，如聚氨基甲酸酯简化成聚氨酯。

如果基料中含有多种成膜物质时，选取起主要作用的一种成膜物质命名。如松香改性酚醛树脂占树脂总量50%以上，则划入酚醛漆类，小于50%则划入天然树脂漆类。必要时也可

选取两种成膜物质命名，主要成膜物质名称在前，次要成膜物质名称在后，例如：环氧硝基磁漆。

基本名称仍采用我国已广泛使用的名称，如清漆、磁漆等。涂料基本名称见表8-2。凡是烘烤干燥的漆，名称中都有“烘干”或“烘”字样。如果没有，即表明该漆是常温干燥或烘烤干燥均可。

涂料基本名称及代号　　表8-2

代号	基本名称	代号	基本名称	代号	基本名称	代号	基本名称
00	清油	17	皱纹漆	40	防污漆、防蛆漆	64	可剥漆
01	清漆	18	裂纹漆	41	水线漆	66	感光涂料
02	厚漆	19	晶纹漆	42	甲板漆、甲板防滑漆	67	隔热涂料
03	调和漆	20	铅笔漆	43	船壳漆	80	地板漆
04	磁漆	22	木器漆	44	船底漆	81	鱼网漆
05	粉末涂料	23	罐头漆	50	耐酸漆	82	锅炉漆
06	底漆	30	（浸渍）绝缘漆	51	耐碱漆	83	烟囱漆
07	腻子	31	（覆盖）绝缘漆	52	防腐漆	84	黑板漆
09	大漆	32	（绝缘）磁漆	53	防锈漆	85	调色漆
11	电泳漆	33	（粘合）绝缘漆	54	耐油漆	86	标志漆、马路划线漆
12	乳胶漆	34	漆包线漆	55	耐水漆	98	胶液
13	其他水溶	35	硅钢片漆	60	耐火漆	99	其他
14	性漆	36	电容器漆	61	耐热漆		
15	透明漆	37	电阻漆、电位器漆	62	示温漆		
16	斑纹漆	38	半导体漆	63	涂布漆		

3. 涂料型号

为了区别同一类型的各种涂料，在名称之前必须有型号。

（1）涂料型号以一个汉语拼音字母和几个阿拉伯数字所组成。字母表示涂料类别（见表8-1），位于型号的前面；第一、第二位数字表示涂料产品基本名称（见表8-2）；第三、第四位数字表示涂料产品序号（涂料产品序号见表8-3）。在第二位数字之间加一短横线使基本名称代号与序号分开。

涂料产品序号代号　　表8-3

涂料品种		代号	
		自干	烘干
清漆、底漆、腻子		1～29	30以上
磁漆	有光	1～49	50～59
	半光	60～69	70～79
	无光	80～89	90～99
专业用漆	清漆	1～9	10～29
	有光磁漆	30～49	50～59
	半光磁漆	60～64	65～69
	无光磁漆	70～74	75～79
	底漆	80～89	90～99

例如：

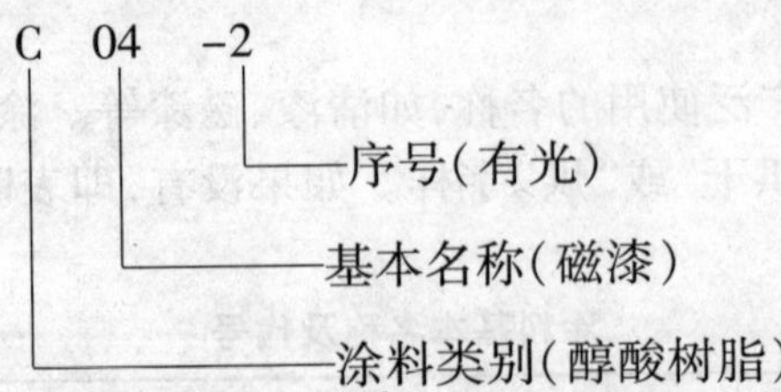

(2)辅助材料的型号由一个汉语拼音字母和1～2位阿拉伯数字组成，字母与数字之间有一短横线。字母表示辅助材料的类别，数字为序号，用以区别同一类型的不同品种。辅助材料见表8-4。

辅助材料的类别代号 表8-4

代号	辅助材料名称	代号	辅助材料名称
X	稀释剂	T	脱漆剂
F	防潮剂	H	固化剂
G	催干剂		

例如：

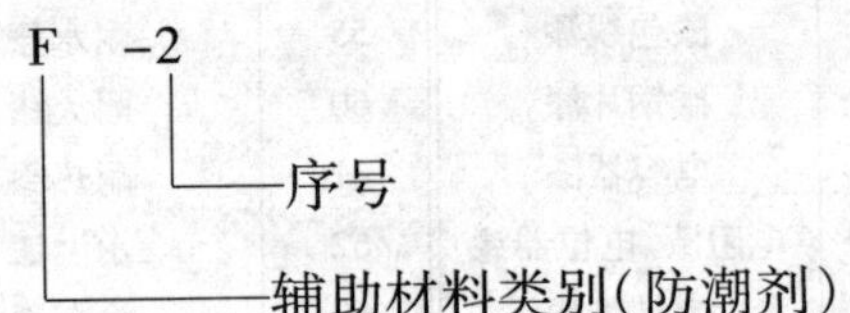

(三)汽车原厂涂料与修补涂料的区别

汽车原厂涂料是指汽车制造厂在汽车出厂前统一涂装所使用的涂料，与一般汽车修补涂料有所不同。汽车厂对其整车所用涂料有专门要求，所以大多数汽车厂与造漆公司制定了特殊的供货协议。而未经加工的金属车身，因没有其他塑料附件，加上喷涂作业在涂装生产在线温控环境下进行，故一般选用高温烘漆。

汽车修补涂料是解决汽车的外表涂层，因事故损伤或使用多年老化(如涂层开裂、变色、失光、粉化等)，需要针对各种复杂情况进行修补或重新涂装，俗称补漆。具体讲，它与一般工厂的涂装生产线不同，无单一的作业，被涂的车型、形状、颜色都各不相同，多数不能按规定的工序顺序进行作业。而且烘烤温度最高不能超过60℃，否则会破坏塑料附件。因此，修补汽车是需使用不同的涂料类别，且修理汽车是需在修理厂内进行，但修理厂的设施不一，难与汽车生产厂比较。

汽车修补涂瘢按修补的工作量，可分为局部修补涂装、整车修补涂装。前者仅对涂层损坏的部分或被事故损坏的，经钣金工修复部分进行补漆；后者是因涂层老化或需改色进行整车重新涂装。

汽车修补涂装的工艺要求是多变的，故要求操作人员有较高的涂装作业技术，尤其是在局部修补涂装时的调色，使修补面与原涂层的外观、光泽、颜色基本达到一致。要考虑到汽车的颜色、面漆的质地和面漆的状况，还有不少的潜在因素会引起颜色变化，其中有一些是涂装工在一时是无法控制的。所以操作者更需要有丰富的实践经验和很高的操作技术。

(四)汽车涂装的常用涂料及其工艺

汽车涂料就是指涂装在轿车、吉普车、大客车、大货车等各种类型的汽车车身及零部件上的涂料,有时也包括一些农机产品如拖拉机、联合收割机和摩托车用涂料,一般系指制造新汽车用的涂料及辅助材料和车辆修补用涂料。

汽车作为户外交通工具,有其特殊的使用条件,另外,随着近年来汽车工业的飞速发展,汽车的生产量越来越大,这就使汽车的涂装工艺完全转向高速率和现代化的流水作业。根据这些特点,要求汽车漆具有下列特性:

(1)漂亮的外观。要求漆膜丰满,光泽华丽柔和,鲜映性好,色彩多种多样并符合潮流。现在轿车上多使用金属闪光涂料和含有云母珠光颜料的涂料,使其外观看上去更加赏心悦目,给人以美感。

(2)极好的耐候性耐腐蚀性。要求漆膜适用于各种温度,经得起曝晒及风雨侵蚀,在各种气候条件下保持不失光、不变色、不起泡、不开裂、不脱落、不粉化、不锈蚀。要求漆膜的使用寿命不低于汽车本身的寿命,一般为大于10年。

(3)极好的施工性和配套性。汽车漆一般系多层涂装,因单层涂装一般达不到良好的性能,所以要求各涂层之间附着力好,无缺陷。并要求涂料本身性能适应汽车工业现代化的涂装流水线。

(4)极好的机械性能。适应汽车的高速、多震和应变,要求漆膜的附着力好、坚硬柔韧、耐冲击、耐弯曲、耐划伤、耐摩擦等性能优越。

(5)极好的耐擦洗性和耐污性。要求耐毛刷、肥皂、清洗剂清洗,与其他常见的污渍接触后不留痕迹。

(6)良好的可修补性。

1. 汽车漆的主要类型

(1)按涂装对象的不同,汽车漆可分为:

①新车原装涂料;

②汽车修补漆。

(2)按在汽车上的涂层由下至上分类:

①汽车用底漆,现多为电泳漆;

②汽车用中间层涂料,即中涂;

③汽车用底色漆(包括实色底漆和金属闪光底漆);

④汽车用面漆,一般指实色面漆,不需要罩光;

⑤汽车用罩光清漆;

⑥汽车修补漆。

(3)按涂料涂装方式分类:

①汽车用电泳漆;

②汽车用液体喷漆;

③汽车用粉末涂料;

④汽车用特种涂料如PVC密封涂料;

⑤涂装后处理材料(防锈蜡、保护蜡等)。

(4)按在汽车上的使用部位分类:

①汽车车身用涂料；

②货厢用涂料；

③车轮、车架等部件用的耐腐蚀涂料；

④发动机部件用涂料；

⑤底盘用涂料；

⑥车内装饰用涂料。

2. 汽车用底漆的特点及常用品种

汽车用底漆就是直接涂装在经过表面处理的车身或部件表面上的第一道涂料，它是整个涂层的开始。

根据汽车用底漆在汽车上的所用部位，要求底漆与底材应有良好的附着力，与上面的中涂或面漆具有良好配套性，还必须具备良好的防腐性、防锈性、耐油性、耐化学品性和耐水性。当然，汽车底漆所形成的漆膜还应具有合格的硬度、光泽、柔韧性和抗石击性等机械性能。

随着汽车工业的快速发展，对汽车底漆的要求也越来越高。20 世纪 50 年代，汽车还是喷涂硝基底漆或环氧树脂底漆，然后逐步发展到溶剂型浸涂底漆、水性浸涂底漆、阳极电泳底漆、阴极电泳底漆。目前比较高档的汽车尤其是轿车一般采用阴极电泳底漆，阴极电泳底漆经过 20 多年的发展，同时也经过引进先进技术和工艺，现在已经能很好地满足底漆所要求的各项机械性能、与其他涂层的配套性尤其是现代的流水线涂装工艺，目前轿车用底漆几乎已全部使用阴极电泳底漆。

汽车用溶剂型底漆主要选用硝基树脂、环氧树脂、醇酸树脂、氨基树脂、酚醛树脂等为基料，颜料一般选用氧化铁红、钛白、炭黑及其他颜料和填料，涂装方式有喷涂和浸涂两种。电泳漆是在水性浸涂底漆的基础上发展起来的，它在水中能离解为带电荷的水溶性成膜聚合物，并在直流电场的作用下泳向相反电极(被涂面)，在其表面上不沉积析出。采用电泳涂装法要求被涂物一定是电导体。根据所采用的电泳涂装方式的不同，电泳底漆可分为阳极电泳底漆和阴极电泳底漆。电泳底漆使用的成膜聚合物是阴、阳离子型树脂，中和剂为无机碱、有机胺或有机酸，颜料一般选用钛白和炭黑等。

3. 汽车用中涂漆的特点及常用品种

汽车用中涂漆也称二道浆，就是用于汽车底漆和面漆或底色漆之间涂料。要求它既能牢固地附着在底漆表面上，又能容易地与它上面的面漆涂层相结合，起着重要的承上启下的作用。中涂除了要求与其上下涂层有良好的附着力和结合力，同时还应具有填平性，以消除被涂物表面的洞眼、纹路等，从而制成平整的表面，使得涂饰面漆后得到平整、丰满的涂层，提高整个漆膜的鲜映性和丰满度，以提高整个涂层的装饰性；还应具有良好的打磨性，从而打磨后能得到平整光滑的表面。

腻子、二道底漆和封闭漆都是涂料配套涂层的中间层，即中涂。腻子是用来填补被施工物件的不平整的地方，一般呈厚浆状，颜料含量高，涂层的机械性能强度差，易脱落，所以目前大量流水线生产的新车已不再使用腻子，有时仅用于汽车修补。封闭漆是涂面漆前的最后一道中间层涂料，涂膜呈光亮或半光亮，一般仅用于装饰性要求较高的涂层中(例如汽车修补)，这种涂层要求在涂面漆之前涂一道封闭漆，以填平上述底层经打磨后遗留的痕迹，从而得到满意的平整底层。目前新车原始涂装一般采用二道底漆作为中间涂层。它所选用的基料与底漆和

面漆所用基料相似，这样就可保证达到与上下涂层间牢固的结合力和良好的配套性。该二道中涂主要采用聚酯树脂、氨基树脂、环氧树脂、聚氨酯树脂和粘结树脂等作为基料；颜料和填料选用钛白、炭黑、硫酸钡、滑石粉、气相二氧化硅等。二道中涂一般固体分高，可以制得足够的膜厚(大约40μm)；机械性能好，尤其是具有良好的抗石击性；另外还具有表面平整、光滑，打磨性好，耐腐蚀性、耐水性优良等特点，对汽车整个漆膜的外观和性能起着至关重要的作用。

4. 汽车用面漆特点及常用品种

汽车用面漆是汽车整个涂层中的最后一层涂料，它在整个涂层中发挥着主要的装饰和保护作用，决定了涂层的耐久性能和外观等。汽车面漆可以使汽车五颜六色，焕然一新。这里我们主要讨论实色面漆。

汽车面漆是整个漆膜的最外一层，这就要求面漆具有比底层涂料更完善的性能。首先耐候性是面漆的一项重要指标，要求面漆在极端温变湿变、风雪雨雹的气候条件下不变色、不失光、不起泡和不开裂。面漆涂装后的外观更重要，要求漆膜外观丰满、无橘皮、流平性好、鲜映性好，从而使汽车车身具有高质量的协调和外形。另外，面漆还应具有足够的硬度、抗石化性、耐化学品性、耐污性和防腐性等性能，使汽车外观在各种条件下保持不变。

随着汽车工业的飞速发展，汽车用面漆在近50年来，无论在所用的基料方面，还是在颜色和施工应用方面，都经历了无数次质的变化。20世纪三四十年代主要采用硝基磁漆、自干型醇酸树脂磁漆和过氯乙烯树脂磁漆，至八九十年代采用氨基醇酸磁漆、中固聚酯磁漆、热塑性丙烯酸树脂磁漆、热固性丙烯酸树脂磁漆和聚氨基耐污性等都有了显著的提高，从而大大改善了面漆的保护性能。与此同时汽车面漆在颜色方面也逐渐走向多样化，使汽车外观更丰满、更诱人。进入20世纪90年代以来，为执行全球性和地区环保法，减少汽车面漆挥发分的排放量，开始研究探索和采用水性汽车面漆。目前一些西方发达国家的新建汽车涂装线上，已采用了水性汽车面漆，国内基本上还处于溶剂型汽车面漆阶段。

如上所述，汽车面漆的主要品种是磁漆，一般具有鲜艳的色彩、较好的机械性能以及满意的耐候性。汽车用面漆多数为高光泽的，有时根据需要也采用半光的、锤纹漆等。面漆所采用的树脂基料基本上与底层涂料相一致，但其配方组成却截然不同。例如，底层涂料的特点是颜料分高，配料预混后易增稠，生产及储存过程中颜料易于沉淀等。而面漆在生产过程中对细度、颜色、涂膜外观、光泽、耐候性方面的要求更为突出，原料和工艺上的波动都会明显地影响涂膜性能，对加工的精细度要求更加严格。

目前高档汽车和轿车车身主要采用氨基树脂、醇酸树脂、丙烯酸树脂、聚氨酯树脂、中固聚酯等树脂为基料，选用色彩鲜艳、耐候性好的有机颜料和无机颜料如钛白、酞菁颜料系列、有机大红等。另外还必须添加一些助剂如紫外吸收剂、流平剂、防缩孔剂、电阻调节剂等来达到更满意的外观和性能。

5. 汽车用金属闪光底色漆的特点及主要品种

所谓金属闪光底色漆就是作为中涂层和罩光清漆层之间的涂层所用的涂料。它的主要功能是着色、遮盖和装饰作用。金属闪光底漆的涂膜在日光照耀下具有鲜艳的金属光泽和闪光感，给整个汽车添装诱人的色彩。

金属闪光底漆之所以具有这种特殊的装饰效果，是因为该涂料中加入了金属铝粉或珠光粉等效应颜料。这种效应颜料在涂膜中定向排列，光线照过来后通过各种有规律的反射、透射或干涉，最后人们就会看到有金属光泽的、随角度变光变色的闪光效果。溶剂型金属闪光底漆的基料有聚酯树脂、氨基树脂、共聚蜡液和 CAB 树脂液。其中聚酯树脂和氨基树脂可提供烘干后坚硬的底色漆漆膜，共聚蜡液使效应颜料定向排列，CAB 树脂液主要是用来提高底色漆的干燥速率、提高体系低固体分下的黏度、阻止铝粉和珠光颜料在湿漆膜中杂乱无章的运动和防止回溶现象。有时底漆中还加入一点聚氨酯树脂来提高抗石击性能。

目前国内汽车涂装线一般采用溶剂型闪光底色漆，而在一些西方发达国家已经大量使用水性底色漆。典型的闪光底色漆配方组成见表 8-5。

典型闪光底色漆配方 表 8-5

基料	15% ~20% 丙烯酸聚氨酯—氨基树脂，用胺进行水稀释	11% ~13% 聚酯—氨基树脂混合物
溶剂	10% ~15% 水、乙二醇、醇	70% ~90% 酯、脂肪烃
颜料	1% ~20% 铝粉、珠光粉、着色颜料	1% ~10% 铝粉、珠光粉、着色颜料
增稠剂	<1% pH 控制增稠剂	1% ~5% 没有真的增稠剂，但有控制排列效果的原料
助剂	<1% 润湿剂、消泡剂、快干剂	<1% 润湿剂

6. 汽车用塑料涂料的主要品种

汽车塑料涂料与其他金属部件用涂料相似，也分为底漆、底色漆、清漆或面漆（面漆用来代替底色漆/清漆体系）。

底漆可直接涂在经表面处理过的塑料底材表面上，一般要求膜厚 30μm 左右，以完全覆盖部件表面的流痕和缺陷。环氧—聚酰胺双组分塑料底漆主要用于汽车前后保险杠上，因保险杠一般是聚丙烯的，该底漆中还加入了少量氯化聚丙烯作为基料以提高底漆的附着力。另外还有溶剂型单/双组分聚氨酯底漆用于汽车保险杠和其他塑料部件上。

底色漆一般多采用与金属部件用底色漆组分相同的体系，膜厚一般为 10 ~15μm。清漆主要是溶剂型双组分聚氨酯体系，即将聚丙烯酸酯及聚酯类与多异氰酸酯结合，其漆膜能达到所需的柔韧度，还具有高耐化学品性和良好的机械性能。清漆膜度一般要求约 35μm，以提供色饱和度，并能达到与车身一致的光泽。

塑料单色面漆也是采用双组分聚氨酯体系来达到与车身一致的外观和性能要求。各种汽车塑料涂料的烘烤温度均在 80℃ 左右。

7. 汽车用阻尼涂料的特点及主要品种

随着我国汽车特别是旅行车及轿车向高档化发展，对保温、防振、消声涂料的性能提出了更高的要求。汽车用阻尼涂料用来提高密闭性、降低振动、减少噪声、提高汽车的舒适性和车身缝隙间的耐腐蚀性。车底涂料是在车身底板下表面，尤其是易受石击的轮罩、挡泥板表面，增涂的 1 ~2μm 厚的耐磨（具有抗石击性）涂层，它可以提高车底部件的耐撞击性和耐冲刷性，提高其耐腐蚀能力和汽车的使用寿命。防声涂料是为减轻因振动产生的噪声而涂装的涂料。20 世纪 50 年代，阻尼涂料一般采用仿苏牌号 580，系沥青石棉纤维厚浆型阻尼涂料，后又开发了溶剂型合成树脂阻尼涂料，但都不太理想。最近几年来，汽车阻尼涂料一般采用以聚氯乙烯树脂（即 PVC）为主要基料制成的一种无溶剂的 PVC 系列涂料，其固体分一般可达到 100%。这种 PVC 涂料有较好的硬度、伸长率、剪切强度和拉伸强度，能很好地满足阻尼涂料的性能要求。

8. 汽车用粉末涂料的特点及主要品种

粉末涂料是以固体树脂和颜料、填料及助剂等组成的固体粉末状合成树脂涂料。和普通溶剂型涂料及水性涂料不同，它的分散介质不是溶剂和水，而是空气。它具有无溶剂污染，100%成膜，能耗低的特点。粉末涂料有热塑性和热固性两大类。热塑性粉末涂料的涂膜外观（光泽和流平性）较差，与金属之间的附着力也差，所以在汽车涂装领域中应用极少，汽车涂装一般采用热固性粉末涂料，热固性粉末涂料是以热固性合成树脂为成膜物质，在烘干过程中树脂先熔融，在经化学交联后固化成平整坚硬的涂膜。该种涂料形成的漆膜外观和各种机械性能及耐腐蚀性均能满足汽车涂饰的要求。

汽车用粉末涂料的制造一般采用干法（干混法和熔融混合法），工艺流程为：干混合（树脂、固体剂、颜填料、助剂）熔融混合→冷却→粗粉碎→细粉碎→分级→成品。施工方法主要采用静电喷涂。汽车用粉末涂料一般有环氧粉末涂料、聚酯粉末涂料、丙烯酸粉末涂料、环氧/聚酯混合型粉末涂料和聚酯/聚氨酯粉末涂料等。粉末涂料目前可广泛地应用于汽车的各种零部件（如汽车底盘、车轮、车轴等）和汽车内、外部装饰。

粉末涂料自20世纪70年代初期开始应用于汽车领域以来，已经取得了很大的成功，特别是近年来获得了飞快的发展。它一方面大大减少了VOC排放量，另一方面又大大提高了涂料的利用率。但目前汽车粉末涂料的应用主要在欧洲和北美，而在我国，汽车用粉末涂料水平还远远落后于世界领先水平，实际应用也很少，绝大部分限于铝轮毂的涂料，但发展前景十分广阔的。

四、汽车常用修补涂料

（一）底漆

底漆是车身表面的基础涂料，其功能：一是封闭金属基层，防止金属表面氧化腐蚀；二是填平金属基材的细微缺陷以及锈斑；三是增强金属表面与腻子或腻子与面漆之间的附着力，使两者牢固结合，以构成坚固的覆盖层。因此，底漆不仅要具有很强的防锈和填充物面的性能，同时还应具有合理的配套性能。

1. 国产常用汽车修补底漆

国产常用汽车修补底漆主要有醇酸类、硝基类、过氯乙烯类、环氧类、丙烯酸等种类。现将一些产品的用途、使用方法及性能介绍如下：

1）醇酸类底漆

醇酸类底漆是由改性醇酸树脂、防锈颜料、体质颜料（如硫酸钡、滑石粉等）制成，是汽车上常用的一种底漆，现举两例来说明其用途、使用方法及性能。

（1）C06—10醇酸二道底漆（醇酸二道浆）。

用途：喷涂在有底漆和腻子的表面上，填平微孔和纹道。

使用方法：使用前，先将该漆充分搅匀，喷涂时用二甲苯调稀，刷涂时用200号溶剂汽油稀释。涂装后，自十16～20h，烘干（100～110℃）40～50min与醇酸磁漆、硝基磁漆、过氯乙烯磁漆、氨基烘漆、沥青烘漆等面漆配套使用。

性能：漆膜细腻，填孔性好，附着力强，易打磨，对腻子层和面漆层均有较好的配套性，可常温干燥。

(2)C06—19 铁红醇酸带锈底漆。

用途:主要用于有锈的车身表面打底保护。

使用方法:先将制品表面的灰尘、锈蚀成片的锈层及油污清除干净(允许残余锈层的厚度在 60μm 以下及少量坚实而薄的氧化皮存在),之后采用喷涂或刷涂方法施工,一般涂 2 道为宜。可与醇酸、过氯乙烯、氨基、环氧、聚氨酯、硝基等面漆配套使用。

性能:附着力好,可常温干燥,可简化锈蚀表面涂漆前的处理工艺。

2)硝基类底漆

硝基底漆由硝化棉、改性树脂和颜料等组成。现举两例来说明硝基底漆的用途、使用方法及性能。

(1)Q06—4 各色硝基底漆。

用途:适用于汽车耐汽油和耐机油的部件打底。

使用方法:先将该漆充分搅拌均匀,并加入 X-2 或 X-1 硝基漆稀释剂调稀至施工黏度,用 80 目筛网过滤清洁后,即可进行喷涂。

性能:涂膜干燥快且硬、易打磨。

(2)Q06—5 灰硝基二道底漆(硝基二度白灰底漆)。

用途:用作填平腻子层孔隙及砂纸划痕。

使用方法:用 X-1 硝基漆稀释剂调稀至操作黏度,即可进行喷涂。

性能:喷涂在有硝基底漆层或腻子层面上,填孔性较好,干燥快,易打磨。

3)过氯乙烯类底漆

过氯乙烯类底漆具有优良的耐油、耐盐水、耐盐雾及耐湿热性能,但其附着力差,施工中常在 60~65℃温度中烘烤 2h,可增强附着力及其他性能。现举两例来说明过氯乙烯类底漆的用途、使用方法及性能。

(1)G06—4 锌黄、铁红过氯乙烯底漆(又称头道过氯乙烯底漆)。

用途:锌黄过氯乙烯底漆主要用于轻金属表面的打底防锈,铁红过氯乙烯底漆主要用于车辆表面打底涂装。

使用方法:施工前先彻底搅拌均匀,再加 X-3 过氯乙烯漆稀释剂调稀至施工黏度,可采用喷涂或刷涂施工。该底漆可与过氯乙烯磁漆、清漆、防腐漆、锤纹漆等面漆进行配套。

性能:耐油性(汽油、机油)、耐候性(耐海洋性及湿热气候)、耐化学性及防霉性、防锈性都较好。

(2)G06—5 过氯乙烯二道底漆(又称过氯乙烯二道漆或过氯乙烯封闭漆)。

用途:作头道底漆和腻子层上的封闭性底漆,可填平微孔和纹道,增加面漆的附着力和丰满度。适于客车、普通小轿车、载重汽车等底漆或腻子表面填平。

使用方法:使用前先充分搅匀,并用 X-3 过氯乙烯稀释剂调至施工黏度,过滤干净,即可涂装。涂装后,自干 1~2h,烘干(100~110℃)40~50min。可与过氯乙烯磁漆、硝基磁漆、丙烯酸磁漆及醇酸磁漆等面漆配套使用。

性能:具有良好的填密性、打磨性和耐油性,且干燥快,附着力好。

4)环氧类底漆

环氧类底漆的漆膜坚硬耐久,附着力好,可自干也可烘干,且有良好的耐化学腐蚀性能。

现举两例来说明环氧类底漆的用途、使用方法及性能。

(1)H06—10 环氧脂富锌底漆。

用途:主要用于汽车底盘和零部件打底。

使用方法:用二甲苯溶剂稀释,可涂刷物件表面 2 道,每通间隔 24 ~ 48h。可与环氧沥青面漆配套使用。

性能:漆膜坚韧,附着力强,耐磨、耐潮、耐腐蚀性优良,有阴极保护作用。

(2)H06—12 环氧酯醇酸二道底漆。

用途:主要用于喷涂已经涂有底漆和腻子,并经打磨平滑的金属表面,以填平砂孔、砂痕等缺陷。

使用方法:用二甲苯溶剂稀释,以喷涂为主。

性能:填密性好、附着力强、易打磨、可自干也可烘干。

5)丙烯酸类底漆

丙烯酸类底漆是由甲基丙烯酸酯—甲基丙烯酰胺共聚树脂与锶铬黄等颜料和有机溶剂等组成。该类底漆的干燥速度仅次于硝基底漆,而且漆中的固体成分含量高于硝基底漆,喷后漆膜的厚度优于硝基底漆,漆膜的附着性能均优于硝基和过氯乙烯底漆,但价格较高。现举两例来说明丙烯酸类底漆的用途、使用方法及性能。

(1)B06—2 锶黄丙烯酸底漆。

用途:主要用于小轿车金属零部件,特别是轻金属部件的打底防锈。

使用方法:施工温度以 12 ~ 30℃为宜,气温过高会影响漆膜的流平性,可酌加少量环已酮等高沸点溶剂改善流平性。对漆膜外观要求特别高的制件,应先在被涂物面上涂一层磷化底漆,然后再涂本漆,可与丙烯酸磁漆、硝基磁漆、聚氨酯磁漆等面漆配套使用。

性能:防锈、防腐、防霉、耐热、耐久性等性能优良。

(2)铁红丙烯酸底漆。

用途:主要用于中高档客车、小轿车等表面打底防锈。

使用方法:用丙烯酸或硝基稀释剂稀释至喷涂黏度,过滤清洁,再进行喷涂。喷涂后的漆膜 10 ~ 15min 即达表干,40 ~ 50min 可达实干。待漆膜干燥后,再进行刮腻子或涂面漆。

性能:附着力强,干燥快,防锈性好,遮盖力高,耐化学性优良。

2. 进口常用汽车修补底漆

进口底漆的特点是干燥快,附着力强,漆膜坚韧,防锈、防化学药品等性能优良,但价格较贵。常用进口底漆有美国、德国、英国、日本等国的产品。

1)美国杜邦公司底漆

美国杜邦公司底漆的用途、使用方法及性能介绍如下。

(1)1020R 多用途高膜厚底漆(双组分)。

用途:用于裸体铁、铝金属或旧漆上打底。

使用方法:1020R 漆作为腻子厚涂时,施工中喷涂 2 ~ 3 层,间隔 10 ~ 15min,每层膜厚60 ~ 80pxn,建议前一天晚上喷涂第二天早晨打磨;1020R 作为高膜厚平整底漆时,施工中单道喷涂达到 40 ~ 60tan 膜厚,干燥 1h 即可打磨;1020R 作为高膜厚免打磨底漆时,施工中单道喷涂达到 30 ~ 40tan,在车间温度 20℃以下,与面漆喷涂间隔时间 15min。

性能：具有良好的防锈性、防腐性、密封性及隔离效果，对铁、铝金属裸体具有优良的附着力。

(2)830R 环氧底漆（双组分）。

用途：适用于各种金属表面及玻璃钢表面打底。

使用方法：施工中喷涂单层，漆膜厚 25 ~ 60μm。

性能：该漆是一种不含铬的环氧底漆，对裸露金属能提供最佳的防腐蚀保护和良好的填充性能，且有绝好的施工性能，3 天内均可进行面漆施工，而且在需要时有极易的打磨性。

(3)先达利 30SR 硝基底漆。

用途：适用于各种材料的基体上，并与各种面漆相配套，既可作一般底漆，又可作二道中途底漆。

使用方法：施工中以 1 份 30SR 底漆 +2 份 368S/AD345 稀释剂，一般喷涂 2 ~ 3 层即可达到质量要求，间隔 5min，即可打磨。

性能：具有附着力强和防蚀的性能，喷涂后涂面平滑，能消除腻子砂孔和砂纸打磨痕迹，干燥迅速，干燥后打磨性能好。

2)英国 ICI 公司底漆

英国 IC12K 双组分底漆及中途底漆。英国 IC12K 双组分底漆及中途底漆的用途、使用方法及性能介绍如下。

(1)P565—8882K 快速厚膜底漆。

用途：适用于钢铁、铝材、彻底打磨后的完好旧漆、玻璃纤维（注意清除脱模剂）、原厂底漆配件。但不适用于丙烯酸漆及可溶剂性漆膜面（硝基漆）作局部小陷补，以免边口显现。

使用方法：施工中喷涂 3 层，烘干时间（60℃）30min，自干时间（20℃）2 ~ 3h。

性能：漆膜特厚，减少施喷层数，节省用料，提供极佳的粘着、防锈及填充等功能，提高面漆的明亮度。特别为 2K 烤漆而设计，配合使用，效果完美。

(2)P595—777 超能免磨底漆。

用途：用于完好漆膜喷涂时，能节省大量的打磨及前处理所需的工序，可直接喷涂于完好的旧漆表面、原厂漆及 2K 漆膜上。还可用于塑料工件上，是出类拔萃的优质底漆。

使用方法：施工中喷涂 2 层，无需打磨，自干 20 ~ 30min 即可施喷面漆。但在干燥时间超过 30min 时，需烘干后重新打磨方可进行面漆喷涂。

性能：能减少施喷层数，节省用料。提供极佳的粘着力及防锈性，能提高面漆的明亮度。作为 2K 免磨底漆，能提供“湿碰湿”的快速喷涂工艺。使用容易、漆膜平滑、快干、坚固耐用。

(二)腻子

汽车腻子是一种含颜料量较高、呈稠浆状的涂料品种，主要由体质颜料、催干剂、溶剂组成。

当汽车车身出现损伤或变形时，在修复中虽经钣金工敲打、拉拔、撬顶、修平等处理，但外表面仍有凸起、凹陷、焊缝等痕迹，这些痕迹是底漆所不能填平的，必须通过汽车腻子的涂刮及打磨，才能形成平整光滑的表面，因此腻子是汽车修补涂装中不可缺少的重要材料。

适用于汽车修补的腻子很多，有醇酸树脂型、硝基型、环氧树脂型、不饱和聚酯型等，使用时应根据修复汽车的档次、损坏程度以及对外表面漆的要求灵活选用。

以美国PPG公司腻子为例说明腻子的用途、属性及配制，见表8-6所示。

美国PPG公司腻子的用途、属性及配制　表8-6

序号	品名	用途	属性	配制
1	A656/A663多用途聚酯原子灰	适用于镀锌板、不锈钢、铝及玻璃钢在内的各种基底材料。 A656为标准型；A665为慢干型，适用于大型车辆及高温天气	高级双组分聚酯腻子	按100份A656加A665固化剂1.5～2份（20～30℃）的比例调制。 调好的腻子必须在5～10min用完。施工后20～30min后即可打磨
2	A661标准聚酯腻子	适用于裸金属、玻璃钢以及其他喷漆底漆或面漆的表面	普通型双组分聚酯腻子	按100份A661加A665固化剂1份（20～30℃）的比例调制。 调好的腻子必须在5～9min用完。施工后10～20min后即可打磨
3	A652软性塑料补土（腻子）	用于填补塑料表面的针孔或细小缺陷	双组分聚酯腻子。与A665固化剂调配，质地细腻并具有弹性，与塑料表面有良好的粘着力，同时具有很高的抗冲击强度	100份A652聚酯补土（腻子）加A665固化剂1.5～2份的比例调制。 调好的腻子必须在5～10min用完。施工后20～25min即可打磨

（三）面漆

1. 国产常用汽车面漆

常用的品种主要有醇酸磁漆、硝基磁漆、过氯乙烯磁漆、丙烯酸漆、聚氨酯磁漆，现以丙烯酸漆、聚氨酯磁漆为例说明国产常用汽车面漆的用途、配制、特性及施工方法。

1）丙烯酸漆

常用品种丙烯酸漆的用途、配制、特性及施工方法介绍如下。

（1）B01—8丙烯酸清漆。

用途：主要用于各色丙烯酸磁漆表面的罩光，以进一步提高面漆的光泽。

配制：由丙烯酸酯、甲基丙烯酸酯及甲基丙烯酸共聚树脂、过氮乙烯树脂、增塑剂和有机溶剂等制成。

特性：具有漆膜干燥快，平滑光亮，保色性、保光性、防湿热性、防盐雾性、防霉菌性优良。

施工方法：B04—68丙烯酸磁漆的漆膜光泽仅为80%，所以该漆涂装后，为使漆膜光亮，提高外观的装饰性，需用B01—8丙烯酸清漆进行罩光。在涂装丙烯酸磁漆或丙烯酸清漆时，必须采用喷涂施工，施工温度应保持在20～30℃，不能过高，否则漆膜的流平性差。条件不满足时，应加适量高沸点溶剂如环已酮来改善其流平性。如喷涂时漆质太浓，可用X-5丙烯酸稀释剂（稀料）或X-1硝基稀释剂调稀。

（2）B06—50氨基丙烯酸烘干磁漆。

用途：主要用于汽车、摩托车等面漆涂装。

配制：由丙烯酸树脂和三聚氰胺甲醛树脂为主要原料，选用色彩鲜艳、保光性好的进口颜料和进口助剂等制成。

特性：颜色鲜艳纯正，装饰性高，硬度好，保色、保光、耐水、耐磨、耐久、耐盐雾、耐湿热、防霉等性能优于其他氨基烘干漆，施工性能好，厚涂不流挂，不起泡，烘烤过度不泛黄，烘烤后漆膜平滑光亮，丰满度好。

施工方法：最好采用静电喷涂，喷涂前，先将该漆充分搅匀，并用配套稀料调稀至施工黏度，也可用芳烃酮类、酯类、醚类溶剂混合调稀，但不能用汽油、煤油、乙醇等溶剂调稀，以防影响质量。该漆可与阴极或阳极电泳底漆、环氧聚酰胺底漆、环氧酯铁红底漆及铁红醇酸底漆配套使用。中间层漆可用 B04—51 中涂漆配套。施工采用湿碰湿喷涂（即两喷一烘），喷涂结束后，静置 10～15min，在 130℃烘烤 30min 即可。

(3)8751 各色丙烯酸闪光漆。

用途：用于汽车表面涂装。

配制：由含羟基丙烯酸酯、氨基树脂、颜料、闪光铝粉和有机溶剂调制而成。

特性：色彩鲜艳，闪烁性强，漆膜坚硬耐磨，保光、保色、耐热性优良。

施工方法：在 20℃以上条件施工时，采用甲苯调稀，10℃以下采用醋酸乙酯调稀。喷涂后静置 10min，用 100℃先烘 5min，再喷涂一次，静置 10min 后用 120℃烘 30～40min。配套底漆为 H06—2 铁红环氧酯底漆，罩光清漆 8252 丙烯酸清烘漆或 8252A 清烘漆，不能与其他品种漆混合使用。

2）聚氨酯磁漆

常用品种聚氨酯磁漆的用途、配制、特性及施工方法介绍如下。

(1)7182 各色聚氨酯磁漆。

用途：主要用于高档小轿车、高档豪华客车的面漆涂装。

配制：由含羟基聚丙烯酸酯、颜料和有机溶剂制成漆料，使用时与 H－5 聚氨酯漆固化剂按规定比例混合均匀。调制时，应根据涂装用量现用现配，用多少，配多少，调稀应用 7001 聚氨酯漆稀释剂，加入固化剂的漆料必须在 4～8h 内用完，以免时间过长漆料胶化报废。

特性：漆膜丰满光亮，附着力强，硬度高，保光、保色、耐磨性优良。

施工方法：喷涂前，必须喷涂 1 层硝基 2 道底漆或 7609 铁红聚氨酯底漆，也可在其他底漆上喷涂 1 层硝基磁漆作为打底漆层，经打磨后再喷涂聚氨酯漆。喷涂时，白色、浅色漆与固化剂按比例 8∶1混合均匀；中色、深色漆与固化剂按比例 7∶1混合均匀；大红、深蕴、黑色与固化剂按 6∶1混合均匀。该漆共喷 2 道，头道漆黏度为 18～22s，2 道面漆黏度为 16～18s，喷头道面漆与 2 道面漆间隔 24h。操作时，喷枪离物面约 25～30mm，移动速度须稍快于硝基漆，压力约 0.4～0.5MPa。聚氨酯磁漆干燥较慢，表面干燥 1h，实干约 26h，因此施工周围环境必须清洁无尘。

(2)7182 聚氨酯清漆。

用途：常用于 7182 各色磁漆配套罩光使用，以增加其光亮度和硬度。

配制：由丙烯酸酯、甲基丙烯酸酯与丙烯酸三元共聚，制得含羟基聚丙烯酸酯，再加入有机溶剂配制而得的浅黄色透明液体。施工时与 H－5 聚氨酯漆固化剂按 6∶1比例配套使用。

特性：漆膜丰满光亮，附着力强，硬度高，耐油性、保光性好。

2. 常用进口汽车面漆

进口汽车面漆具有漆膜光泽度高、保持性好、便于施工等优点，但价格较高，主要适于作进口小轿车配套面漆（即指定专用漆种）或国产中高档小轿车的维修翻新涂装。

常见的进口汽车面漆主要有美国杜邦汽车漆、英国 ICI 汽车漆、德国巴斯夫汽车漆及日本立邦汽车漆等，现将部分品种介绍如下。

1）美国杜邦公司汽车喷漆

美国杜邦公司汽车喷漆的配制、特性及施工方法如下。

（1）先达利 500。

配制：由先达利 500 漆 2 份与 AK210 双组分固化剂 1 份和先达利 500 稀释剂 0.5 份调制而成。

特性：遮盖力高，色泽及光亮度特别持久。

施工方法：喷涂黏度 15 ~ 17s，调好的涂料可 4 ~ 6h（20℃），喷涂压力 0.3 ~ 0.4MPa，湿喷 2 层，每层间隔 10min，60℃烘烤 45min（自干 12h，20℃）。

（2）先达利 600。

配制：由先达利 600 漆 1 份与 AB3 助快干稀释剂（15 ~ 25℃）或 AB385 慢干稀释剂（25 ~ 30℃）0.6 ~ 0.8 份调制而成。

特性：用量少，施工周期短，光泽极佳。可作为色漆层（银粉漆）、清漆层和双层烘漆修补使用，也可作银粉漆或素漆使用。可喷涂在所有经过清洁和砂磨的旧面漆上，以及 1020R 双组分底漆、810R 侵蚀底漆、150/40s 多用途底漆上。

施工方法：喷涂 2 层，每层间隔 10min，如果需要可在最后涂层后间隔 1 ~ 2min，再细喷 1 次。

（3）先达利 6000。

配制：根据缩微胶片上的配方调出先达利 6000 的漆色，由 1 份先达利 6000 与 0.4 份 AB380 助快干型稀释剂（15 ~ 25℃）或 AB385 慢干型稀释剂（25℃以上）混合调制而成。

特性：色彩鲜艳，光泽好，施工容易，干燥速度快。

施工方法：涂料黏度 16 ~ 18s，喷涂压力 0.35 ~ 0.45MPa（板面修补）或 0.2 ~ 0.25MPa（局部修补），喷涂 1 ~ 2 层，喷清漆前静置干燥 15min，30min 后即可。

（4）先达利 120S 清漆。

配制：由先达利 120S 清漆 2 份与 125S 固化剂 1 份调制而成。

特性：表面光泽好，施工工艺简单易行，含有紫外钱防止剂，可保持车身颜色持久不变。

施工方法：喷涂黏度 15 ~ 16s，涂料可使用 6h，喷涂压力 0.35 ~ 0.4MPa，喷涂 2 层，每层间隔 10min，喷涂完毕后静置干燥 5 ~ 10min 后，60℃烘烤 45min（自干 9h，20℃）。

（5）690S 高固组分清漆。

配制：由 690S 高固组分清漆 3 份与 AK260 固化剂或 250S 快干型固化剂 1 份调制而成。

特性：使用性能好，干燥速度快，漆膜平滑、光泽度高且保持长久。

施工方法：黏度 16 ~ 18s，涂料可使（AK260）3h、（250S）2h，喷涂压力（板面修补）0.3 ~ 0.40MPa、（局部修补）0.25 ~ 0.3MPa。喷涂 2 层，每层间隔 5min，干燥时间（AK260）60℃烤烘 30 min，自干 6h（20℃）；（250S）60℃烘烤 10min，自干 2h（20℃）20min 后即可。

(6)先达利 AX1060 涵组分清漆。

配制:由 AX1060 清漆 3 份与 260 固化剂 1 份调制而成。

特性:便于施工,节省材料,漆膜光泽好,耐候性和抗化学性优良。

施工方法:喷涂黏度 16 ~18s,涂料可使用时间 4h(20℃),喷涂压力 0.4 ~0.5 MPa,喷涂 3/4 重叠 1 层涂装,喷涂后静置干燥 5 ~10min,60℃烘烤 35min,自干 2h(20℃)。

2)德国巴斯夫公司鹦鹉牌汽车漆

德国巴斯夫公司鹦鹉牌汽车漆的配制及特性如下。

(1)22-纯色高浓度磁漆系列(该系列是以高浓度聚氨酯和丙烯酸树脂内含抗磨物混合配成的双组分磁漆)。

配制:由 22-系列磁漆 2 份与 929-固化剂 1 份和 352-稀释剂 10% ~30% 混合调制而成。

特性:该漆施工方便,可自干,漆膜光泽度、饱满度和流平性优异,且具有抗紫外线和耐酸雨性能,尤其是漆膜防撞特性,可减少汽车在高速飞驰时砂石破损漆层。

(2)54-贵金属混合银底漆

配制:54-系列贵金属混合银底漆 3 份与 352 -91 中速稀释剂 1 份混合调制而成。

特性:该漆颜色品种多,施工效率高,漆膜遮盖力强,光亮度和持久性优良。

(3)MS923-85 中浓度超级清漆(该漆是以聚氨酯和丙烯酸树脂组合为主的双组分清漆)

配制:MS923-85 中浓度超级清漆 2 份与 929-73 固化剂 1 份和 352 -91 中速稀释剂。或 352 -216 慢速稀释剂 10% ~30% 调制而成。

特性:便于喷涂,吸收漆雾性能良好,能厚喷,与 MS 系列固化剂配套使用,只需涂 2 层涂层就能显示出足够的亮度。漆膜干燥后硬度高,不变黄,耐候性和光亮度良好。

(4)923-94 高浓度抗磨清漆(该漆是以高浓度聚氨酯和丙烯酸树脂内含抗磨物混合配成)

配制:923-94 高浓度抗磨清漆 2 份与 929-73 固化剂 1 份和 352 -91 中速稀释剂。或 352 -216慢速稀释剂 10% ~30% 调制而成。

特性:漆膜硬度、光泽度和透明度高,飘悬性、耐温差、耐酸雨及抗紫外线性能优异,尤其是漆膜具有独特的防撞设计,减少汽车在高速行驶时砂石破损漆层的情况。

五、涂料颜色调配

(一)汽车修补漆颜色标定

看看大街上奔流不息的车流,是不是有一种眼花缭乱的感觉?汽车工业的发展使得汽车涂料的种类和颜色层出不穷,这些成千上万的可移动色彩点缀了我们的生活,也让我们的个性、喜好得到了展示和张扬。但是越来越多的颜色也给汽车维修行业带来了烦恼,怎样修复受损的颜色呢?这些颜色当中有的用了一些新材料,很多颜色甚至都是我们第一次见到的。

尽管现在市场上销售的涂料颜色很多,但仍满足不了车身修补涂装作业的需求,当出现没有与原车漆膜颜色完全相同的涂料时,需采用现有涂料进行调色,以获得所需颜色的涂料。

影响汽车外观的主要因素有三个:汽车的颜色、面漆的质地和面漆的状况。特别是颜色,是判别质量优劣的依据。

1.影响汽车色彩的因素

对颜色进行定义和描述主要有亮度、色调、色度三个概念:亮度是指颜色的明暗程度;色调

即人的眼睛看到的颜色;色度指颜色的强度浓度,包括强度、浓度、饱和度、灰度等。

事实上,不同光源对涂料有不同效果,使涂料的颜色发生变化。这是因为光源中各种彩色光线的含量不同。比如,某种涂料中含有蓝色成分,在日光下可能看不出来,但在水银灯下却十分明显,因日光和水银灯中蓝色光的含量不同,而出现可能在车间灯光下看修补漆与汽车颜色配得很好,但在日光下却不够好。在车间灯光条件下调配的颜色和车间所用灯光的类型有大关系。如白炽灯光会使油漆颜色发红;荧光灯中荧光粉的不同使油漆颜色偏黄或偏蓝;冷白光和软白光都能改变油漆呈现的颜色。

有时修补漆配方与原汽车生产厂家所用的面漆配方中的颜料不完全一样,这时即使修补漆在日光或模拟日光下与原面漆匹配良好,但在另一种光源下看就可能不是那么一回事。

2. 识别原品牌汽车的颜色

配色的第一步,就是要根据汽车生产厂家的漆码获得原色,以减少修补漆配方与原汽车生产厂家所用的成漆配方的差异。几乎所有品牌汽车的漆码,可以在各种汽车牌号漆码位置图上找到。市场上可以买到修补颜色汇编,这种书包括了几乎所有品牌和车型的色卡和颜料资料。首先找到汽车生产厂家的漆码,色卡就在漆码旁边。为了稳妥,最好把色卡与汽车本身的颜色对比一下,因为有的汽车也许已经刷过其他颜色的漆。

3. 原漆面涂料类型的确定

(1)目测法。如果车身外形线附近的表皮组织粗糙,或漆面摩擦后出现了"抛光组织",则说明原来用的是抛光型油漆。

(2)溶剂法。用蘸有硝基漆缓释剂(香蕉水)的白布摩擦漆膜,观察漆膜溶解的程度。如果漆膜溶解,并在布上留下印迹,则是自干漆;如果没有溶解,则可能是烘漆或双组分漆。丙烯酸聚氨酯漆没有自干漆那样容易溶解,但有时溶剂能渗进去,削弱表面光泽。

(3)加热法。首先用细砂纸蘸水打磨,使漆膜失去光泽,然后用红外线灯加热。如果钝化表面重新出现光泽,则说明是丙烯酸喷漆。

(4)硬度测试法。各种油漆干燥后漆膜的硬度不一样的。一般来说,双组分漆和烘漆的漆膜的硬度比自干漆高。确定漆膜硬度和厚度最常用的方法,是用电磁式厚度计或机械式厚度计测得。

4. 修补漆色标定

根据亮度、色调、色度,用图解法确定涂料和汽车颜色之间关系的过程,为颜色标定。颜色标定只有在汽车本身对比时才有意义。掌握和应用颜色标定方法,同时能区别在亮度、色调、色度方面变化产生的差异。

颜色标定有利于弄懂涂料配方,包含那些配色基料。但必须注意,配出的颜色可能与汽车的实际颜色并不完全一样,因为所有汽车的面漆都会随时间渐渐改变,有的变浅,有的变深。例如,黄颜色褪得很快,如果褪成米黄色,那么颜料要配得浅些淡些;如果褪成由蓝、黄色构成的绿色,那么颜料要配得偏蓝,通常也要暗一些。

(二)汽车修补面漆的调色

由于汽车原面漆颜色成分不同,光照程度不同,使汽车褪色程度造成很大差异。例如:汽车存放在车库里颜色褪得比较慢,而停放在路边、树下的汽车褪色比较快;在西北高原,因日光中的紫外线辐射较强,汽车的颜色变化快;在工矿城市使用的汽车,因酸雾较强颜色影响较大。

因此,在汽车修补面漆的调色过程中,应考虑褪色面漆的变化情况。一般讲,新车在开头几个月颜色褪得最快,以后就慢了下来。

1. 调色前的准备

调色是汽车修补漆配色的一个重要环节,如果弄懂了调色理论,了解周围环境对颜色的影响,拟定完整的调色程序,就可以为喷涂工艺作出一个常规的程序。调色的基本目的主要有3个:

(1)调节修补色漆与汽车原漆之间的细微差别,使两者相配。

(2)使修补色漆与褪色的汽车面漆相匹配。

(3)在无配方或无漆码的情况下,调配汽车修补色漆。

调配汽车修补面漆的油漆工,必须正确地认真识别颜色,辨别出它真正的颜色。特别是要能辨别要处理的色漆,还要能辨别色漆中这种颜色范围内的重色调,包括暗度或亮度级、色彩的明艳或饱和度。

如果修补面漆的颜色与原汽车面漆的颜色不同,在决定是否进行调色前,一定要先检查一下是否由于以下原因造成颜色失配:

(1)汽车原成漆是否褪色,如果确实已褪色,可以适当扩大抛光修复部位。

(2)是否用错颜色,对照检查汽车生产厂的漆码和油漆厂的漆码和油漆厂的色漆原料号码,确定是否用错。

(3)色漆中的颜料或金属光片是否充分均匀混合,如果修补色漆因搅拌不匀,罐底尚残留颜煜、金属光片或珠光粉都可能引起颜色失配,所以一定要彻底搅拌均匀。

(4)稀释剂的用量是否准确,稀释过度会使颜色变浅或降低饱和度。

(5)在作颜色对比之前一定要清洗、抛光,去除汽车旧面漆上的粉尘和氧化层。

(6)使用试板时一定要留有充裕的干燥时间。试板一般要喷涂几次,每次喷涂后一定要干透,因为涂料干燥后的颜色要深些。

(7)在喷涂金属漆或珠光漆时最好使用搅拌杯。因为金属屑片或环光片容易沉入漆膜深处,影响色光。

(8)要等涂料干燥后再调整颜色。可用加热灯、加热枪或其他干燥方法缩短干燥时间。

(9)调整颜色时每次只许加少量调色剂。

(10)喷涂方法的不同能造成颜色的不同。喷枪靠近试板的涂料颜色,比喷枪离得较远的要深,特别是喷涂金属漆时,差异更为明显。同样降低喷枪速度比增加喷枪速度的要深;各涂层间隔时间短,比间隔时间长的要深。

在设备上,采用较大的液体比较小的液体喷嘴深;减小喷束宽度比加大喷束宽度要深;减小喷束压力比增大喷束压力深;增大流量比减小流量深。在车间环境温度方面,车间温度低比温度高的颜色要深。另外必须注意的是,整板整修中出现颜色失配的情况比小面积整修时要多。这是因为板件(如车间)都有明确的边缘,如前门和后门紧挨着,形成鲜明的对照。而小面积整修时,修理部位却和周围区域掺和在一起,头道涂层只涂在修理部位内,以后的涂层一层比一层涂的范围大,最终混合涂层超出原来涂层的范围。这样,虽然有些颜色失配,新旧面漆之间会有过渡,不会形成强烈的色差。

2. 调色的基本程序

1）确定颜色配方

根据提供的颜色要求，首先要准确辨别颜色，明确所要调配的复色漆有几种原色组成，并要初步确定主色、次色及补色。如不能准确辨别和确定，可通过试配小样来辨别颜色，确定各种颜色的大概比例。小样试配方法是：根据原车漆膜颜色先选出两种或数种色漆，将每种色漆都充分搅拌均匀，并准确称出各种漆的质量，作好记录。待颜色调准后，再将余下的各种色漆准确称出质量，其两次称量之差，即为该漆用量比例。在确定色料后，其基色必须与样板颜色的基色要相同。如黄色有中黄和柠檬黄（浅黄），虽都是黄色，但在调配时要确定所调颜色需哪一种黄。在确定调色的基色后，其基料必须相同，如硝基漆，则调色的基料必须都是硝基漆。

2）颜色配制

先加入主色（在调色中用量最大的一种色料），然后加入其他次要色料，并不断搅拌，使之互融。应遵照先主后次、由浅入深的原则，先取得近似所要调配的颜色，以这颜色为基础，再判断所需加入的色料，这时要少加多调，边调边与样板颜色对照比较，并要有耐心，不要急于求成，若觉得已十分接近，可进行试喷检查。

3）检查分析

将调好的色漆喷涂在试板上，一般要喷涂几次，每次喷涂后一定要干透，待色漆干后与原车面漆对比。如果调制的色漆与原车面漆颜色不同，应分析是否由下列原因造成：

（1）色漆调制方面的原因：

①颜色配方有误。对照检查汽车生产厂的漆码和油漆厂的色漆原料号码，确定是否用错颜色。

②色漆混合不均匀。如果修补色漆因搅拌不匀，罐底尚残留颜料、金属光片或珠光粉都有可能引起颜色失配。

③稀释剂用量不准确。稀释过度会使颜色变浅。

（2）原车漆膜方面的原因：

①汽车原面漆褪色。检查不外露表面，如门侧框等处，确定原面漆是否褪色如确实已褪色，可以适当扩大抛光修复部位。

②原车面漆表层不净。在作颜色对比之前一定要清洗、抛光，去除汽车旧面漆上的粉尘和氧化层。

（3）喷涂方面的原因：

①喷在试板上的色漆未干透。使用试板时一定要留出足够的干燥时间，喷涂后一定要干透，因为油漆干燥后的颜色要深些。

②喷涂前搅拌不匀。在喷涂金属漆或珠光漆时最好使用搅拌杯。因为金属屑片或珠光片容易沉入漆膜深处，影响色光。

③喷涂方法不同造成颜色不同。喷枪靠近试板比远离试板的颜色要深，特别是喷涂金属漆时，差异更为明显。同样降低喷枪速度比增加喷枪速度的要深；各涂层间隔时间短比间隔时间长的要深。

④喷涂设备不同造成颜色不同。采用较大的液体喷嘴比较小的液体喷嘴深；减小喷束宽度比加大喷束宽度要深；减小喷束压力比增大喷束压力深；增大流量比减少流量深。

⑤喷涂环境温度不同造成颜色不同。车间温度低比温度高的颜色要深。

4)颜色调整

颜色调整要等油漆干透后进行,试喷颜色与标准色或原车漆膜颜色对比,确定需加入哪一种颜色,调整时每次只许加少量调色剂,逐步接近标准色或原车漆膜颜色。除此之外还要对明度、色相、纯度进行调整,以达到最佳的配色。

5)明度调整

调整明度应考虑车间环境、喷涂方法、溶剂的使用及油漆用量、喷枪压力、混合料中的颜料用量等因素。调整时主要借助不同的喷涂条件来改变明度,详见表 8-7。

喷涂条件与明度 表 8-7

喷涂条件	颜色变亮	颜色变暗	作用程度
稀释剂选择	挥发快的	挥发慢的	中
涂料黏度	小	大	大
涂料喷出量	小	大	大
喷漆样式宽度	宽	窄	中
喷枪移动速度	快	慢	中
喷枪与物面距离	远离	接近	中
喷涂气压	高	低	大
漆层厚	薄	厚	大
层间间隔时间	长	短	中

6)色相调整

色相调整须在明度调整好后才能进行。每种颜色的色相只可能沿两个方向变化:

(1)色相会发绿或发红的颜色有蓝色、紫色、黄色、米黄色和棕色;

(2)色相会发黄或发蓝的颜色有绿色、黑色、褐红色、灰色和银色、白色;

(3)色相会发黄或发红的颜色有青铜色、红色和橘红色;

(4)色相会发蓝或发绿的颜色有海蓝色和青绿色。

可以根据油漆厂提供的资料选定能调出正确色相的调色剂后,按最低限量计算调色剂用量。经充分搅拌均匀后,喷涂一小块试板,待干燥后与原面漆作颜色对比。

7)纯度调整

调整好明度和色相后再开始调整纯度。如果要想把颜色调得明亮些,就必须重新调整前两个项目,如果要使面漆灰些,就要喷一层湿涂层,再以较远的距离和较低的气压喷一层用少量白色与微量黑色混起来的涂层。

最后,可从 3 个角度观察汽车面漆:一是垂直于汽车表面;二是从刚好超过光源反射角度;三是以小于45°的角度,如图 8-1 所示。检查维修喷涂后的面漆颜色是否与汽车上其他部位一致,如果不一致就应校正,直至同上述角度观察各处颜色均一致为止。

3. 颜色调配注意事项

(1)配色时所采用的色漆的基料必须相同,以保证混溶性。如硝基漆只能调硝基漆,不能与醇酸漆、聚氨酯漆混合,否则会产生树脂析出、浮色、沉淀甚至报废等现象。

(2)使用同一类型品种的涂料,也应注意各生产厂和生产日期及批次的区别,这些不同也

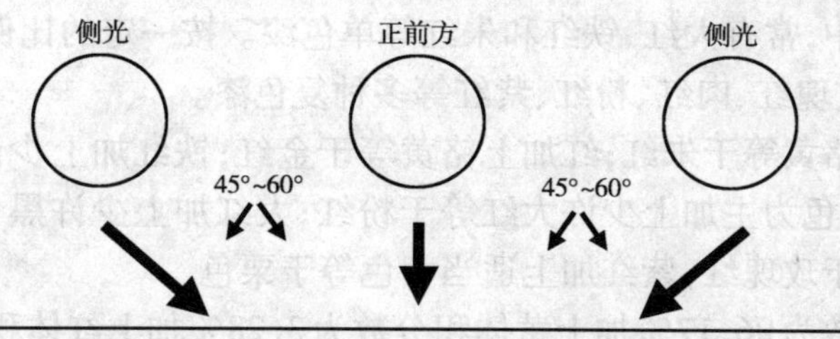

图 8-1　观察面漆的角度

有可能造成颜色差异，要根据实际情况具体分析、比较和调整。

(3)每次先取少量油漆配制，待配出的色漆完全匹配，再根据需要量按比例扩大，以免造成油漆浪费。

(4)在容器中先加入在配色中用量大、着色力小的色漆或近似所需色的色漆，然后再加入其他颜色的漆，边加边搅拌均匀，在颜料调配快接近一致时，应缓慢加入，以防止过头。

(5)在调配颜色时，应在晴天或光线充足的地方进行观察颜色才准确，不能在灯光或阴暗的地方调对，以免产生颜色误差。

(6)比色时，应将新调涂料颜色喷涂在干样板上，进行干样对照，因为各种涂料的颜色在湿时要比干时浅一些。

(7)要注意颜料本身的上浮下沉现象、粒度与干燥速度等因素，一般色漆较稠时，浮色较慢，故在样板对比时，应按施工黏度和干燥条件进行。另外，如果配色用的色漆储存时间过长，颜色沉底、使用时必须先进行搅拌。

(8)调配色漆若需加催干剂，则应在配色前加入搅拌均匀，以免影响色相。

(9)色漆调制人员必须具有正常的视觉分辨能力，有色盲者不得担任此工作，以防产生视觉误差而导致调配的色漆出问题。

4. 涂料颜色调配实例

在汽车的涂料护理中，往往是购得的涂料与汽车表面颜色不同。这就必须对涂料的颜色进行调配，尽量使之与汽车原色漆颜色一致。在调配中，应根据色彩的基本知识和原理，再结合涂料使用的具体要求，进行色漆的调配。以下以调和漆为例，简述色漆的调配。

1)黄色漆的调配

黄色中主要有中黄和柠檬黄。利用颜料中的黄红蓝白黑五种基本的配色原料，按不同的比例，可调配成浅黄、奶黄、牙黄、棕黄、橘黄等色漆。

在调配时，中黄色漆习惯上是在原装深黄色的基础上加体积分数为 30% ~50% 的白色漆而成。浅黄色是在原装深黄色漆的体积分数为 10% ~20% 基础上加体积分数为 80% ~90% 的白色漆调和而成。棕黄色漆等于黄漆体积分数 16.7% 加上黑体积分数 5.77% 加上铁红体积分数 77.53% 。橘黄色漆等于黄漆体积分数为 84.92% 加上红漆体积分数为 15.08% 。牙黄色漆等于白漆体积分数为 89.35% 加上黄漆体积分数为 10.65% 。奶黄色漆等于白漆体积分数为 94.57% 加上黄漆体积分数为 5.43% 。

以上等式中的数字是原装硝基磁漆单色漆调配成复色漆的体积分数，其比例数字的变化就可调配成深浅不一的数种黄色漆。

2)红色漆的调配

在红色漆的调配中，常有大红、铁红和朱红等单色漆。按一定的比例加入其他色漆就可以调配成金红（橙红）、玫瑰红、肉红、粉红、紫红等多种复色漆。

如大红加上少许铬黄等于朱红；红加上铬黄等于金红；铁红加上少许黑色等于紫红；牙黄加上粉红等于肉红；白色为主加上少许大红等于粉红；大红加上少许黑色等于枣红；大红加上群青加上少许白色等于玫瑰红；紫红加上适当黄色等于栗色。

又如白色体积分数为96.17%加上黄体积分数为3.28%加上红体积分数为0.55%等于浅肉红；黄色体积分数为52.7%加上黄体积分数为47.3%等于橙色；白色体积分数为43.3%加上黄体积分数为26.7%加上红体积分数为30.0%等于浅猩红。

同理，以上各等式中单色百分数的变化，将会产生复色的色彩深浅变化，从而可调制成千百种不同的彩色涂料。

3）蓝色的调配

蓝色常有普鲁蓝（铁蓝、华蓝）、群青（洋佛清）等色。可以用两种或两种以上的单色漆调配成多种复色漆。

如深蓝加上白等于中蓝；深蓝是指原装的普鲁蓝色漆。实际上用的深蓝色是在原装的普鲁士蓝的基础上，加适量的白色漆而成。加白色漆可使颜色鲜艳，呈带黑蓝色，天蓝是在以白色漆为主的基础上加适量的蓝色而成，可以调成多种浅蓝色漆。

又如天蓝色等于白体积分数为93.55%加上蓝体积分数为6.54%；海蓝色等于白体积分数为46.78%加上蓝体积分数为41.63%加上黄体积分数为11.59%；蓝灰色等于白体积分数为77.31%加上蓝体积分数为6.22%加上黑体积分数为16.47%；浅孔雀等于白体积分数为82.25%加上蓝体积分数为15.64%加上黄体积分数为2.11%。

4）绿色漆的调配

绿色漆常有中铬绿、草绿、翠绿等色漆。可以加入其他单色漆调配成浅绿、粉绿、嫩豆绿、果绿、墨绿、深黄绿、深灰绿、鸭蛋青等色漆。

如柠檬黄加上中蓝等于中绿（翠绿）；中铬黄加上中蓝等于深绿；白色为主加上浅绿等于水绿（粉绿）；柠檬黄加上浅蓝等于嫩豆绿；以柠檬黄为主加上浅蓝等于果绿；中铬黄加上中蓝加上少许红色等于深蓝绿色；浅蓝加上浅黄等于草绿；草绿加上墨绿等于深草绿；铁灰加上绿等于深灰绿；以白色为主加上少许蓝加上适量黄等于玉绿（鸭蛋青）。

又如白色体积分数为84.23%加上蓝色体积分数为1.18%加上浅黄体积分数为14.59%等于果绿；白色体积分数为67.82%加上黄体积分数为10.29%加上黑体积分数为1.58%加上浅黄体积分数为3.6%加上绿体积分数为16.35%等于浅豆绿；白色体积分数为75.44%加上黄体积分数为8.67%加上黄体积分数为3.31%加上浅黄体积分数为12.58%等于浅翠绿。

5）灰色漆的调配

同理，灰色漆也可以加入其他单色漆而调配成数种灰色系列漆，如银灰、浅灰、淡灰、瓦灰、灰色黄、灰色蓝、铁灰色等。

如以白色为主加上蓝加上黑加上黄等于淡灰色；白色为主加上黑加上蓝等于瓦灰。又如白体积分数为90.73%加上蓝体积分数为1.30%加上黄体积分数为3.25%加上黑体积分数为4.72%等于银灰色；白体积分数为88.88%加上蓝体积分数为0.98%加上黑体积分数为10.94%等于浅灰色。

白色和黑色几乎与其他任何色(金色、银色除外)调配,可以起到调配颜色深浅的独特作用。

5. 银粉色调色要点

(1)首先选择银粉粗细,这里粗细是指目视粗细,不一定是实际粗细,另外供应商给定的也有较大出入,粗细与排列有关,可以通过加入定色剂和控色剂来调整排列,从而影响到目视粗细,粗细与白度也有关系,白度越高,目视越粗。

(2)银粉粗细对颜色的影响。排列相同情况下,加入相同色母,银粉越粗,颜色越深;颜色越鲜艳,即鲜艳度越高,闪亮度越好,遮盖力越差。

(3)纯色银粉比较。相同级别时,银粉越粗,颜色正面越闪越亮,侧面越暗,反之侧面偏灰白。

(4)对银粉漆要使正侧面变浅可考虑加入银粉色母。

6. 金属闪光漆中着色颜料的选择

(1)先确定金属颜料和珠光颜料后再选择着色颜料色母。

(2)对于红色金属闪光漆,红带黄通常选择 MZB119。MZB115 比 MZB119 稍蓝,红带紫通常选用 MZB118 或 MZB117,高透明纯正红色选用 MZB114。

(3)对于黄色金属闪光漆,黄带红选用 MZB108 和 MZB107 配合使用,黄带绿通常选择 MZB108 和 MZB106 搭配。

(4)对于绿色金属闪光漆,亮绿选用 MZB104,金黄绿则选用 MZB105 和 MZB104 混合。

(5)镀蓝色漆,正面侧面均绿时选用 MZB102,正面绿侧面红选用 MZB103,正面蓝侧面紫选用 MZB116。

7. 金属漆微调要领

尽量使用参考配方进行微调,如侧面有问题,应注意以下步骤:

(1)首先要观察是否需要添加白色或减少白色母,指 MZB120 调色白。

(2)再仔细观察配方中金属颜料色母种类是否合适。添加 4530(不超过色母总量 5%)调整正侧面异色效应。侧面不符合要求时,使用色母技巧。

(3)添加 MZB106,使侧面更绿更浅。

(4)添加 MZB107,使侧面更黄更浅。

(5)添加 MZB119,使侧面更红黄更浅。

8. 本色漆微调要领

(1)了解颜色变化规律。红色 + 黄色→橘色;黄色 + 蓝色→绿色;蓝色 + 红色→紫色。

(2)添加色母时,以靠近主色的近似色为第一选择,应尽量避免使用与主色互补的色母,否则会降低颜色饱和度,使颜色变得混浊。

(3)微调色母种类宜少不要多,不要超过 4 个。

9. 电脑调漆

由于科学技术的飞速发展,特别是电子计算机技术的发展,在涂装技术中也得到一定的应用。使用电脑调漆,把极其复杂的调漆工作,改变为很正规、工作起来极容易而又很准确。

1)电脑调漆的基本原理

在电脑调漆的工作中,电脑实际上就是一个大型的色漆配方的资料库,储存了各种色漆的标准配方。各种色漆均由数码进行标记,不仅复色漆由数码标记,而且单色漆也由数码标记。各类色漆品种数量达千种规格,完全能满足汽车制造和轿车维修的使用。

当送轿车到修理厂之后,有的轿车车身面漆在一定部位涂有漆的标号,如果修理厂有同样标号的色漆,那就可以直接选用;若没有时,就可将此标号输入电脑。从荧光屏上就可以显示出此种标号复色漆组成各单色漆的组分及重量。按其组分和重量进行调配,就可得出所需要标号的色漆了。

2)电脑调漆的操作过程

首先是确认所修轿车面漆的漆色品种,一般有两种方法:对现代高级轿车的面漆有的有漆号标志,找到其漆号标志;有的从维修手册上找到面漆的使用材料品种规格;若都无记载,最后一种方法,就用色标卡进行测定。

色标卡,是一种专门印制的涂料颜色卡片。按其颜色的品种和同一品种的不同色度而制定的标准颜色卡片。在卡片上标注其数码编号,每一个色卡编号就是一种色漆的标志。

一种紫色漆的不同色度的色漆,301A5,色度最浅,301H1 最深。每一个方块色中间有一个圆孔,在认定汽车面漆时,首先目测出近似轿车面漆的色卡。然后将色卡平铺在车身表面,从色卡方块的圆孔中露出轿车车身成漆本色,找出与色卡最近似,甚至一样色的那个方块,这就测出轿车的面漆就是那个方块的数码所代表的色漆。

假若测定的轿车面漆数码为 301A5,而库存中又无现成的这种色漆,则将此编码输入到电脑中。从电脑荧光屏中显示出 301A5 的配方:

稀释剂	色粉
956mL	179.9g
744mL	1.5g
957mL	71.8g
666mL	81.5g
333mL	153.4g

根据以上配方,用电子秤量出各组分的重量,按比例量出所需用量,放入一定的调配容器中。用手工机械搅拌均匀,按施工要求调到所需浓度,色漆的调配就完成了。

使用电脑调漆,可使对轿车面漆调配工作简便而准确。采购的各种数码的色漆必须严格保证其质量。另外,所用色漆品种规格虽多,但是每种规格的数量较少,因为维修不同于批量生产。

第二节　汽车修补涂装工具与设备

汽车修补涂装设备主要有压缩空气供给系统、干燥设备和喷漆烤漆设备等。这些设备对车身涂装的品质有至关重要的影响。

一、清除工具与设备

汽车修补喷漆之前,应将作业面的旧漆层和锈蚀清除干净,然后才能进行底漆、腻子等

涂装。

1. 清除工具

手工除漆、除锈使用的工具主要有铲刀、钢丝刷、手用电动钢丝磨头、手用电动砂轮、刮刀、砂布等，如图 8-2 所示。

(1) 铲刀。用于铲除旧漆膜和旧腻子。

(2) 钢丝刷。一般用来清除汽车金属表面上浮锈以及附着的污物。

(3) 手用电动及风动钢丝磨头。作用同钢丝刷，但它比前者效率高，而且不伤人，不会有金属污染。

(4) 电动砂轮。即手提砂轮机，可以在手中随意移动，利用砂轮的高速运转除去铁锈，效果较好，特别对较深的锈斑。其工作效率高，施工质量也较好，使用方便，是一种较理想的除锈工具。

使用手工除漆、除锈工具除锈操作费力，工效低，除锈效果差。但因其简便易行，不受任何限制，仍是局部及部件等小工作量清除旧漆、锈蚀的主要工具。

2. 清除设备

除漆、除锈设备是利用机械产生的冲击、摩擦作用对工件表面进行除漆、除锈，此类设备作业速度快，质量好，工作效率高，适于大面积或批量汽车旧漆、锈蚀清除。

除漆、除锈设备按动力装置的不同分为电动设备和气动设备两类。电动设备具有结构简单、体积小、重量轻、使用方便、易于维修等特点，常用的电动设备有电动刷、电动砂轮、电动锤、电动针束除锈机等。气动设备是利用压缩空气作动力，带动机器作业进行除漆、除锈的设备，常用的气动工具有气动枪、气动砂轮、气动圆盘钢丝刷、离心除锈器、气动除锈锤等。

3. 喷射设备

喷射设备包括喷丸、干喷砂、湿喷砂等除漆、除锈设备，其中湿喷砂设备除漆、除锈效果最好，它是利用压缩空气将砂水混合物从喷砂枪的喷嘴高速喷射到工件表面，通过冲击摩擦力将旧漆和锈蚀除净。湿喷砂装置主要由气泵（空气压缩机）、储气罐、砂罐、水罐、喷头等部分组成，如图 8-3 所示。喷头由水套、喷砂嘴、输砂管和进水管组成，砂罐和喷头之间用带骨架的胶管连接。喷射设备的特点是除锈效果好，效率高。

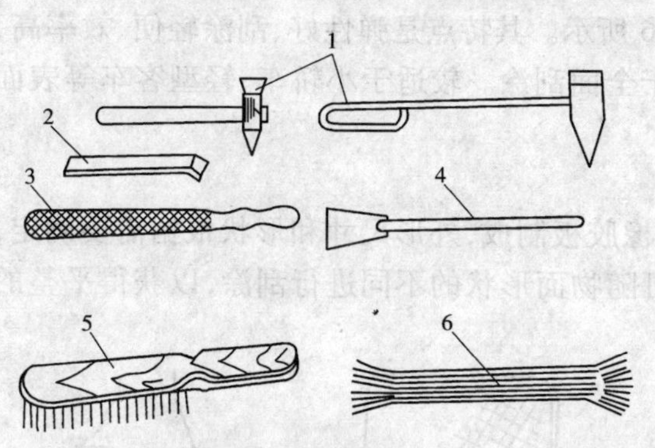

图 8-2　手工清除工具

1-尖头锤；2-弯头刮刀；3-粗锉刀；4-刮铲；5-钢丝刷；6-钢丝束

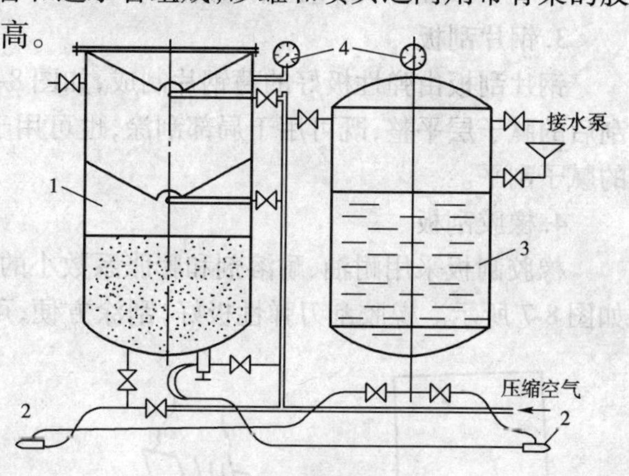

图 8-3　湿喷砂设备

1-砂罐；2-喷头；3-水罐；4-气压表

二、刮涂工具

在汽车维修过程中，外表经钣金工的敲补、焊接后，油漆师傅还须用腻子填补磨平。填补腻子的常用刮漆工具有硬刮具和软刮具两种。硬刮具有：牛角刮刀、层压胶板刮刀、环氧板刮刀以及钢皮刮刀等。通常用于平面及大面积凹坑；软刮具一般涂刮小的凹坑，刮出的腻子表面较平滑、遗留孔隙较小。

常用的刮涂工具大致分为刮灰刀、牛角板、钢片刮板与橡胶刮板4种类型。

1. 刮灰刀

刮灰刀又称油灰刀、批灰刀等。它是由木柄和刀板构成，木柄由松木、桦木等制作，刀板由弹性较好的钢板制作。规格有宽窄（刀头宽度）等多种，如图8-4所示。其特点是，成品灰刀的规格多，弹性好，使用方便。如宽灰刀有100mm宽和75mm宽两种，适于木车厢、客车大板等平整大物面腻子刮涂或基层清理，中号灰刀的宽度多为50～65mm，主要用于调配腻子、小面积腻子补刮及清除旧漆等。窄灰刀多用于调配腻子或清理腻子毛刺等。

2. 牛角板

牛角板由优质的水牛角制成，如图8-5所示。其特点是使用方便，可来回刮涂（左右刮涂）。主要用于修饰腻子的补刮等。牛角板使用后，应清理干净置于木夹上存放，以防变形，影响使用。

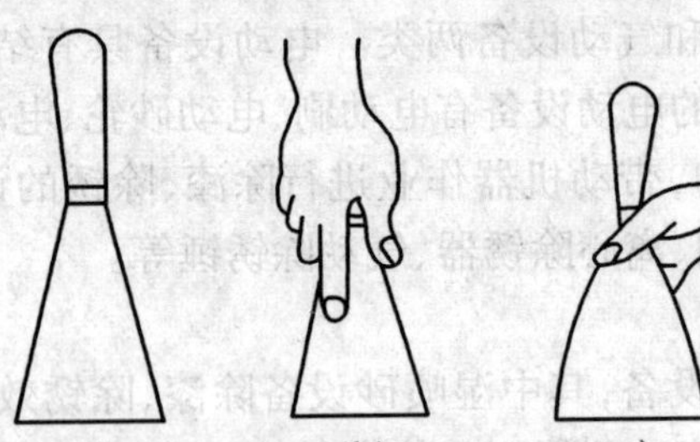

图8-4　刮灰刀及拿法

a）刮灰刀；b）直握法；c）横握法

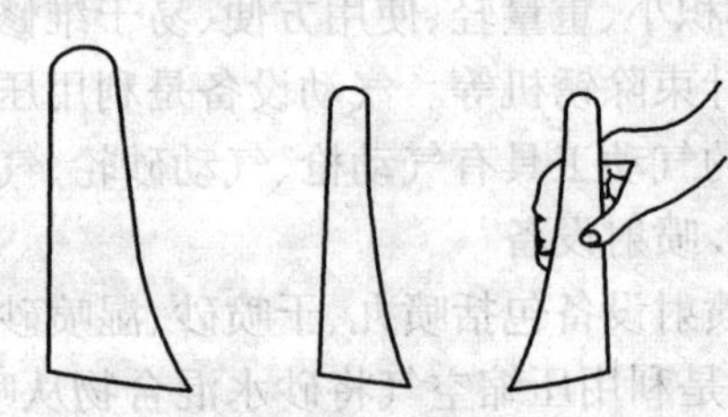
图8-5　牛角板

3. 钢片刮板

钢片刮板由弹性极好的薄钢片制成，如图8-6所示。其特点是弹性好、刮涂轻便、效率高，刮后的腻子层平整，既可用于局部刮涂，也可用于全面刮涂。较适于小轿车、轻型客车等表面的腻子刮平。

4. 橡胶刮板

橡胶刮板采用耐油、耐溶剂和膨胀系数小的橡胶板制成，外形尺寸和形状根据需要确定，如图8-7所示。橡胶刮刀弹性极好，刮涂方便，可随物面形状的不同进行刮涂，以获得平整的

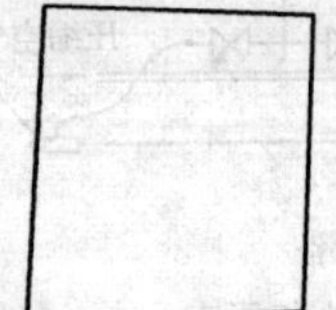
图8-6　钢片刮板

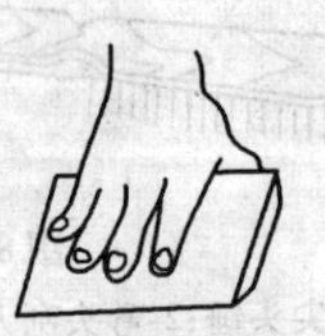
图8-7　橡胶刮板

腻子层。尤其对凸形、圆形、椭圆形等物面，使用橡胶刮板刮涂，质量更优。适于刮涂弧形车门、叶子板等。

三、打磨工具与设备

（一）打磨工具

磨石主要用于磨平第一道和第二道腻子用，可提高工作效率，节约砂纸。一般采用人造磨石，它的规格有：46 粒（粗）、66 粒（中粗）、80 粒（中细）、100 粒（细）、120 粒（极细）。

橡皮块一般是用平整的硬橡胶板自制，主要用于垫在砂纸上打磨腻子，打磨掉物体凸处的腻子，保留凹处的腻子。

手工打磨主要是用砂布包垫板进行打磨，垫板有木制的，也有硬橡胶制的。木块可选用长 180～200mm，宽 50～60mm，厚 25～30mm 的平直木板，橡胶块可使用厚 18～20mm，长宽相应的厚橡胶板剪制而成，如图 8-8 所示。

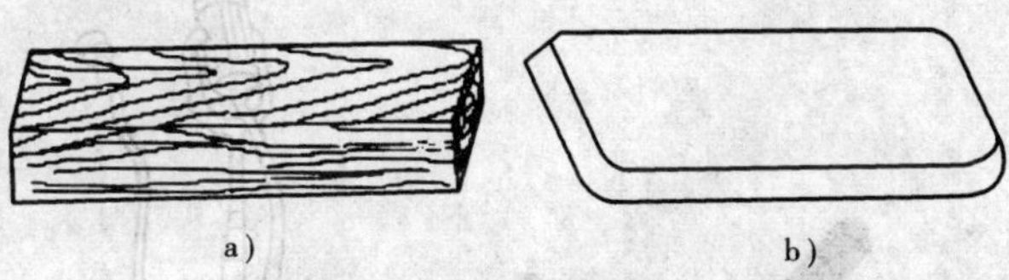

图 8-8　打磨用木块与橡胶块

a）木块；b）橡胶块

砂纸、砂布是打磨工具的辅助材料，用粘合剂把磨料贴在特制的纸或布上制成的。砂纸分水砂纸和木砂纸两种，是将磨料粘结在纸上制成的。木砂纸主要用于磨光木制品表面；水砂纸由于涂有耐水涂料，所以不怕水，可以水磨。砂布一般用布、胶、砂子制成。砂纸用磨料粒度数码表示，数码越小，磨料越粗。磨料粒度不同，用途也不同砂纸、砂布的规格和用途见表 8-8 所示。

砂纸、砂布规格和用途　　表 8-8

木砂纸				砂布			
规格代号	粒度（目）		用途	规格代号	粒度（目）		用途
60				4/0	200		
80				3/0	180		
100				2/0	160		
120				0	140		
150	100			1/0	120		
180	120			1	100		
200	140			1 1/2	80		
220	150			2	60		
240	160			2 1/2	46		
260	170	粗 细	打磨腻子层及涂膜表面砂磨时湿磨施工	3	36	细 粗	打磨底层腻子层及钢铁表面
280	180			4	30		
300	200			5	24		
320	220			6	18		
360	240						
400	260						
500	320						
600	400						
700	500						
800	600						
900	700						
1000	800						

(二)打磨设备

常用的打磨设备的种类很多,按动力装置不同可分为气动打磨设备和电动打磨设备两大类。

1. 气动打磨设备

气动打磨设备主要有风磨机、风动砂轮、钢丝轮等,国产风磨机如图 8-9 所示。气动打磨设备主要用于清除钢铁表面上的铁锈、旧涂层及打磨腻子等。具有体积小、重量轻、速度快、磨平质量好、使用安全、可干磨也可水磨等优点。

2. 电动打磨设备

电动打磨设备主要有电动软轴磨盘式打磨机、电动软轴带吸尘袋磨盘式打磨机、AON3 型电动磨灰机等,如图 8-10 所示。主要作用同气动打磨设备。具有噪声小、振动轻、粉尘飞扬少等优点,但质量通常比气动打磨工具大些,且不适于水磨。

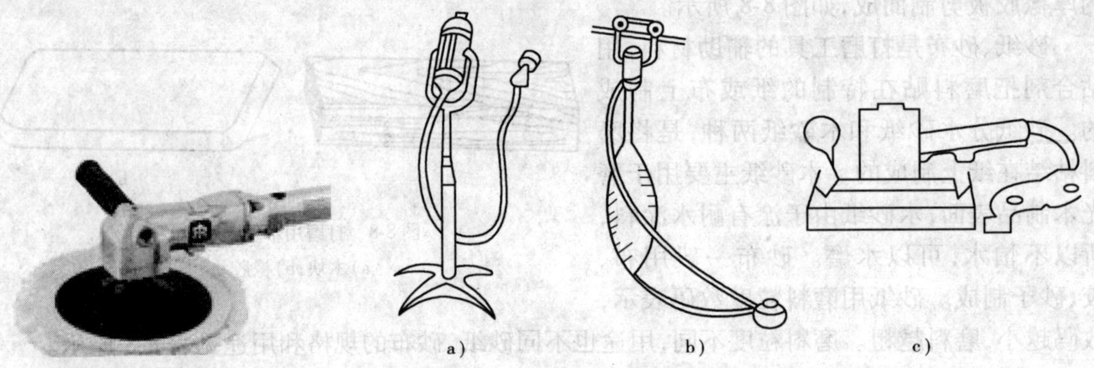

图 8-9　气动打磨设备

图 8-10　电动磨灰机

a)软轴磨盘式打磨机;b)软轴带吸尘袋磨盘式打磨机;c)AON3 型电动磨灰机

四、刷涂工具与喷涂设备

(一)刷涂工具

刷涂的主要工具有漆刷、画笔、毛笔、盛漆容器等。

1. 漆刷

漆刷有很多种类,按形状可分为圆形、扁形和歪脖形 3 种;按制作材料可分为硬毛刷和软毛刷两类。硬毛刷主要用猪鬃、马鬃制作,软毛刷用狼毫、猫毛、绵羊毛和山羊毛等制作。按制作尺寸可分为 12mm,19mm,25mm,38mm,50mm,65mm,75mm 等。常用漆刷如图 8-11 所示。

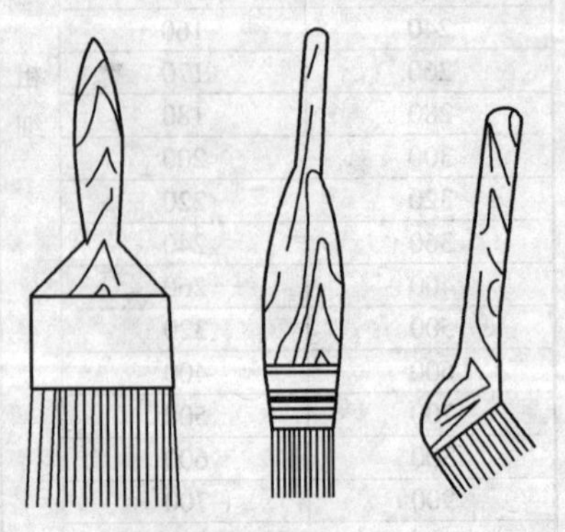

图 8-11　漆刷

圆形毛刷可分为大圆毛刷和椭圆毛刷两种。刷毛一般用猪鬃或马鬃制成,直径也分大小不同的尺寸,圆毛刷适用于涂刷粗糙的物件。

扁形刷也分为硬毛、软毛两种。硬毛刷多用猪鬃制成,软毛刷多用羊毛制成。以毛直、毛清为质量好。软毛刷常用于刷涂稀度涂料,由于含漆量大、刷痕轻、漆流展性好,适于刷品质要求较高物件。

在选购毛刷时，通常以毛直、口齐，刷斗与刷柄组合牢固，刷毛中无脱毛者为上品。

2. 毛笔和画笔

毛笔和画笔在涂装作业中用来描字、划线，涂刷不易涂到的部位和局部补漆用。常用画笔主要为长杆画笔，毛笔以狼毫为好。画笔及毛笔拿法如图8-12所示。

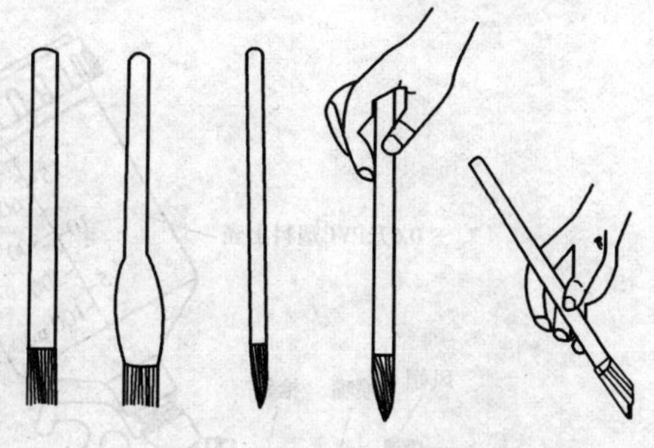
图8-12　画笔及毛笔拿法

（二）喷涂设备

喷涂设备主要指喷枪。喷枪的作用是将油漆和其他液状材料喷涂到被涂物面上，要做好喷涂工作，保证喷涂质量，必须正确使用和维护喷枪。

1. 喷枪的种类

喷枪种类很多，用途各不相同。按供漆方式可分为虹吸式、重力式和压送式；按喷嘴类型可分为对嘴式、单嘴式和扁嘴式；按雾化机理可分为内部混合式和外部混合式；按用途可分为本色漆喷涂用喷枪和金属闪光漆专用喷枪。

1）虹吸式喷枪

虹吸式喷枪是汽车修补涂装作业中常用的一种喷枪。其结构如图8-13所示，涂料杯位于喷枪嘴的后下方，喷涂时利用气流作用，将涂料吸引上，并在喷嘴处由压力差而引起漆雾。它的工作过程是：涂料放在漆杯里，漆杯连到喷枪上。扳机扳动一半时空气阀先打开，压缩空气流过喷枪，从气帽上的孔中喷出在喷漆出口处形成真空，继续扳动扳机，使顶针离开喷嘴内座，真空将涂料从漆杯中吸出，送入进漆口，从喷漆嘴喷出。空气从气孔中进入漆杯，填充在被吸出去的涂料的位置上。

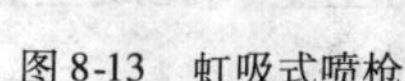
图8-13　虹吸式喷枪

虹吸式喷枪的特点是喷涂时稳定性好，便于调换涂料。但涂料黏度变化时，对涂料的喷出量影响较大。

2）重力式喷枪

重力式喷枪，如图8-14的涂料杯在喷枪嘴上面，利用涂料的重量及枪嘴尖端部由气流产生的压力差，把涂料喷涂于物体表面。喷枪的操作方法与虹吸式相同。重力式喷枪的特点是涂料黏度变化对喷出量影响不大，杯的位置可自由操作，作业容易，但喷涂的稳定性较差。

3）压送式喷枪

压送式喷枪（如图8-15）的喷嘴与气帽正面平齐，不形成真空。涂料被压向气帽，压力由一个独立的压力罐提供，系统的连接方法是：输气软管从压力罐上的气压调节装置出口接到喷枪进气口上，主输气软管从调压阀连至压力罐的调压阀入口，输漆管从压力罐的出漆口连至喷枪进漆口。

压送式喷枪的特点是使用涂料容量大，可适合连续涂装，涂料喷出量的范围可进行调节，操作简易。但不适于喷涂小表面，且更换涂料和清洗喷枪需要耗费一定的时间。

2. 常用喷枪的性能

1）国产喷枪

目前在汽车修理厂中使用较多的是重力式喷枪和虹吸式喷枪。虹吸式喷枪因操作方便，深受广大油漆工的欢迎。

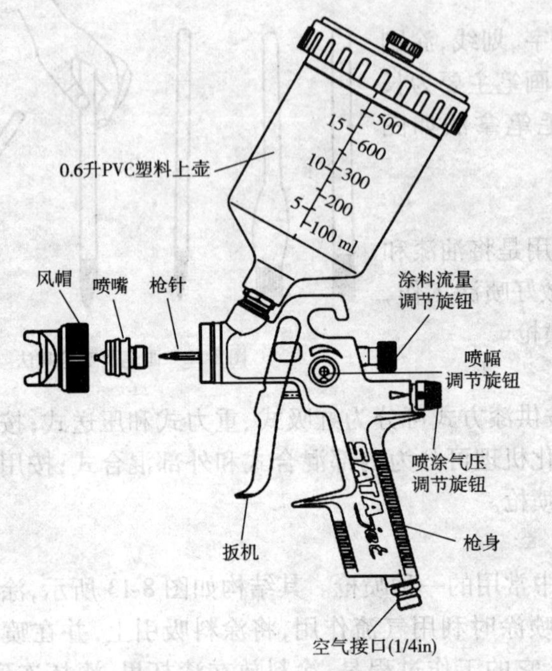

图 8-14　重力式喷枪基本结构

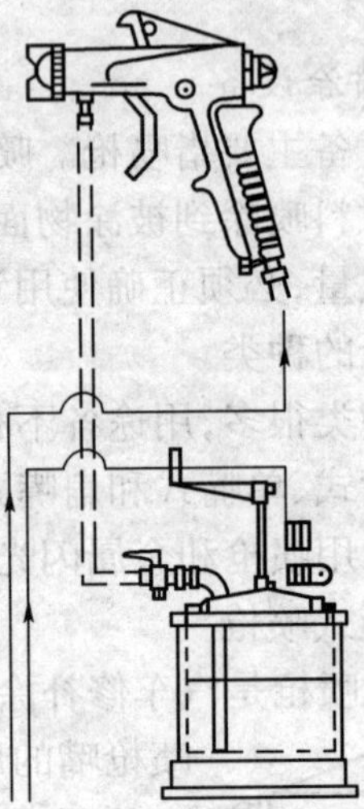

图 8-15　压送式喷枪

虹吸式喷枪受欢迎的原因，主要是因为它可在大面积喷涂时进行连续操作，提高施工工效。可以通过雾型阀调节，从圆形逐渐调整为扇形，且喷雾截面在 360°范围内任意调节。当喷嘴侧面空气孔与主空气成水平位置时，左右侧面空气孔喷出的气流，将主空气孔喷出压缩成纵形扇式漆雾形，可用于人侧面物体的水平移动喷涂。当喷嘴侧面空气孔与主空气孔成垂直位置时，中心孔喷出漆雾成横向扇形漆雾，可用于侧面物体的垂直上下移动喷涂。

在有些汽车美容修理厂有时还配备大流量低压喷涂、无气喷涂、静电喷涂、气助无气静电喷涂、无气静电喷涂等设备。其中高流量低压喷涂——HVLP 空气喷枪代表着当今涂装行业的主要方向。

现以 PQ－1 型、PQ－2 型和 NO3 型 3 种虹吸式喷枪为例进行介绍，这 3 种喷枪的主要技术参数见表 8-9。

PQ－1 型、PQ－2 型和 NO3 型喷枪主要技术参数　　表 8-9

项　目	PQ－1	PQ－2	NO3
喷料嘴孔直径(mm)	1.8	2.1	2
喷气嘴直径(mm)	1.8	3.6	3.5
工作气压(MPa)	0.25～0.4	0.5～0.6	0.5～0.6
盛料罐容量(mm^3)	600	1200	900
有效喷射距离(mm)	50～250	200～300	50～200

续上表

项　　目	PQ－1	PQ－2	NO3
喷枪自身质量(kg)	0.5	1.1	0.9
喷雾截面最大圆形直径(mm)	10～80	75	10～80
喷雾截面最大椭圆形幅度(mm)	150	200	150

(1)PQ－1型喷枪。该喷枪为对嘴虹吸式,由喷杯、空气嘴、喷料嘴、枪体、空气控制螺栓、阀杆、扳机以及空气管接口组成。具有体积小、重量轻、结构简单,操作方便等优点。但由于存在出漆量有限,覆盖面积小,雾化效果较差等缺点,仅适用于一些喷涂面积小或小型零部件的施工。

(2)PQ－2型喷枪。该喷枪为扁嘴虹吸式,由喷杯、轧兰、喷嘴(扁形,可调节供漆量的大小)、空气帽、顶针、出漆量控制阀、控气阀杆、扳机、空气管接口以及枪体组成。具有结构合理,使用方便,性能齐全,喷涂面积大等特点,适用于喷涂汽车损坏面较大甚至需要进行整车修补的场合。

(3)NO3型喷枪。该喷枪为扁嘴虹吸式,喷出雾状可根据需要调节成圆形或椭圆形,喷雾细而均匀。喷涂量大时备有抽料皮管接头,可直接从容器中抽吸涂料,适用于汽车较大表面修补喷涂。

2)进口喷枪

进口喷枪具有结构合理、造型美观、操作简便、喷涂质量好、效率高等特点,但价格很高,主要用于中高档小轿车喷涂。现将美国宾克斯公司、德国固瑞克公司和日本岩田涂装工业[株]生产的喷枪介绍如下(见表8-10～表8-12)。

美国宾克斯公司喷枪　　表8-10

型　号	性　　能
630	高性能重力式喷枪,可用于从事小批量大型加工厂
747	适合高黏度涂料的喷涂加工,如底盘防石击涂料,密封胶等
920	高性能重力式喷枪,可用于从事小批量大型加工厂
900	消雾圈,臭气以及润色用喷枪,重力式
230	高性能,有虹吸式和压送式两种供漆方式。最大扇幅400mm
222	汽车修补用虹吸式喷枪,料杯更换简捷、方便,施工时换色容易

德国国瑞克公司喷枪　　表8-11

型　　号	名称及规格	适用范围
105-700	1000cc 虹吸杯	
105-702	400cc 重力杯	
217-607	600 型重力式喷枪	
217-705	700 型虹吸式喷枪	
106-602	喷幅75～150mm	小批量,修补

续上表

型号	名称及规格	适用范围
106-603	100～150	小批量,修补,金属闪光漆
106-604	125～175	大批量,修补,金属闪光漆
106-605	125～175	中型生产规模,修补,金属闪光漆
106-641	1.3mm 喷嘴顶针	19～24s
106-642	1.5mm 喷嘴顶针	22～41s
106-701	200～250 喷嘴空气帽	中型生产规模以下,修补,乳胶漆
106-702	200～250 喷嘴空气帽	中型生产规模以下,修补,环氧,丙烯酸
106-736	1.4mm 喷嘴顶针	19～24s
106-737	1.8mm 喷嘴顶针	22～41s

日本岩田涂装工业[株]喷枪　　表 8-12

型号	喷嘴直径(mm)	空气压力(kg/cm^2)	空气需要量(L/min)	出漆量(cc/min)	扇幅(mm)	供漆方式
W-71-0	0.8	3.5	240	200	190	压送式
W-71-02	1.0		230	300	265	
W-71-1s	1.0	3.0	75	95	100	虹吸式
W-71-2s	1.3		85	135	135	
W-71-3s	1.5		165	180	170	
W-71-4s	1.8		230	195	200	
W-71-21s	1.3		195	140	155	
W-71-31s	1.5		230	170	170	
W-71-1G	1.0	3.0	75	110	120	
W-71-2G	1.3		85	155	155	
W-71-3G	1.5		165	210	185	
W-71-4G	1.8		230	220	230	
W-71-21G	1.3		195	160	165	
W-71-31G	1.5		230	190	185	
W-88			80～300	100～300		
W-87,89			180～480	185～540		
W-90			220～580	220～760		

德国萨塔(SATA)高效喷枪介绍:

德国萨塔(SATA)喷涂技术有限公司有着 80 多年的专业喷涂设备生产经验,萨塔环保省漆/高效系列喷枪具有很多优点,能够有效提高车身漆膜质量和喷涂速度。

(1)HVLP(High Volume Low Pressure)高流量低气压喷涂技术是目前最先进的喷涂技术。普通喷枪的油漆有效使用率为 30%～40%,而 HVLP 喷枪的油漆有效使用率高达 65% 以上。高上漆率减少了空气污染,降低了油漆费用,而且提高了生产效率,如图 8-16 所示。

萨塔 HVLP 绿色环保省漆喷枪采用 200 kPa 的工作进气压,风帽压力不超过 70 kPa,油漆的有效使用率高于65%，产生的飞散油漆非常少，既有利于环保，又保护了喷漆人员的身体健康。喷枪主要依靠大流量的空气进行油漆雾化，喷嘴处的气压降低使得气流射出速度和雾化油漆的运行速度也随之降低，这就减少了油漆从喷涂表面反弹回来的数量，从而提高了油漆的有效使用率。

HVLP 喷枪的枪体具有枪身短和重量轻等特点，喷漆人员长时间喷涂也不会感觉到疲劳。独特设计的空气扰流喷嘴，令雾化空气更均匀和气压更平稳。喷嘴口径选择广，可针对不同黏度的油漆选择不同口径的喷嘴，使漆面达到最佳效果。

HVLP 喷枪的风帽气压低至 70 kPa，而传统面漆喷枪风帽气压高达 300 kPa，所以有些喷漆人员在喷涂手法和观念上难以接受，或受到空气压缩机功率偏小以及送气管细小而无法满足正常耗气量。针对这种情况，萨塔研发出了 RP（Reduced Pressure）省漆高效系列喷枪，即低流量中气压喷枪。

（2）RP 喷枪采用了适度降低风帽气压的优化减压喷涂技术，250 kPa 的工作进气压，风帽压力约为 120 kPa，油漆有效使用率高于65%，非常适合喷涂中浓度或高浓度的面漆。粗圆丝纹设计的风帽快速更换系统是该产品一大特点，方便操作者对风帽进行更换和清洗，如图8-17所示。

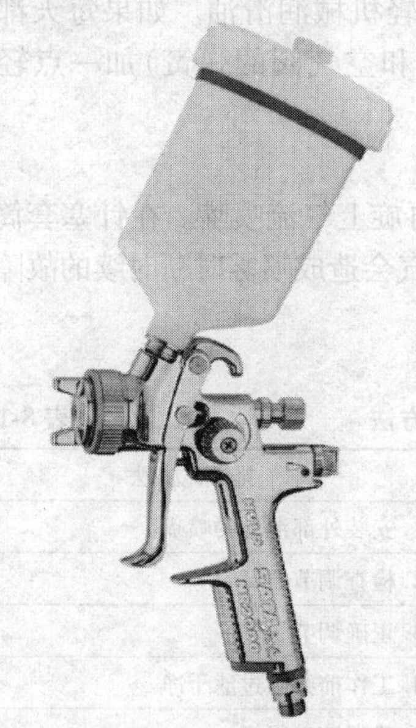

图 8-16　HVLP 绿色环保省漆系列喷枪

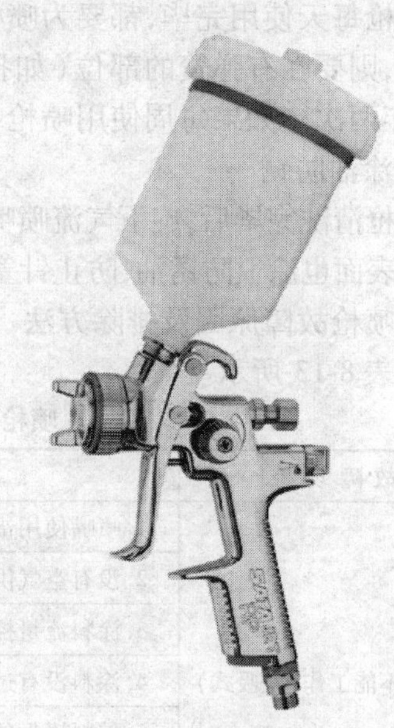
图 8-17　RP 蓝色省漆高效系列喷枪

萨塔的系列喷枪与油漆压力罐、双隔膜泵连接使用，构成了环保节能的高效喷涂系统。这套喷涂系统非常适用于汽车的喷涂，能够保证长时间连续的高负荷作业。

3. 喷枪的维护

要保持喷枪正常有效地工作，必须经常对喷枪进行维护，具体做法如下：

1）用后清洗

为防止喷枪内漆道被喷涂后余漆干固堵塞，喷枪每次喷涂完毕，必须将其清洗干净。虹吸式喷枪的清洗方法是：从喷枪上把喷杯卸下来，但此时液体物料管仍然留在喷杯内不要拿开，松开空气帽(2～3 圈)。拿一块布罩在空气帽上,扣动扳机。此时空气从液体物料管内通过,将残留在管内的物料冲回到喷杯内。倒掉喷杯内的物料,用刷子蘸溶剂将喷杯刷洗干净,最后用蘸有清洁溶剂的抹布将喷杯擦拭干净。将清洁的溶剂倒入喷杯内大约 1/3,通过喷枪喷溶剂以清洗液体物料管,最后用抹布蘸清洁的溶剂将喷枪擦拭干净。

压送式喷枪的清洗方法是:关闭油漆罐的压缩空气,从泄压阀或调压阀泄压,松开空气帽 3 圈,拿一块布罩在空气帽上,扣动扳机,使涂料由软管回到油漆罐内,清洗油漆罐并加一些溶剂在油漆罐内,把油漆罐再安装好,打开所有的空气阀,扣动扳机,使溶剂通过软管流动,以达到清洁软管的目的,再通压缩空气 10～15s,吹干软管,清洗喷枪和空气帽,再次清洗油漆罐,使用前装配好。

2)定期清洗

除每次施工完毕进行清洗外,还应定期全面地拆洗喷枪。即将喷枪解体成零件,浸泡在稀释剂中,然后逐件清洗。在拆装清洗喷枪过程中,应用专用工具仔细操作,不得损坏各种零件。清洗喷枪只可用毛刷,清洗过的零件应用干净柔软的棉布揩擦。出气孔或出漆孔若有堵塞,应用溶剂小心冲洗,不得用金属丝去通,以免损坏小孔,影响喷枪的正常使用。

3)注油润滑

喷枪每天使用完毕,都要为喷枪的各部位的零件注几滴轻机械润滑油。如果每天都要使用喷枪,则要在有弹簧的部位(如控制液体物料的顶针弹簧和空气阀的弹簧)加一点轻润滑脂,每年两次。如果每周使用喷枪 2～3 次,则每年加一次。

4)涂油防锈

喷枪清洗完毕后,旋下气流喷嘴,在喷嘴上涂上防锈油,再旋上气流喷嘴。在针塞套筒和顶芯外露表面也涂上防锈油,防止针塞生锈而产生漏气(针塞漏气会造成喷雾时断时续的故障)。

4. 喷枪故障原因及排除方法

如表 8-13 所示。

喷枪常见故障的现象、原因及排除方法 表 8-13

故障现象	故障原因	排除方法
喷枪不能工作(虹吸式)	1. 喷嘴使用错误(使用了内部混合喷嘴)	1. 安装外部混合的喷嘴
	2. 没有空气供应	2. 检查调节器
	3. 涂料流量控制旋钮调节不当	3. 正确调节
	4. 涂料没有过滤	4. 工作前必须过滤干净
	5. 储料罐上的进气口堵塞	5. 确保该口通畅
	6. 储料罐垫圈磨损或错位	6. 检查清楚,必要时更换
	7. 筛网堵塞	7. 清洗或更换筛网
喷嘴处涂料泄漏	1. 喷嘴堵塞	1. 拆下喷嘴清洗干净
	2. 喷嘴或控制针阀损坏	2. 更换喷嘴和控制针阀
	3. 控制针阀不合适	3. 换上规格符合要求的控制针阀
	4. 控制针阀弹簧断裂	4. 拆下并更换
	5. 控制针阀锁紧螺母过紧	5. 松开螺母
	6. 控制针阀套发干	6. 润滑针阀和针阀套

续上表

故障现象	故障原因	排除方法
锁紧螺母处涂料泄漏	1. 锁紧螺母松动	1. 将锁紧螺母上紧
	2. 针阀套磨损	2. 更换针阀套
	3. 针阀套发干	3. 拆下针阀套并用轻型润滑油润滑
压缩空气泄漏	1. 空气阀或阀座被脏物污染	1. 清洗空气阀及阀座
	2. 空气阀或阀座损坏	2. 修理空气阀及阀座，必要时更换
	3. 空气阀弹簧断裂	3. 更换空气阀弹簧
	4. 顶针缺润滑油	4. 加轻油润滑
	5. 顶针弯曲	5. 更换顶针
	6. 压盖螺帽太紧	6. 调整压盖螺帽的紧度
	7. 密封圈损坏或未安装	7. 更换密封圈
喷涂图案左偏（或右偏）	1. 空气帽损坏	1. 更换空气帽
	2. 喷嘴堵塞或损坏	2. 清洗或更换喷嘴
	3. 喷雾形状控制旋钮调节的太低	3. 调节设置
	4. 空气帽脏或量孔部分堵塞	4. 清洗空气帽和量孔
喷涂图案的中心过厚	1. 雾化压力过低	1. 增加压力
	2. 涂料的黏度过大	2. 使用适当的稀释剂稀释
	3. 因磨损导致喷嘴口径增大	3. 更换喷嘴
	4. 中心量孔过大	4. 更换空气帽和喷嘴
喷图图案分散	1. 涂料不够	1. 降低空气压力或增加涂料流动速度
	2. 空气帽或涂料喷嘴过脏	2. 拆下来清洗干净
	3. 空气压力过高	3. 降低空气压力
	4. 涂料黏度过小	4. 加大涂料的黏度
喷涂图案不均匀	1. 空气帽损坏或堵塞	1. 检查空气帽，然后进行清洗或更换
	2. 涂料喷嘴损坏或堵塞	2. 检查涂料喷嘴，然后进行清洗或更换
喷枪的喷射持续呈脉冲状	1. 喷枪安装不当	1. 按使用说明的要求安装
	2. 供料管或涂料控制针阀的连接处泄漏（虹吸式喷枪）	2. 拧紧连接处，润滑针阀套
	3. 储料杯内的涂料不足	3. 向储料杯添加涂料
	4. 涂料通路堵塞	4. 拆洗涂料喷雾、针阀和供料管
	5. 储料罐顶部的进气口堵塞（虹吸式）	5. 清洗干净
	6. 储料罐顶部的接头螺母过脏或损坏（吸虹式）	6. 清理或更换
	7. 供料管与压力储料罐或储料罐盖的连接不紧	7. 将其拧紧
	8. 筛网堵塞	8. 清洗筛网
	9. 密封螺母没拧紧	9. 确保将密封螺母拧紧
	10. 输料管没拧紧	10. 按使用说明要求的转矩拧紧
	11. 喷嘴上“O”形圈磨损或过脏	11. 更换O形圈
	12. 从储料罐接出的输料管没拧紧	12. 拧紧
	13. 锁紧螺母垫圈安装不正确或锁紧螺母没拧紧	13. 正确安装垫圈，拧紧螺母

5. 黏度计

所谓黏度是液体分子间相互作用,并由此产生的阻碍分子间相对运动的量度,也可以称其为液体流动的阻力(内摩擦力)。通常所说漆料的稀与稠,实际上就是指其黏度的大小。不同的涂层对涂料的黏度要求也有所不同,一定要严格按涂装工艺中所规定的标准调整。否则,黏度过高将会使表面粗糙不匀,产生针孔和气孔等的缺陷,黏度过低则造成挂流、失光,使漆膜形成得不丰满。所以,车身涂装作业中应根据技术要求调整黏度,并养成使用黏度计进行测量的习惯。

五、干燥设备

干燥设备也称烘干设备,其种类很多。按其外形结构可分为室式(烘房)、箱式(烘箱)、通道式(烘炉)等3种形式;按其操作方式可分为周期式和连续式;按加热或传热方式不同可分为对流式干燥设备、辐射式干燥设备、感应式干燥设备等。

目前,我国常用的干燥设备主要有对流式干燥设备和辐射式干燥设备。下面分别进行介绍。

(一)对流式干燥设备

对流式干燥设备是利用热源以对流方式传递的原理制造的。对流是加热后的流体的简单运动过程。这种加热形式,热源首先要加热传导的介质——空气,然后靠自然对流或强制对流将热量传递给被涂漆的工件。

对流式热源可以利用煤、石油的燃烧热,这种方法简便,但操作温度不易控制,如燃烧室与烘室之间密封不好,燃烧产物会污染漆膜。利用间接对流热如蒸气、炉气、电热等加热是目前最普遍采用的方法。

1. 基本结构

电热烘箱是一种最简单的热空气对流式烘干箱,它由箱体、电热丝、电炉板、排雾管、小钢轨及活动推架等组成,如图8-18所示。烘箱内部装有1000W或1500W的电热丝多根,分布在烘箱内部两侧及底层。外壳分内外两层,用50mm × 50mm的角钢和25mm ×25mm的角钢做支架,外用1mm或1.5mm的黑铁皮制成。在两层铁皮中间填满隔热保温材料,一般用石棉丝、玻璃丝。烘箱的顶部装有排雾管及测温用的热电偶。烘箱底面(内部)装有两根小钢轨,便于推盘出入烘箱。烘箱内的加温情况。

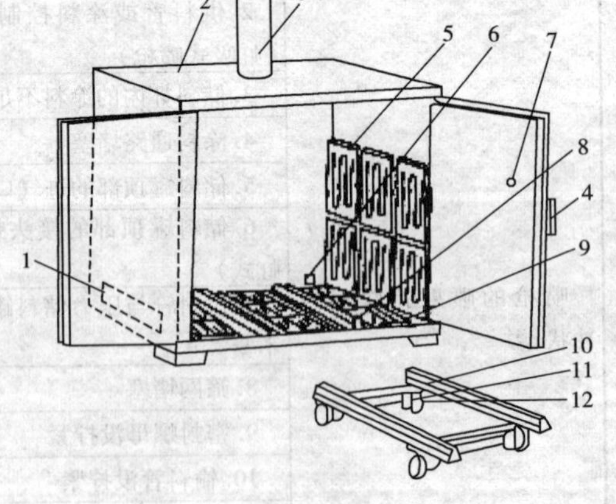

图8-18 电热烘箱

1-绝缘胶平板与三相电源线;2-箱体;3-排雾管;4-拉手;5-电热丝;6-进气口;7-玻璃小窗;8-小钢轨;9-电炉板;10-活动推架;11-滚轴;12-滚架

2. 对流式干燥设备的特点

(1)对流式烘干设备加热均匀,能保证涂层的颜色不变。

(2)烘干温度范围较大,基本能满足一般类型涂料烘干温度的要求。

(3)设备使用管理和维修较方便,使用费用较低。

(4)热量的传导方向和溶剂蒸发的方向相反。漆层的表面受热后干燥成膜,使漆层下面的溶剂蒸气不易跑出,干燥速度变慢。如果溶剂蒸气的压力克服不了漆膜的阻力而留在里面,会使漆膜起泡或不干。溶剂蒸气的压力大于漆膜的阻力,冲破膜表面而产生针孔。因此漆膜的质量受到影响。

(5)烘干时,必须将烘室内的空气加热,热量消耗大。

(6)由于空气的导热性差,滚层的导热性也差,故对流式干燥的速度较慢。

(二)辐射式干燥设备

辐射是热传递的一种方式,这种加热方法是将热能转变为各种波长电磁振动的辐射能,其过程称为热辐射。利用热辐射干燥物体的方法,称为辐射式干燥,以红外线为辐射热源的干燥设备,称为红外线干燥设备。红外线的波长为 0.7 ~ 400μm 之间,是一种肉眼看不见的辐射。由辐射器发出的红外线直接辐射到涂装工件上,能被工件吸收转变为热能,并向涂膜外层传导,这就形成了涂膜由内向外逐步干燥的过程。同时溶剂可以顺利地由内向外挥发,加速了涂膜的氧化聚合反应,缩短了干燥过程,且使涂膜光亮坚硬。同时可以利用红外线具有方向性这一特点,对工件进行局部加热烘烤。

1. 设备基本结构

红外线烘干室是利用碳化硅管、碳化硅板、红外线辐射器等为热源建造而成。其结构是用角钢焊成骨架,外壳用钢板焊接在骨架上,钢板外加保温层,厚度约为 50 ~ 100mm,顶部安装排风管,两侧可按需要安装活门,为了制造和安装方便,整个烘室可分成若干节,相互之间用螺钉连接起来,每节约长 2m,节数不等,视需要而定。为适应涂膜烘干过程的要求,一般把烘干室分为预热、加热、保温 3 个阶段,每阶段占若干节。在每个阶段的若干节烘干室内,配置数量不等的红外线辐射器。烘干室内还设有排气装置,以排除烘干时蒸发的溶剂蒸气。并采用调节变压器或调节式测温毫伏计,来控制烘干时的温度。另外还设有污染控制装置,一般采用热焚烧法或催化反应法来减少环境污染。

2. 红外线辐射器

红外线辐射器种类较多,其性能和特点分别为:

1)金属管状电热元件

在金属管内放入螺旋形的电热丝,管的空隙部分填充了导热绝缘氧化物,通电后使金属管加热到一定温度而产生辐射线。SPPS 型电热元件的容量从 0.5 ~ 2.5kW,电压 220V,长度 640 ~ 2700mm。这种辐射器的特点是坚固耐用、质轻、体积小、寿命长并可根据烘道形状和工件排列方法进行弯曲,配置成理想的形状。

2)金属板式红外线辐射器

这种辐射器与管状电热元件组成基本相似。所不同的是将管形改为板形,或者将管状元件装入铁板内,如图 8-19 所示。电热板材料为铸铁和钢板,规格有方形 300 × 150 × 10mm,200 ~ 1000W;圆形直径 125 ~ 180mm,500 ~ 1000W,铁板表面温度约 600℃产生波长为 3.3 ~ 10μm 的红外线。它具有辐射面

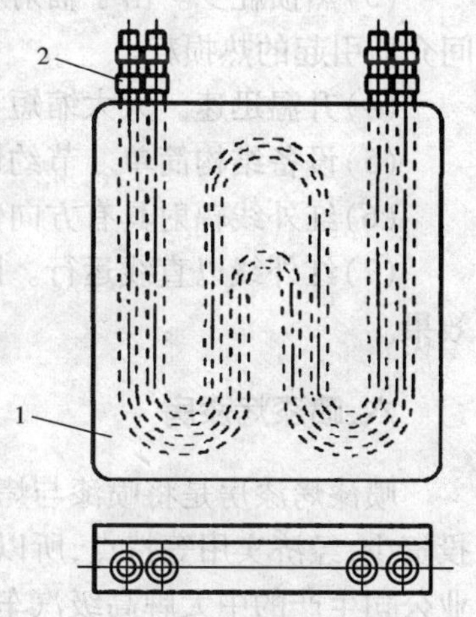

图 8-19　金属板式红外线辐射器

1-铸铁板;2-管状元件

大,温度均匀等特点。

3)碳化硅管红外辐射器

这种辐射器的外管用碳化硅和陶土等焙烧制成,管内装置氧化铝螺杆,两端各装有一个氧化铝堵头。在螺杆上缠绕电阻丝,通电后加热碳化硅外管而产生红外线,如图8-20所示。这种辐射器的特点是耐高温、热惰性小、辐射效率高、烘干效果好。

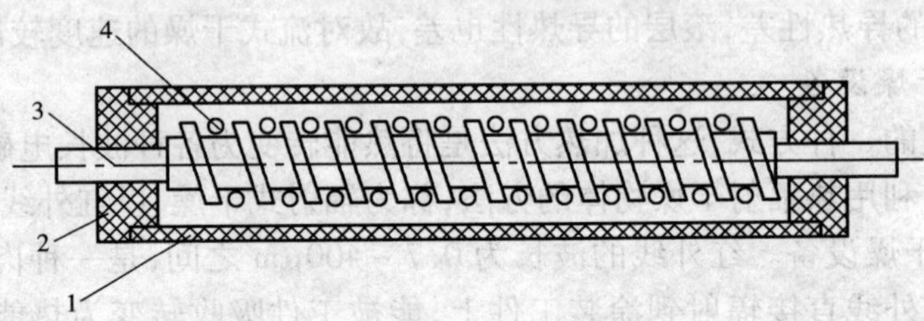

图8-20 碳化硅管红外辐射器

1-碳化硅管;2-堵头;3-螺杆;4-电热丝

4)碳化硅板状红外线辐射器

这种辐射器是将电热丝均匀分布在具有凹槽的碳化硅板内制成。它与管状辐射器有相同的特点。同时,辐射面大,适于大型工件烘干用。

5)远红外线辐射器

该辐射器由金属框架、石棉板、电阻丝和涂有硫化物和碳化物等涂层的辐射板等制成。具有干燥速度快、质量好、操作简单、维护方便、节约能源等特点。

3. 红外线辐射干燥的特点

(1)干燥速度快。由于自内层向外干燥,油漆溶剂易于挥发。因而可大大缩短干燥时间,一般可提高效率2~5倍。

(2)干燥质量好。漆层干燥均匀,可避免或大大减少由于溶剂蒸发而产生的针孔、气泡现象。

(3)热损耗少。由于辐射不需中间媒介,可直接将热源传导到被加热物体上,故没有因中间介质引起的热损耗。

(4)升温迅速。大大缩短了烘干的时间。

(5)设备结构简单。节约设备投资和占地面积。

(6)红外线辐射具有方向性。可用于局部加热。

(7)红外线以直线运行。因此要尽量使工件表面受到红外线的直接照射,才能取得良好效果。

六、喷漆烤漆房

喷漆烤漆房是将喷漆与烤漆合二为一的设备。由于这种设备具有占地少,设备利用率高,投资少,经济实用等特点,所以在汽车涂装修理行业应用最为广泛。有代表性的是中大集团工业公司生产的中大牌高级汽车喷漆烤漆房系列产品,现介绍如下。

(一)基本结构与性能特点

中大牌喷漆烤漆房主要由房体、通风系统、空气过滤系统、加热系统、照明系统、废气处理系统以及控制系统等组成，如图 8-21 所示。

图 8-21　喷漆烤漆房的结构

其性能特点是：

（1）该产品采用意大利原装轻油燃烧器，升温快、耗油省、无污染。

（2）选用德国拼装式保温板作房体和采用西门子低噪声、外转式风机。

（3）采用了意大利原装空气过滤棉，空气净化率达国际标准。

（4）自动化程序控制系统操作简便，能满足喷漆、烤漆要求的任一温度。

（二）操作方法

1. 喷漆

（1）根据环境温度，确定是用升温喷漆还是常温喷漆。

（2）当环境温度低于 10℃时，先将温控仪的温度设定到 20℃，接通电源，将喷漆开关打到升温喷漆，风机、燃烧器等皆开始工作，房内的温度就保持在 20℃，这时处在最佳喷漆温度状态。

（3）当环境温度高于 20℃，常温就可喷漆，房内不需升温，只进行通风。

2. 烤漆

（1）调节好烤漆时所需要的温度及时间，打开风机开关（喷漆开关打到常温喷漆位置），再打开烤漆开关，即起动点火烤漆开始。

（2）新鲜空气经热交换器被加热后进入烤漆房内使温度升高，当温度升至设定温度时，燃烧器自动停机，15s 后，风机自动关闭。

（3）当温度降到设定温度以下 4 ~ 5℃时，风机和燃烧器自动工作，使房内温度保持恒定。

（4）当烤漆时间达到设定的工作时间时，烤漆房自动关机，烤漆结束。

（5）在烤漆过程中如需紧急停机时，应先关燃烧器点火开关，待 20s 后再关风机开关，因热交换器工作时处于高温状态，为使其冷却而风机还应再工作一段时间。

（三）喷漆烤漆房的日常维护

（1）必须按其使用说明书要求使用和维护。

（2）保持烤漆房周围的环境及房内卫生清洁，正常情况下每 20 天清扫一次地网，以保证房内清洁。

(3)进气过滤网和房体内地网过滤棉一般在使用100h左右,应进行吸尘清理更换。

(4)房顶的过滤网一般使用两年或400h左右,需要进行吸尘清理。如发现喷漆时漆雾排不出时,顶部过滤棉即需要更换。

(5)初级柴油滤清器一般工作100h需拆下进行清洁,200h更换滤芯;二次滤网一般使用200h将其拆下进行清洁。

(6)喷油嘴在正常情况下不会损坏,使用300h左右,如发现火焰很小而且冒烟,将其拆下清洁即可使用,正常情况下不要经常拆洗。

(7)严禁在烤漆房内吸烟和使用明火。

(四)故障及排除

喷漆烤漆房常见故障的现象、原因及排除方法如表8-14所示。

喷漆烤漆房常见故障的现象、原因及排除方法 表8-14

序号	故障现象	故障原因	排除方法
1	燃烧器点不着火	设备油管较长,如油管中无油再加柴油时,一次无法着火	当正常点不着火时,燃烧器上控制盒的红灯会亮,此时等待5min后再按一下红灯亮着的开关,即可再次点火,有时需要重复3~4次。如5次还点不着火就不要再点火了,须将燃烧器从热交换器上拆下,用毛巾擦净热交换器内的柴油,否则将引起热交换器损坏
2	油罐接头漏气	接头松动	拧紧接头即可
3	着火后15s自动熄火	1. 光感开关被黑灰污染; 2. 油压过低以及风门调整不当	1. 擦净光感开关; 2. 检查油路是否堵塞,检查调整螺钉,清洗喷油嘴; 3. 检查并调整风门
4	点火后火焰不良	1. 燃油太冷,雾化压力太低或太高; 2. 风门开得太大,油中有水; 3. 柴油滤芯堵塞	1. 天冷时,用标号高的柴油; 2. 清洁滤清器,检查调整螺钉并调整使雾化压力正常
5	排气口冒烟	1. 风门开启太小; 2. 喷油压力过低	1. 按刻度线调风门; 2. 调整雾化压力使其正常

七、压缩空气供给系统

压缩空气供给系统用于提供充足的达到预定压力值的压缩空气,供给各种气动工具和设备。系统包括空气压缩机、气压自动调节装置、分水滤清器(也称油水分离器)及其他部件。

(一)空气压缩机

在喷涂工艺中常用的供气装置——空气压缩机,通常涂装用压力不高,都使用一级压缩式2V-0.6/7型空气压缩机。

不同型号的喷枪对供气压力均有不同的要求,在喷漆前应按说明书的规定预先调好。如无标准可循时,可依经验加以判断,如喷射力加剧并产生强烈的漆雾时,一般为空气压力过高且漆液的输出量不足,反之则由于空气压力调节过低所致。

空气压缩机是空气供给系统的心脏，俗称气泵，它将空气的压力从普通的大气压升高到某一更高的压力值。

1. 空气压缩机的种类

空气压缩机有固定式和移动式两种。按气泵的结构形式可分为活塞式、膜片式和螺旋桨(转子)式；按缸数可分为单缸、双缸(V形)和三缸(W形)。按工作方式分为一级压缩式和二级压缩式。一级压缩式空压机工作时，空气经过空气滤清器过滤后经气缸压缩直接进入储气筒，如2V－0.6/7型空气压缩机(图8-22)。二级压缩式空压机工作时，空气经过空气滤清器进入一级气缸，在一级气缸内压缩到0.2～0.44MPa后排入中间冷却器冷却后再进入二级气缸，在二级气缸内压缩到0.8MPa后排到储气筒内，如V—3/8—1型空气压缩机(图8-23)。

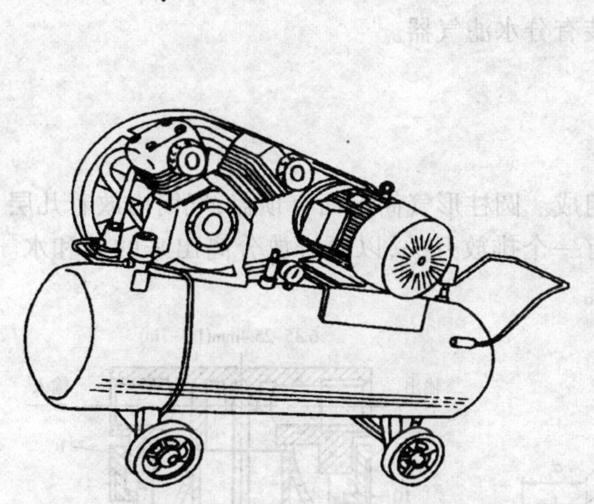

图8-22 2V－0.6/7型空气压缩机

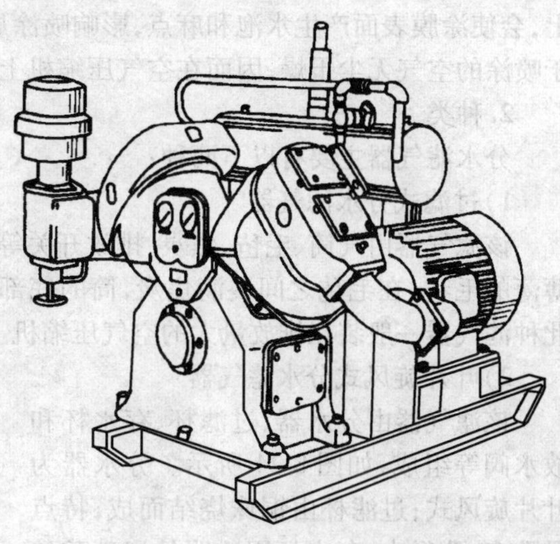

图8-23 V—3/8—1型空气压缩机

2. 空气压缩机的使用和维护

水冷式空气压缩机的使用方法：

(1)启动前要先接通冷却水，并注意冷却水流通是否正常。

(2)关闭减荷阀，使空气压缩机处于空负荷下起动。

(3)启动时要注意运转方向，发现倒转立即纠正，如发现有抱轴现象应立即停机。

(4)起动后打开减荷阀，让空气压缩机负荷运转，并注意观察运转情况。

空气压缩机维护作业包括：

(1)每天工作前要检查油面的高度，如油面过低要及时加油。

(2)空气压缩机工作过程中要检查压力表的压力是否正常，各连接处有无漏气、漏油、漏水现象，发现故障及时排除。

(3)每天应放出储气筒内的油水沉淀物1～2次，每2个月更换一次润滑油，每3个月清洗一次空气滤清器的滤网。

(二)气压自动调节装置

空气压缩机上装有自动调节空气压力的调压阀和安全阀，以为保证空气压缩机正常、安全地工作。

1. 调压阀

调压阀的功能是调整空气压缩机输送的空气压力，并使其衡定在规定的范围以内。

2. 安全阀

安全阀是保证空气压缩机安全运行的装置。当储气筒内的气体压力超压时，安全阀就自动打开排气，以保证储气筒内壁不因受压太高而爆裂。

（三）分水滤气器

1. 功用

为保证喷涂质量，空气压缩机所提供的压缩空气必须是纯净、干燥的气体，但由于空气中存有水分，经压缩机压缩后的气体中还会带有油气，这些水分和油气随漆雾喷涂到工作表面上，会使涂膜表面产生水泡和麻点，影响喷涂质量，严重的还会造成返工或报废。为了保证用于喷涂的空气无尘干燥，因而在空气压缩机上装有分水滤气器。

2. 种类

分水滤气器主要有以下两种：

1）过滤式分水滤气器

该滤气器由气筒、毛毡、焦炭、排放开关等组成。圆柱形气筒上面有顶盖，气筒内放着几层薄薄的毛毡，在毛毡之间装满焦炭，筒的底部有一个排放开关，以便排放分离出来的油和水。此种滤气器一般装在排放量大的空气压缩机上。

2）叶片旋风式分水滤气器

该滤气器由分水器、过滤杯、存水杯和放水阀等组成，如图 8-24 所示。分水器为叶片旋风式；过滤杯由铜珠烧结而成，特点是孔多，孔径小；存水杯用透明的聚碳酸酯制成，能清晰地看到积存水量，以便及时通过放水阀排除。这种滤气器能将微小的油污和水滴滤去，确保纯净而干燥的空气输送到喷枪。此种滤气器一般装在 $0.3m^3$ 和 $0.6m^3$ 的小型空气压缩机上。在压力为 0.7MPa和进气相对温度为 100% 的前提下，分水效率不低于 75%。

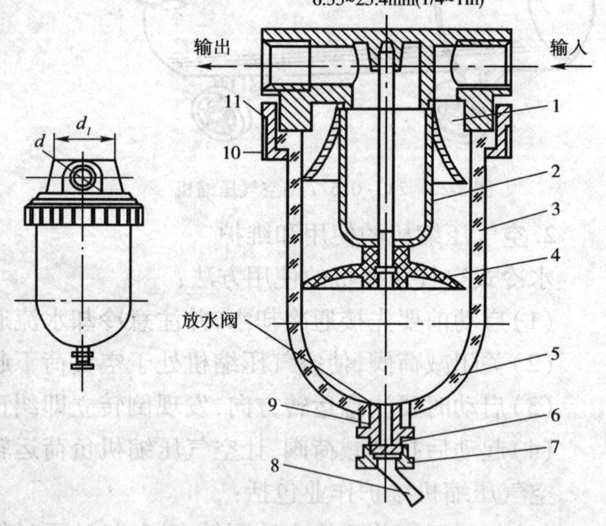

图 8-24　QSL 水滤气器

1-铝杯；2-多孔过滤杯；3-存水杯；4-挡水板；5-放水座；6-放水密封座；7-放水接头；8-放水手柄；9-杯口密封垫；10-外围螺母；11-“O”形圈

3. 维护

分水滤气器失效，将会使喷漆后形成的漆膜产生水泡或麻点，为此，必须加强维护，确保其工作可靠。维护作业的内容主要包括：

（1）放水。每日打开放水阀 1 ~ 2 次，将积储于杯中的污水放掉。

（2）清洗。过滤杯和存水杯要定期清洗。

（3）更换焦炭。圆筒式滤气器内的焦炭要定期更换。

第三节　汽车漆膜修复工艺

一、涂装前的表面处理

汽车车身的表面处理，主要包括清洗、除锈、修补及除油等工序。由于汽车清洗在本书前面的章节已详细论述了，所以在此只介绍除锈、除漆、修补及除油的相关内容。

(一)清除旧漆层

1. 化学除漆法

化学除漆法是用脱漆剂(俗称去漆药水)清除旧漆膜。在过去涂料护理中，常用的脱漆剂主要是T－1、T－2脱漆剂。T－1脱漆剂为乳白色糊状液体，是由酮、醇、苯、酯类溶剂，再加适量的石蜡配制而成，主要用于清除油脂、酯胶漆、酚醛漆的旧漆膜。T－2脱漆剂由酮、醇、酯及苯等溶剂混合而成，溶胀漆膜的能力比起T－1来说稍强些，脱漆速度较快，主要用于清除油基漆、醇酸漆及硝基漆的旧漆膜。近年又出现了以二氯甲烷为主要溶剂的F－4触变型脱漆剂和水冲型不燃脱漆剂等品种，可用来脱除环氧沥青、聚氨酯、环氧聚酰胺或氨基醇酸树脂等固化型涂料。该类脱漆剂不会引起燃烧，无须防火要求，完全适用于各种作业范围的现场。而且由于配方中加入少量增稠剂、挥发阻缓剂及活化剂等添加剂，使之合适于在垂直物面或特殊部位涂刷，不流挂、不滴流，特别适用于轻金属及其合金构件。化学除漆法的具体操作程序是：

(1)涂脱漆剂前，把不需除漆的部位用遮盖纸盖好，一般要盖二、三层，所有缝隙也需盖上，防止上脱漆剂时渗入面板的下表面。

(2)使用脱漆剂时，先在漆面上稍稍划出痕道，可以使脱漆剂渗透得更快些。

(3)然后用漆刷将脱漆剂沿着一个方向在整个处理区刷上厚厚一层(注意不要把脱漆剂刷出了范围，同时也要注意脱漆剂对塑料有损害作用，一旦在塑料上残留下来，便很难清除干净，而造成新涂料难以附着)。

(4)一般来说，脱漆剂对大多数漆层都能很快起作用，但有些漆很牢固，如丙烯酸漆会变粘，很难除掉。这时需要涂几次脱漆剂，使用T－1、T－2脱漆剂时，要用铲刀将漆膜清除，而使用触变型脱漆剂时，待涂层松软后，可用铲刀或急水(或高压水)冲除。

施工时注意：利用脱漆剂清除旧漆面时，必须清除彻底，不能留下点滴旧漆痕迹(包括脱漆剂溶液)。因为脱漆剂都含有蜡质，残留在金属表面将会使新涂底漆腻子及面漆不能正常附着、干燥和固化，漆膜有“回粘”现象。清除时，应先用砂纸把残留旧漆膜打磨干净，然后用溶剂将整个金属表面揩擦干净(包括流淌到构件反面的脱漆剂残液)。另外还需注意，脱漆剂中的溶剂容易挥发且易燃烧，触变型脱漆剂对人体有麻醉作用。因此，在使用时应使施工现场通风良好，避免触及皮肤或眼睛引起刺激和灼伤，必须严格遵守安全规定。

2. 火焰烤铲法

火焰烤铲法是用于旧漆膜中腻了较厚、清除旧漆膜较多的构件表面。是用一种喷灯先将旧漆烧软，随后用铲刀将旧漆膜铲除。喷灯有两种：一种是煤油喷灯，另一种是汽油喷灯。经火焰烤烘的旧漆面必须彻底清除干净，可用钢丝刷、砂纸打磨光，再用溶剂全面洗净，以防新涂膜起泡脱落。对大面积构件，特别是中央部位，不宜烘烤过长，以防温度过高而变形。

3. 烧碱除漆法

烧碱(学名为氢氧化钠)主要适用于可拆卸的零部件清除旧漆膜。首先将固体的烧碱放入水中配制成一定浓度的液碱。然后将拆下来的零件放入经过加温后的浓烧碱液槽中,或用碱液有间隔地分多次涂刷于旧漆表面(一般为 3 ~4 遍),经过数 10min 的渗透后,漆膜软化,溶胀,再用铲刀、钢丝刷将旧漆除去后,用清水冲洗并立即用烤灯烘干,涂上除锈膜,防止生锈。

(二)除锈

1. 铁锈的主要形成原因

金属的腐蚀就是金属与氧气结合生成金属氧化物,即生锈。铁锈的形成主在有三种:漆膜损坏、碰撞损坏和修理加工损坏。

1)漆膜损坏

如果漆膜受到损坏,腐蚀就开始。石块等物的敲击,水的侵袭,以及修理时处理不当都有可能导致漆膜损坏。

2)碰撞损坏

碰撞过程中汽车防护层也会受到破坏,这种破坏不仅发生在直接碰撞部位,而且也发生在间接损坏的部位,接缝开裂,填实的缝隙撞松,涂料都会破裂脱落产生锈蚀。

3)修理加工损坏

修理不当也是造成锈蚀的主要原因之一。例如修理过程中切割车身和焊接均会损伤防护层造成腐蚀。焊接时镀锌钢板表面锌的蒸气挥发,机械修理时的打磨也会破坏保护层,造成锈蚀。所以,在涂装前必须进行除锈,以保证金属面获得良好的附着力。

2. 除锈的主要方法

1)手工除锈

手工除锈主要依赖于铲刀、刮刀、尖头锤、钢丝刷、砂布、断锯条等工具,靠手工敲、铲、刮、刷或柔性挫的方法来消除表面锈垢、氧化皮等。这是漆工传统除锈方法,也是最简便的方法。但是由于劳动强度过大、工作效率低,只能适用小范围的除锈处理。

2)机械除锈

机械除锈主要是利用一些电动风动工具来达到清除铁锈的目的。常用的电动工具如电动刷、电动砂轮,风动工具如风动刷等。电动刷和风动刷是利用特制圆形钢丝刷的转动,靠冲击和摩擦把铁锈或氧化皮清除干净,特别适宜于表面浮锈,但对较深锈斑很难除去。电动砂轮实际是手提砂轮机,分为圆盘式磨机和双作用打磨机两种。用双作用打磨机可以除去轻度锈斑,而对重度锈斑,则要用圆盘式打磨机来打磨。它们是利用砂轮的高速旋转除去铁锈,并能用圆作机械脱漆,效果较好。特别对较深的锈斑,具有工作效率高,施工质量较好,使用方便等优点,是一种理想的除锈工具。但操作中须注意,不要把钢板打穿。

3)化学除锈

化学除锈以酸洗方式最具代表性。它利用酸性溶液与铁锈(金属氧化物)发生氧化反应生成盐类,使锈垢、氧化皮等溶解或脱落。常用的酸性溶液有硫酸、盐酸、硝酸等,酸液配制成质量分数约为 30% 左右使用(注意在稀释浓硫酸时,应缓慢地把硫酸倒入容器的水中,因硫酸溶于水中时起放热反应,必须不断地撑搅拌,切勿相反操作,以免引起爆炸,硫酸飞溅伤人)目前应用较广的是浸泡酸洗,部件在酸液中经过浸泡除锈以后,再经冷热水冲洗,并用弱碱溶液

(如质量分数5% ~10%氢氧化钠溶液)中和,再用水冲洗等工序擦干、烘干以防很快生锈。化学除锈不适合于局部作业,车身维修中只有零部件整体需要进行除锈时,才能使用此法。另外,经化学除锈的部件表面须要经粗糙处理或磷化处理,以增加金属表面与底漆的附着力。

4)火焰处理除锈

火焰处理除锈是利用气焊枪,对少量手工难以清除较深的锈蚀锈斑进行烧红,让高温使铁锈的氧化物改变化学成分而达到除锈的目的。此法目前很少使用,操作时必须注意不要让金属表面烧穿,以防止大面积处理时受热变形。

(三)漆前修补

对于车身局部锈蚀、硬损伤等缺陷,如果一概挖补、敲平反而有些得不偿失。但不加以修补,而直接以腻子填充,其强度和耐腐蚀性均较差。漆前修补旨在有效地弥补这类缺陷。其方法主要有软金属填补和铝箔树脂板填补两种。

1. 软金属填补

软金属填补(俗称挂锡)修补部件表面缺陷,具有附着力好,工艺简单和抗冲击能力强等优点,特别适用于修补发动机罩、车门、侧梁、门槛等部位。

挂锡是技术要求比较严格的操作,对部件的清洁不仅限于漆膜、油污的清除,还必须除去金属表面暴露于大气而形成的氧化膜。清洁的范围应比实际使用的稍大些。最好在打磨干净后的金属表面用汽油或酒精擦洗一遍,随后刷涂焊剂加热并及时抹去浮渣。没有挂锡的烙铁不能使用,焊前应先将烙铁打磨干净,然后加热到能使其挂锡的温度蘸焊剂并挂锡。当需要修补箔面积较大时,可一并清理干净时,再分成若干小块逐一挂锡。在挂锡过程中,注意钢板与焊料应同时均匀加热。为使表面平整,可一边加热填补一边用刮刀修整,使焊料填足又不至于高出周围金属板的表面,以便挂锡后对表面的修平。

修补用的焊料是锡铅合金,比例一般约为7:3。这一比例的锡铅合金加热到183℃时即可开始熔化,继续加热至253℃便全部熔化。挂锡操作时,应将焊料的加热温度控制在半熔状态下使用。温度过低时焊料不能与之焊接,温度过高时,则会造成焊料的流淌也挂不上。

在挂锡修补中,焊料过渡于焊件表面的方法有两种:一是用烙铁蘸焊料,然后直接施焊于焊接表面;另一种方法是手持条形焊料,借烙铁温度不断将焊料熔化在需要挂锡的金属表面部位。焊接终了还要及时修整并清洁金属表面,对不平整之处还可使用锉刀或刮刀等加以修平。

2. 铝箔树脂板填补

在国外和进口的车身维修材料中,有一种被称为“铝箔树脂板”的新产品,是迄今为止最好的局部修补材料之一。其突出的优点是方便、快捷,并能获得良好的修补质量。铝箔上预涂合成树脂中,含有一定比例的金属粉以提高其强度。用铝箔树脂板修补车身金属表面时,应先将金属表面打磨清理干净,并用酒精先擦一遍。然后分别将金属表面和铝箔树脂板加热50 ~60℃,随即趁热把铝箔树脂板贴在待修补部位。常温下经过4 ~5min的固化后,即可进行打磨。在敷贴铝箔树脂板时,应均匀用力压平,并使少量树脂由表层上铝箔的小孔中溢出少许为宜。

(四)除油

汽车车身表面虽然经过清洗、除漆、除锈和修补等工序后,但仍留存有沾污、工具上的油污以及原旧漆上的油污。若在涂底漆前不清除干净,必将影响底漆的附着力,甚至在面漆上喷涂后,还会出现脱落或揭皮现象,因此,上漆前还需要除油。

一般的修理及美容车间漆工,通常用干净纱头沾上汽油在车身表面揩擦两遍,再用清洁精白棉纱通揩一遍后涂刷底漆。但是用汽油除蜡效果不太理想,有时它本身也会污染表面待漆的材料,所以最好使用除蜡除油剂,用洁净的干布擦拭待漆表面。

二、底漆施工

汽车表面的涂层大致可以分为三层,即底漆层、中间涂层和面漆层(见书后彩图1),各涂层使用的涂料有各自的特点。

与面漆一样,底漆和中间涂层中的涂料也都是由颜料、粘合剂、溶剂以及一些添加剂组成(见书后彩图2),它们在涂料中起着不同的作用。正确的底漆层和中间涂层是构成车身涂层的基础部分,如果底漆层和中间涂层不正确或涂层涂料的组合配比不正确,面漆就会受到影响,甚至出现开裂或剥落的现象。

汽车车身经过涂装前表面处理后,一般可以直接喷涂头道底漆,对经过酸洗除锈的金属表面,在粗糙处理后,可涂一层磷化底漆,或新劲合金底漆、英国ICI耐用侵蚀底漆、美国杜邦810R防猎锈侵蚀底漆。使金属表面与底漆之间增加附着力。头道底漆的目的用于金属表面的防锈和防腐,增加腻子与车身金属表面的粘着作用

底漆是直接喷涂在经过涂装前表面处理的车身表面上的第一道漆(见书后彩图3)。对经过酸洗除锈的金属表面,在粗糙处理后,可涂一层磷化底漆,或新劲合金底漆、英国ICI耐用浸蚀底漆、美国杜邦810R防猎锈侵蚀底漆。使金属表面与底漆之间增加附着力。头道底漆的目的用于金属表面的防锈和防腐,底漆牢固附着于车身表面,为整个漆膜提供牢固的基础,使漆膜与车身结合成为一体。

在汽车修补漆作业中,底漆既可以喷涂在裸露的金属和塑料表面,也可以用于覆盖旧漆面。

底漆包括用于喷涂钢板、镀锌钢板、铝材以及塑料等表面的专用底漆,选用底漆时应该根据修补底材的类型、喷涂条件以及与之配套的中间涂层和面漆涂层的类型来决定。在维修工作中,大多数购买的车身金属件已经喷涂了底漆,建议不要去除这些涂料,应该在这些底漆上再喷涂一层底漆。

底漆涂膜的强度和附着力除与其主要成膜物质有关外,施工方法是否正确也有相当大的关系,如涂膜的厚薄、均匀度、干燥程度、漏涂、流痕、稀释剂的正确使用与否及涂料的黏度、施工环境(温度、相对湿度)、涂装前处理等,都能影响底漆涂装后的质量。

三、中间涂层、腻子施工

如果车身只是喷涂底漆,就不能填平砂纸磨痕或其他表面缺陷,所以需要使用中间涂层。中间涂层是介于底漆层和面漆层之间的涂层,它的主要功能是改善车身表面和底漆涂层的平整度,消除缺陷和封固被涂装面,为面漆层提供良好的基础,还能提高面漆涂层的亮度和丰满度,提高漆膜整体的抗外力冲击性。

常见的中间涂层涂料的种类和特点如下:

1. 中涂漆

也称为二道浆底漆。通常用在汽车底漆和面漆或底色漆之间，主要作用是填平被涂表面的微小刮痕。中涂漆中颜料和填料的含量比底漆多，比腻子少，它既能牢固地附着在底漆表面上，又容易与上面的面漆涂层结合，起着承上启下的重要作用。中涂漆还具有良好的流动性和良好的刮痕填平性，能消除喷涂表面的洞眼和纹路等，使得喷涂面漆后能得到平整的涂层，提高了整个漆膜的亮度和丰满度。

中涂漆一般呈灰色，具有良好的湿打磨性，打磨后能得到非常光滑的表面（见书后彩图4）。为了节省面漆涂料和简化涂装工艺，此类涂料有与面漆同色化的趋势。为了减轻打磨的工作量，流动性更好，并与面漆结合性更好的免打磨中涂漆也将出现。

2. 腻子

腻子是一种含颜料较多的涂料，专用于填平被涂装表面的缺陷，一般是采用刮涂（见书后彩图5），也有供喷涂和刷涂的腻子配方。腻子层干燥后可以打磨，可以获得平滑的涂装表面。

腻子可以刮涂在底漆上，也可以直接刮涂在金属表面。刮腻子可以获得良好的填平效果，但是要求操作人员具有较高的技巧。例如常见的油性灰腻子、环氧树脂腻子和水性腻子，在使用时每道工序的干燥时间和层间晾干时间均应仔细控制，否则会产生表干里不干的结果，使总体需要的干燥时间增长。双组分聚酯腻子（原子灰）是靠化学反应固化，可快速形成厚膜，使用起来很方便。

刮腻子的作用一般只是在于提高喷涂表面的平整度和装饰性，腻子涂层容易老化开裂，加之手工刮涂和打磨腻子的劳动强度大，因此汽车制造厂是靠提高模具精度和加工技术来确保车身表面的平整度，在汽车生产流水线上已经不再使用腻子，腻子主要用于汽车修理厂中的车漆修补作业。

1）刮涂腻子的方式

刮涂腻子的方式有满刮和软硬交替刮之分，其中满刮又分填刮和靠刮两种；软硬交替刮则有“先上后刮”和“带上带刮”之分。

填刮的目的是用较稠的腻子分若干次将构件表面凹陷填平。填刮时主要用硬刮具靠口上部有弹力的部位与手劲配合进行操作。靠刮所用的腻子稠度稍低，用于最后一、二次的刮涂，用来平滑构件表面的腻子。刮涂时靠硬刮具以刮口上部起主要作用，将腻子刮涂，使腻子刮得薄、刮得亮。

软硬交替刮中的“先上后刮”，先将腻子逐一填满或挂平，然后再用硬刮将其硬具平整，适用于较大面积刮涂。“带上带刮”，即在边上腻子边将其收刮平整，适用于较小面积或形状较复杂部位的刮涂。在刮垂直表面时，宜采用“软上硬收”，即先用软刮在垂直平面上刮挂腻子，然后再用硬刮具将腻子收刮平整，这样可使腻子不容易发生掉落现象。

在刮涂有平面又有曲面的构件时，宜采用“硬上硬收”法，即上腻子和收腻子都用硬刮具，使刮涂面平整。在刮涂单纯曲面构件时，宜采用“软上软收”法，即上腻子和收腻子时均采用软刮具，以利于按构件表面的图形刮出圆势来。

在刮涂腻子时应注意：在直接刮涂前，应先将金属表面涂上与之配套的底漆，待完全干燥后才能刮涂腻子。在刮涂时应将刮具轻轻向下按压，并沿涂面的长轴方向运刮；每次涂刮腻子的量要适度，以免造成蜂窝和针孔；待上一道腻子达到半干状态时再涂刮下一遍。

2)刮腻子施工程序

(1)第一道腻子的刮涂和打磨。

腻子施工中,第一道腻子的目的是为了填刮较大凹坑,用硬刮具刮涂。当使用自制油性腻子时要调制成较硬些,分若干次将构件表面凹坑填平,施工时只求刮平,不求光滑。操作中不能来回刮涂,以免腻子中孔隙被粘死,造成长期不干。原子灰可用粗灰,是聚酯腻子加固化剂调合而成,刮涂时可以较厚,不会出现不干现象。刮涂时,应使用刮刀与构件成60°,并略成弧形涂刮。

用手指甲检查腻子软硬程度,自制腻子一般隔夜后才干透,原子灰约1~2h。当腻子干透后,再进行打磨(注意:打磨太早腻子会继续收缩,打磨太迟则因腻子过硬不易打磨)。打磨的方法:可用手工打磨,也可用机械打磨;可干磨,也可湿磨。主要的打磨方法介绍如下:

①手工打磨。手工打磨适用于对小面积腻子的粗磨,包括大面积细磨,以及有些精细工作如对型线、曲面、转角、圆弧、弯曲部位的修整。手工打磨就是用磨块(木块或橡胶块)上包有2~3号铁砂布进行干磨,或用100号水砂纸沾水湿磨。手工打磨的一般程序是:

a.选用与磨块大小相配的砂纸或者把砂纸裁剪好,使之与磨块尺寸相配。

b.将砂纸固定在磨块上,把磨块平放在打磨面上,沿磨块的长度方向均匀施加中等程度的压力,不得急于求成而用力过猛,否则,如果腻子磨穿或磨出凹坑都将前功尽弃。

c.打磨时磨块做前后往复的摩擦运动打磨,打磨行程为较长的直线。不要使磨块圆周运动,那样会在漆面上留下明显可见的磨痕。要想达到最佳效果,应始终沿车身外形线方向打磨。

d.打磨过程中应充分注意露出的最高点,并以此最高点为准,多次用手摸出平整度加以修整。

e.对于波浪形平面,可选用长一些的木块作衬块,打磨动作幅度可长些。

f.对于局部补刮的腻子,打磨时要注意腻子层边缘的平整性,即腻子口要磨平,以防产生腻子层痕迹,并为第二道腻子的刮、磨带来方便。

g.打磨型线或圆弧时,则应使用与其形状相近的仿形块打磨。

h.干磨时,砂纸会把填料的粉末腻住。经常抖动、拍拍砂纸可以去掉一些粉末,也可使用涂有滑石粉的砂纸,这样可减少粉末的堵塞。湿磨时减少砂纸堵塞方法基本同于干磨,但还要用水湿润。

②机械打磨。常用的机械打磨机有圆盘式打磨机和双作用打磨机,还有轨迹式打磨机和往复式打磨机。最常用的砂纸磨盘有5in、6in、8in(12.7cm、15.2cm、20.3cm)3种,用80~180号砂纸干磨或用320号砂纸湿磨。把没有粘性的砂纸粘贴在打磨机衬盘上。将其均匀涂开,把砂纸的中心与衬盘中心对正后,将砂纸紧压到衬盘上。如果用的是自粘贴砂纸片,只要将二者中心对正压紧即可,但在压紧前一定要把中心对准。打磨操作完成后立即把砂纸从衬盘上取下来,否则粘结剂凝固后砂纸与衬盘就会贴得很牢固。一旦粘牢,就要用抹布蘸溶剂将粘结剂溶解,才能取下砂纸。

机械打磨的操作方法是:用双手把持打磨机手柄,先用粗砂纸打磨。当腻子表面的刮痕基本消除后,应及时更换细砂纸磨至腻子表面与周围高度相近,以留出足够的手工细磨余量。机械打磨时,如果出现了结球现象就应及时更换砂纸,否则会堆积在一起划伤表面,并降低磨具

的打磨效果。

在刮涂与打磨完后，需等待被打磨后的腻子干燥，然后涂底漆。可以涂刷（或喷涂）一层F06—1 酚醛底漆。在涂刷底漆时要用200 号溶剂油稀释，并搅拌均匀，对原子灰腻子则不需要涂底漆。

(2)第二道腻子的刮涂和打磨。

第二道腻子的刮涂目的，仍是以填平低处为主。自制油性腻子调制时要比第一道腻子油性略大些，刮涂厚度应小于第一道。若是局部补刮，则面积要略大于第一道。平面用硬刮刀，圆弯处可用橡皮刮刀。刮涂时应注意顺着汽车造型水平方向，从右到左，从上到下，为减少涂刮接头，刮涂时尽可能拉长一些。原子灰刮涂施工要求用自制腻子。

第二道腻子的打磨，一般采用湿磨，根据腻子层的厚薄可选用120～180 号水纸。打磨时用木块或橡胶块衬平水砂纸沾水，对满刮腻子的打磨以汽车流线型方向为主，横向打磨为副，来回幅度要长些。打磨动作要均匀平稳，并经常用手摸纵横面的平整性，要注意磨平腻子与旧漆交接处的“口子”，同时对构件边缘残余腻子用手衬砂纸将其磨光滑。

打磨完后等腻子干燥后再涂底漆，要求同第一道工序涂底漆。第三、四道工序主要是补缺，此处略去。

3. 封闭底漆

封闭底漆是涂面漆前的最后一道中间层涂料，涂膜呈光亮或半光亮，主要功能是封闭底涂层，并具有一定的填平和增强面漆光亮的功能。封闭底漆的光泽比中涂漆高，与面漆接近，因此还能显现出被涂装面的缺陷，便于操作人员消除。封闭底漆用于装饰性要求高的轿车涂层中。

4. 防渗封闭底漆

为了防止涂装表面的旧漆涂层的颜色渗出封闭底漆涂层，尤其是旧漆涂层是有机颜料时，需要使用防渗封闭底漆。涂装防渗封闭底漆后不能直接打磨，需要喷涂具有填平作用的中涂层涂料后才能进行打磨。

在实际修补作业中，常用单组分中涂漆来填平，以增强附着力和调节底色，用双组分中涂漆作为封闭底漆，调节底色和灰度，快干腻子用于涂面漆前填充微小细孔。

综上所述，底漆、中涂漆、腻子以及封闭底漆等可以共同使用，单独使用或以不同的组合来使用，具体情况取决于车身表面状况、修理工作的规模以及对漆面质量的要求。

5. 选用原则

市场上有大量不同种类的底漆产品出售，喷漆操作人员有时会面临选用哪一种的问题。需要注意的是，选择面漆涂料、中间层涂料以及底漆涂料都应该遵守一条原则，就是不要将不同涂料生产商提供的产品混合使用。

涂料产品是按照系统配方制造的，生产商花费了大量的资金来设计涂料产品的系统，综合得出特定的结果。如果将一家生产商的底漆与另一家生产商的腻子或面漆混合使用，很可能会产生一连串令人头疼的问题，因为涂料生产商只对其本身的产品系统进行试验和作出保证。

在选择同一涂料生产商产品的原则下，选择底层和中层涂料系统时，最好选择与面漆层质量级别相配的产品，这样有助于提高整个涂层的质量。从人工费用和材料费用考虑，高级底漆系统往往会比廉价产品节省开支，例如使用同样数量的优质腻子可以填充更大的面积，而且可以节省打磨时间，从而可以节省费用。

四、喷涂技术及施工

（一）喷涂技术简介

喷漆是一项技术性工作，过去汽车喷涂以色漆（白、蓝、黑、红等单色以及相关复色等）为主，相对来讲对修补漆的喷涂要求不高。然而随着金属闪光漆以及珠光漆的迅速增长，甚至过去比较少见的浅色金属闪光漆也越来越多。随着汽车漆档次的越来越豪华，汽车修补漆的性能不断提高，对喷漆工的要求也提高了。例如对喷涂浅色金属漆的施工稳定性、色差等质量控制、都存在不同程度的难点，尤其是它的"视角闪色效应"（从正面、侧面观察其明度、色相以及彩度等的不相同）上比深色漆要敏感得多。所以在喷涂浅色金属闪光漆时，更应该按照所采用的汽车修补漆的施工要求，严格地控制涂装条件及工艺。

总之，汽车漆喷涂时，不仅要认真选择所有的材料、施工工具，而且对施工环境（温度、湿度）的控制、冬夏季节稀释剂的选择以及喷枪的调整等都必须认真对待，如果忽视任何一个环节都可能造成灾难性的后果。

（二）影响喷漆质量的主要因素

1. 黏度

黏度是液体分子间相互作用、并由此产生阻碍分子间相对运动能力的量度，也可以称其为液体流动阻力（内摩擦力）。通常所说漆料的稀与稠，实际上就是指其黏度的大小，溶剂、稀释剂及温度的变化对液体流动性都有影响。同样，也正是流动性决定漆料的雾化质量、在构件表面的流动性以及喷涂设备的类型。

制备漆料时，要严格按照涂料供应商提供的技术要求，用最适合修理美容车间的温度和条件的稀释剂，把涂料稀释至适当的黏度。

稀释剂的用量应与温度无关。温度较高时，稀释后的漆料实际黏度可能稍低一些，但被从喷枪抵到构件表面时的过程中，稀释剂挥发较快抵消掉。结果涂料抵达被涂构件表面时的黏度正好适合。相反，室温较低时，稀释后的漆料黏度较高，但挥发慢，抵达构件表面时黏度正好。

国家标准 GB/T 1723—93《涂料黏度测定法》规定了使用涂-1、涂-4 黏度计及落球黏度计测定涂料黏度的方法。本标准使用的涂-1 黏度计适用于测定流出时间不低于 20s 的涂料产品；涂-4 黏度计适用于测定流出时间在 150s 以下的涂料主品；落球黏度计适用于测定黏度较高的透明的涂料产品。

涂-1、涂-4 黏度计测定的黏度是条件黏度。即为一定量的试样，在一定的温度下从规定直径的孔所流出的时间，以秒（s）表示。用下列公式可将试样的流出时间秒（s）换算成运动黏度值厘斯（mm^2/s）：

涂-1 黏度计：　　$t = 0.053v + 1.0$

涂-4 黏度计：　　$t < 23s$ 时，$t = 0.154v + 11$

$23s \leq t < 150s$ 时，$t = 0.223v + 6.0$

式中：t——流出时间，s；

v——运动黏度，mm^2/s。

落球黏度计测定的黏度是条件黏度。即为在一定的温度下，一定规格的钢球垂直下落通过盛有试样的玻璃管上、下两刻度线所需的时间，以秒(s)表示。

在实际生产中，涂-4 黏度计使用较为广泛。而国外测试汽车漆黏度的方法有福特杯和察恩杯两种，一般常用的是福特 4 号杯，是以铝合金或铜制成内容积为 100mL 的圆柱形，杯底为圆锥形，中心有一漏孔，口径为 4mm。测试原理和方法与涂-4 黏度计相似，就是温度控制在 20℃。

2. 温度

汽车涂漆时和干燥时的温度对漆面的光洁影响很大，这里既指涂漆室的温度，也指构件的表面温度。把热漆喷涂到冷构件或把冷漆喷到热构件上都会破坏流动性。稀释剂也应根据天气的冷暖来选用。

3. 喷枪

要使喷漆获得平整光滑、厚薄均匀、光照如镜的漆面，除了涂料的品种质量的被喷涂构件的底层基础外，更重要的是有丰富的喷涂经验和正确的操作技术。在作用喷枪喷涂操作时，操作人员必须掌握好最基本的喷枪调整和基本的使用方法。

(三)喷涂施工

在喷涂施工中，最重要的应该是具备丰富的喷涂经验和正确的喷枪操作技术。

1. 喷枪的调整。雾形的好坏取决于漆滴混合得好坏，漆料应该在构件表面上形成平滑的中湿涂层，不能出现流挂。如果做好以下三项基本的调整，就可以在正常条件下获得合适的雾形、漆膜湿度和气压。

1)气压调整

由于有摩擦，空气从干燥器——调压阀流到喷枪时压力有所损失，其差别取决于输气管的长度和直径。测量这一降压的方法是在软管接头和喷枪之间接一个调压阀，用来检查和控制喷枪压力。

2)用雾形控制阀控制雾形的大小

把控制阀全拧进去可得到最小的圆形喷束，把旋钮全拧出来得到的雾形最大，显示出旋钮从最里拧到最外的雾形变化情况。

3)用漆流控制阀，按选定雾形调整漆流量

显示了控制阀在拧出时漆流量增大，控制阀在拧进时流量减小的情景。在操作时应按具体要求进行调整。另外在操作时应注意：最佳喷雾压力是指能获得理想的雾化程度、流速和喷束宽度的最小压力。压力太高会因飞漆而浪费大量涂料，抵达构件表面前溶剂挥发快导致流动性差；压力太低会因溶剂保留得多造成干燥性能差，漆膜容易起泡和流挂。气压值应随喷涂漆料的不同而不同。

2. 喷枪的使用方法

1)掌握好喷枪在移动过程中与被喷构件的角度

为了便于操作，操作人员应以一字步或丁字步站立，在喷枪移动过程中，不论是横形的喷雾还是纵形的喷雾，在上下或左右移动时，均要保持喷枪与工作表面成 90°直角，并以与表面相同的距离和稳定一致的速度移动，否则漆膜可能不均匀。绝不可由手腕或手肘作弧形的摆动，否则被涂构件的漆雾流厚薄不匀，厚处可能出现“流挂”，薄处可能出现“露底”，一部分漆雾在空气中流失。只有在小面积喷涂时才允许喷枪作扇形摆动，因为这时要求漆膜中间厚两边薄。

2）握喷枪嘴与被涂构件之间的距离

一般喷涂距离为20cm左右（可按涂料供应商提供的工艺条件操作）。如果距离太近，会因速度太高而使湿漆膜起“橘皮纹”或“流挂”；如果距离太远，稀释剂挥发太多，会形成砂状表面，还会使飞漆增多。而正常的喷涂距离应与喷枪气压、喷枪的扇面调整大小以及涂料的种类相配合。

3）掌握好被喷涂气压

选择正确的喷涂气压与多种因素有关，如涂料的种类，稀释剂的种类（快、慢），稀释后黏度等。在喷涂操作时尽量使液体物料雾化，同时又要求液体物料中所含溶剂尽可能少地蒸发。一般调节压0.35～0.5MPa，或进行调试喷而定。要养成严格遵守涂料厂商产品说明书所提供的施工参数的良好习惯，以便达到理想的效果。合适的喷涂气压能获得适当的喷雾、散发率和喷幅的最低要求。压力过低可能会雾化不好，涂料像雨淋一样喷涂到构件的表面，容易产生“流挂”、“针孔”、“起泡”等现象。而压力过高可能会过度蒸发，严重时形成所谓干喷现象。

4）掌握好雾形

喷涂前必须在遮盖纸上测量雾形，这一点很重要，是对喷枪的距离、气压的综合性的测定。试验时喷嘴与墙面相距约手掌打开时一手宽，把扳机扳到底再立刻放开，喷出的漆会在试纸上留下细长形状的印迹。然后测试雾形内涂料分布的均匀性。放松气帽卡环，拧动气帽，使气帽角处在垂直上下的位置，这时气帽产生的雾形是水平方向。再次喷涂，这次一直扳住扳机，直到漆液开始往下流（此为淹没雾形）。检查各段流挂的长度，如果各项调整正确，各段流挂的长度近似相等；如果喷束太宽或气压太低，流挂呈分开形状，可把雾形控制阀拧紧半圈，或把气压提高34.5kPa，交替进行这两项调试，直到流挂长度均匀；如果流挂中间长两边短，则是因喷出的漆太多，应把控漆阀拧紧，直到流挂长度均匀。

5）掌握好喷枪移动的速度

喷枪的移动速度与涂料干燥速度、环境温度、涂料的黏度有关。行时速度约为0.3m/s。移动速度过快，会使漆膜粗糙无光，漆膜流平性差；移动过慢，会使漆膜过厚发生“流泪”。所以速度必须一致，否则漆膜厚薄不匀。喷涂过程中绝对不能让喷枪停住不走，否则会产生流挂。使用干燥较慢的涂料，可适当提高移动速度0.4～0.8m/s。

6）掌握好喷涂方法、路线

喷涂方法有纵行重叠法、横行重叠法和纵横交替喷涂法。喷涂路线应从高到低、从左到右，从上到下、先里后外顺序进行。应按计划好的行程稳定地移动喷枪，在抵达单方向行程的终点时放开扳机，然后再扳扳机，开始相反方向仍按原线喷涂。在行程终点关闭喷枪可以避免出现流挂，并把飞漆减少到最低。难喷部位，如拐角或边缘要先喷，要正对被喷涂部位，这样拐角或边缘的两边各得到一半喷漆。喷枪距离要比正常距离近2.5～50cm，所有边缘和拐角都好后再喷水平表面。对竖直面板通常从板的最上端开始，喷嘴与上边缘平齐。喷枪第二次单方向移动的行程与第一次相反，喷嘴与第一次行程的下边缘平齐，雾形的上半部与第一次雾形的下半部重叠，重叠幅度应第二层与上一层重叠约1/3或1/2。下半部喷涂在未喷涂过的区域。应一直与前次喷涂部分的“湿边”混涂，开始喷涂的搭接处选择要合适，可避免出现双涂层和流挂。各涂层之间要留出几分钟的闪干时间。

3. 喷涂常见的漆面缺陷

(1)倾斜。主要是由于喷枪与被喷涂表面不呈垂直，这样因倾斜造成漆膜厚度不均匀，飞漆过多，出现砂状和橘皮。

(2)走弧线。喷枪移动路线与被喷涂表面不是平行，而是两端喷枪距离较远，中间却距离较近，结果也是使漆膜厚度不均匀，飞漆过多，也出现砂状和橘皮现象。

(3)移动速度不当。太快时涂料不能均匀覆盖表面，太慢则容易出现流挂。

(4)重叠不当。行程重叠不当，结果使漆膜厚度不匀，色调不一，出现流挂。

(5)过量喷涂。每一行程开始或结束时，不能很好地控制扳机，结果导致或是开始时扳机过早，或是行程结束时扳机过晚，以致行程开始或结束时产生许多飞漆，并使涂料堆积过厚。

(6)覆盖不当。喷涂到构件边缘时不能准确地控制扳机，或行程开始时扳机晚了，或行程结束覆盖范围不适合，造成漆膜厚薄不均匀。

以上各项漆面缺陷，只要掌握操作要领，经过不断实践是容易克服的。

五、面漆喷涂

1. 车身面漆涂装简介

汽车车身面漆是车辆最外层的涂层，它是车辆外观装饰及防腐的直接反映，一般都希望汽车涂层具有极好的光泽度。光泽的优劣除与汽车车身外形设计、车身加工的外表精度有关以外(如一般感觉圆弧面或凸出面的光泽较平面要好)，还与选用的涂料与表面涂层的配套工艺有关。必须进行精心的涂装设计和具备良好的涂装环境条件，才能使表面涂层有优良的装饰性。同时，汽车涂装属于高级保护性涂装，所得的面漆涂膜必须具有优良的耐腐蚀性、耐候性和耐崩裂性。

在20世纪20～30年代，汽车漆料的品种比较单一——硝基纤维素涂料。到了20世纪50年代中期，开始使用醇酸树脂涂料。20世纪60年代中期，热塑性丙烯酸树脂涂料在国外开始大量进入市场，它取代硝基纤维素涂料而成为汽车修补涂料的主导产品。20世纪70年代中期，一系列双组分涂料开始进入市场，如硝基纤维素丙烯酸异氰酸酯、丙烯酸异氰酸酯等。目前丙烯酸聚氨酯树脂涂料、聚酯聚氨酯涂料已在国外作为汽车修补的主导产品。

2. 面漆喷涂前的准备工作

(1)全面检查各部位的底漆层，是否已经平滑。如有不平之外，需再用320号砂纸用手工打磨。同时用铲刀清除残留腻子和其他污物，并打磨光滑，彻底清洗干净。然后用压缩空气吹除一切灰尘，晾干。潮湿或不干净的表面，遮盖胶带是粘贴不上去的。

(2)对不需要喷涂的部位，应用遮盖纸和胶带遮盖封闭。遮盖是面漆喷涂前准备工作中很重要的一步，它的作用是防止漆雾喷到不该喷到的地方。

常规的基本遮盖材料是遮盖纸和胶带。遮盖纸的宽度从7～91cm不等，其耐湿强度好，可在烘房中安全使用，并可防止溶剂渗透(切勿用旧报纸，旧报纸不但不能遮盖，还会使面漆染上颜色。因此旧报纸含有印刷油墨于油漆溶剂中，以致会渗入下面的面漆)。遮盖纸和胶带可按需要铺贴在不需要喷涂的部位，贴胶带时要用力压，让它在汽车表面上粘牢，否则油漆

会流进胶带。特别是使用双色漆时,如果颜色分界线不在装饰嵌条下,那么必须把胶带的边缘压紧、贴牢。

不好贴胶带的部位如车轮,可用遮盖罩罩上(遮盖罩有塑料轮胎罩、车身罩、底盘罩、前后车灯罩等),纸边上的胶带要与嵌条上的胶带相重叠,上面的那张要与下面那张重叠,如果需要,把纸上有褶的地方折起来并贴上胶带,以防灰尘和飞漆渗入。

喷涂水平表面(如发动机罩、行李舱)时,要用两层遮盖纸,以防渗色或溶剂使用面漆倒光。防止渗色的另一个方法是反贴,即把胶带贴在遮盖纸的反面,并吹入少许空气,使遮盖纸稍稍离开汽车表面。

3. 面漆涂装工艺

1)整体涂装顺序

整车修补涂装是汽车美容修补施工中最有代表性、最为全面的涂装工艺。它的关键是要保持有湿边,同时应尽量减少水平表面上飞漆,以防止漆雾沉积到已干的部位而造成砂状表面。

汽车面层整体翻修涂装中,面漆喷涂的一般顺序是:车顶—后盖—左侧面—发动机前盖—右侧面,如图 8-25 所示。这样有利于各板面的喷涂衔接,并可尽量减少水平表面上的飞漆,防止漆雾沉积到已干的部位面造成砂状表面。

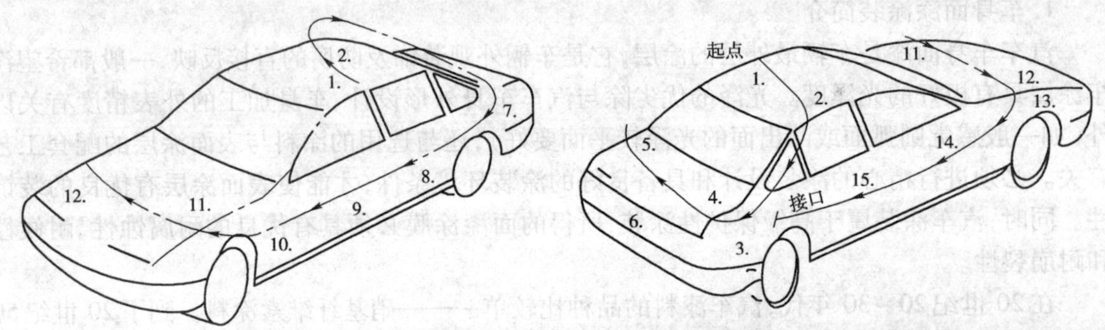

图 8-25　整体涂装顺序

在整车涂装程序中,目前较为普及的是德国巴斯夫等公司推荐的方法的喷涂顺序最好。在喷漆室中首先喷涂车顶,然后是发动机前罩和侧面等,这样在尽量减少水平表面上飞漆的同时总能保持“湿边”,可以防止飞漆落到已干区域而产生砂状表面。如果有可能,选用下吸式喷漆室较好。这时由于有气流从车顶流向车底,雾形有所不同,具体操作方法如下:

(1)车顶的喷涂。

在车顶与风窗玻璃、后窗交界处采用带状涂装法进行涂装。首先从靠近漆工的车边缘的地方开始喷涂。尽可能保持枪与车顶表面在 15 ~ 20cm 左右等距,从左到右,再从右到左进行喷涂,喷成中等湿度(每层走枪都是从车顶的边缘开始)。由于修补施工时多采用重力式或虹吸式喷枪,受喷枪杯的影响,喷枪的俯角受到一定限制(要尽可能保持垂直,不要把喷枪拿歪)。每层扇幅重叠覆盖 60% ~ 70% 的方法从边缘向中心喷涂,一直喷涂到可以看见明显柔和的光泽时为止。

(2)发动机前罩的喷涂。

首先用粘性抹布把表面擦拭干净（注意：不得采用气枪来消除表面，以免前盖上灰尘吹到刚刚喷过涂料的车顶上）。采用带状喷涂法喷涂风窗玻璃与前罩交界处（在前罩边缘最好不要采用带状喷涂法），扇幅重叠覆盖60%~70%。每层都从边缘到中心进行喷涂，随后向另外一边，从中心开始往边缘移动进行喷涂，每层扇幅的覆盖约10cm。

(3)后盖的喷涂。

用粘性抹布擦干净表面，要准备足够的涂料，避免喷涂中途涂料用完而造成色差。采用带状喷涂法，沿后窗玻璃的底边喷涂一遍，两层扇幅之间覆盖约60%~70%。随后换到另一边，从中心开始向边缘移动进行喷涂。在整个喷涂过程中，涂层要湿，走枪速度要快。每层扇幅的覆盖约10cm。

(4)侧面的喷涂。

用粘性抹布擦拭表面，备足涂料，由于汽车侧面较长，需要采用分段喷涂法。在适合于漆工走枪的距离处采用带状喷涂法垂直向直喷涂一层，以此分隔成段。在这一段内从底部或顶部开始走两道枪，先从左到右，再从右到左，采用一道喷涂法继续喷涂下去。每一道枪之间扇幅覆盖50%，直到这一段表面全部被喷涂覆盖完毕。接着转移到下一段，也是先采用带状喷涂法垂直向下喷一枪，划出第二段。重复上述操作，喷涂第二段，如此重复直到该侧面全部喷涂完毕。

2)整板修补涂装

汽车车身的某一部分，如前罩、车门、后罩等整板大面积的涂层遭到破坏时，就要进行整板修补涂装。一般可能出现两种情况：其一是在板面上没有大的变形或裂痕，只需要对整块板面进行面漆涂装；其二就是板面被破坏，需要整修后面再安装到车身上。前者可以在车身清洗后，涂抹封闭隔离漆，再直接喷涂面漆；后者必须在车身清洗后进行除锈、防腐涂底漆、刮腻子填补凹凸不平之处，喷涂中间漆、封闭隔离漆后，才能喷面漆。

整板修补与整车修补不同。整车修补时，面漆的颜色不作重点考虑，因为只要保持整车颜色的一致性，与客户指定的颜色色号相符即可。而整板修补必须考虑到这块的颜色与车身其他部位原厂漆的色差问题，所以，在进行整板修补之前，必须将修补漆的样板与车身其他原厂漆的部位进行严格比色，待正确无误才能正式开始涂装。具体操作如下：

(1)硝基面漆的喷涂。

硝基漆由于固体含量低，成膜较薄，因此，喷涂层数要多些，喷涂压力为0.4~0.55MPa，黏度约18~23s（涂-4黏度计）。

喷涂第一道硝基漆时宜少宜薄，如喷涂量过多过厚，稀释剂易将底漆咬起。喷涂时，喷枪与物面距离可适当远些，枪头喷出扇面可适当调宽，重叠宽度约1/2~1/3。喷涂的时间间隔约20min左右。

喷涂第二、第三道时，可采用横喷，纵喷再横喷，使漆膜均匀，待漆膜完全干燥后，用细砂轻轻打磨全部漆面，使漆面无光无枯面（注意不漏打、不磨穿，如用水砂纸需揩清水迹）。干燥后，用硝基快干腻子刮补砂眼及缺陷，再等干燥后用细砂纸打磨直到使整个漆面无砂眼、无缺陷。对整个漆面再喷涂硝基漆2~3层。

如果在喷涂时出现发白现象，可在稀释剂中加体积分数20F—1硝基漆防潮剂，即可消除发白现象。施工要求：喷涂均匀，色泽均匀鲜艳、无流痕、无粗粒，无橘皮。喷涂后10min表面干燥，完全干燥约 10 ~ 12h。

在喷漆施工中常用进口硝基漆，主要有两类：一类是硝基型素色漆，如英国 ICI P030 系列列单工序硝基纯色磁漆；另一类为二工序硝基底色漆，如 ICIP032 系列二工序硝基银底色漆（包括：二工序银底色漆、三工序纯色漆、二工序珍珠色漆、三工序珍珠色漆）。

①英国 ICI P030 系列单工序硝基纯色漆，是丙烯酸硝化棉型漆。在施工中用 P850 - 804 稀释剂，配比为 1∶1，喷枪压力 0.31 ~ 0.39MPa，喷涂 2 ~ 3 层，每层间隔时间 5 ~ 10min，表干约 5 ~ 10min，打蜡与抛光建议等过夜干燥后进行。当气温在 30℃以上，或相对湿度超过 85% 时，应在漆料中增加体积分数 10% ~ 20% 的 P851 - 727 化白水（防潮剂），这样能改善涂膜的流平性和防止涂膜发白。

②英国 ICI P032 系列二工序硝基银底色（金属）漆，属丙烯酸硝桦棉型漆。施工时分银底（金属）色漆和单组分快干清漆或双组分镜面清漆两步。

P032 系列二工序硝基银底（金属）色漆是为面漆提供颜色和遮盖力，施喷于已作处理的底漆和完好的旧漆上。先薄层预喷时银底色漆用 P850—804 稀释剂，配比为 1∶2.5，喷枪压力为 0.31 ~ 0.39MPa，喷枪距离约 20 ~ 25cm，枪的移动速度要适当加快。间隔 10min 后，进行着色喷涂，喷涂时涂料黏度、压力大小，喷枪与物体距离和头道预时相同，但移动速度可适当放慢，约 40 ~ 50cm/s。喷涂 2 ~ 3 层，每层间隔 10min，静置至银底色漆呈现均匀表面。干燥 20 ~ 30min 后，再施喷单组分快干清漆或双组分镜面清漆。当气温超过 30℃或相对湿度在 85% 以上时，应在银底色漆中添加适量的 P351 - 727 化白水（防潮剂），以防止涂膜发白。

在喷涂银底色漆时要注意：底层必须用二道底漆封闭，施工过程中不能表面喷得过于湿润，操作中应使用洒喷法，不能像其他色漆需要流平性。若涂膜产生流平，则会使金属粒子聚集，产生色差，造成金属粒子不均匀。每层间隔时间较一般色漆为长，喷枪喷幅应加大，喷幅重叠以:3/4 为宜。一定要选用喷吐漆需均匀，如出现颜色不均，可继续采用降低黏度，进行喷洒漆雾法，修正不均匀部位。

单组分快干清漆（ICI190 - 390），可提供面漆罩光及保护银底（金属）色漆，施工时适合单独罩大面不需稀释，如必须可加入少许稀释剂。若温度太高或相对湿度太大，可加入 P851 - 727 化白水（防潮剂）体积分数 5% ~ 10%，以防发白及漆膜粗糙。施工时喷枪压力为 0.24 ~ 0.28MPa，喷涂一单层（或二双层），每层间隔约 10min。表干约 10 ~ 15min，打蜡抛光建议在过夜干燥后进行。

双组分镜面清漆，须按说明书规定比例、型号加固化剂及稀释剂，喷涂中采用湿对湿喷涂法。连续喷涂两单层，每层间隔时间约 5 ~ 10min。

（2）醇酸树脂面漆的喷涂。

醇酸漆是 20 世纪 50 ~ 60 年代汽车面漆的主要品种，属氧化固化型涂料，其耐候性、机械强度和附着力等显著优于硝基漆，因而取代了硝基漆。但由于其装饰性（外观、光泽、漆膜丰满度）较差、硬度低、耐候性能差、耐水性差（在湿热的气候条件下易起泡）、施工性能也较差，现在几乎被氨基醇酸树脂漆代替，仅在重型汽车和无烘干条件时使用。

醇酸漆的喷涂通常采用湿喷湿工艺。可用 X - 6 醇酸稀释剂调整黏度为 25s（涂 - 4 黏度计）左右，喷涂压力约 0.4 ~ 0.5MPa，喷涂一层宜少宜薄，第一层喷涂后，不待漆膜干燥就连续在湿膜表面再喷涂第二、第三层，喷到所需的厚度，使漆膜一次成型。

湿喷湿工艺要点:醇酸漆中溶剂挥发(如溶剂汽油、二甲苯等)需要一定时间。温度越高,溶剂挥发愈快,成膜物氧化聚合反应也愈快,其喷涂间隔时间愈短,气温低则相反。若间隔时间控制不当,会使漆膜发生流挂、起皱等弊病。

(3)热塑性丙烯酸面漆的喷涂。

该产品属自干性喷漆,主要特点是快干、高遮盖力,良好的保光、保色性能,抛光性也极好等。它可以直接喷涂在脱脂钢板、原装汽车涂层、经磨花及除去油污后的旧漆膜、隔离底漆、新劲680与590底漆、填沙眼漆灰等基材表面。其施工工艺如下:

①油漆准备。采用亚加力面漆,此漆由亚加力(快干、慢干)稀释剂以100:150(8号尺)兑稀至黏度为12~15s(DIN4杯,20℃)。

②设备准备。喷枪枪嘴(重力式)1.5mm,(虹吸式)1.8mm,喷枪压力0.2~0.4MPa。

③喷前试验。为使喷涂面漆的色相与原装面漆色相一致,应进行如下程序的试制:

a.在小样板上喷涂几层面漆,每层之间要有一定闪干时间(根据商品说明书)。

b.调整稀释比、空气压力等参数,使样板的颜色与车身原厂漆的颜色一致。

c.为比较准确起见,将样板喷涂至全遮盖。

d.以不同角度仔细对比颜色,并以上述办法进行微调,直至明度、色相完全一致。

④正式喷涂。在一切准备工作完备后,正式喷涂面漆到汽车车身待喷涂的板面上,而且要达到全遮盖。每层之间留有足够的挥发时间。最后一层时可加入30%的亚加力清漆,进行混合稀释后喷涂,将有效提高漆膜光亮度。

⑤喷涂后最好干燥3~4天以后再打蜡、抛光。

⑥在施工中,当环境温度超过25℃或相对超过70%时,涂膜会出现漆面粗糙泛光及发白现象。因此须在漆中加入化白水(防潮剂)以改善漆膜性能。另外,施工时一般喷涂3层,每层之间闪干时间为4~8min。

(4)丙烯酸改性醇酸面漆的喷涂。

丙烯酸改性醇酸涂料较醇酸漆改善了干性速度,缩短了涂层的不粘灰时间,提高了涂层的硬度、耐候性及耐介质性能,保留了醇酸树脂涂料所固有的丰满涂层外观,避免了一些双组分涂料给施工所带来的诸多不便等。其施工工艺如下:

①按照产品说明书的要求将涂料稀释,并根据环境选择适当的稀释剂。

②喷涂程序同热塑性丙烯酸面漆的喷涂施工。

③根据已调整好的施工工艺,正式喷涂到汽车车身待修补的板面上,而且要达到全遮盖。颜色不同时,喷涂的层数也不一样。根据说明书的要求,每层喷漆间隔要留有足够的漆膜干燥时间。

④待色漆根据说明书的要求干燥一定时间后,在其涂层表面再喷涂2~4层金油(镜面清漆)的丙烯酸改性清漆。

⑤待清漆干燥1~2h或不沾灰后,才能移出喷漆间。

(5)丙烯酸聚氨酯面漆的喷涂。

丙烯酸聚氨酯涂料为双组分涂料,由含羟基丙烯酸树脂和含异氰酸基的脂肪族二异氰酸酯类混合而成。其主要特点是:优良的耐候性、保光、保色性能,比聚酸聚氨酯的耐紫外光性能还好,涂层的物理力学性能和耐介质性优良,室温固化,特别适合汽车修补施工。其施工工艺如下：

①先将其表面用 P600 号水砂纸或 P500 号砂纸打磨好，再用 R－MPK700 清洗溶剂清洗，并涂以 P－M 双组分底漆。

②如果待修补部位的旧涂层属于硝基纤维素或热塑性丙烯酸涂料，则必须把该涂层全部打磨掉，或用双组分底漆将其全部覆盖。

③喷涂程序同热塑性丙烯酸面漆的喷涂施工。

④涂料配比：R－MSolo 素色漆 4 份，加 D5000 固化剂 1 份，HS300 稀释剂 1 份混合，混合后的漆料室温下需在 3～4h 内用完。

⑤施工条件：喷涂压力 0.3～0.4MPa，喷嘴口径 1.3～1.5mm（重力式），1.7～1.8mm（虹吸式）。

⑥根据已调整分的施工工艺，正式喷涂到汽车车身待补的板面上，而且要达到全遮盖。先薄喷 1 层，间隔 5min，再湿喷 1 层，总厚度为 60～70μm。

⑦待色漆干燥后，可根据需要喷涂清漆罩光。

⑧待表面达到不沾灰时约 1h 后，把汽车移出喷漆间或转移到烘房烘烤。

（6）底色漆＋清漆系统的喷涂。

目前车主对汽车漆要求不断提高，不仅要求有五彩缤纷的鲜艳色彩，而且还要有清澈明亮的镜面效果。当前汽车涂层一般采用包括线性底色、银底色、珍珠色的底漆加罩面清漆的二工序工艺。现以英国 IC12K 漆二工序的操作工艺为例，具体说明此类漆的喷涂施工工艺。

①采用中性洗涤剂洗涤板面，再用清水彻底清洗干净。以清洁布沾湿 P850－14 除油剂（快干）或 R850—1402 除油剂（热天用）擦抹于工作表面除油，随后立即用另一块清洁布擦干。

②如发现凹陷、裂缝等部位，用 P551－1050 腻子（原子灰，不能用于镀锌铁板表面）或 P551－1052 万能腻子（可使用于镀锌铁板上）填补平整、细磨。

③如有微填针眼、砂纸痕及刮痕，可用 P551－1059/1060 幼粒腻子填补。填补后金属表面建议用 P400 号砂纸干磨。

④根据喷涂需要进行小心，严谨的用胶带贴护，并用除油剂除油。

⑤喷涂一层 P565—597 磷化底漆于审裸金属表面（配比：磷化底漆 1 份＋P275—61 固化剂 1 份），并立即喷二道底漆。

⑥以 P565—761 2K 填霸底漆或 P565—880 2K 快干厚膜底漆 4 份＋P210－925/6 固化剂＋850－1492/3 2K 稀释剂体积分数 40%，混合后喷涂 3 层，间隔 55～10min，并喷上研磨指示层以达到更完美的打磨效果。或者以 P565—777 2K 超能免磨底漆或 P565—668 2K 透明底漆 2 份＋P210－925/6 2K 固化剂 1 份＋P850－1492/3 2K 稀释剂体积分数 40% 混合后喷涂 2 层，间隔 5～10min。干燥后，用 P800 号水砂纸作彻底打磨，如有需要则可用 P800 号水砂纸打磨（免磨底漆可免于打磨）。

⑦涂布面漆瓣的处理：先用气压清除车身的脏水；再更换贴护纸或胶带；然后则可用 P850—14 除油剂除油；最后用粘尘布除尘。

⑧涂液配比：P422-系列银底色、纯底色、珍珠色 1 份＋2K 稀释剂 1 份。喷涂压力为0.3～0.35MPa，喷嘴口径 1.4～1.6mm。

⑨为了验证底色漆颜色的正确与否，可以按以下程序作喷涂板试验：

a. 在样板上喷涂 2 ~ 3 层底色漆。每层之间闪干 5min；

b. 调整压缩空气压力、稀释比、稀释剂的配方等，直到颜色与原装漆的颜色完全一致；

c. 在样板上喷涂至全遮盖。根据要求的时间放置干燥，然后再喷涂 2 ~ 3 层罩面清漆。每层间要留有一定的闪干时间。待干燥后再把它与原车上的颜色进行对比。如果样板的颜色与原车待修补板面附近的颜色（包括明度、色相等）完全一致，就可以进行正式喷涂施工。

⑩按照上述喷涂样板相同的工艺，在待修补的表面上喷涂 1 层底色漆，闪干 5 ~ 10min。喷涂第二层底色漆，喷涂的范围比第一层的面积稍稍大一点，使其闪干后喷涂第三层底色漆，喷涂的范围比第二层的面积更大一些，也可在第三层底色漆（1 份底色漆 + 1/2 份稀释兑稀 + 1.5 份清漆）混合后喷涂。

⑪底色漆一般不打磨。如果表面确实存在某些缺陷，如疵点、色相不正、严重枯纹等，一定需要打磨，可先采用超细砂纸轻轻地将那些缺陷打磨。然后将表面清洗干净，再根据需要喷涂 1 ~ 2 道底色漆。

⑫清漆配比：以 P190 - 625 皇牌清漆 2 份 + P210 - 925/6 固化剂 1 份 + P850 - 1492/3 稀释剂体积分数 5% ~ 15%。混合后使其达到施工要求。

⑬喷涂底色漆在室温干燥 30min 后喷涂清漆。喷漆压力 0.35 ~ 0.4MPa，喷涂口径 1.4 ~ 1.6mm，将兑稀后的清漆喷涂到整块板上。根据需要一般喷涂二层以下大约中等湿度的涂层，每层相隔 10.15min。

⑭在相邻的板面上作润色施工时所需的材料，可采用将清漆兑稀体积分数 200% 后使用。

⑮自干（20℃）16h，或 60℃烘烤 35min 后可进行抛光。

⑯用 P150 号水砂纸磨平尘点或小垂流，用 P562 - 32 幼蜡去除砂纸痕（机械打蜡效果更佳），再用 P971—29 超级蜡水抛光漆面及去除花痕（机械抛光效果更佳），最后用 P971 - 9 油蜡作漆膜保护层（也可用机械打油蜡）。

3）斑点修补涂装

斑点修补涂装比整板修补涂装更要注意光泽一致，表面的鲜映性也大体相同，与四周几乎浑然一体，肉眼看起来几乎完全无法分辨，所以必须有良好的润色工艺使被修补斑点的四周呈平缓、逐步的过渡。

（1）斑点修补前的表面处理。

①用中性洗涤剂和水清洗车身。

②用溶剂清洗车身。

③磨斜口（俗称薄边）。如果新漆层直接盖在旧漆面的损坏部位，那么损坏的漆膜外形就能透过新漆层显露出来。因此必须把已遭损坏的部位的边缘，打磨成逐渐变薄的平滑过渡状态。当修补漆膜的破坏程度还没有深到金属基材时，则这里的薄边要求更为精细、平滑，为无痕迹修补创造条件。

如果用磨块磨斜口，其步骤为：当修补面积直径在 15 ~ 20cm 之间较小的面积时，建议用橡胶打磨块或其他体积较大的打磨块垫包砂纸进行打磨。打磨的方法采用划圆圈砂的方法，对于大面积打磨则是走直线砂。采用手工打磨时首先用 80 号粗砂纸磨掉破损部位的外缘，再用 240 号砂纸打磨，然后用 360 或 400 号砂纸打磨。打磨过程中要经常用海绵蘸水，使表面始终保持湿润，除去粗砂纸打磨时间留下的痕迹。

如果用打磨机磨斜口，建议采用装有柔性衬垫的轨迹式或双作用打磨机。用磨盘约2.5cm宽的外边打磨粗糙的漆面边缘。打磨机与被磨表面的夹角不能大于10°，否则会在漆面上磨出沟来。

在以上对粗糙的漆面磨平后，把磨盘放平，前后移动打磨机磨出斜口。按从里向外的方向打磨整个破损部位。在施工期间，应经常停下来用手摸一摸，看看还有没有粗糙边缘。整个外边缘都要磨出新口，所有原来损坏的边缘都要磨掉，以免重涂漆时起皮。表面磨光滑后，当出现了面漆和底漆的环带时，这时磨斜口的工作才算完成。

④对斑点中心裸露出的金属基材进行除锈后，按照产品说明书的要求，用双组分金属表面调整剂进行处理。稍后用抹布蘸水，擦拭涂有金属表面调整剂的表面及其周围区域。要反复擦拭几次，直到擦拭干净为止。

⑤在裸露出的金属表面上，应覆盖与原来底漆相匹配的底漆，要避免交联型的底漆夹在挥发型涂层之间，随即喷涂 3 ~ 4 层中间涂料，喷涂到比原面漆稍高些（中间涂层一般收缩50%），干燥 30min 后，用 400 号砂纸进行打磨。

⑥中间涂层和相邻原装面漆的加工，采用 400 号水砂纸蘸水打磨中间涂层的中心部位，打磨中间涂层须平滑地延伸到原来面漆的上面。采用手工抛光的方法，清除相邻原面漆上的过喷，并擦拭打磨中间涂层的边缘，同地对本色漆上面整个润色区域进行抛光。用蘸有少量水和清洗溶剂的抹布把已抛光的表面擦拭干净。

对改性丙烯酸面漆进行斑点修补时，打磨中间涂层要特别应该注意先采用 400 号砂纸打磨斑点周围过喷的边缘。打磨时要注意采用适当的打磨模块，蘸水打磨，开打磨时不要打磨斑点的中心部位。在打磨斑点的中心部位时，要经常注意打磨的进度，千万不可打磨过头。一旦发现斑点中心的部位的粗打磨痕迹被打磨平整，马上停止打磨。要注意打磨过程的中间涂层如何平滑地延伸到原来面漆的上面。最后，再次用蘸有水和少许清洗溶剂的抹布将打磨好的表面擦拭干净。

（2）斑点修补时面漆的施工。

①素色漆的喷涂。斑点修补和整板修补所用面漆的品种是一样的，但涂料的施工工艺却有所不同。在素色漆的喷涂中，主要以热塑性丙烯酸面漆的喷涂为例来介绍其施工工艺。

a. 喷涂前的准备。首先全面检查涂料的品种、色号、稀释剂的型号及喷枪等设备的完好情况。在确定涂料已经搅拌均匀的情况下，准备好两把喷枪。第一把喷枪的喷杯上做好记号“色漆”，放入已配好的面漆。把喷枪暂时设定在中间位置上，进行样板上喷涂，记录其喷涂层次，间隔时间、稀释比、喷枪压力等，以便使所获得的面漆的颜色与原装面漆的颜色一致。为了与原厂车面漆的颜色相比较，以全遮盖的方式喷涂样板，直至调色结果满意为止。在第二把喷枪中加入以 1 份慢速稀释剂与 1 份中速稀释剂混合加入体积分数 5% 热塑性丙烯酸清漆混合后的漆料，在喷杯上做好“消雾圈涂料”的记号备用。

b. 面漆的喷涂施工。先用第一把喷枪在中间涂层的表面上喷涂第一层面漆，每次走枪开始和结尾时采用收边施工法。然后用第二把喷枪喷涂消雾圈涂料于斑点的边缘，间隔数分钟后，以同样的方法喷涂第二层、第三层，每一层都要比前一层范围大些，直到达到全遮盖。喷涂后，在常温下干燥 1h，随后喷涂 3 层热塑性丙烯酸清漆。这里用的清漆用慢速稀释剂体积分数 200%，最后用消雾圈喷剂喷涂丙烯酸清漆的边缘。自干 1 天（最好 1 周）后，才能进行抛光操作。由于热塑性丙烯酸漆喷涂后大约要收缩50%。所以必须在施工时，预留一定的富裕量。

②二工序漆的喷涂。二工序面漆的涂装也与素色漆涂装一样，要将已遭损坏部位磨斜口，清除旧漆，并进行除锈、喷涂中间涂料，以打磨后喷涂面漆。

a. 二工序热性丙烯酸面漆的喷涂，主要包括色漆的喷涂和清漆喷涂。底色漆的喷涂和清漆的喷涂。

底色漆的喷涂：首先采用清洗溶剂清洗整个打磨后的表面，严格按照产品说明书的标准，喷涂增粘剂到整个打磨过的表面上，干燥30～60min。根据说明书的要求先准备好喷枪，喷杯中装上热塑性丙烯酸底色漆，按照素色漆同样的要求先喷好底色漆。在施工中应注意底色漆切不可打磨，如果出现非打磨不可的情况，则底色漆必须干透后，才能再用超细砂纸进行湿打磨，而且操作时务必小心谨慎。

清漆的喷涂：在对热塑性丙烯酸清漆喷涂时，先按照说明书的要求稀释，检查黏度合格后将其装入喷杯中，做好记号“清漆”。配制消雾圈涂料，装入另一个喷枪中，做好记号“消雾圈涂料”。将喷枪压力调整为0.25～0.28MPa，喷涂清漆2～3层中等到湿度的涂层，每层间隔时间15～20min（作润色时一直扩展到邻近的板面上，但不要超过喷涂过增粘剂的区域，喷涂消雾圈涂料到清漆的润色区域，在0.14MPa压力下，喷涂消雾圈涂料至整个涂过清漆的表面上）。抛光前要干燥24h以上，直至清漆完全干透，采用抛光机进行抛光。

丙烯酸聚氨酯清漆是用于底色漆罩光最好的清漆系统，喷涂后不需要抛光就能得到良好的光泽和鲜映性。在喷涂清漆前，要让热漆塑性丙烯酸面漆干燥2h以上（如有必要，在喷涂清漆前可对丙烯酸面漆作轻微的抛光）后，可以用丙烯酸聚氨酯清漆罩光。丙烯酸聚氨酯清漆是又组分漆，与固化剂的配比必须十分准确，喷涂压力一般为0.35MPa，在待修补区域喷涂2～3层中等湿度的涂层，每层间隔15～20min。如在夏天可在配好的聚氨酯混合料中添加50g/L左右延缓剂以改善其流动性。此时干燥时间必须适当延长，最好24h以上（如有必要进行润色加工；如发现表面存在着疵点或灰尘，可在清漆干燥48h后再进行打磨抛光）。

b. 丙烯酸聚氨酯清漆的修补。首先用清洗溶剂清洗表面，对修补表面进行加工，做好磨砂工作后涂底漆，喷涂热塑性丙烯酸底色漆至全遮盖。干燥2h以上，按照说明书要求喷涂丙烯酸聚氨酯清漆，干燥12h，或在推汽车出喷漆间之前干燥数小时。

4. 喷涂工艺

汽车常用的面漆根据其颜色不同可分为汽车金属漆（金、银粉漆）、普通单色漆（素色漆、纯色漆）、清漆3种。每种颜色的漆都有许多类型，如单组分涂料、双组分涂料、烘干型涂料等。现以硝基型面漆为例，其喷涂工艺为：

1）车金属漆的喷涂

金属漆具有独特的闪光效果和金属光泽，喷涂金属漆的车身显得富丽华贵。但金属漆受损后修补较纯色漆复杂得多，易产生色差、针孔、气泡等病疵，色差对汽车金属漆膜的修补更为致命。

（1）前处理。用湿布、中性去污剂将车体表面擦拭干净；用砂纸（打磨机）将待喷处漆面及周边打磨。

（2）刮涂腻子。选用不饱和树脂腻子（原子灰）须先检验其干燥性、附着力、刮涂性、打磨性等涂膜和施工性能指标。刮涂用原子灰的颜色应尽量与金属漆颜色一致,可减少金属漆的用量、降低成本、提高效率。

(3)打磨。打磨用600号以上的水砂纸,以免出现粗砂纸纹,影响喷涂效果;调色时光线充足;微调时有用选择喷涂法;调色时稀释剂量要控制准确。

(4)喷涂修补金属漆。采用"湿碰湿"喷涂,每道喷涂均采用1/2重叠喷涂;另外,喷涂第二遍修补金属漆过程中一定对色差明显部位重点喷涂,让第一遍修补金属漆的漆膜自然干燥3~5min。喷涂完第二遍修补金属漆后,自然干燥5~10min,喷涂两遍修补金属漆形成漆膜厚度约为30~40μm。然后再喷涂罩光漆。"湿碰湿"喷涂二道,喷涂第一道罩光漆采用1/2重叠喷涂,喷涂第二道罩光漆采用3/4重叠喷涂。喷涂厚度约为10~15μm。

(5)修饰。用稀释剂修饰接口处,防止虚光、橘皮等现象。

(6)烘干。流平10 min,60 ℃烘干30 min漆膜烘干前一定要流平,否则极易产生气泡(痱子)、针孔等病疵,溶剂在最初几分钟挥发十分迅速。

(7)检验。汽车面漆的漆膜外观、硬度、光泽、附着力是检验漆膜质量的主要指标,对修补后的金属漆漆膜质量见表8-15。

检验漆膜质量的主要指标　　表8-15

项　目	测试结果	试验方法	备　注
外观	平整、丰满、颜色均匀	GB 1729	车身
附着力	1级	GB 9286	车身
硬度	1 H	GB 6739	车身
光泽	>90%	GB 1743	样片

2)单色涂料喷涂

(1)薄层预喷。轻度薄薄地喷涂,确认有无缩孔,有缩孔参照金属色漆喷涂时的修正方法进行。

(2)着色喷涂。每道喷幅重叠2/3,均匀地喷涂,要使涂面伸展得更平滑,可加5%~10%稀释剂于漆料中,多喷涂一层。

(3)清漆罩光喷涂。可进行混合罩光或单独罩光,混合罩光清漆加入量为30%左右,用清漆单独罩光参照金属色彩涂料涂装中的清漆喷涂工序。

六、局部喷涂遮盖与色差处理

(一)遮盖

在局部修补喷涂中,对于修补部位附近不需喷涂的部位应进行遮盖处理,以防止喷雾接触到其他不需要重新喷涂的部位。

1.遮盖材料

用于遮盖的基本材料是遮盖纸和胶带。汽车用遮盖纸有各种宽度(70~910mm),这些遮盖纸具有耐热性,因此用于烤漆间也很安全。另外它还具有良好的湿强度,没有松散的纤维,并能防止溶剂渗透。应注意遮盖车身决不能用报纸,因为报纸不具备遮盖纸的特性,且报纸中含有油墨,油墨会溶解于某些涂料的溶剂中,然后进入漆层造成污点。

汽车用胶带也有不同的宽度(6~50mm)。较宽的胶带价格昂贵,而且难以操纵,所以只能偶尔使用。应注意不能将家庭用的胶带作遮盖胶带用于车身遮盖，家用胶带不能满足汽车修补喷涂的要求。

喷涂用遮盖物还有几种，例如塑料轮胎罩可以遮盖住车轮，不同形状和尺寸的灯罩可用来遮盖包括前照灯和尾灯在内的车灯总成，另外还有车身罩和底盘罩，这些不同的遮盖物可根据具体要求加以使用。

2. 遮盖方法

(1)无论使用何种遮盖材料，在遮盖之前，都必须将车身表面彻底清洗干净，并进行干燥。如果车身表面不干净或不干燥，遮盖纸或胶带就无法贴住。

(2)在粘贴时，遮盖纸或胶带必须压紧，否则涂料溶剂就会在遮盖纸或胶带下流动。

(3)如果喷涂车间又冷又湿，而且几乎没有空气流动，胶带可能无法贴紧玻璃或镀铬件，这是因为在这些部件的表面已经形成了一层不可见的冷凝膜，必须擦干后，才能进行粘贴。

(4)胶带通常无法贴到门侧柱和活动车顶周围的橡胶雨封条上，要想遮盖住橡胶雨封条，可以先用抹布涂抹一层透明清漆稀释剂，等完全干燥后，再使用胶带粘贴。遮盖门侧柱的时候，一定要遮盖好门锁和插销等部件。

(5)虽然胶带具有弹性，但它只能在弯曲表面上拉伸。在遮盖新喷涂的表面涂层及底层还发软的部位时，若将胶带拉伸会在涂层表面留下痕迹，因此最好避免拉伸胶带。

(6)粘贴胶带时，一只手拿住并打开胶带，同时另一只手进行导向和压紧。这样，不仅可以压紧胶带的所有边缘，增加粘合力，并使操作者能够改变方向，粘贴各个角落。需要撕断胶带时，可用大拇指的指甲压住胶带，同时用另一只手拉住胶带，迅速地向上撕，这样操作可以获得干净的截面，并使胶带不受任何拉伸。

(7)遇有曲面时，可将胶带的内侧边缘弯曲或重叠，还必须拉伸胶带，以适应曲面的要求。

3. 遮盖纸和胶带的粘贴

遮盖部位面积较大时，例如保险杠，可先用胶带把遮盖纸贴到保险杠的中间，再粘贴遮盖纸，这样粘贴，遮盖纸不会拖到地板上而妨碍工作。

在遮盖风窗玻璃时，应先拆除刮水片，刮水片的轴可以采用与遮盖收音机天线和门把手相同的方法遮盖。然后用胶带先遮盖住风窗玻璃的边缘，再用两块遮盖纸覆盖住整块玻璃，遮盖纸边缘的胶带应该贴在凹槽的胶带上，上面的遮盖纸应该覆盖住下面的遮盖纸。必要时应该把遮盖纸上的褶皱压平并用胶带贴好以防灰尘渗入。

对于一些用胶带和灯罩不能完全覆盖住的车灯，可以把遮盖纸裁成一定的形状折叠起来覆盖在车灯上，再用胶带贴好。

喷涂水平表面(如发动机罩，行李舱等)时，应使用两层遮盖纸，以防溶剂渗透，导致涂层表面发暗。另一种防止渗透的方法是把遮盖纸反过来贴上去，这样在遮盖纸和车身表面之间就可以产生一定的空间。

最后要仔细检查遮盖情况，防止过多遮盖或遮盖不完全，以免喷涂过程中需要返工。如果已经发生了过多的遮盖，必须对未喷到的部位进行修补。而对于不完全的遮盖，必须用溶剂清除多余的喷涂物。

(二)色差处理

由于涂料的生产年份、生产批号的不同、施工方法的差异及原车漆膜褪色等因素的影响，在实际施工中，要想使修补部位与原车漆膜的颜色完全一致是很难的。为使色差减少到最小程度，新、旧涂膜吻合柔和，除了正确地调配修补涂料的颜色外，进行必要的色差处理也是一项较好的弥补措施。

1. 明度调整法

明度调整法是通过改变施工条件，使颜色深浅发生变化，达到调整色差的目的。施工中出现颜色过深或过浅时，可通过调整涂料黏度、涂料喷出量、喷漆样式宽度、喷枪移动速度、喷枪与物面距离、喷涂气压、漆层厚度、层间间隔时间等施工条件，调整色差（详见本章中第一节内容）。

2. 过渡调整法

当修补涂料的颜色无法调配到与旧涂膜一致时，施工中发现修补部位与旧漆膜有较明显的色差。可通过颜色过渡的方法，利用人们的视错觉，减少色差。其施工方法是在最后一层局部喷涂时，在原稀释过的涂料中加入同类型清漆。加入量可根据需要而定，一般1份已稀释的涂料加入1～2份清漆。若有专用于调整接口部位的清漆（驳口清漆）则更好。

3. 整块喷涂法

整块喷涂法是通过扩大喷涂面积而减少色差的一种方法。对于某些既有色差，又易产生新、旧涂膜接口痕迹，较难处理的场合，可在局部喷涂时适当扩大喷涂面，进行局部整喷，做到平面无新、旧涂膜接口，减缓色差感觉。以车门为例，其施工方法是，利用损坏部位的一些有利位置进行局部整喷，加以车门中间饰条或折口为界限进行局部整喷，如图8-26所示。喷涂前损坏部位应做成光滑面并涂底漆，旧涂面应用360号水砂纸湿磨并脱脂，四周不涂面应用胶带纸遮盖。

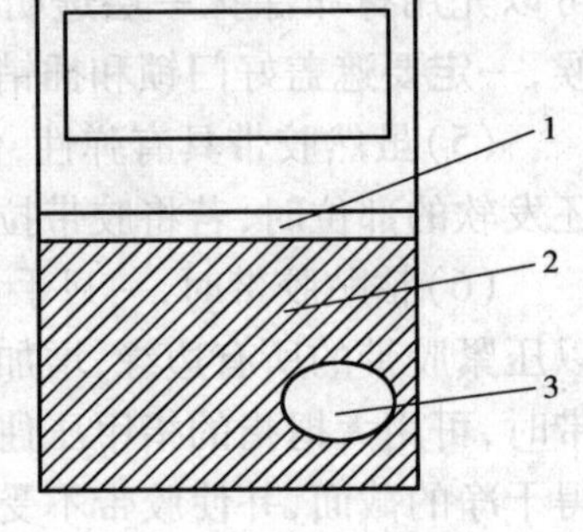

图8-26 整块喷涂
1-饰条或折口；2-喷涂面；3-损坏部位

第四节 汽车漆膜缺陷与预防

汽车在涂装过程中或在使用中涂膜出现病态、划痕、斑点等缺陷，对车身表面的美观有很大影响。因此应对漆膜缺陷产生原因认真分析，并采取必要的预防和对策，使车身表面保持光洁亮丽。

导致涂膜病态的因素是多方面的，为预防和尽量减少涂膜病态的发生，除正确合理使用合格的涂料外，还应严格执行正确的涂装工艺，选择良好的涂装施工环境，同时还必须注意使用条件及使用中的维护。当发现涂膜出现病态时，必须首先找出产生的原因，并及时采取相应的措施予以解决。

一、涂装过程中产生的涂膜病态

涂装过程中产生的涂膜病态，一般与涂料质量、涂装工艺、干燥固化、施工操作方法、被涂物面状态、涂装设备、涂装环境等因素有关。汽车涂装中常见的涂膜病态及其防治方法介绍如下。

1. 流挂

1）现象描述

在喷涂油漆的过程中漆膜形成由上向下流或下边缘增厚的现象。流挂现象一般发生在垂直面。见书后彩图6。

2）产生原因

(1)施工不当，喷枪距离与被涂物面太近。

(2)走枪速度太慢，一次喷涂过厚等。

(3)油漆施工的黏度偏低。

(4)施工环境温度低，油漆干燥时间慢。

(5)采用湿碰湿工艺喷涂时，间隔时间太短。

(6)喷涂压力低于工艺范围，而喷枪口径过大。

3）预防措施及修补方法

预防措施：

(1)采用正确的喷涂方法，将喷枪调节适当。

(2)稀释油漆时尽量按混合比例进行，使施工黏度在工艺范围内。

(3)在气温较低的冬季施工时，尽量提高喷漆室的温度，保证在10℃以上至室温的范围。

(4)湿碰湿工艺施工时，保证有足够的间隔时间。

(5)喷枪压力与口径应能满足工艺的要求。

修补方法：

(1)发生在素色单工序面漆层或清漆层时，等漆膜完全硬化之后，用P1200或P1500砂纸打磨，然后抛光。情况严重时重新喷涂。

(2)底色漆层流挂时，磨平流挂漆膜后重新喷涂。

2. 酸溶剂侵蚀

1）现象描述

现象涂膜表面出现一片片不规则的粗糙、褪色、局部剥落或破裂的区域，有时受侵蚀区域会出现龟裂或裂缝，涂膜表面可以看到侵蚀物质的痕迹。见书后彩图7。

2）产生原因

(1)制动液、过氧化物(原子灰的固化剂)、蓄电池溶液等腐蚀性物质洒落在涂膜上。

(2)酸雨。

(3)对新涂膜使用了洗涤剂。

(4)涂膜固化不良。

3）预防措施及修补方法

预防措施：

(1)注意保持涂膜表面的清洁卫生，保护好涂膜。

(2)新涂膜避免使用洗涤剂，保证涂膜充分固化。

修补方法：对于损伤轻微的涂膜，可采用砂纸研磨、抛光的方法加以修复。对于受到严重侵蚀的涂膜，应将被侵蚀的涂膜彻底除掉，然后重新喷上涂装。

3. 水斑

1)现象描述

漆膜上出现一片片形状各异的印记。通常印记内的颜色比周围漆膜的颜色稍淡。如彩图8所示。

2)产生原因

在喷涂或干燥的过程中,水滴落在漆膜表面然后蒸发。其原因是:

(1)漆膜未完全硬化前,受到雨淋或溅上了水滴。

(2)雨水或水滴溅落在过厚的抛光蜡膜上。

3)预防措施及修补方法

预防措施:

(1)在漆膜未完全硬化前,要防止水滴落在其上面。

(2)漆膜表面的保护蜡不得过厚。

修补方法:将缺陷区域的水膜去掉,轻轻磨平,然后抛光,必要时重复以上步骤。情况严重时,要重新喷涂面漆。

4.缩孔

1)现象描述

漆膜表面出现大量的大小从针孔到直径为1cm的火山口状圆孔。通常大尺寸的缩孔单独出现,而小缩孔则成片出现。如彩图9所示。

2)产生原因

(1)涂装环境或基底上存在含有硅的有机化合物。

(2)其他有污染源如油脂、肥皂结块、洗涤剂、蜡或其他油污等。

(3)底层漆中含有不配套的成分。

(4)喷漆室内蒸气饱和。

(5)压缩空气中可能混入水分和油污。

3)预防措施及修补方法

预防措施:

(1)对底材或底涂层进行彻底的打磨和清洁处理。

(2)定期检查压缩空气油水分离器的使用状况。

修补方法:

(1)如果在施工过程中出现小缩孔,可使用厂家推荐的防走珠水。

(2)如上述方法不起作用,则待漆膜干燥后,将缺陷区域的漆膜打磨掉,并进行彻底清洁,然后重新喷涂。

5.橘皮

1)现象描述

漆膜表面呈现凹凸不平状,类似柑橘、柚子皮。如彩图10所示。

2)产生原因

(1)施工黏度过大,漆膜流平性差。

(2)没有选用配套的稀释剂而是用了劣质稀释剂,挥发速度过快。

(3)喷涂方法不当,喷涂距离太远,压缩空气的压力过大,或喷枪喷嘴调节不当。

(4)喷涂后流平时间不足,过早升温。

(5)在夏季施工时,涂装环境温度过高,在35℃以上。

3)预防措施及修补方法

预防措施:

(1)在高温环境中选用慢干或超慢干稀释剂。

(2)调整施工黏度,改善漆膜的流平性。

(3)采用正确的喷涂方法。

(4)烘烤前漆膜要有10min以上的闪干时间。

(5)改善涂装环境,尽量在推荐的温度范围内喷涂。

修补方法:漆膜干固后,将橘皮部分打磨平,然后抛光;情况严重时要重新喷涂。

6. 缩边

1)现象描述

喷涂和干燥过程中漆膜收缩使被涂物边缘、拐角等部位的漆膜变薄。

2)产生原因

(1)涂料的黏度偏低。

(2)漆基的内聚力大。

(3)所用溶剂挥发慢。

3)预防措施及修补方法

预防措施:

(1)调整涂料黏度。

(2)添加阻流剂,降低内聚力。

(3)选择适当的溶剂。

修补方法:局部重新喷涂。

7. 颗粒

1)现象描述

涂料喷涂后,在涂膜表面局部或整个表面呈现的大小不规则突起的颗粒或丝状纤维物的现象。如彩图11所示。

2)产生原因

(1)被涂表面未进行彻底的除尘清洁处理。

(2)可能是油漆受到了污染。

(3)喷涂环境的粉尘污染。

(4)施工人员的衣物携入的粉尘、纤维。

3)预防措施及修补方法

预防措施:

(1)底涂层进行彻底的清洁处理。

(2)要保证所有材料清洁。

(3)保证喷漆室的干净无尘,必要时,可将喷漆室四周及地面弄湿。

(4)施工人员在进行喷涂时最好穿戴防尘喷漆服。

修补方法：

(1)待漆膜完全固化后，对轻微的细小颗粒，可用砂纸磨平，然后进行抛光处理。

(2)如果颗粒杂质陷得较深，则要将漆膜磨平，然后重新喷涂。

8. 砂纸痕

1)现象描述

在干燥的过程中，由于漆膜收缩，表面呈现出底层漆表面的打磨或其他处理痕迹。如彩图12所示。

2)产生原因

(1)底涂层表面处理方法不当，砂纸太粗，打磨不平，填平不足等。

(2)底涂层没有充分硬化就喷涂了面漆层。

(3)漆膜的厚度不够，或干燥速度太慢。

(4)油漆未充分混合，使用的稀释剂型号不对或质量太差。

3)预防措施及修补方法

预防措施：

(1)采用适当细度的砂纸，用填眼灰填补表面较深的砂纸痕，表面要磨平。

(2)漆膜厚度要适当，干燥条件要正确。

(3)要等到底涂层完全硬化之后，再喷涂面漆。

(4)只使用厂家推荐的稀释剂，将油漆充分混合。

修补方法：

(1)若砂纸痕较轻微，可将缺陷区域磨平，然后抛光。

(2)若砂纸痕较严重，则应打磨漆膜直至除掉原有的砂纸痕，然后重新喷涂。

9. 漆雾

1)现象描述

喷涂过程中漆雾飞溅或落在被涂物表面或漆膜上，使漆膜表面呈颗粒状粗糙结构。如彩图13所示。

2)产生原因

(1)油漆以粉末状的形式落在表面上。

(2)喷涂时油漆的施工黏度太高。

(3)使用的稀释剂型号不对。

(4)喷涂方法不当，压缩空气的压力太高，或在进行喷涂时喷枪离工件表面太远。

(5)喷涂时有穿堂风或空气流动的速度太快。

3)预防措施及修补方法

预防措施：

(1)按比例使用推荐的稀料。

(2)使用正确的喷涂方法，保持喷枪清洁，在保证油漆充分雾化的前提下，尽量将压缩空气的压力调低，喷枪与工件表面要保持适当距离。

(3)要在喷漆室内喷漆，喷漆室内的空气流动保持适当速度。

修补方法：

(1)将缺陷区域打磨平,然后抛光。若漆膜表面太粗糙用上述方法不能修复时,应磨平面漆表面,然后重新喷漆。

(2)对于银粉漆,必须将漆面磨平后重新喷涂。

10. 缩光

1)现象描述

呈漆膜半模糊状态,用低倍放大镜观察可发现大量细孔。有时漆膜表面还会显现出打磨痕迹。

2)产生原因

(1)对多孔基底表面没有预涂底漆或封闭不好,没有对原子灰或填眼灰涂层进行封闭。

(2)底漆喷涂方法不当,底漆过量,所使用的稀料型号不对、不足或质量太差,搅拌不均匀。

(3)底漆表面处理不当,未等底漆完全硬化就对其进行打磨处理,砂纸太粗,打磨方法不当。

(4)未等底漆完全硬化便喷涂面漆,面漆厚度不够。

3)预防措施及修补方法

预防措施:

(1)正确地处理底材或底漆表面。

(2)底漆层厚度要适当,按比例使用推荐的稀料,使用前要充分搅拌。

(3)等底漆完全硬化后,再对其表面进行打磨处理,使用适当细度的砂纸,打磨后的底漆表面要平整、光滑。

(4)喷涂足够厚的面漆,每道面漆要薄而湿。

修补方法:等漆膜完全硬化后,将漆膜磨平,然后抛光;情况严重时,将缺陷区域磨平,重新喷漆。

11. 抛光痕迹

1)现象描述

漆膜表面可以看到细微的条纹或划痕。有时缺陷部位会露出底漆。如彩图14所示。

2)产生原因

(1)漆膜未充分硬化就进行抛光处理。

(2)抛光机的压力太大或转速太快。

(3)使用的研磨膏太粗或有碱性,抛光膏不适合,抛光布轮太脏,太粗糙。

3)预防措施及修补方法

预防措施:

(1)要等漆膜充分硬化后再抛光。

(2)使用抛光机时的压力不要过大,转速适当。

(3)使用正确型号,细度的研磨、抛光膏,要保证抛光布轮柔软、清洁。

修补方法:待漆膜充分干硬后再打磨抛光,如缺陷严重,打磨后重新喷漆。

12. 针孔

1)现象描述

漆膜在涂装后的干燥过程中，由于稀释剂的挥发速度过快，使漆液来不及补充，在涂膜表面形成针状小孔或像皮革毛孔一样的现象。如彩图15所示。

2）产生原因

(1)涂装后流平时间不足，烘烤时升温过快。

(2)涂层过厚或被涂物表面温度过高。

(3)稀释剂选用不当，造成漆膜表面干燥过快，底层溶剂不易挥发出。

(4)被涂物表面粗糙，腻子层不光滑，未进行封闭就直接喷涂面漆。

(5)压缩空气或涂料、稀释剂中含有水分。

(6)涂料搅拌后产生的气泡未消失就喷涂或喷涂的压力太大。

3）预防措施及修补方法

预防措施：

(1)烘烤前的流平时间足够。

(2)注意稀释剂的搭配使用。

(3)漆膜喷涂的厚度应在工艺范围之内。

(4)油漆搅拌后应待气泡消失后再喷涂。

(5)底涂层为腻子层时，一定要进行封闭处理再喷涂面漆。

修补方法：

(1)情况较轻，可采用抛光打蜡予以补救。

(2)情况严重时，将漆膜磨至底涂层，填补针孔，重新喷涂漆。

13. 起皱

1）现象描述

在干燥过程中，形成局部或全部的皱纹状涂膜。如彩图16所示。

2）产生原因

(1)含有干性油的油性漆或醇酸漆，干燥剂选用不当，使用钴和锰催干剂过多，锌干料缺少。

(2)面漆的溶剂把底漆漆膜溶解。

(3)漆膜过厚。

(4)氨基漆晾干过度。

(5)烘干升温过急，表面干燥过快。

3）预防措施及修补方法

预防措施：

(1)合理选用催干剂，尽量不用或少用钴、锰催干剂，多用铅或锌催干剂，对于烘干型涂料，采用锌催干剂效果好。

(2)执行晾干和烘干的工艺规范。

(3)用溶解力小的面漆涂料。

(4)按规定漆膜厚度涂覆。

(5)采用防起皱剂。

(6)氨基面漆在按规定时间晾干后就进行烘干。

修补方法:对已起皱的涂层,待漆层干适后用水砂纸打磨平滑,重新喷涂。如涂层起皱严重,应将起皱表面铲除后,刮一层腻子,干后打磨重新喷涂。

14. 起泡

1)现象描述

喷涂后在干燥的过程中或以后的时间里,涂层产生气泡状的肿起或孔,或在内部有气泡产生的现象。如彩图17所示。

2)产生原因

(1)由于原子灰、填眼灰或底漆的施工方法不当,导致空气陷入漆膜。

(2)漆膜连接处的羽状边处理不当。

(3)漆膜盖在缝隙或死角上,使漆膜下面形成空隙。

(4)由于使用劣质稀释剂或使用的稀释剂不足,压缩空气的压力太高或者干喷涂等。

(5)没有正确处理及封闭基底,特别是喷涂玻璃钢表面时。

3)预防措施及修补方法

预防措施:

(1)保证正确地使用原子灰、填眼灰或底漆。

(2)正确制作羽状边。

(3)一定要使用厂家推荐的稀释剂,并按照正确的喷涂工艺操作。

(4)在玻璃钢表面进行喷涂时,要注意封闭底材。

(5)烘烤时,防止温度升得太快。

修补方法:根据气泡的深度将相应的漆膜全部磨掉,修补好下层缺陷后,重新喷涂油漆。

15. 遮盖痕迹

1)现象描述

局部修补涂装中,非涂装表面用胶带遮盖,涂装后,胶带遮盖痕迹残留在表面上,或分色线呈锯齿形。

2)产生原因

(1)胶带的质量差。

(2)遮盖工序执行不认真。

(3)漆膜未干就撕下胶带或其他遮盖物。

3)预防措施及修补方法

预防措施:

(1)选用涂装专用胶带,在烘干场合胶带应耐热。

(2)漆膜干(至少表干)后才撕下胶带或其他遮盖物。

修补方法:

(1)情况较轻,可采用抛光打蜡予以补救。

(2)情况严重时,打磨再重新喷涂漆。

16. 沾污

1)现象描述

涂膜表面由于沾上污物(铁粉、水泥粉、砂尘、漆雾等),产生异色斑点。如彩图18所示。

2)产生原因

(1)在干燥过程中,涂膜中侵入和附着铁粉、水泥粉、砂尘、干漆雾等污物。

(2)涂层未干透前就将被涂物包装。

(3)涂层接触化学或有色素的物质,如沥青、焦油、酸性物质、树脂、昆虫、鸟粪等。

(4)涂层在使用过程中发霉。

3)预防措施及修补方法

预防措施:

(1)确保涂层干燥场所的清洁,消除污染物。

(2)包装被涂物时涂层应完全干透。

(3)防止涂层与污染介质接触,选用耐沾污性好的涂料。

(4)选用防霉性强的涂料或涂料中添加防霉剂。

修补方法:根据气泡的深度将相应的漆膜全部磨掉,修补好下层缺陷后,重新喷涂油漆。

17. 吸收

1)现象描述

在涂装时涂料被底材过度吸收,出现无光或如同未涂漆的现象。

2)产生原因

(1)被涂物为多孔材质,如松木板、纤维板等。

(2)腻子层涂刮疏松。

3)预防措施及修补方法

预防措施:

(1)多孔材质的被涂物在涂漆前应涂堵孔涂料进行涂前处理(或表面调整)。

(2)刮过腻子的表面,在打磨后应补涂底漆或中间涂料,以消除腻子层对面层涂料的吸收。

修补方法:增加涂层的道数。

18. 咬底

1)现象描述

在喷涂的过程中,上层漆膜将下层漆膜软化,产生皱纹、膨胀、气泡的现象。如彩图 19 所示。

2)产生原因

(1)油漆不配套。

(2)上层漆的稀释剂溶解力太强。

(3)下层漆膜未干透就喷涂上一层面漆或两层漆膜,间隔时间不合理。

3)预防措施及修补方法

预防措施:

(1)选择厂家推荐的配套油漆进行喷涂。

(2)适用厂家推荐的配套稀释剂进行施工。

(3)注意两层漆膜之间的施工间隔时间。

修补方法:待漆膜干燥后,将缺陷区域的漆膜打磨掉,重新喷涂。

19. 露底

1）现象描述

露底是在色漆施涂时，因漏涂、涂得薄或涂料遮盖力差，未盖住底面，而产生显露底材的现象。

2）产生原因

(1)色漆储存期过久，颜料沉底，使用前未搅拌均匀。

(2)所用涂料本身颜料量不足，遮盖力差。

(3)涂料的施工黏度偏低，涂得过薄。

(4)底、面漆的色差过大，如在深色漆面上涂亮度高的浅漆。

3）预防措施及修补方法

预防措施：

(1)涂料在使用前，先进行色漆遮盖力质量指标的检测，合格后再施工。

(2)涂料在使用前和涂装过程中应充分搅拌。

(3)适当提高涂料的施工黏度或选用施工固体成分高的涂料。

(4)底涂层的颜色尽可能与面漆的颜色相近。

修补方法：增加涂层厚度或增加喷涂道数。

20. 气体裂纹

1）现象描述

由于酸性气体的影响，涂层在干时，涂面产生皱纹、浅裂纹。

2）产生原因

(1)所用涂料的耐污气性差。

(2)涂层干燥场所（或烘干室）的空气中，含有酸性气体，如二氧化硫、二氧化碳、一氧化碳等。

(3)在采用烟道气直接烘干的场合，易产生这一弊病。

3）预防措施及修补方法

预防措施：

(1)选用耐污气性好的涂料。

(2)查清原因，消除干燥场所（或烘干室）中的酸性气体或降低其浓度。

(3)在采用烟道气直接烘干的场合，应通过试验后才能纳入工艺。

修补方法：

(1)情况较轻，可采用抛光打蜡了以补救。

(2)情况严重时，将漆膜打磨，填补裂纹，重新喷涂漆。

21. 发白

1）现象描述

在湿度偏高的环境中喷涂自干型涂料，漆膜在干燥的过程中出现乳白色的模糊外观，导致光泽降低甚至发白的现象。如彩图 20 所示。

2）产生原因

(1)施工环境湿度太大，稀释剂挥发速度过快。

(2)喷涂设备中可能含有水汽或水分。

(3)被涂物的温度在施工时低于室温。

(4)稀释剂选用不当。

3)预防措施及修补方法

预防措施:

(1)尽量避免在高温高湿环境中施工,如非要进行喷涂作业时,可考虑加入适当的防白水。

(2)排清喷涂设备中的水汽或水分。

(3)对被涂工件进行适当升温。

(4)选用配套的稀释剂。

修补方法:

(1)轻微发白时,等漆膜完全干硬进行抛光以恢复色泽。

(2)当发白较严重时,则对发白区域进行打磨清洁处理后,重新喷涂。

22. 发花

1)现象描述

复色漆在喷涂过程中或干燥成膜时,漆膜的颜色局部不均匀,出现斑痕、条纹和色相杂乱等现象。如彩图21所示。

2)产生原因

(1)所用的溶剂溶解力不强或施工黏度太低,或施工前未对油漆进行充分搅拌。

(2)漆膜过厚,上下发生对流、发花而形成六角形的小花纹。

(3)喷涂设备未清洗干净。

(4)使用单色漆调制复色漆时,使用不同厂家的调色系统,色母混溶性差。

3)预防措施及修补方法

预防措施:

(1)选择适当的稀释剂调整黏度至施工工艺范围,施工前对涂料进行充分搅拌。

(2)漆膜厚度应符合施工工艺要求,控制好每道漆膜的厚度。

(3)每次涂装前应彻底清洗喷涂设备。

(4)需调制复色漆时,应选用同一厂家的同一类产品。

修补方法:如已发生发花,对缺陷区域作打磨处理并彻底清洁后,再喷涂面漆。

23. 浮色

1)现象描述

在含有混合颜料的涂料中由于颜料颗粒的大小、形状、密度、分散性、内聚性等不同,使漆膜表面和下层的涂料分布不均,各断面的色调有差异的现象。

2)产生原因

(1)复色漆中所选颜料的密度差异较大。

(2)配制复色漆的色浆分散性达不到要求,或分散方法、分散设备选用不合理。

(3)配制复色漆时未添加防浮色发花剂。

(4)施工黏度较低。

3）预防措施及修补方法

预防措施：

改进涂料配方及制漆工艺（如选用不易浮色的、易分散的颜料，改进颜料的分散工艺等）。

修补方法：

（1）添加防浮色剂，如硅油对防止浮色有显著效果。

（2）选用合适的涂装方法及设备。

24. 金属光泽不均

1）现象描述

在喷涂金属底色漆时，因油漆流挂或喷涂厚薄不均匀，所选用稀释剂与涂料不配套，而使涂膜外观不均匀，银粉排列杂乱或漆膜表面像砂纸一样粗糙。

2）产生原因

（1）喷涂的黏度过低或过高。

（2）漆膜厚薄不均匀。

（3）面漆与罩光清漆采用湿碰湿施工工艺的间隔时间过短。

（4）施工空气压力过高或过低，或输漆量多，雾化差。

（5）环境温度低。

3）预防措施及修补方法

预防措施：

（1）调整施工的黏度在施工工艺的范围内。

（2）保证每道涂膜厚度均匀。

（3）严格按照施工工艺进行喷涂，保证每道漆之间的间隔时间。

（4）调整喷涂的压力在工艺规定的范围之内。

（5）保证环境温度满足工艺参数的要求。

修补方法：若以上缺陷已经发生，则将缺陷部位打磨至下一层，然后重新喷涂。

25. 渗色

1）现象描述

面漆把底漆溶解，使底漆的颜色渗透到面漆上来，使面漆颜色不均匀。如彩图22所示。

2）产生原因

（1）底层涂料中含有机物。

（2）底层漆膜中溶剂能溶解的色素渗入面涂层中。

（3）底层漆膜未完全干透就涂面漆。

（4）面漆含有溶解力强的溶剂。

3）预防措施及修补方法

预防措施：

（1）对旧漆膜或容易引起渗色的涂层，最好喷涂封闭中涂漆，然后再喷涂面漆。

（2）先用厂家推荐的或配套的稀释剂。

修补方法：打磨到原漆膜层，喷涂封闭中涂漆将原漆膜封闭，然后重新喷涂面漆。

26. 失光

1)现象描述

失光主要发生在素色漆层或清漆层,表现为漆膜干燥前光泽丰满,干燥后缺少光泽或以后漆膜光泽逐渐消失。如彩图23所示。

2)产生原因

(1)没有使用厂家推荐的配套稀释剂,而是选用了劣质天那水,导致漆膜流平不良。

(2)下涂层的表面质量差。

(3)喷涂方法不当。

(4)漆膜厚度不够,耐候性下降。

(5)由于湿度太大或温度过低,而且喷涂后在室温自然干燥,在这一过程中双组分油漆中的固化剂就可能与空气中的水汽起反应,导致漆膜光泽下降。

3)预防措施及修补方法

预防措施:

(1)要使用厂家推荐的配套施工材料。

(2)下一涂层的表面处理一定要仔细彻底,确保处理质量。

(3)施工环境的温度、湿度应保证在一定的工艺范围内。

(4)按照油漆的使用说明进行调配。

(5)低温环境施工时,建议进行烘烤干燥。

修补方法:

(1)一般情况下,通常进行抛光处理,即可恢复光泽。

(2)情况严重时,对漆膜打磨,然后重新喷涂。

27. 丰满度差

1)现象描述

涂膜外观不丰满,表现为涂膜厚度虽然达标,但从外表看仍然很薄而显得干瘪。

2)产生原因

(1)涂料本身丰满度差(漆基组分的结构及对颜料的湿润性不好)。

(2)漆膜薄,颜料含量少或涂料过稀。

(3)底漆打磨不好,被涂面不平滑且吸收涂料。

3)预防措施及修补方法

预防措施:

(1)选用丰满度高的涂料。

(2)提高涂料施工时的固体含量,在涂料中加入适量流平助剂,使涂料施工时涂膜容易起厚。

(3)少用挥发快的溶剂,适量用溶解力强的高沸点溶剂。

修补方法:

(1)按要求的漆膜厚度涂装。

(2)打磨以消除被涂面的粗糙度,涂封底涂料以消除底材对面层涂料的吸收。

28. 色差

1)现象描述

修补部位漆膜的色相、纯度、明度与原漆色有差异。如彩图24所示。

2)产生原因

(1)不同批次的涂料较大的色差。

(2)当换色喷涂时,输漆管路清洗不净。

(3)烘干时间及温度控制不规范,局部过烘。

3)预防措施及修补方法

预防措施:

(1)不同批次的涂料应加强检验。

(2)换色时输漆管路一定要洗净。

(3)烘干时间、温度应严格控制在工艺规定范围内。

修补方法:重新调漆喷涂。

29. 鲜映性不良

1)现象描述

汽车面漆表面,出现反射影像不够鲜明,像有一层雾气遮盖着。

2)产生原因

(1)涂料的流平性差,细度不够,光泽不良。

(2)底材表面不平整。

(3)涂层厚度不足,丰满度差。

(4)涂装环境差,涂层表面产生颗粒。

(5)喷涂工具不好,施工黏度及溶剂选用不当,喷涂时涂料雾化不良,涂面的橘皮严重。

3)预防措施及修补方法

预防措施:

(1)控制涂料质量,选用展平性好,细度和光泽优良的涂料。

(2)对底材不平整的被涂面,涂装前应进行修整,保证被涂件表面质量达到技术要求。

(3)改善涂装环境,高装饰性涂料的涂装宜在有空调除尘的喷漆室中进行。

(4)选用雾化性能好的工具和方法及合适的施工黏度。

(5)高装饰性涂层一般多采用多层涂装体系,增加涂层厚度,以提高涂层的丰满度和平滑。

修补方法:重新按技术要求调漆喷涂。

30. 刷痕

1)现象描述

修补涂装采用刷涂施工时,涂膜干燥后产生未能流平的痕迹,使涂膜表面不平整、不光滑。

2)产生原因

(1)涂料的流平性差。

(2)涂料施工黏度高。

(3)刷涂技术不佳,操作不当,漆刷质量差。

(4)涂装环境气温低。

3)预防措施及修补方法

预防措施：

(1)严格控制涂料质量,调整好最佳施工黏度。

(2)使用合适工具,正确地进行施工。

(3)必要时可酌量添加少量高沸点溶剂。

修补方法:涂膜出现刷痕现象,应打磨后重新涂装。

31. 干燥不良

1)现象描述

漆膜干燥时间太长或不能充分固化,出现漆膜发软、硬度低、附着力差的现象。

2)产生原因

(1)底漆未干就喷涂面漆。

(2)漆膜喷得太厚,干燥时间也会相应延长。

(3)喷涂或干燥的环境条件不良,温度过低、湿度过高,或空气流动差。

(4)各道漆间的流平时间不足。

(5)稀释剂的型号不对或质量太差。

3)预防措施及修补方法

预防措施：

(1)底漆干透后再喷涂面漆。

(2)漆膜厚度应控制在工艺范围内。

(3)要使喷涂环境温暖、通风,避免在湿度偏高的环境中施工。

(4)各道漆间要保证足够的流平时间。

(5)按比例使用推荐的稀料。

修补方法:漆膜干燥后如果外观达不到指标要求,则需要重新打磨后,将车辆或工件转移至温暖的地方,再进行喷涂。

32. 腻子残痕

1)现象描述

在刮腻子的部位喷涂后,涂膜表面出现腻子痕迹。

2)产生原因

(1)腻子刮涂后,打磨不充分。

(2)对刮涂腻子部位未涂封底漆,腻子层的吸漆量大或颜色与底漆层不同。

(3)所用腻子的收缩性大,固化后变形。

3)预防措施及修补方法

预防措施：

(1)对刮腻子部位充分打磨。

(2)在刮腻子部位涂封底漆。

(3)选用收缩性小的腻子。

修补方法:将缺陷部位打磨,然后重新喷涂。

33. 过烘干

1)现象描述

因过度烘干(烘干温度过高或时间过长),导致涂层出现失光、变色、变脆、开裂和剥落等现象。

2)产生原因

(1)烘干规范选择不当。

(2)烘干温度调得过高或烘干设备温度失控。

(3)烘干时间过长,如被涂物在烘干室内烘干后没有及时取出,导致烘干时间过长。

3)预防措施及修补方法

预防措施:

(1)烘干操作应符合工艺规定,面漆层的烘干温度不应高于底涂层的烘干温度。

(2)确保烘干设备的技术状态良好,防止烘干温度失控。

(3)烘干时间不得过长。

修补方法:将缺陷部位打磨,然后重新喷涂。

34. 修补斑印

1)现象描述

修补涂装的部位与原涂面的光泽、色相有差别。

2)产生原因

(1)修补涂料与原涂料差异较大,如光泽和颜色不同,耐老化性差等。

(2)修补操作不规范,如被修补部位打磨不良而产生光泽不均。

3)预防措施及修补方法

预防措施:

正确选用修补涂料,尽可能使修补的颜色、光泽和耐老化性与原涂料接近,最好仍采用原工艺、原涂料。

修补方法:

(1)被修补部位应仔细打磨。

(2)修补面应扩大到明显的几何分界线。

35. 起雾

1)现象描述

漆膜的表面呈现乳白色的薄雾。

2)产生原因

(1)喷漆时天气寒冷、潮湿。

(2)使用的稀料干燥速度太快或质量太差。

(3)压缩空气的压力太大、喷枪调整不当。

(4)利用压缩空气吹拂漆膜,试图加速溶剂挥发。

(5)喷漆室内有穿堂风,或者加热时空气流动不充分。

3)预防措施及修补方法

预防措施:

(1)在可能的情况下,应避免在阴雨、寒冷或潮湿的天气喷漆并让漆膜自然干燥。

(2)降低压缩空气的压力,以减小冷却效应。

(3)使用适当型号的稀料。

(4)保证喷漆室内适当加热、排风,要避免穿堂风。

修补方法:漆膜起雾轻微时,待漆膜完全固化后可用抛光的方法将其修复。漆膜起雾比较严重时,可将漆膜表面磨平,然后使用适当型号的稀料重新喷涂。若上述方法不能奏效时,可将喷漆室的温度升高5℃以上,将缺陷部位打磨平,然后重新喷涂。

二、汽车使用过程中产生的涂膜病态

汽车使用过程中产生的涂膜病态及其防治方法介绍如下。

1.开裂

1)现象描述

漆膜发生无规则的断裂或裂缝,通常发生在基底上被填补的缝隙或板的边缘附近。漆膜裂纹通常呈现出三角星形,裂纹的深度不等,较严重的裂纹可直达基底。局部修补时,在羽状边刚刚喷上漆后,可能会出现轻微裂纹。如彩图25所示。

2)产生原因

(1)面涂层的耐候性和耐温变性差。

(2)涂料的底面涂层配套不佳,底层漆膜和面漆涂膜的伸缩性和软硬程度差距大。

(3)底涂层未干透就涂面漆或面漆层涂得过厚。

(4)涂层老化。

3)预防措施

(1)选用耐候性、耐温变性优良的面漆。

(2)合理选择配套的底、面漆,一般使底层漆膜和面层漆膜的硬度、伸缩性接近。

(3)严格按工艺要求控制漆膜厚度,对耐寒性差的漆膜(尤其是自干型漆膜,如硝基漆)不应涂得过厚。

(4)底涂层干透后方能涂面漆。

2.风化

1)现象描述

涂层在使用过程中受环境因素的影响,漆膜厚度降低直至露出底材。

2)产生原因

(1)被涂物使用环境极差。

(2)选用的涂料耐候性差。

(3)被涂物使用年久。

3)预防措施:用耐候性优良的涂料。

3.附着力差

1)现象描述

由于涂层附着力差,受外力作用时漆膜可剥脱。如彩图26所示。

2)产生原因

(1)被涂时表面太光滑。

(2)被涂物受到污染,表面处理不当。

(3)底、面漆不配套,或底漆与底材不配套。
(4)底漆未干就喷面漆。
(5)稀释剂的溶解力差。
(6)喷涂时,底材表面温度过高或过低。
3)预防措施
(1)涂装前就适当打磨清洁被涂物表面。
(2)选择厂家推荐的配套的油漆。
(3)选择厂家推荐的对底材附着力好的底漆。
(4)底漆干透后再喷涂面。
(5)使用配套的稀释剂。
(6)施工时要保证被涂物表面温度在施工工艺允许的范围内。
4. 划痕
1)现象描述
漆膜受到硬物划伤或受石块冲击破裂,损伤深度和面积因损伤原因不同而不同。如彩图27 所示。
2)产生原因
属于冲击性损伤,一般由于路面崩起的石子砸在漆膜上所致或者是被尖锐物体划伤。
3)预防措施
(1)由于路面崩起的石子造成的漆膜损伤是无法避免的。
(2)在车库,喷漆室,运输过程中应注意保护漆膜免受损伤。
修补方法:磨掉缺陷区域的漆膜,在接口处制作羽状边,用填眼灰填平,然后重新喷漆。
5. 污斑
1)现象描述
漆膜表面出现色斑、腐蚀点或粘附着污垢。如彩图 28 所示。
2)产生原因
(1)漆膜粘附有灰尘、水泥灰、焦油、煤烟、酸性物质、昆虫和鸟类的粪便等污染物。
(2)所用颜料不耐酸、碱。
(3)涂层长霉。
3)预防措施
(1)选用耐腐蚀和耐沾污性好的涂料。
(2)汽车不要在室外停放,尤其不要停放在污染源附近。
(3)汽车应涂面漆防护蜡。
6. 起泡
1)现象描述
漆膜的一部分似泡状,从底面离开,甚至浮在表面。如彩图 29 所示。
2)产生原因
(1)涂膜的水汽渗透性、耐水性或耐潮湿性差。
(2)被涂面残存有油、污、汗液、指纹、盐碱、打磨灰等物质。

(3)清洗被涂面的最后一道用水的纯度差,含有杂质离子。

(4)在涂装表面残存水汽。

(5)漆膜干燥不充分。

(6)在高湿度下长期放置。

3)预防措施

(1)选择适宜的涂料,并严格控制配方比,提高涂膜的抗水性。

(2)被涂面不允许有亲水物质残存,尤其是水溶的盐碱残存。

(3)漆前最后一道水洗应该用脱离子水。

(4)漆膜应充分干燥。

(5)尽量避免高湿度的环境。

7. 脱落

1)现象描述

漆膜由于开裂而对底材失去应有的附着力,以至形成鳞片或大片脱落的现象。如彩图30所示。

2)产生原因

(1)底材处理不干净,有油污、水汽或其他化学药品的残留物。

(2)油漆配套不合理。

(3)处理方法不当,涂层层间附着力差。

(4)底层漆未干透就喷面漆或罩清漆。

(5)底漆层过度烘烤或涂层太厚。

3)预防措施

(1)涂装前应将底材彻底处理干净,并及时进行涂装。

(2)各涂层之间的配套应合理。

(3)进行适当的打磨处理,增加层间附着力。

(4)选择配套性良好的油漆进行涂装。

(5)严格按照工艺要求进行涂装处理。

修补方法:对已发生脱落的漆膜,应彻底铲除后重新涂装。

8. 锈蚀

1)现象描述

涂装后不久,涂膜下出现红丝或锈点(斑)。如彩图31所示。

2)产生原因

(1)漆前表面处理质量差,如手工、机械除锈及磷化处理不好。

(2)表面处理后,未能及时涂漆。

(3)所用涂料中含有水分,或涂料的耐潮湿性、耐腐蚀性差。

(4)涂层不完整,有滑涂、针孔等缺陷。

(5)在高温、高湿环境下使用或有酸、碱、盐等腐蚀性介质侵蚀。

3)预防措施

(1)涂装前必须对底材进行认真的表面处理,如有条件均应对金属底材进行磷化处理。

(2)表面处理后应及时涂漆。

(3)根据被涂物的使用环境选用耐腐蚀性、潮湿性优良的涂料，且涂料中不含水分。

(4)应确保涂层的完整性，被涂物的所有表面(包括焊缝)都应涂到漆。

9. 粉化

1)现象描述

漆膜在使用过程中受紫外线、氧气及水分的作用，老化呈粉状脱离。

2)产生原因

(1)高分子成膜材料发生老化，导致不能更好润湿颜料，在漆膜表面析出颜料粒子。

(2)涂料中所用漆基和颜料的质量差。

(3)涂料的耐候性差。

3)预防措施

(1)选用质量好的漆基材料和抗粉化性好的颜料。

(2)选用耐候性优良的涂料。

(3)在涂料中加入适宜的紫外线吸收剂。

(4)加强漆膜的维护。

10. 发霉

1)现象描述

漆膜在使用过程中，霉菌侵蚀干燥的涂膜，形成黑暗的淤积，即带有黄、黑、绿等颜色的绒絮状菌体斑点分布于涂膜表面。

2)产生原因

(1)涂料配方中有易产生霉变的材料。

(2)被涂物经常在环境潮湿条件下使用。

(3)涂层表面在使用过程中不经常清洗维护。

3)预防措施

(1)在涂料配方中选用不易霉变的高分子聚合物为成膜材料。

(2)通过试验在所用涂料中加入适量的防霉助剂。

(3)对易发霉的底材在涂漆前应进行防霉处理。

(4)涂层表面应经常清洗和维护。

11. 雨斑

1)现象描述

受雨淋或雨露的浸渍，使涂膜表面形成不透明的点状乳白色痕迹。

2)产生原因

(1)所用涂料的抗水性能差。

(2)涂膜表面未涂憎水保护剂。

3)预防措施

(1)选用抗水性能优良的涂料。

(2)必要时可试验加入硅烷类助剂，提高涂膜的憎水性。

12. 回粘

1)现象描述

漆膜干燥后,漆膜表面出现软化发粘。

2)产生原因

(1)用涂料含半干性油。

(2)涂料中漏加催干剂、固化剂。

(3)干燥后通风不足,湿度高。

(4)施工时底材处理不净,沾有油污和蜡。

3)预防措施

(1)更换涂料品种。

(2)干燥室应通风良好。

(3)加入适量的催干剂、固化剂,在使用易吸附干燥剂的颜料时,其催干剂用量应适当增多。

(4)施工时对底材应进行彻底处理。

13. 泛金光

1)现象描述

漆膜表面在阳光照射下变成忽绿忽紫的色彩。

2)产生原因

(1)有机红色颜料和铁蓝颜料的色漆中有一种可溶物,呈现在涂膜表面产生泛金光现象。

(2)受阳光、紫外线的照射或受高温影响。

(3)喷涂空气中有油。

3)预防措施

(1)选用不含可溶物的颜料,并注意涂料及颜料配合的选择。

(2)净化喷涂空气。

14. 褪色

1)现象描述

在使用过程中,漆膜的颜色变浅。如彩图 32 所示。

2)产生原因

(1)所用涂料的耐候性和耐光性差。

(2)受阳光、大气污染等的作用。

(3)受热、紫外线的作用使树脂变质。

3)预防措施

(1)根据使用环境选用耐候性和耐光性优良的糠料,耐光等级一般应在 4 级以上。

(2)选用不褪色的涂料。

15. 变色

1)现象描述

在使用过程中漆膜的颜色发生变化,其色相、纯度、明度明显地偏离标准色板。

2)产生原因

(1)所用涂料耐候性差。

(2)受酸雨及其他工业污染的影响。

(3)受阳光照射、潮湿、高温等环境因素影响。

(4)在漆膜老化、增塑剂析出等过程中有机颜料通过漆膜迁移。

3)预防措施

(1)根据被涂物的使用条件选用合适的涂料。

(2)选用耐候性优良的涂料。

(3)在靠近工业区的地方应将汽车停在车库内。

16. 失光

1)现象描述

漆膜表面最初有光泽,在使用过程中逐渐失去光泽。

2)产生原因

(1)涂料的耐候性差。

(2)漆膜耐擦伤性能不好,擦洗车过程中漆面擦伤失光。

(3)阳光照射、水气(高温高湿)作用和腐蚀气体的沾污。

3)预防措施

选用耐候性、抗擦伤性能优良的涂料。

17. 溶解

1)现象描述

漆膜溶解于侵蚀性液态介质而被破坏。

2)产生原因

(1)所用涂料对使用环境不适应。

(2)接触到某种具有侵蚀性的液体。

3)预防措施

(1)选用耐某种侵蚀介质性能强的涂料。

(2)避免涂层于侵蚀性介质接触。

18. 变脆

1)现象描述

涂料经施涂干燥成膜后,涂膜失去弹性或弹性变差。

2)产生原因

(1)涂膜的柔韧性及附着力差。

(2)漆膜涂得过厚。

(3)涂膜过度烘烤或烘烤温度过高、烘烤时间过长。

(4)使用环境温度过低。

3)预防措施

(1)严格按要求进行漆前表面处理,提高漆膜的附着力。

(2)选择配套性良好的涂层。

(3)选择合适的漆膜厚度。

(4)选择合适的烘干规范。

第九章　汽车美容护理

汽车在使用过程中,由于自然侵蚀和人为因素,漆面和内饰件不可避免地变暗发灰,失去原有光泽,而且由于天长日久,日光曝晒,导致漆面和内饰件出现变色、老化、微浅划痕等,这些现象都会严重的损坏汽车形象。汽车通过打蜡、研磨、抛光、划痕修补、皮革上光、饰件增艳等美容护理作业,既可预防上述变异现象的发生,还可对变异后的漆面和内饰件采取必要补救措施。若不进行必要的美容护理或护理不当,表面涂层会过早损坏,不仅影响到车容整洁,还会诱发锈蚀和损伤,甚至导致车壳腐烂;内饰件脏污不堪,甚至破损。

汽车美容护理能够有效地保护漆面和内饰件,不仅使其色彩得到还原,而且增加了亮度,达到焕然一新的效果,使其永葆亮丽风采。因此,汽车美容护理作业是非常重要的。

第一节　新车漆面护理

买了一辆新车,车主往往会先将车内装饰得非常美丽,而忽略了车体本身的养护。其实当购买新车后,为使车辆永葆"青春"光彩,首先要做好车体本身的护理工作。首次车体养护和开蜡,往往是日后用车养车的质量保证,如果开始维护得不好,以后也会出现许多问题。新车漆面虽无老化问题,但使用前应该做彻底的保护处理,从出厂到运输至停车场,车表漆就已经接触了空气、酸气、风沙的侵袭。及时正确的养护,能使爱车永葆青春。如果买的是进口轿车,要首先考虑的是封漆蜡。除蜡时不要用汽油或煤油擦拭,应选用专业的开蜡液,或者到专业的美容养护店,请技师帮助处理。至于国产车,车身大多采用静电喷涂,漆面呈镜面光泽,故无开蜡需要。

1. 新车开蜡

对汽车生产厂家为防止新车在储运过程中漆膜受损及车在出口以抵御远洋运输途中海水对漆膜的侵蚀所喷涂的封漆蜡，在购车后应进行除蜡处理。因为封漆蜡极厚，并且十分坚硬，所以还可以防止大型双层托运车运输途中树枝或强力风沙刮蹭及抽打。封漆蜡主要含有复合性石蜡、硅油、PTFE 树脂等材料，能对车表面起到长达一年的保护作用。封漆蜡不同与上光蜡，该蜡没有光泽，严重影响汽车美观。另外，汽车在使用中封漆蜡易粘附灰尘，且不易清洗。因此，购车后必须将封漆蜡清除掉，同时涂上新车保护蜡。清除新车的封蜡称为"开蜡"。

1)新车封蜡的类型

市场上常见的新车保护性封蜡有:

(1)油脂封蜡。车体蜡壳呈半透明状态,多用于长途海运的出口汽车。它可提供蜡壳极硬的保护层,即使碱性极高的海水飞溅于涂有封蜡的车体表面,也不能对其造成任何损害,并可防止大型双层托运车在途中遇到树枝或其他人为所造成的轻微损伤,保证了新车在出厂后一年内不受其他有害物质的侵蚀。

(2)树脂封蜡。车体蜡壳呈亚透明状态,主要用于本国短途运输的汽车。它可为车身提供一年以上良好的硬质保护层,能防止运输新车过程中人为轻微刮蹭所造成的划痕现象,但无法抵御海水的侵蚀,所以这种树脂封蜡不适合在海洋运输中为汽车提供防止碱性物质侵蚀的保护层。

(3)硅性油脂保护蜡。车体蜡壳呈透明状态,新车出厂时为汽车提供短期的保护层。能有效防止阳光紫外线、酸碱气体、树枝、风沙等一般的侵害。对于海水或运输新车过程中所造成的刮蹭现象却不能起到很好的保护作用。

2)新车开蜡所需的产品

(1)油脂开蜡洗车液。市场上80%的产品属于非生物降解型溶剂,主要原料提炼于石油,强碱性药剂,因此使用时应注意劳动保护。

(2)树脂开蜡洗车液。该品种属于多功能轻质水溶性清洁剂,含有树脂聚合物的溶解元素,渗透性较好,使用起来比较安全。

(3)强力脱蜡洗车液。本品属于生物降解型产品,主要提炼于天然橙皮,并含有阴离子表面活性剂,泡沫丰富,分解性较好,因此成本也较高。

3)新车开蜡所需工具

(1)专用洗车海绵。这种中密度海绵具有极好的包容性,在清洁车身过程中能将沙粒及尘土深藏于气孔之内,避免了因擦洗工具过硬而不易包容泥沙给车体造成划痕的问题,配合高润滑性阴离子表面活性剂(高泡洗车液)更可保证操作中万无一失。

(2)高密度纯棉毛巾。在三遍开蜡工序中都需使用该产品,因质地比较柔软,即使清洁车体后表面仍存有少量泥沙,开蜡过程中也不致对漆面造成影响外观效果的较大伤害。

(3)塑料异形刮板。这种刮板材料较软,具有一定韧性,加之垫有纯棉毛,所以操作时不会对漆面造成任何损伤。

(4)防护眼镜。防止施工中毛巾擦洗车体时药剂飞溅入眼。

(5)橡胶手套。因多数开蜡液均属轻质性煤油类产品,渗透分解性极强,对皮肤有害,所以应使用橡胶手套采取防护措施。

新车开蜡时应注意不能用棉纱沾汽油、煤油开蜡,此种方法虽然能除掉封漆蜡,但汽车漆蜡也同时受到损害。因为一是棉纱虽然柔软,但其中很容易混入铁屑、砂粒及其他坚硬的细小颗粒,且很难发现,极易造成漆膜表面划痕;还有就是汽油或煤油也会伤害漆膜。目前,好的新车开蜡产品是一种进口的水解式开蜡液,主要以水溶的方式进行开蜡,这样可以对车漆起到保护作用。

4)新车开蜡操作工序

由于封蜡的种类不同,进行开蜡时所采取的操作步骤也不尽相同。

(1)油脂封蜡开蜡程序:

①首先将车体污物冲净,然后用配制好的脱蜡洗车液清洁车身,冲洗后无须擦干。

②将油脂开蜡洗车液均匀喷洒于车体。

③晾3min后,喷洒少许清水,用半湿的毛巾按顺序全车擦拭,然后用配制好的脱蜡洗车液将全车清洗,冲净后无须擦干。

④将油脂开蜡洗车液再次喷洒于某一板块，晾1min后，将喷洒过药液的板块用半湿性毛巾再次擦拭，这时此板块残留封蜡应可完全清除，然后用脱蜡洗车液清洁。

⑤最后验车时，应将车身连接缝隙处残留的封蜡清除干净，并将全车外表用脱蜡洗车液再次清洁，擦干后打蜡即可。

(2)树脂封蜡开蜡程序：

①用高压水枪将车体大颗粒泥沙冲洗干净，然后用配制好的脱蜡洗车液均匀喷洒于车体，并用洗车海绵擦拭全车，冲净后无须擦干。

②将树脂开蜡洗车液均匀喷洒于单一板块，晾一分钟后，将喷洒过药液的板块用半湿性毛巾擦拭，然后用脱蜡洗车液清洁此板块。按此方法逐块清洗，直至将全车封蜡清除。

③将车身连接缝隙处残留的封蜡用塑料刮片垫半湿性毛巾清除干净。

④用配制好的脱蜡洗车液将全车再次清洁，擦干后打蜡即可。

(3)硅性油脂保护蜡开蜡程序：

①首先将车身大颗粒泥沙冲洗干净。

②将强力脱蜡洗车液用喷雾器均匀喷洒于车体。

③用洗车海绵按汽车板块顺序将全车快速擦拭。

④最后用高压水枪将车身擦掉的蜡质及污物冲净，擦干后打蜡即可。

冬季开蜡比较困难，因气温低开蜡水不能与车身上的封漆蜡很快地发生化学反应，从而导致开蜡失效。所以开蜡工作最好选择气温在20℃以上时进行。在除蜡前的汽车清洗中，不必使用清洗剂，在环境20℃以上时，准备好高压清洗机，选择阴凉无风地段，远离草木植被，对车身进行高压冲洗，去除车身表面尘埃及其他附着物，水压不要高于7MPa。用“开蜡水”按自上而下的顺序喷于车身表面。确保每个部位都被溶液覆盖，开蜡水要喷均匀，不要忽视边角缝隙处。保持湿润4~5min，使开蜡水完全渗透于蜡层。一定要在开蜡水完全渗透于蜡层后再进行擦拭。用毛巾或无纺布擦拭车表，然后用高压水枪冲洗，缝隙间不要留有残液。检查车辆表面是否留有未洗净蜡迹，若存在，应将其洗净。最后将车擦干，完成新车开蜡。

5)新车开蜡注意事项

(1)在进行高压冲洗时，压力不要高于7MPa。

(2)高压冲洗时只需冲掉灰尘及泥沙等可能影响除蜡效果的杂质。

(3)在开蜡前不要使用洗车液，以免造成无谓的浪费。

(4)开蜡水喷施一定要均匀，边角缝隙处千万不可忽视。

(5)喷施开蜡水后，要待开蜡水完全渗透蜡层并使用其开始溶解后，才能用毛巾擦拭。

(6)最后的清洁及擦干，要按洗车作业规程实施。因为经开蜡水清洗开蜡后，仍会有部分蜡质及杂质留在车表。

2. 新车上蜡

汽车表面的封漆蜡被除去后，要涂抹新车上光蜡。新车上光蜡主要有两种：一种叫“新车保护蜡”，另一种叫“新车蜡”。

新车保护蜡含有大量高分子聚合物成分，常见的是“特氟隆”，它有很强的抗氧化，抗腐蚀功能，这种蜡在正常洗车情况下是不会被洗掉的，涂抹一次一般能保持一年之久。国内目前普遍使用的是一种叫“隐形车衣”(产品号T-28)的新车保护蜡。它是美国龟牌蜡公司引用“特氟隆”高分子聚合物配制而成，很受国内用户的欢迎。国内的许多购物中心的汽车用品部及汽车养护品网点都可买到。新车蜡是一种柔和性的蜡，汽车蜡生产厂家认为，新车漆车身是完整无缺的。因此，它使用的上光蜡中也没有必要加入任何含有研磨功能的抛光剂，这种不含抛光剂的、柔和的蜡就是新车蜡，该蜡一般保持不了12个月。可见，新车保护蜡和新车蜡是两种完全不同的蜡，新车除去封漆蜡后首先要使用的是新车保护蜡，在日常洗车后可使用新车蜡。

第二节　汽车外表美容护理

汽车使用过程中，汽车外表容易脏污，汽车漆面等受到外界有害物质的侵蚀容易老化，失去光泽，有些零部件会产生锈蚀，因此，汽车要经常性地进行外表美容护理。汽车外表美容护理内容包括车身清洗、车身漆面美容、车身漆面修复、漆面研磨与抛光、汽车玻璃美容、车身塑料件美容、轮毂增亮等。车身清洗、车身漆面美容、车身漆面修复在前面已经有详细的论述，在此不再赘述。本节介绍漆面研磨与抛光、汽车玻璃美容、车身塑料件美容、轮毂增亮等内容。

一、汽车漆面研磨与抛光

（一）研磨与抛光材料

研磨是去除车漆原有的缺陷，抛光是去除研磨遗留的痕迹。研磨与抛光材料主要有研磨剂和抛光剂。

1. 研磨剂

研磨是通过表面预处理清除漆面上的污物，消除严重氧化及微浅划痕或减轻表面缺陷。研磨所需的材料主要是研磨剂。研磨剂按使用范围不同分为普通型研磨剂和通用型研磨剂。

普通型研磨剂中作为摩擦材料的一般都是坚固的浮岩。根据浮岩颗粒的大小，分为深切、中切和微切3类，主要是用于治理普通漆不同程度的氧化、划痕、褪色等漆膜缺陷。坚硬浮岩如用在透明漆上很快就会把透明漆层打掉，因此它们不适合透明漆的研磨。

通用型研磨剂对普通漆和透明漆均可使用，该研磨剂中的摩擦材料为微晶体颗粒和合成磨料，它们具有一定的切割功能，但不像浮岩那样坚硬。

研磨剂根据切割方式可分为多种切割方式的研磨剂、物理切割方式的研磨剂和化学切割方式的研磨剂。多种切割方式主要是中性研磨剂，物理切割方式有浮岩型和陶土型两种，化学切割方式有微晶体型。

中性研磨剂是目前市场上最佳的漆面护理研磨材料，内含陶土及微晶体两种切割材料，适合各类汽车漆面，而且便于操作，速度快，研磨力度小。既有物理切割作用，又具有化学溶解填补功能，利用两种材料与漆层摩擦产生热量，去除氧化层，同时可迅速溶解漆层凸点，填补凹处而起到双重效果，以达到符合抛光要求的表面基材。

浮岩型、陶土型研磨剂的主要特点是材料坚硬，切割速度快，利用颗粒与漆层摩擦产生高热，去除表面的瑕疵，但操作过程中颗粒体积不会因切割的速度和粒度而发生变化，如操作人员对漆膜厚度不了解，手法不熟练很容易磨穿漆层，所以只适合于操作十分熟练的专业人员使用。

微晶体型研磨剂的主要特点是可通过摩擦产生的热量逐步化解微晶体颗粒，使其体积在操作过程中逐步变小,产生极热高温而去除氧化层,同时溶解表面漆层凸出的部分,填平凹处的针眼。

2. 抛光剂

抛光主要是为了清除漆层表面的轻微氧化物和杂质并以化学切割方式填平漆膜表面上如针尖般细小的缺陷,其中包括脱脂、消除漆面瑕疵及化学转变等功能,使漆面达到镜面般平滑的效果,为打蜡做好准备。抛光质量的好坏对车漆外观效果及耐腐蚀能力的影响很大,甚至能影响汽车本身的价值。

抛光剂其实也是一种研磨剂,是一种含颗粒更细的摩擦材料的研磨剂。利用化学切割方式进行抛光的抛光剂能达到最佳的抛光效果。这种产品是采用无硅配方,适用于所有种类的车漆,符合所有汽车生产厂商的漆面处理标准。主要用于车辆生产线及专业护理中心,可配合各种类型的研磨材料清除漆面瑕疵,并可去除漆面研磨后所产生的深凹痕,还可用于一般打蜡的前期处理,能使漆面产生镜面般的效果,是配合抛光机使用的最佳护理用品。

抛光剂按摩擦材料颗粒或功效的大小分为微抛、中抛和深抛 3 种。微抛是用于去除极细微的车漆损伤,一般指刚刚发生的环境污染及酸性侵蚀(鸟粪、落叶等),但这类的轻微损伤目前可使用含抛光剂的蜡来取代微抛。从这一点上讲,微抛存在的意义并不是很大。中抛和深抛主要是用来处理不同程度的发丝划痕。中抛主要适用于对透明漆的抛光,深抛主要适用于对普通漆的抛光。

(二)研磨与抛光产品介绍

汽车研磨与抛光产品的品种很多,这里介绍部分产品的特点、使用方法及注意事项。如表 9-1 所示。

(三)研磨与抛光材料正确选用

汽车研磨(抛光)材料型号多种多样,选用时应注意以下几点:

1. 注意面漆种类不同

风干漆与烤漆,其表面都可作研磨(抛光)处理,但它们所用的研磨(抛光)用品是不一样的,因为这类漆本身所含溶剂不同,用错会造成漆膜变软、裂口及变色。纯色漆与金属漆所使用的研磨(抛光)材料也应区分清楚。金属漆所专用的研磨(抛光)用品不但可增加漆面亮度,而且能使金属(或珍珠)的闪光效果更清澈,更富立体感。

2. 注意漆面颜色不同

浅颜色漆与深颜色漆所用的研磨(抛光)材料,不能混用,浅颜色漆若用了深颜色漆的研磨(抛光)材料会使漆膜颜色变深,出现花脸;反之,漆膜颜色会变淡,出现雾影,严重影响外观。

3. 研磨剂与抛光剂要分清

研磨剂在研磨时先用,然后再用抛光剂进行抛光达不到应有的研磨效果。

4. 机器材料与手工材料要分清

机器用研磨(抛光)材料必须配合专用研磨/抛光机使用;手工材料则是用棉布直接手涂研磨(抛光)。机器材料用手工操作费工费时,且效果极差,手工材料用机器操作则浪费严重。

5. 漆膜保护增光剂与镜面处理剂要分清

镜面处理剂是对漆面进行增光处理的专用剂,其保护作用不如保护增光剂;保护增光剂含有许多成分,可在漆面上形成一层保护膜,抵御外界紫外线、酸雨、静电粉尘、水渍等的侵害。

美国比利特研磨与抛光产品　　表9-1

<table>
<tr><th>品 名</th><th>用途与特点</th><th>使 用 说 明</th><th>备 注</th></tr>
<tr><td>光滑剂</td><td>1. 一种略带研磨性的乳状清洁和光滑剂，用来缓和原来油漆上的氧化作用和刮伤、刮痕，适用于所有颜色的油漆表面，并提供一层保护使之能持久光亮；
2. 轻微研磨性、含硅、不含蜡、灰色液状；
3. 由于它具轻微研磨性，故可快速地发挥作用并减低刮伤痕迹；
4. 不含蜡，所以立即可发挥作用，并且不会粘住或积留在细羊毛盘上</td><td rowspan="3">使用高速研磨机进行高速研磨，其方法是：
1. 在擦上本剂前，确定油漆的表面用手触摸是凉的；
2. 由车顶开始，然后是发动机罩、车厢及两侧；
3. 将本剂涂抹少许到车漆的表面上；
4. 将约同肩宽和臂长大小的区域涂抹上本剂后，使用高速研磨机及粗羊毛盘或粗海绵盘均匀地轻压直到干净为止，粗羊毛盘及粗海绵盘使用时需适时加以清理</td><td rowspan="5">1. 不可在日光直射下使用本剂或涂在过热的表面上；
2. 勿使本剂在表面上干掉，使用过程中随时加水或将本剂清除；
3. 使用时务必戴上手套和护目镜</td></tr>
<tr><td>亮光硬度强化剂</td><td>1. 一种非研磨性的液状清洁和光滑剂，用来缓和底层涂漆的氧化作用和刮痕，提供一层保护并产生持久的光亮，使漆面看起来有一个薄膜度存在；
2. 非研磨性，含硅，不含蜡，粉红色乳状液体；
3. 非研磨性，不会损伤或刮坏涂漆；
4. 不含蜡，不会粘住或积留在细海绵盘上</td></tr>
<tr><td>水晶抛光剂</td><td>1. 这是含硅，具备轻度研磨性以及特别耐用的抛光剂。它可以去除细微刮痕、氧化生锈斑点以及杂乱痕迹，形成极度长效性的光亮效果；
2. 粉红色乳状、优良的耐久性、含有硅及适度的研磨剂、不会损害任何漆料、草莓香味；
3. 容易磨光并且形成持续很久的极度亮丽效果；只需非常少量产品，可以避免细羊毛盘及细海绵盘浸透太多产品；形成极度的亮丽效果；保护漆料不被太阳的紫外线伤害</td></tr>
<tr><td>中度研磨剂</td><td>1. 一种中度研磨性的液状混合剂，用来除去底层涂漆上的中度氧化、中度刮痕、磨损痕迹和油漆的缺陷部分；
2. 中度研磨性，不含硅，不含蜡，黄褐色乳状；
3. 它具中度研磨性，可使刮痕减少，省时省力；它不含硅，所以不会损坏车身，并且不会影响油漆的完整；不含蜡，不会粘住或积留在粗海绵盘上</td><td rowspan="2">使用低速研磨机进行低速研磨，其方法是：
1. 在擦上本剂前确定油漆的表面摸起来是凉的；
2. 由车顶开始，然后发动机罩、车厢及两侧；
3. 将本剂涂抹少许到油漆的表面上；
4. 将约同肩宽和臂长大小的区域涂抹上本剂后，使用低速研磨机及粗羊毛盘或粗海绵盘均匀地轻压直到干净为止，粗羊毛盘及粗海绵盘使用时需适时加以清理</td></tr>
<tr><td>轻度研磨剂</td><td>1. 一种非研磨性的液状混合剂，用来除去底层涂漆上的轻度氧化、轻度刮痕、磨损痕迹和油漆的缺陷部分；
2. 非研磨性，不含硅，不含蜡，浅蓝色乳液；
3. 因非研磨性，所以不会损坏或刮伤涂漆。不含蜡，不致粘住或积留在粗羊毛盘或粗海绵盘上</td></tr>
</table>

6. 含硅产品与不含硅产品在使用范围上应分清

含硅产品在修理厂尽量避免使用，因为漆膜一旦粘有硅质，对漆面修补是很难处理的。

（四）研磨与抛光设备

研磨与抛光设备是一种集研磨和抛光为一体，安装研磨盘时可进行研磨作业，安装抛光盘可进行抛光作业。研磨/抛光机是通过旋转研磨盘或抛光盘来平滑并抛光漆面，以除去微小的漆面缺陷，并提高光亮度。为方便，下面将研磨/抛光机简称其为研磨机。

1. 研磨与抛光设备的种类

（1）研磨机按功能可分为双功能型和单功能型两种：双功能型研磨机既能安上砂盘打磨金属材料，又能换上研磨/抛光盘做车漆护理，此种研磨机具有工作平稳、转速可调、不易损坏等特点，是专业人员首选机型；单功能型研磨机又称简易型研磨机，此种机型是一种钻头机，具有体积小、转速不可调、使用时很难掌握平衡、作业质量差等特点，建议专业人员不要使用这种机型。

（2）研磨机按转速是否可调分为调速研磨机和定速研磨机两种：调速研磨机有高、中、低三种转速，1200r/min 以下为低速，1600r/min 左右为中速，2000r/min 左右为高速。市场上常见到的中高速研磨机，简称高速研磨机，转速范围在 1750 ~ 3000r/min；还有一种中低速研磨机，简称中速研磨机，转速范围在 1200 ~ 1 600r/min。定速研磨机也称单速研磨机，一般是转速为 1200r/min 的低速研磨机。

2. 研磨与抛光设备的构造

研磨机主要由壳体、电动机、控制机构及配套装置组成。

研磨机的配套装置主要有研磨盘和抛光盘，其材料分为全毛、混纺毛、海绵三种，每种盘所用的研磨和抛光材料有明显区别。海绵研磨盘是黄色的，质地硬；抛光盘是白色的，质地软、细腻。全毛/混纺盘虽然在颜色上没有根本区别，但手感非常明显。各种海绵盘的厚度及形状也不一样，各自有各自的讲究。美式的一般 25.4 ~ 31.75mm（1 ~ 1.25in）厚，圆盘直径 177.8 ~ 254mm（7 ~ 10in），圆盘有平底的，还有波纹底的。欧式圆盘直径小，一般 152.4mm（6in），但厚度则在 50.8mm（2in）同样也有平底和波纹底两种。从广义上讲，美式盘的优点是接触面积大，容易处理凹凸的地方，便于掌握；欧式盘的周边斜切面使其在操作中很平稳，加之其密度大些，切割功能较好；波纹底盘跟平底盘相比，前者可减少研磨/抛光剂的飞溅。

全毛盘与海绵盘相比各有所长。从历史上讲，毛料盘是先出现的，后来又有了混纺盘。毛料的特点是切割能力强，在没有研磨剂的情况下，毛料仍有一定的摩擦能力。透明漆出现以后，因在透明漆上使用毛料盘稍有不慎，便会造成划痕，这样厂家就研制了海绵盘，它比毛料柔和，适于做透明漆的研磨和抛光。但毛料盘与有些研磨刷光剂搭配，研磨和抛光效果比海绵还好，所以至今市场上两种材料的盘都存在，而且都很畅销。因海绵盘易控制，较保险，适合操作技术不高的人员使用。对于极有经验的专业人员用毛料盘在透明漆上进行研磨和抛光也能取得很好的效果。

3. 研磨盘和抛光盘

1）研磨盘、抛光盘的种类

（1）聚酯海绵切盘。

聚酯海绵切盘采用特殊的海绵材料和压力热能散布的原理，可大大减轻在高速研磨、抛光时漆面所承受的热量，从而避免脱漆、裂漆等现象发生。是目前欧美新兴的"散热盘"，也是专家认为21世纪会主导专业美容行业的新设计。

(2)散热式凹形平切吸盘(散热凹盘)。

特选聚酯制成的海绵材料，柔软，韧性好，盘正面有散热孔，背面以吸盘形式粘贴在机器吸盘上，凹形设计可防止吸盘较硬的聚酯碰撞车漆表面，适用于透明漆。

(3)散热式月牙形平切吸盘(散热月牙盘)。

是散热盘最经济实惠的一种，散热切孔代表了21世纪的高科技，同时保留了传统的设计风格——月牙形的保护边和25.4mm(1in)厚的材料。因为价格上的优势，这种盘很适合于每天作业量不大的专业人员使用。

(4)直切聚酯螺母托盘(螺母托盘)。

特殊聚酯制成的海绵材料，密度、硬度、韧性和耐磨性都属一流，直径短，效率高，压力、热力集中，适合小面积的重点切割，切盘自身配有15.875×25.4mm(5/8×1in)螺母接头的托盘，可直接拧在带有公接头的机器上。

(5)直切聚酯钻盘(海绵钻盘)。

各类指标与螺母托盘相同，但配有6.35mm(1/4in)螺纹接头的托盘。可用于6.35mm(1/4in)、9.525mm(3/8in)或12.7mm(1/2in)钻头的机身，适用于业余爱好者使用。

(6)散热式直切型螺母盘(散热螺母盘)。

特殊聚酯制成的海绵材料，柔软，韧性好，直径短，切割速度较快，正面切有散热孔，背面托盘带有15.875~25.4mm(5/8~1in)的螺母接头，可直接与大多带有公接头的机器相接，适用于透明漆。

(7)平切聚酯月牙吸盘(月牙盘)。

特殊聚酯制成的海绵材料，密度、硬度、韧性和耐磨度都属一流，直径长、操作稳，适用于初学者，也适用于经验丰富的技师。

(8)羊毛切盘。

上等材料，100%羊毛，质地柔软、密度大、吸收力强、摩擦效率高，190.5~203.2mm(7.5~8in)直径，31.8~38.1mm(1.25~1.5in)厚度，吸盘式背面。

(9)各种抛光盘套。

适用于专业技师使用的254mm(10in)直径的打蜡机，羊毛盘、海绵盘和托盘如图9-1所示。

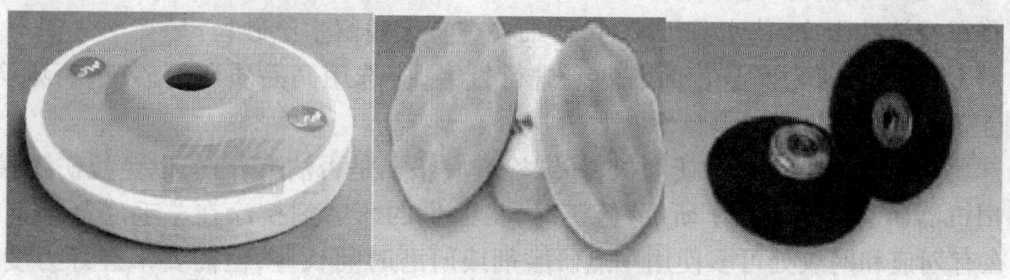

图9-1　羊毛盘、海绵盘和托盘

2)研磨盘、抛光盘的选用

(1)按盘的接头选用。

螺母盘:用于带公接头的研磨机;螺丝盘:用于带有吸盘的研磨机;吸盘:用于带有吸盘的研磨机。

(2)按盘的颜色选用(海绵盘)。

黄色盘:一般是研磨盘,用以去除氧化,划痕。白色盘:一般是抛光盘,用以去除发丝划痕,抛光。黑色盘:一般是还原盘,适合透明漆的抛光和通用型的还原。

(3)按盘的形状选用(海绵盘)。

直切型:152.4mm[6in(直径)]×50.8mm[2in(厚)],速度快,热能大,灵活。平切型:203.2mm[8in(直径)]×(25.4~50.8mm)[11~2in(厚)],面积大散热好,比较稳。波纹型:203.2mm[8in(直径)]×(25.4~38.1mm)[1~1.5in(厚)],药液不易飞溅。

(4)按盘的材料选用

纯羊毛:传统切割材料,研磨功效大,用于透明漆要小心,可用于普通漆的研磨和抛光。混纺:类似羊毛,但柔软得多,建议用于普通漆和透明漆的抛光。海绵:新材料,可用于普通漆和透明漆的研磨、抛光。

3)研磨盘、抛光盘安装方法

研磨盘和抛光盘有两种安装方式。

(1)吸盘式安装法。首先将一个硬质(硬塑料聚酯)底盘(也叫托盘)用螺栓固定在研磨机的机头上,托盘的另一面可粘住带有尼龙易粘平面的物体。这时我们可根据需要选择各种吸盘式的研磨盘和抛光盘,使用极为方便,只要把研磨吸盘或抛光吸盘贴在托盘上即可。

(2)固式安装法。研磨机头不带托盘,只有一个公/母接头。安装时需要把研磨紧固盘或抛光紧固盘拧上去,安装方法也不是很复杂。

(五)研磨与抛光方法

研磨与抛光属同一类护理作业,它们使用的设备及操作方法基本相同,区别在于使用的护理用品及达到的目的不同。研磨用品中所含摩擦材料颗粒较大,抛光用品中所含摩擦材料颗粒较小。研磨是当油漆表面出现氧化、轻微失光或细小划痕时进行的护理作业,抛光是研磨后的一道工序,用于去除打磨痕迹。

1.研磨

研磨的目的是修整划痕、去除氧化膜、网纹及除去无法清洗掉的污渍,使汽车漆膜表面相对平整光滑。研磨应选用研磨剂,该剂颗粒较大,可将车身表面不平漆面或粗粒磨去,使车身表面漆膜平滑细腻、漆层变薄。研磨的方法是:

(1)将车身清洗干净,待水分干燥后,仔细检查有无残留尘土砂粒。

(2)用1500号砂纸对车身表面的划痕进行打磨,应选用高品质研磨砂纸,否则会因砂粒不均造成新的划痕。

(3)选用附有羊毛球底垫的研磨机,仔细检查底垫上是否沾有异物,以免拉伤漆膜。

(4)用机器研磨剂进行全车研磨,施工时,将适量的研磨剂挤涂在羊毛底盘垫上,对漆进行研磨,在有划痕和网纹处可多使用一点研磨剂或研磨时间长些,但需要掌握好力度,否则会击穿漆层。

(5)使用研磨机在进行曲面作业时或在塑料件及补过漆的部位研磨时，要掌握好持机力度，电机转速不可超过2000r/min。

(6)对无法使用研磨机处理的部位，可用棉布沾少许手工研磨剂，均匀地摩擦漆面，然后用干净的软布擦去漆面上经研磨留下的粉状沉积物。

2. 抛光

研磨后，应选用抛光剂进行全车抛光，以除去漆面上更细小的划痕及研磨所遗留的研磨痕等。使漆而达到光洁如镜的程度，其抛光方法与研磨大致相同。

3. 研磨机的正确操作

(1)研磨机开机或关机时决不能接触工作表面。

(2)作业时，右手紧握直把，左手紧握横把，由左手向作业面垂直用力，转盘与作业面保持基本平行(图9-2)。

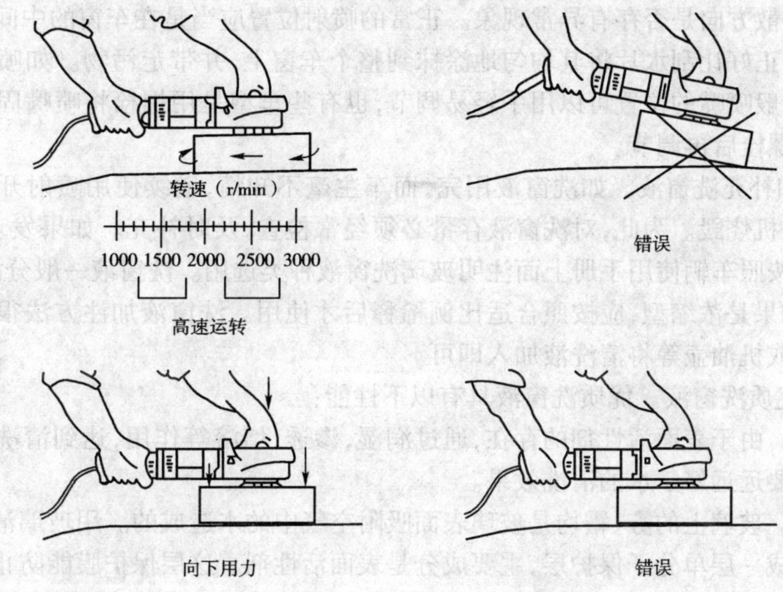

图9-2　研磨机的正确操作

(3)研磨机轻轻下压，用力应均匀。

(4)研磨机不能长时间在一个位置工作，要来回移动。

(5)在抛光机完全停下之前，不要放下抛光机。

(6)不要对太靠近边框、保险杠和其他可能咬住转盘外沿的部位进行作业。

(7)应时刻注意研磨机的电线，防止将电线卷入机器。

(8)抛光时，应注意不要让灰尘飞到脸上，而应使其落向地板。

二、汽车玻璃美容

(一)汽车玻璃清洗

1. 玻璃清洗器清洗

现代汽车大多配有前风窗玻璃清洗器(刮水器)，打开清洗开关，便喷出洗窗液，随着刮水器的摆动即可对玻璃进行自动清洗。采用玻璃清洗器清洗风窗玻璃方法非常简单,但前提是玻璃清洗器必须工作正常,刮水片完好。为此,应对玻璃清洗器定期维护,其维护方法是:

(1)检查清洗器的开关,按下开关后,看玻璃清洗器是否开始工作,并听听水泵的工作声音是否正常。

(2)检查清洗器和刮水片的同步工作情况,当洗窗液喷上风窗玻璃之后,刮水片应能及时操作,刮除污物。

(3)检查喷嘴口是否有堵塞。喷嘴口非常细小,灰尘、泥土或是车蜡都会将其堵住,特别是车辆清洗、打蜡之后,更应该进行检查。如嘴口堵塞,应进行清理,使用很细的钢丝从前端插入,并反复穿刺,就能将堵塞物清除,如果还不能清除,便应将连接内侧的软管拆除,再由内侧将钢丝插入,并反复穿刺将之清除。

(4)检查洗窗液是否喷射在车窗的适当位置上,同时根据喷嘴的喷射状况,检查是否左右均匀、喷射的扩散方向是否存有异常现象。正常的喷射位置应当是在车窗的中间偏上位置,当清洗液流下时,正好让刮水片将其均匀地涂抹到整个车窗上,并带走污物。如喷射位置不对,应进行调节,一般喷嘴的位置可以用手轻易调节,也有些车型是用螺栓将喷嘴固定的,这时便应先松开固定螺栓后再调节。

(5)检查和补充洗窗液。如洗窗液用完,而车主毫不知情,继续使用喷射开关,就会让水泵空转,导致电机烧毁。为此,对洗窗液存量必须经常检查,及时补充。如果发现洗窗液量不足,便应补充,按照车辆使用手册上面注明玻璃洗窗液种类选用。洗窗液一般分浓缩型和直接使用型两种,如果是浓缩型,应按照合适比例稀释后才使用。洗窗液加注方法很简单,只需要用合适的漏斗或机油壶等将清洗液加入即可。

(6)选用优质洗窗液。优质洗窗液具有以下性能:

①清洗性。由于表面活性剂的存在,通过润湿,渗透,增溶等作用,达到清洗去污的目的。这种清洗效果要远远好于水的清洗效果。

②防雾性。玻璃上的雾、霜均是玻璃表面吸附空气中的水造成的。用玻璃清洗剂清洗后,玻璃表面会形成一层单分子保护层,主要成分是表面活性剂。这层保护膜能防止形成雾滴,即使雾滴形成,表面活性剂也能将液滴铺展成水膜,或将霜溶解后再均匀铺成水膜,提高透明度,保证视野清晰。

③润滑性。玻璃清洗剂中含有乙二醇,黏度较大,可以起润滑作用,减少刮水器与玻璃之间的摩擦,防止产生划痕。

④安全性。玻璃水中不含各种金属离子,对汽车面漆、橡胶、各种金属没有任何腐蚀作用,绝对安全。

⑤抗静电。在车辆运行中,风窗与刮水器及空气中的物质摩擦会产生电荷,而电荷会吸附污物,影响视野。而保护层中的表面活性剂可以中和电荷,或者增强玻璃表面的导电作用,消除玻璃表面的电荷,防止吸附。

⑥防冻性。由于有乙醇、乙二醇的存在,能显著降低溶液的冰点,从而起到防冻的作用,能很快溶解冰霜。

2. 人工清洗

由于使用玻璃清洗器只能清洗到风窗玻璃刮水片刮到的部分,所以还应定期对全车玻璃进行人工清洗。

用专用玻璃清洗剂进行清洗。玻璃清洗剂能除去玻璃表面上各种顽固的沉积物，如润滑脂、油漆等污物。清洗后玻璃表面，具有清洁、光亮，不会形成条纹和留下波道。其操作方法是将玻璃清洗剂直接喷涂到玻璃表面上，然后用干净的抹布或拭纸擦拭干净即可。如果污迹轻微，也可用毛巾进行擦洗，其方法是：用一块拧干的湿毛巾和一块擦干用的不脱毛干毛巾交叉擦洗。作业时，一定要将车停到晒不到太阳的地方。因为在炎热的烈日下洗窗的话，就会形成水痕。这和车身打蜡一样，将玻璃分两半，各半都是上下左右地擦洗，避免用画圆圈的方式来擦洗。

目前市面上玻璃清洗剂很多，现以豪特系列玻璃清洗剂为例进行介绍，该清洗剂的特性与使用方法如表 9-2 所示。

豪特系列玻璃清洗剂

表 9-2

品　名	特性和使用方法
豪特玻璃清洗剂	1. 迅速清洁风窗玻璃表面的灰尘、油污和顽渍。功效奇特，特有明亮剂，使得玻璃表面明亮如新，视野更加清晰开阔。高效清洁玻璃的同时更能起到 -20℃ 的低温防冻。 2. 使用时，将本品酌情加到喷水壶内，再加适量的洁净水稀释
豪特特效玻璃除尘明亮剂 BS9	1. 用于去除玻璃上的顽固污渍及较深的印迹。 2. 本品由清洁剂和明亮剂组成。具有高效溶解油脂，明亮玻璃等作用
豪特玻璃顽固残留物清洁剂 HM8	1. 快速从风窗玻璃上清除行驶时碍眼的污点、柴油痕迹及油脂。 2. 本品内含高泡沫成分，对汽车表面无害。 3. 一经喷上，立即生效，无需海绵或抹布进行擦拭
豪特特效玻璃清洗剂 SA8	1. 对顽固昆虫残留物及油渍有奇特的功效。 2. 浓缩产品，携带方便。 3. 全天候使用
豪特泡沫玻璃防雾剂 AM8	1. 喷出泡沫用于处理大面积玻璃，确保最大限度的清晰度、能见度，确保驾驶安全。 2. 同样适用于家庭及汽车，它能防止窗户和浴室镜子雾气蒙蒙
豪特除虫喷雾剂 BUG1，BUG2	除去风窗玻璃、散热器罩、保险杠及漆面处小昆虫和其他顽固污渍，使您的车无虫害骚扰。 当暖风加热风扇打开时喷上它，它的柠檬芳香具有空气清醒剂同样的功效
豪特除冰、霜、雪剂 D14	1. 能快速清除留在风窗玻璃上的霜、雪及冰结，给您一个清晰明朗的视野。 2. 也能为被冻住的锁去冻除冰。 3. 能在最低 -20℃ 的温度除冰
好热玻璃清洗剂 SA2，SA3	1. 独特的防油除污配方能够快捷有效地抵抗行驶中带来的灰尘、污点和昆虫的残留痕迹。 2. 四季均可使用

（二）汽车玻璃护理

1. 玻璃保护剂护理

玻璃保护剂除了具有防污特性外，还能填补玻璃上的细孔，使玻璃更光滑，形成一层保护膜，使油膜不易附着在前风窗玻璃上，而且能让刮水器更轻易地扫除玻璃上的水。注意：在前风窗玻璃上不要使用含硅酮的玻璃保护剂，因为这种保护剂具有憎水性，使刮水器处于极端无水状态下刷动，无法顺利滑动，从而缩短刮水器的寿命。汽车玻璃清洗后应涂上玻璃保护剂，使玻璃的透视性等到改观。

2. 玻璃抛光

有些玻璃很容易粘上油膜，形成散视现象，驾驶员经常看到玻璃上白茫茫一片，这种现象说明玻璃上的细孔过大。这是由于玻璃表面受到小沙粒的磨损，或者刮水器因为沙粒摩擦而产生伤痕的表现。粗糙的玻璃表面，使透明度变差，这是任何清洗也解决不了问题，必须通过抛光打磨进行处理。

据了解，一般车辆如果行驶达到 5 万 km 或以上，汽车玻璃受到的损伤较为严重，最好能进行汽车玻璃抛光修复。不过，只有在划痕比较浅的情况下，可以进行抛光处理，大面积深度伤痕通过手工操作一般无法研磨达到精密的效果，这种情况建议更换新的玻璃。在进行抛光处理时，尽量使用高精度的仪器。因为使用精密度不高的抛光机，在高温的研磨下容易出现歪歪扭扭的面，操作不好也出现因研磨玻璃造成更加严重的损伤。抛光处理可以把粗糙的玻璃表面修整划痕，通过去掉油膜，排除用肉眼不容易发现的微细划痕，磨平玻璃细毛孔无任何痕迹。最后用抛光机和含氟的抛光剂进行研磨，玻璃会变得崭新如初。

3. 风窗玻璃内侧防雾处理

由于车内湿气及人员吸烟、呼吸吐气等原因，风窗玻璃内侧经常被一层薄雾覆盖导致视线模糊不清。采取有效方法，防止薄雾产生，对确保行车安全具有重要作用。

1）薄雾擦除

用湿擦和干擦交叉进行，擦法与车外的擦法一样。用湿擦时，擦的方向是上下左右擦，干擦是以太阳光来代替灯，从窗下沿往上，边看边擦，若从正面来擦的话，会不容易发现擦拭不均匀的地方。另外，如后风窗玻璃内侧布有除雾热线，它的擦法是沿热线平行地擦，防止将热线弄断。

2）空调除雾

当车窗内侧雾气不太重时，只要打开空调使用车外循环即可消除薄雾。

3）喷涂防雾剂

在冬季严寒时，车内外温差大，极易在玻璃内侧形成雾层，此时应在玻璃内侧喷涂玻璃防雾剂，可使玻璃表面上的雾气等立即去除，效果持久。使用方法：先用玻璃清洗剂清洗玻璃表面并干燥；然后将防雾剂喷涂在抛光巾上，再涂拭到风窗玻璃内侧表面上；闪干 5min 后，即可抛光；为加强效果，可再按上述方法重复喷涂抛光一遍。

4. 风窗玻璃防雨处理

采用防雨剂对风窗玻璃进行防雨处理可驱散附着在玻璃上的雨雪。其操作方法是：先用玻璃清洗剂对玻璃进行表面清洗并擦干；然后将少量该产品倒于抛光巾上，按逆时针打圈方式均匀地涂拭到玻璃表面上，闪干 2 ~ 3min，再用干净的抛光巾抛光，按上述抛光方法重复操作一遍，即完成了风窗玻璃的防雨养护处理。

5. 风窗玻璃除冰雪处理

在严寒的冬季，风窗玻璃上会出现积雪、冰层和浓霜，严重影响到驾驶员的视线。对此可选用风窗玻璃除冰剂，进行除冰雪处理。该除冰剂喷洒到玻璃表面后，能使玻璃表面上的积雪、冰层、浓霜等很快溶化，还能去除聚乙烯和镀铬制品表面上的油雾、砂石和尘垢。除冰雪处理的方法是：将除冰剂直接喷洒到风窗玻璃表面上，待冰溶化后擦拭干净即可。

（三）汽车玻璃修补

汽车高速行驶时，在强大空气流的作用下，汽车玻璃经常会遇到空气中石子或其他硬物的撞击，导致玻璃出现裂缝，这些裂缝如不及时处理，玻璃中间的胶合层就会因空气进入和大气压力的作用而分离，使裂缝面积越扩越大，不仅影响美观和视线，还会对安全造成威胁。处理的办法应视裂缝大小确定，当裂缝过大时应及时对玻璃进行更换，如是一些小裂缝可用修补的办法进行解决。

1. 修补方法

汽车玻璃的修补主要是在裂缝中填补液态胶质，消除缝隙。填补玻璃所用的材料是一种透明度很高的液态胶质，靠紫外线加热可迅速凝固。施工工具是一支类似针管构造的真空注射器，功能是将玻璃伤口内的空气抽掉，然后填以玻璃修补剂（液态胶质）。经过反复几次抽、压后，修补的空间至少会有90%盛满了填补液，这时再用紫外线灯上下左右各照射2min，让修补液凝固。机器移开后，伤口的中心点还会有一个小缺口，这时再滴入浓度较高的修补剂，盖上玻璃片，同样用紫外线灯照射烘干后，用刀片将表面刮平，涂上抛光剂，用布磨光即可。

2. 修补效果

通常一个圆形的伤口，在修补完成以后只会剩下一个小小的圆形痕迹或蛛丝状的裂纹；长条裂痕只会留下一条隐隐约约的线，而且只有在某个反光的角度，才看得到修补的痕迹，一般看到的仍是一块“天衣无缝”的好玻璃。而且修补处的强度可以保证，硬化后的胶质玻璃强度可达到原玻璃的90%以上。

三、汽车塑料件美容

由于塑料具有美观、质量轻、便于加工等优点，已成为车身制造的重要材料。车身的保险杠、挡泥板的外沿、散热器护栅、仪表板、装饰板等很多部件均为塑料制品。塑料件在使用过程中，虽不像钢铁件那样容易产生锈蚀，但易产生老化和破损等现象。因此，必须掌握和了解塑料部件护理、修补及涂装方法。

（一）塑料件的护理

1. 塑料件的清洁护理

塑料件的清洁护理应使用塑料护理上光剂。塑料护理上光剂不含硅，是一种多功能的护理剂，可使清洁上光、养护一次完成。使用时，先用超浓缩洁车香波清洁塑料件外表，再用不起毛的软布蘸少量的护理剂擦拭饰件表面，直至达到满意为止，然后再用清水冲洗干净。

2. 塑料件表面抛光

对塑料件表面进行抛光处理，可清除痕迹缺陷，显示出一定的光泽度，使表面更加美观。

1）抛光设备

塑料件表面的抛光加工，一般采用功率为1.2～2.2kW的地面式抛光机，对于大型制件，可以采用手提式抛光机。抛光机上的抛轮，通常用呢绒或细棉布圆片相互叠合，每隔3～6mm用线缝连，叠厚达3～4cm，并夹在金属片中间制成。

2）抛光方法

抛光过程一般分作两步。首先是灰抛或磨削抛光。灰抛的目的主要是清除制品表面上的冷疤、斑痕和微量废边。其抛光材料选择100～150目的轻浮石粉。为防止轻浮石粉被旋转的抛轮甩出污染环境，应在抛轮及物件的外侧面备上防护罩。磨削抛光是将制品的粗糙的表面加工平滑，其抛光物件可用300目左右的二氧化硅细粉加工，若加工有机玻璃、聚苯乙烯等透明而硬度不高的塑料制品，物料中可适量加入绿油。制品表面要求不高时，灰抛或磨削抛光后予以清洗、干燥即告结束。如果要将平滑的表面加工具有光泽的表面，就需再进行增泽抛光。增泽抛光使用的抛轮，则采用更为柔软的呢绒。抛光物料也多属脂膏一类，如高级牙膏、白油膏或润湿的去污粉等。也可添加少量极细的矿物性物料，如70%石蜡和30%氧化铬。

3）注意事项

抛光操作时要防止过热现象发生，以避免因软化而引起表面出现的波纹、拉毛或翘曲；不要让制品和抛光轮之间的压力过大，应时抛时停。加工热塑性塑料制品，抛轮的转速以不超过1200m/min的线速度为宜，而加工热固性塑料制品，抛轮线速度则一般控制在1200～1800m/min的范围内。

（二）塑料件修补

1.塑料件修补用品

塑料件修补用品主要有清洁喷剂、助粘喷剂、粘接剂、高弹性金属原子灰、结构喷剂、塑料部件喷漆等。

2.塑料件修补工具

塑料件修补常用工具如表9-3所示。

塑料件修补常用工具 表9-3

工具名称	特性及适用范围
打胶枪	由高品质塑料制成。 适用范围：可以精确出胶和清空包装筒，用于50ml筒装产品
混胶嘴	带有使用方便的出胶嘴。 适用范围：用于混合塑料部件用的粘合剂
强化绷带	宽网眼的玻璃纤维绷带。 适用范围：用于强化塑料部件粘接的部位
套装适配器	高品质、特殊用途漆。颜色有浅灰色、灰色、深灰色、烟色和黑色 适用范围：作为支架胶枪或者是专门打胶枪H45的嵌入物，完全清空50ml筒装塑料部件粘合剂

3.塑料件修补工艺

现以塑料保险杠为例，其修补工艺程序为：

（1）修补部位预处理清理塑料部件的松散部位，将损坏区域锉成V字形（如果是裂缝，在裂缝每一端钻一个比裂缝本身大一点的洞）。用清洁喷剂清洁该区域，用砂纸（120目）打磨需修补区域的正反面，使之变毛糙。

（2）喷塑料助粘喷剂。用塑料助粘喷剂在损坏区域喷一薄层。使用双筒注射包装：去除塞盖并切掉尖端，挤压推杆直到两个开口处有材料被挤出。将需要的数量挤在一个混合罐中

并用木质抹刀混合好。使用打胶枪，将胶筒装在打胶枪里，拧开盖，挤压打胶枪直到两个开门处有材料被挤出，装上混胶嘴。在背面使用加强绷带，用塑料件粘接剂点在允许干燥的几点上，将绷带固定住。

(3)填补并打磨，然后从正面通过加强绷带，将“洞”填补起来，使用塑料件粘接剂并将充足的材料涂敷在加强绷带上。用塑料件粘接剂在正面将裂缝完全填补上，去除多余的粘接剂并用抹刀将剩余物抹平。等填补剂干燥后（大约60min），正面可以用砂纸（180目）打磨并清洁。

(4)填平并打磨。用高弹性金属原子灰将不平整的位置填平。等它干燥后（大约30min），正面可以用砂纸（320目）打磨并再次清洁。如果需要，可以重复这一程序以达到完全平整的表面。

(5)喷涂。用结构喷剂喷涂在被修复的表面。在损坏与未损坏区域的衔接处要特别加以注意！首先做一些试验，然后再按十字喷涂法，在20cm距离处进行喷涂。为了达到统一的色调，建议喷涂整个保险杠。如使用特殊的汽车漆，应先使用塑料助粘喷剂，然后按照制造商制定的使用说明使用。

四、轮毂增亮

追求时尚是都市中大多数人的心态，并将其体现在了汽车上。汽车的漆面维护与室内装饰是大多数人常选择的项目，然而一直被踩在脚下的车轮往往被人们所忽视，轮毂也一直被人们所遗忘。车轮长期与地面旋转接触，受到地面的灰尘、酸雨、油污、泥浆长时间的侵蚀，加上刹车油的污染，轮毂表面会变得暗淡无光，失去了往日的风采，严重影响整体的美感。

现在中高档轿车大多采用的是合金轮毂，刹车粉末便会粘附在轮毂上，特别是轮毂处一些日常难以清洗的部位，刹车粉末会随着时间的增长而增多，一般的产品很难清洗掉。经过增亮处理的轮毂可防止酸性物质的侵蚀，使轮毂始终保持新车的光亮度。

合金车轮清洁剂能有效地清除灰尘、粉尘及刹车油脂氧化层，经过增亮处理的轮毂可有效地防止酸性物质的侵蚀，再配以轮胎增黑保护剂、轮胎上光蜡可使轮胎部位立刻呈现出夺目光泽，并保持长久不褪色。

第三节　汽车内饰美容护理

汽车内饰件大多数由塑料、纤维、皮革、橡胶等材料制成，这些内饰在使用过程中难免被脏污和性能退化，就会影响汽车的美观和舒适性，缩短其使用寿命。因此，及时地进行汽车内饰美容护理，不但能使汽车内室经常的有一个舒适的环境，而且还能延长内饰件的使用寿命。汽车内饰美容护理主要以清洁为主，同时对不同的材料采用合适的保护剂进行护理。

一、汽车座椅美容护理

汽车座椅作为使用频率最高的车内物件，座椅的皮革或绒布都特别容易变脏变旧，要保持座椅干净，有两个解决方案。第一，不论是皮革座椅还是织物面料的座椅都给它套上布质的椅套，可以随时翻新花样来适应季节和个人喜好，更可以即时更换、清洗。第二，车主一般不会将真皮座椅用布料包裹起来，这时就需要用专用的皮革清洗剂定期清洗。每次清洁时，最需要仔细对待的是皮革的接缝处，然后，定期对座椅皮革进行上光养护，就可以防止皮革污损、老化、龟裂等现象的发生。需要特别注意的是，在清除皮革座椅污迹的时候一定不能使用酒精，它会擦去皮革本来的颜色，造成难看的白斑。同时，紫外线的长期照射也会造成皮革褪色。

(一)皮革座椅的美容护理

1. 皮革座椅的清洗

首先将皮革清洗剂喷洒于皮革表面。然后用毛刷稍沾清水顺纹路刷洗表面污垢，再用半湿性毛巾擦净。

2. 皮革清洗剂

皮革清洗剂由表面活性剂、有机溶剂和硅油等皮革保护助剂经科学配方精心研制而成，具有清洁、润泽及保护皮革之功效，可快速去除皮革上的油垢和污垢，洗后洁净、柔软、不缩、不伤皮革，并保持皮革原有的色泽和手感。

3. 皮革保护

皮革座椅清洗后，应立即喷洒皮革保护剂进行上光护理。现在的皮革保护剂分乳化性、油性和水性三种。乳化性保护剂带有清洁功能但碱性较强；油性保护剂含有溶剂成分，会侵蚀分解皮革上的树脂和颜料产生皮革褪色，最好不要选择。水性保养剂属中性，它具有柔软皮革恢复弹性与光泽的作用，并有防水、防污的功效。

4. 皮革座椅的养护方法

由于真皮每天都要同人体有接触，所以给真皮带来最大危害的就是人体的油脂，还有一些来自外界的其他损害也对真皮坐垫有着极大危害。如果长时间不进行养护的话，就会造成皮质变硬变脏，最后结果就是产生龟裂，所以认真养护真皮坐垫是至关重要的。皮革座椅保养方法：

(1)皮革座椅应尽量远离热源，如离热源太近会导致皮革干裂。

(2)皮革座椅不要长时间暴露在阳光下暴晒，避免皮革褪色。

(3)经常进行清洁养护，如果皮革座椅表面有污渍，用拧成半干的湿抹布擦拭一下就可。如果使用清洗剂进行清洗，应选用皮革专用清洗剂，否则易损害皮革。

(4)在清洁时不要用吹风机去快速吹干皮革，要做到自然风干。

(二)绒布座椅的美容护理

绒布座椅由于其绒毛的特点表面容易吸附灰尘污物，而且，绒布座椅用久了会失去绒毛材料的柔顺性。清洁时要注意以下几点：

(1)要除去座椅表面的灰尘污物。

(2)要恢复座椅绒毛本身材料的柔顺性，必须采用专用的清洁剂进行清洁处理，不能采用像汽油、丙酮、漂白粉等对绒布制品的柔顺性和颜色都有很大影响的非专业用品来清洁护理。

(3)要求清洁剂不能影响绒布材料的颜色，防止清洗后出现颜色不一的败色情况。

对于一般不是很脏的绒布座椅，建议将长毛刷子和吸力强的吸尘器配合使用，一边刷座椅表面一边用吸尘器的吸口把污物吸出来。接缝处常是灰尘容易堆积的地方，可用手拨开再用吸尘器吸。

对于较脏的绒布座椅，可先用软毛刷子清刷较大污渍、污点、污垢等较脏处。然后用干净

的毛巾喷上少量的绒布清洁剂。在半干半湿的情况下,全面擦拭座椅表面,特别要注意的是毛巾一定要拧干,以防止多余的水分渗入座椅的内衬海绵中。最后用吸尘器再对座椅清洁一下,吸出多余的水分,也可使用电吹风机将座椅烘干。

二、车内顶棚的清洁护理

车内顶棚因为其位置特殊,一般不会沾染其他污物,主要是顶棚绒布吸附烟雾、粉尘及人体头部油脂等。可用刷子和大功率吸尘器配合使用,先对汽车顶棚进行一次全面的吸尘清洁,然后选用绒布清洁剂喷洒到污垢处,用洁净的棉布将污液吸出,再进行全面清洗。清洁时必须注意的是,车顶棚内填充物是隔热吸音材料,比较容易吸收水分,所以抹布一定要拧干,否则太湿的抹布在清洁时使顶棚材料吸进过多的水分,会增加以后干燥的难度。

三、车侧立柱及车门内表面的清洁护理

车侧立柱位于驾乘人员上下汽车处,手容易触摸到,通常油污等较多,可选用浓度高些的中性洗涤液进行清洗。车门内表面通常是塑料或皮革材料,可用塑胶护理上光剂或真皮清洁剂进行清洁护理。

四、仪表台面板的清洁护理

仪表台面板大多为塑胶制品,其控制面板部位由于结构复杂,外表面凹凸不平,边边角角多,使得清洁起来比较困难。可先用软毛刷进行灰尘的清洁。然后选用合适的清洁剂,将其喷到干净的棉布上,轻轻擦拭就行。

把各部分污垢清洁干净以后,便可以进行上光护理,使用专用的仪表蜡喷在仪表面板上,稍停片刻,再用干净的棉布一擦,即可得到一个干净如新的表面。为了防止仪表板上反射的光线刺激驾乘人员的眼睛,最好使用不会发亮耀眼的增亮剂。做完这些步骤后,可以再涂一层清洁保护水蜡,以减少外界阳光紫外线对它的损伤。

五、地毯和脚垫的清洗护理

汽车里面通常会放置活动的脚垫,脚垫的材料一般采用塑料胶质或人造纤维,可以拿出车外进行清洗。对于不是很脏的脚垫,可用高压水进行冲洗,晾干即可。对于较脏的脚垫可先喷上适量的清洁剂,再用刷子刷洗,最后用水冲洗干净。

汽车地毯基本是和汽车底板粘成一体的,不容易拆下来清洁,可使用带毛刷头的吸尘器先进行吸尘处理(对于地毯深处的泥沙、小杂物等的清除,可先用硬一点的刷子刷出再吸);然后喷洒适量的专用洗涤剂,用刷子刷洗干净;最后用干净的抹布将多余的洗涤剂吸掉就可以了,这样可以使洗后的地毯既干净又同以前一样柔软。为使地毯尽快干爽起来,还可以用烘干设备进行烘干处理。

六、汽车空调出风口的清洁护理

汽车空调出风口是容易藏污纳垢的地方,如长时间不进行清洁杀菌,会影响车内人员的身体健康。汽车空调出风口的清洁护理可使用空调杀菌除臭剂。空调杀菌除臭剂可高效瞬间杀

灭汽车空调内所粘附的多种细菌。其使用方法是在汽车空调关闭时将空调杀菌除臭剂喷头插入出风口深处，按压开关向内喷射即可。

七、行李舱美容护理

行李舱是车内的主要储物空间，车主常把各类清洁养护剂、毛掸、抹布等都堆在行李舱里，而平时却几乎不清洁行李舱，这不仅会造成串味，而且清洁剂等化学物品也会对周围环境造成污染。行李舱的美容护理工作分为三步：清洁、杀菌和整理。清洁行李舱时，先将里面的杂物取出，再用专业清洁剂进行彻底刷洗，并将残留的清洁剂擦拭干净即可。由于行李舱里铺设的均是绒布材料，里面隐藏着许多细菌和灰尘，所以清洗完行李舱后，最好用高温蒸汽进行杀菌处理，去除行李舱内的细菌和异味。如果有玻璃除雨雾剂、内饰清洁剂、光触媒、轮胎清洁上光剂等汽车美容养护产品可集中装在一个袋子里，防止车辆行驶时散落各处。

八、汽车桑拿

桑拿，不但可使人消除疲劳，还兼具祛病健身的功效。现在，这个方法已被引入到汽车美容领域，成为目前较为流行的车辆维护项目。

车门的开关，人员的进出，抽烟、喝酒或吃一些食物所留下的残渣及汗渍都会引起车室内螨虫、细菌的滋长，加上长时间残留在肉眼看不见缝隙中的灰尘、油污、虫渍、树叶和杂物发霉变味堆积滋生霉菌、细菌，而产生一些刺激性的味道，室内空气污浊使人头晕、困倦，又容易引发驾驶人员的患病几率，一系列不适的现象影响驾驶员的安全驾驶和身体健康。传统的洗车根本无法清除残留在车内的细菌，所以定期地对汽车内饰做桑拿进行全面的清洁是非常必要的。

汽车桑拿是一个全新的洗车概念。桑拿这项新技术的核心在于“蒸汽”二字，有着传统洗车方法无可比拟的消毒、杀菌功效。因它与流行已久的桑拿浴有着异曲同工之效，故而被形象而亲切地称之为“汽车桑拿”。

在进行汽车桑拿时，在桑拿蒸汽机内加入水、清洁剂、芳香剂后，接通电源加热至130℃后，将喷出的高温蒸汽对汽车内的真皮座椅、车门内饰、仪表盘、空调风口、地毯等进行消毒，对于藏在缝隙里的顽固细菌绝不放过。并且结合专业的三用清洁机、蒸汽机、多功能消毒机（臭氧、紫外线、红外线、负离子）等设备进行汽车桑拿，不仅有效地清除了车内的烟味、油味、霉味等各种异味，还杜绝了细菌螨虫的滋长和某些皮革因表面的保护层遭受酸性物质的破坏而出现的褪色、发黄等现象，如果此时将空调的清洁与内饰的翻新结合起来，效果会更佳。该项目令车内饰更加靓丽，给驾驶员提供了一个清洁、舒适、健康的“小家”。

第四节　发动机与底盘部分的清洁护理

一、发动机的清洁护理

1. 发动机的外部清洁

发动机是汽车的动力装置，是汽车最为关键的部分，必须经常进行清洁护理，才能使它减少故障的发生,延长它的使用寿命。对于发动机的外部清洁,主要的工作有三个方面:一是外表灰尘及油污的清除;二是表面锈渍的处理;三是电器电路部分的清洗。

1)发动机外表灰尘及油污的清除

发动机外表可用刷子或压缩空气等先进行除尘,然后选用合适的发动机外部清洗剂进行擦洗处理。需要注意的是发动机外表不能用汽油来代替专用清洁剂进行清洗。

2)表面锈渍的处理

铸铁等金属表面生锈是一个缓慢的氧化过程,开始时表面出现一些细小的斑点,然后逐渐扩大,颜色变深,形成片状或一层层的锈渍,从而形成严重的锈蚀。对于锈斑,应早发现早处理,在生成小斑点时就进行清除,以免斑点扩大后较难处理。可用除锈剂喷在锈斑处,然后进行擦洗。

3)发动机电器电路部分的清洗

发动机电器电路部分包括点火线圈、分电器及各种电路线束等,这些部件的清洁必须采用特定护理产品进行清洁。如果长期用水和普通的清洁剂处理,则只能加速其塑料壳体和线束橡胶的老化,影响汽车起动和行驶。

进行发动机外部清洁时应注意以下几点:

(1)清洗时应选用碱性小、不腐蚀橡胶塑料件及外涂银粉的清洗剂。

(2)用清洗剂擦洗之前,先用刷子或压缩空气掸出灰尘或细砂等。

(3)清洗发动机室时,注意不要将清洗剂喷到电气系统的零件上,更加不能用水去冲洗,否则可能造成电器短路,使发动机不能起动。如果不小心溅到电气系统上,应用干布擦干,或用压缩空气把水吹干。

(4)一定要先把清洁剂喷到棉布或海绵上,然后再擦洗。

(5)清洗完后可擦上塑料橡胶件保护剂使其色泽重现,延缓老化。

2. 燃油系统的清洁护理

汽车发动机燃油系统在长期的工作中,其油箱、油管、喷油嘴等处易生成胶质和沉积物,火花塞、喷油嘴、燃烧室等处易生成的积炭。这些现象会影响燃油的供给,影响混合气的正常燃烧,从而导致发动机怠速不稳、加速不良、甚至出现爆燃等情况,使发动机油耗增加、废气排放增加。因而必须对燃油系统进行定期的清洁护理,以维持发动机性能良好的工作。

发动机燃油系统的清洁护理是在发动机不解体的情况下,通过专业设备或采用专业用品来达到清洁护理的目的。

1)燃油系统清洗机清洗

先配制好清洗剂与燃油的混合液,将清洗机的进回油管接到汽车的燃油系统中,起动清洗机和发动机进行燃烧清洗。在发动机运转的同时,混合物经燃烧将分布在系统中的胶质和积炭溶解剥落,并随废气排出。

2)专用清洗剂清洗

可选用汽油喷射系统高效清洁剂进行清洗。这种专用清洗剂能随燃油流动,自动清除、溶解燃油系统中的胶质、积炭等有害物质。使用时按说明书要求的用量直接加入油箱内就可以了。

3. 润滑系统的清洁护理

发动机在运行过程中，润滑系统的润滑油就处在高温高压的条件下工作，容易产生油泥、胶质等沉积物，这些物质粘附在润滑系统的油路之中，不但影响润滑油的流动，而且加速了润滑油的变质，使运动零件的表面磨损加剧。因此必须对润滑系统定期进行清洁护理，以保证润滑系统的正常工作，从而延长发动机的使用寿命。

1）机器清洗

先排出发动机油底壳的润滑油，取下机油滤清器，接好发动机润滑系统清洗机的进出油管，起动开关进行清洗，清洗完毕后清洗机会发出报警声，提醒操作员已经清洗完成。然后拆下进出油管，装好机油滤清器和放油塞，重新加注润滑油即可。

2）专用清洗剂清洗

发动机内部高效清洁剂能有效地清洗润滑系统各部油道及运动部件表面，将油泥、胶质等沉积物溶解。这种清洁剂一般在更换润滑油前使用。清洗时将其适量加注到曲轴箱中，起动发动机运转15～30min后，排掉脏污的润滑油，更换机油滤芯，最后加注新的润滑油即可。

4. 冷却系统的清洗

现代汽车冷却系统中虽然不是直接使用水来冷却，但是冷却液中也不同程度会含有碳酸钙、硫酸镁等盐类物质。冷却系长时间工作后，这些物质会从冷却液中析出，一部分形成沉淀物，一部分沉积在冷却系统的内表面形成水垢。

在发动机冷却水套及散热器壁上形成的水垢影响其热交换过程，冷却系统内如沉积过多的水垢，会减少冷却水的容量，影响冷却水的循环。由于水垢层的导热性能不良，发动机容易出现过热的现象，使发动机润滑条件恶化，运动部件表面不能形成良好的润滑油膜，也使燃烧室内积炭增多，容易产生爆燃，造成功率降低和燃耗增大。因此，当汽车行驶一定的里程后，应结合维护对冷却系统进行清除水垢的作业。

1）清洗机清洗

可利用水箱清洗机来清除水垢：水箱清洗机是清除水垢的专业设备，它利用气压产生脉冲，在清洗剂的作用下快速清除冷却系统内的水垢。使用时要先接好设备的三通管接头。

2）专用清洗剂清洗

冷却系高效清洁剂具有超强的清洁力和高效溶解性。能在发动机运行中彻底清除冷却系统内的水垢，恢复冷却系各管道的流通能力，确保散热性能。使用时按说明书的要求将适量的清洁剂加入冷却液中，拧好散热器盖，起动发动机运行6～8h后，排出冷却液，清洗完毕后再重新加注冷却液即可。这种专用清洗剂对水垢的去除率至少在90%以上，且不会对冷却系统造成腐蚀。

二、底盘部分的清洁护理

汽车在行驶过程中，汽车底盘部分由于与路面距离最近，工作环境比较恶劣，经常会粘有泥土、焦油、沥青等污物，尤其是下雨天，底盘部位很容易粘上泥水，如不及时清洗还容易形成锈渍，此外还有可能底盘系统的油液渗漏，粘上灰尘后造成油渍、油泥等，如不及时护理，就会影响到汽车的行驶性能。汽车底盘部分的清洁护理包括车身底板的清洁护理、转向系统的清洁护理、传动系统的清洁护理、制动系统的清洁护理、轮毂的清洁护理等。

1. 车身底板的清洁护理

车身底板位置比较特殊，护理的好坏一般不容易发现，因此往往被人忽视，而且底板朝着行驶路面，行驶时不可避免的容易粘上泥水、焦油、沥青等污物，此外还有因护理不及时而产生的锈渍、锈斑等。对于泥土、焦油、沥青等可用发动机清洗剂或除油剂清洗，对于锈渍、锈斑等可用除锈剂进行擦洗。清洗完成后再用多功能防锈剂喷涂在底盘上即可。

2. 转向系统的清洁护理

转向系统的转向横拉杆、齿条壳、转向节臂等部件位于车底，汽车行驶时比较容易脏污，如不及时清洗，时间长了就会生锈。一般的污渍可用多功能清洗剂进行清洗，如果发现有锈斑就必须用除锈剂进行擦洗。清洗后可喷上多功能防锈剂进行护理。此外，还可以在转向助力储液灌中添加转向助力调节密封剂，可以恢复老化橡胶油封的密封性，防止转向液的渗漏，消除因漏液而造成的转向迟钝、转向沉重等现象，还能清洁并润滑助力转向系统内部机件，防止胶质、油泥产生，减少机件磨损，延长使用寿命。

3. 传动系统的清洁护理

传动系统的变速器、传动轴、主减速器壳体、半轴套管等部件也是容易粘上泥土的地方，时间长了没有清洗也会生锈，一般可用多功能清洗剂进行清洗。

4. 制动系统的清洁护理

在行车制动器中，由于其工作情况特殊，制动蹄片有可能会粘上油泥、制动液、烧蚀物、胶质等污物，容易产生制动噪声，影响制动性能，因此也必需定期进行清洁护理。可选专用的制动系清洁剂进行喷洒清洁，能有效地清除制动蹄片上的污物，改善制动效能，消除制动噪声。使用时只要将清洁剂喷在需要清洁的部位，使之风干即可。如有必要可重复清洁。

5. 轮毂的清洁护理

现代汽车一般多使用铝合金轮毂，而汽车行驶时轮毂是比较容易脏污的部件。清洗轮毂时须特别小心，其表面有保护漆，通常应选用中性清洁剂。清洗时应一次清洗一个轮毂，可避免清洁剂在轮毂表面凝固，若清洁剂凝固，清洁效果将降低，且在使用清水冲洗时将更加困难。对于一般的灰尘污物，可用普通的清洁剂进行清洗，而长期附着在轮毂上的积垢，如沥青、制动摩擦片磨损留下的黑粉等，使用普通的清洁剂一般很难清除，可使用强力轮毂去污剂进行清洁。清洗时先喷上强力轮毂去污剂，稍等片刻，然后用软毛刷进行刷洗清除，刷洗时切勿使用过硬的刷子，否则将会刮伤轮毂表面的漆面。轮毂清洗后，再用专用防护剂进行护理，一般每两个星期应彻底清洗轮毂上的污物。

6. 轮胎的清洁护理

轮胎上除了粘有灰尘、泥土和砂石外，还有一些酸、碱性物质污染。清洗时可先将夹在轮胎花纹的砂石清除，再用高压水冲刷上面的灰尘和泥土，对于一些酸碱类物质一般用水难以清除，而普通清洁剂也没有很好的清洗效果。这时可用轮胎清洁增黑剂来清除护理。它能清除轮胎上的酸、碱性污染物和其他有害物质，还可以清洁、翻新橡胶、塑料和皮革制品等作用。此外还有助于降低紫外线的辐射，减缓橡胶老化，延长使用寿命，同时兼具增黑上光功能，用后能使轮胎光亮如新。使用时将轮胎清洁增黑剂刷在轮胎的表面即可。

参考文献

[1] 张德金. 汽车装饰美容实用手册[M]. 北京:机械工业出版社,2004.
[2] 周燕,罗小青. 汽车美容与装饰[M]. 北京:机械工业出版社,2005.
[3] 甘文嘉. 现代汽车美容与装潢[M]. 上海:上海交通大学出版社,2002.
[4] 温家驺. 汽车厢内美容与维修[M]. 北京:化学工业出版社,2005.
[5] 杨江河. 汽车美容[M]. 北京:机械工业出版社,2001.
[6] 邢忠义. 汽车美容实务[M]. 北京:电子工业出版社,2006.
[7] 吴兴敏. 汽车车身修复与美容[M]. 北京:机械工业出版社,2002.
[8] 彭义军. 汽车涂装技术[M]. 北京:电子工业出版社,2005.
[9] 吴翰奋,翁昶竑. 汽车音响原理及改装实用技术[M]. 北京:机械工业出版社,2005.
[10] 汪立亮,徐寅生,赵学鹏. 现代汽车中央门锁及防盗系统原理与检修[M]. 北京:电子工业出版社,2000.
[11] 傅立敏. 汽车空气动力学[M]. 北京:机械工业出版社,2006.
[12] 姚时俊. 汽车美容店经营与实用技能[M]. 北京:人民交通出版社,2005.
[13] 王大全. 汽车外壳美容与维修[M]. 北京:化学工业出版社,2005.

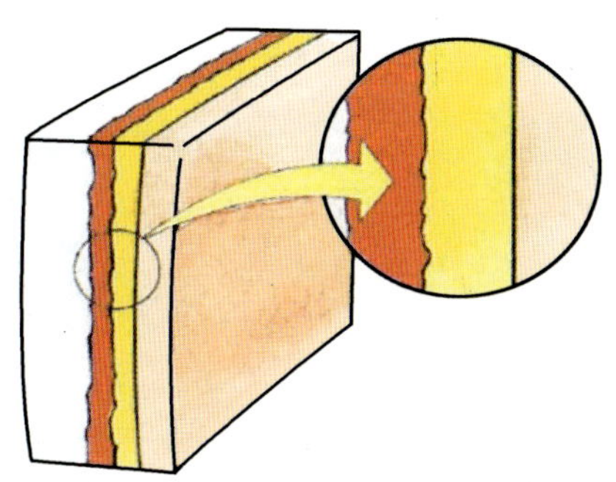

彩图 1　汽车表面的涂层

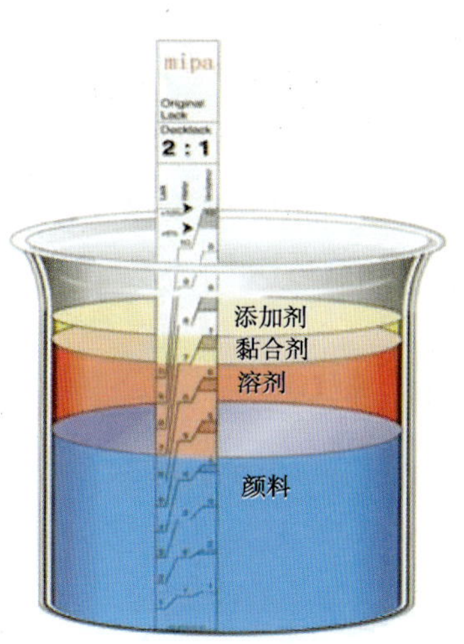

彩图 2　底漆和中间涂层的组成

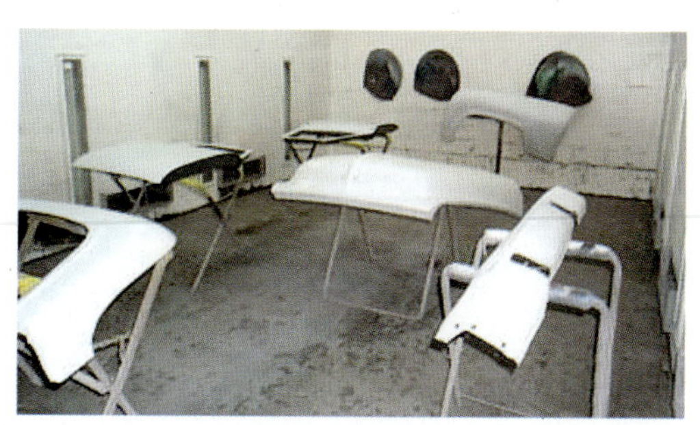

彩图 3　头道底漆

彩图 4　非常光滑的中涂漆

彩图 5　刮涂腻子

彩图 6　流挂

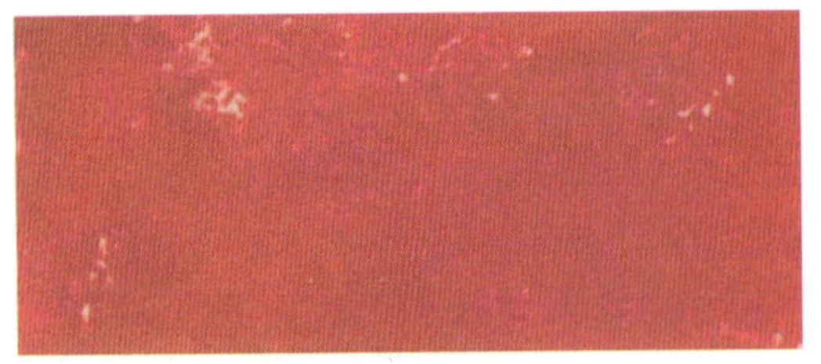

彩图 7　酸溶剂侵蚀

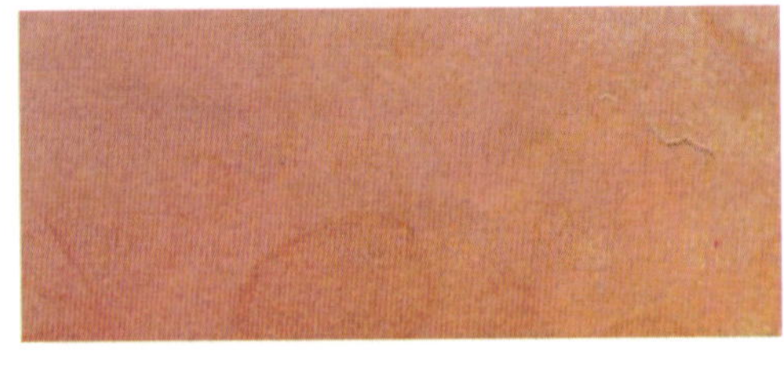

彩图 8　水斑

彩图 9　缩孔

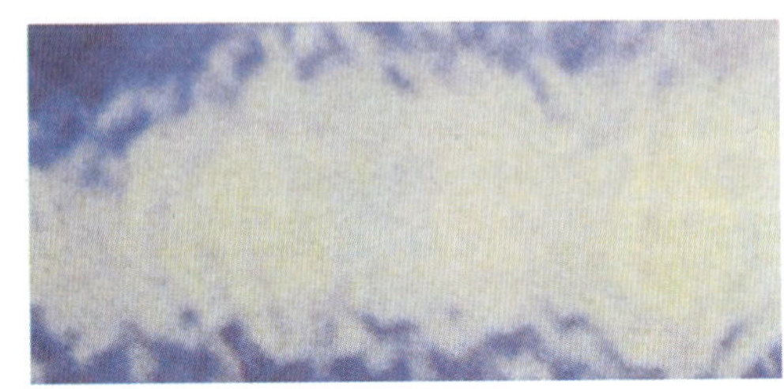

彩图 10　橘皮

彩图 11　颗粒

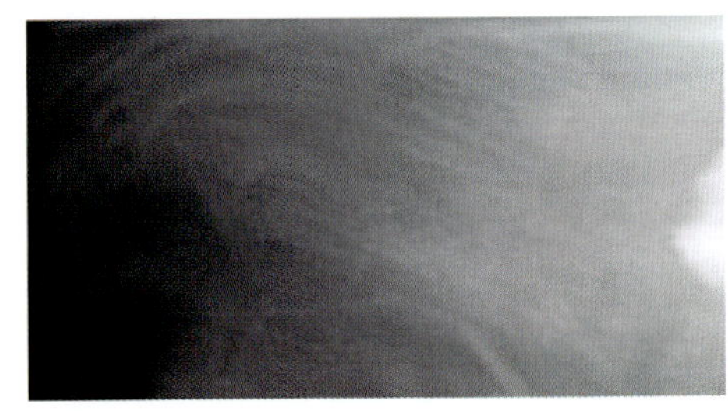

彩图 12　砂纸痕

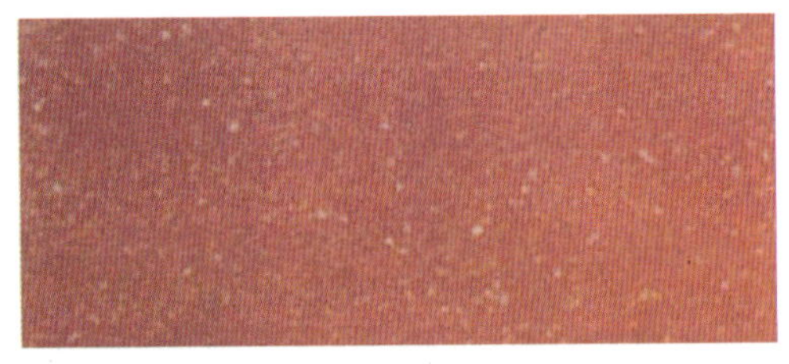

彩图 13　漆雾

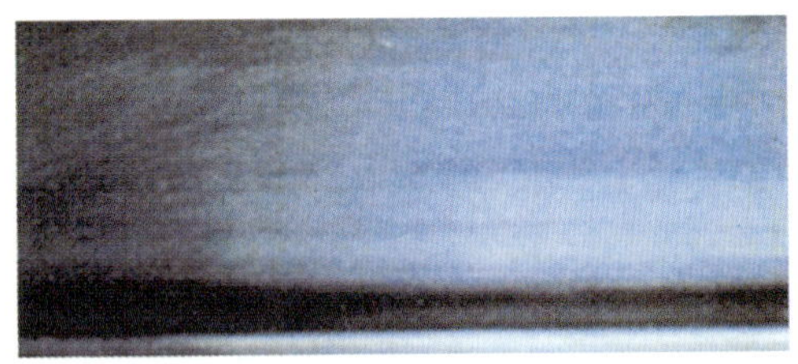

彩图 14　抛光痕迹

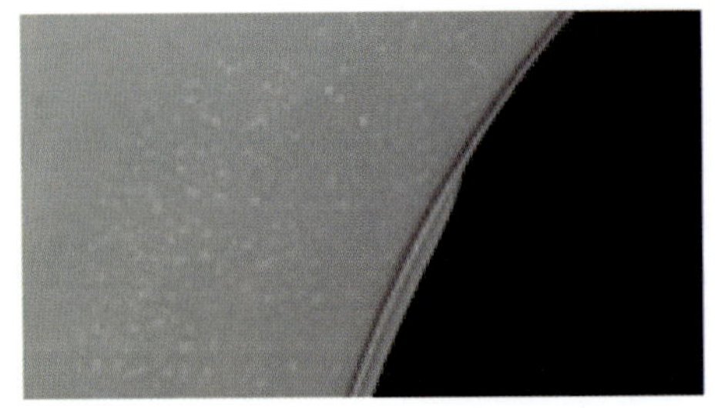

彩图 15　针孔

彩图 16　起皱

彩图 17　起泡

彩图 18　沾污

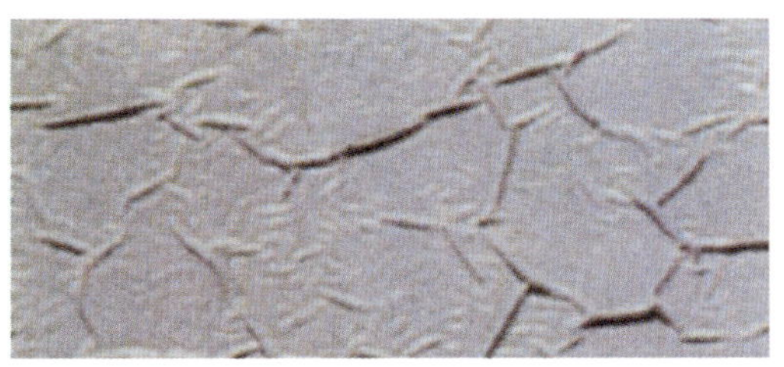

彩图 19　咬底

彩图 20　发白

彩图 21　发花

彩图 22　渗色

彩图 23　失光

彩图 24　色差

彩图 25　开裂

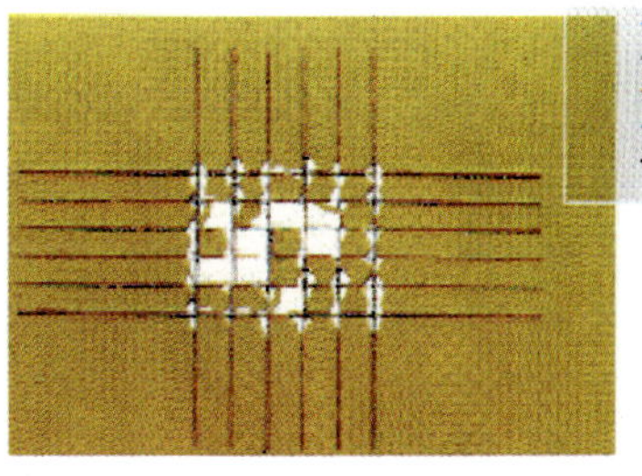

彩图 26　附着力差

彩图 27　划痕

彩图 28　污斑

彩图 29　起泡

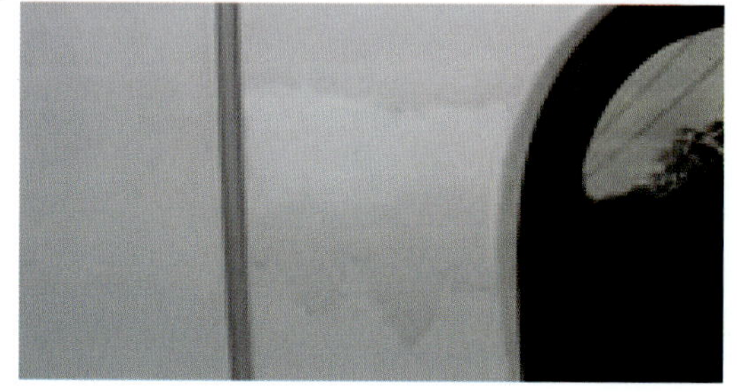

彩图 30　脱落

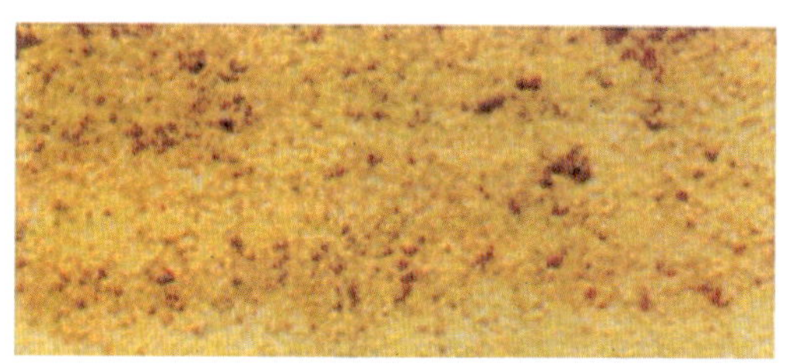

彩图 31　锈蚀

彩图 32　褪色